中国政府发展研究报告（2014）

Research Report on the Development of Chinese Government (2014)

主　编　朱光磊
副主编　王雪丽　宋林霖

中国人民大学出版社
·北京·

总　　序

哲学社会科学的发展水平，体现着一个国家和民族的思维能力、精神状态和文明素质，反映了一个国家的综合国力和国际竞争力。在社会发展历史进程中，哲学社会科学往往是社会变革、制度创新的理论先导，特别是在社会发展的关键时期，哲学社会科学的地位和作用就更加突出。在我国从大国走向强国的过程中，繁荣发展哲学社会科学，不仅关系到我国经济、政治、文化、社会建设以及生态文明建设的全面协调发展，而且关系到社会主义核心价值体系的构建，关系到全民族的思想道德素质和科学文化素质的提高，关系到国家文化软实力的增强。

党的十六大以来，以胡锦涛同志为总书记的党中央高度重视哲学社会科学，从中国特色社会主义发展全局的战略高度，把繁荣发展哲学社会科学作为重大而紧迫的任务进行谋划部署。2004 年，中共中央下发《关于进一步繁荣发展哲学社会科学的意见》，明确了新世纪繁荣发展哲学社会科学的指导方针、总体目标和主要任务。党的十七大报告明确指出："繁荣发展哲学社会科学，推进学科体系、学术观点、科研方法创新，鼓励哲学社会科学界为党和人民事业发挥思想库作用，推动我国哲学社会科学优秀成果和优秀人才走向世界"。2011 年，党的十七届六中全会审议通过的《中共中央关于深化文化体制改革、推动社会主义文化大发展大繁荣若干重大问题的决定》，把繁荣发展哲学社会科学作为推动社会主义文化大发展大繁荣、建设社会主义文化强国的一项重要内容，深刻阐述了繁荣发展哲学社会科学一系列带有方向性、根本性、战略性的问题。这些重要思想和论断，集中体现了我们党对哲学社会科学工作的高度重视，为哲学社会科学繁荣发展指明了方向，提供了根本保证和强大动力。

为学习贯彻党的十七届六中全会精神，教育部于 2011 年 11 月 17 日在北京召开全国高等学校哲学社会科学工作会议。中共中央办公厅、国务院办公厅转发《教育部关于深入推进高等学校哲学社会科学繁荣发展的意见》，明确提出到 2020 年基本建成高校哲学社会科学创新体系的奋斗目标。教育部、财政部联合印发《高等学校哲学社会科学繁荣计划（2011—2020 年）》，教育部下发《关于进一步改进高等学校哲学社会科学研究评价的意见》、《高等学校哲学社会科学“走出去”计划》、《高等学校人文社会科学重点研究基地建设计划》等系列文件，启动了新一轮“高校哲学社会科学繁荣计划”。未来十年，高校哲学社会科学将着力构建九大体系，即学科和教材体系、创新平台体系、科研项目体系、社会服务体系、条件支撑体系、人才队伍体系、现代科研管理体系和学风建设工作体系，同时，大力实施高校哲学社会科学“走出去”计划，提升国际学术影响力和话语权。

当今世界正处在大发展大变革大调整时期，我国已进入全面建设小康社会的关键时期和深化改革开放、加快转变经济发展方式的攻坚时期。站在新的历史起点上，高校哲学社会科学面临着难得的发展机遇和有利的发展条件。高等学校作为我国哲学社会科学事业的主力军，必须充分发挥人才密集、力量雄厚、学科齐全等优势，坚持马克思主义立场观点方法，以重大理论和实际问题为主攻方向，立足中国特色社会主义伟大实践进行新的理论创造，形成中国方案和中国建议，为国家发展提供战略性、前瞻性、全局性的政策咨询、理论依据和精神动力。

自 2010 年始，教育部启动哲学社会科学研究发展报告资助项目。发展报告项目以服务国家战略、满足社会需求为导向，以数据库建设为支撑，以推进协同创新为手段，通过组建跨学科研究团队，与各级政府部门、企事业单位、校内外科研机构等建立学术战略联盟，围绕改革开放和社会主义现代化建设的重点领域和重大问题开展长期跟踪研究，努力推出一批具有重要咨询作用的对策性、前瞻性研究成果。发展报告必须扎根社会实践、立足实际问题，对所研究对象的发展状况、发展趋势等进行持续研究，强化数据采集分析，重视定量研究，力求有总结、有分析、有预测。发展报告按照“统一标识、统一封面、统一版式、统一标准”纳入“教育部哲学社会科学发展报告文库”集中出版。计划经过五年左右，最终稳定支持百余种发展报告，有力支撑“高校哲学社会科学社会服务体系”建设。

展望未来，夺取全面建设小康社会新胜利、谱写人民美好生活新篇章的宏伟目标和崇高使命，呼唤着每一位高校哲学社会科学工作者的热情和智慧。我们要不断增强使命感和责任感，立足新实践，适应新要求，以建设具有中国特色、中国风格、中国气派的哲学社会科学为根本任务，大力推进学科体系、学术观点、科研方法创新，加快建设高校哲学社会科学创新体系，更好地发挥哲学社会科学认识世界、传承文明、创新理论、咨政育人、服务社会的重要功能，为全面建设小康社会、推进社会主义现代化、实现中华民族伟大复兴作出新的更大的贡献。

教育部社会科学司

目　　录

第四部分　政府机构改革与政府规模控制

第五部分　政府发展热点与地方政府创新

第六部分　政府公共关系与公共危机管理

附　录

总　论：
加快政府职能转变需要处理的几个重要关系

朱光磊

转变政府职能，是推动、落实中国行政管理体制各项主要改革的核心内容，是经济体制改革和政治体制改革的“结合部”，是建设服务型政府、实现政企分开、建立现代企业制度、改革行政体制和政府机构等多项改革的重要内容或基础。但是，转变政府职能毕竟是中国全面社会转型的产物，毕竟是要在从传统社会向现代社会、从实行计划经济向建立社会主义市场经济体制转化的过程中，通过“自觉”的探索和努力来逐步实现的。也即，在西方典型国家，大规模的转变政府职能的问题是不存在的，它们的政府职责体系的演进，是在进入近代社会以后伴随着经济社会发展的进程近乎于“自然而然”地完成的。因此，转变政府职能不是一件或一系列容易完成的工作，而是一场牵涉方方面面实际利益和传统习惯的深刻改革，是中国政府发展的核心内容，时间拖得太久了不应当，对整体改革不利，但希冀于短时间内完成也不现实。

政府职能转变的提出，肇始于 20 世纪 80 年代初。30 多年来，中国政治建设总体有了很大发展，但由于在政府发展上面临着现代化和后现代化的双重历史任务，经历着政治行政分离导向、管理主义导向、透明性与责任性导向和多元主体导向的四重改革要求，在过短的时间内对职能转变的界定与操作层面依然存在诸多认知局限，政府、市场、社会、个人之间的权责边界目前总体仍处于交织状态。在某种意义上，政府职能转变的实质就在于明确各方权责，切实处理好政府与各方的关系。这对于把转变政府职能与其他重要方面的改革有机结合起来，在避免走弯路错路的基础上加快改革进程，具有重要的意义。

一、处理好政府与市场的关系

转变政府职能，首先需要处理好政府与市场的关系，实现政府与市场的“双轮驱动”。到 1995 年前后，对政府部门与市场各自该干什么的问题，至少在如何处理政企关系的问题上，其框架性的内容实际上已经大体清楚了。① 到现在仍没有解决好的主要课题是，如何在从中央到地方各个层次上具体推进、落实政府与市场两种配置资源和协调社会经济活动的制度安排之间的关系，如何具体而不只是“原则性地”厘清在政府与市场之间、政府部门与企业之间处于犬牙交错状态的各种问题。

改革开放以来，中国政府本着“以经济建设为中心”的理念，在政府与市场关系中始终扮演着主导者的角色，政府的作用无处不在。这种模式曾在经济发展过程中起到积极的作用，但市场的活跃性与政府管理体制的稳定性之间的矛盾也正逐步暴露出来，主要包括行政审批和行政审批的环节“双过多”、透明度低，政府单边主义现象普遍且服务意识差，“重投资、轻消费”导致需求不足、政府主导导致市场完备程度不足等。现阶段，中国政府应采取“双轮驱动”的方式，在更好地发挥政府作用的基础上，以加快行政审批改革为突破口，结合经济发展和社会进步的实际情况，保持与市场的良性互补关系，实现彼此的“进退有余”。

第一，政府对经济活动干预的“以退为进”。

目前我国的经济活动有很大一部分是通过政府的直接干预实现的，包括在经营性领域的投资、“全民”招商引资、以行政命令干预经营活动、政府主导土地等要素资源配置等。这种模式在市场经济不够完善的情况下能够有效促进经济发展，这也被一些国家的实践所验证。但是，随着我国市场体系的不断建立健全，市场机制的作用不断强化，政府与市场职能产生交叉重叠时，必然由于二者作用机制的不同而产生矛盾冲突，而此时，政府应当将市场能够发挥作用的部分交还给市场，即实现政府直接干预经济的职能“退出”，从而一方面充分发挥市场机制在资源配置中的决定性作用，另一方面也可为市场的进一步发展完善提供条件。

然而，减少政府对经济的直接干预并不意味着削弱政府在经济发展中的作用。在很大程度上，政府全面履行职责的能力是以该国的经济和产业实力为基础和前提的。要做到这一点，离不开各级政府合理的经济调节行为，特别是中央政府科学的宏观调控，也离不开必要的市场监管。从现阶段我国经济发展的状况与

① 参见朱光磊等：《服务型政府建设规律研究》，23～27 页，北京，经济科学出版社，2013。

市场的完备程度来看，减少政府对经济的直接干预将有利于发挥市场的作用，有利于政府促进市场体系的建设，有利于政府将更多的精力用于应对市场机制无法解决的部分，也即“以退为进”。

第二，政府宏观管理活动的“先进后退”。

在减少政府对经济的直接干预的同时，政府应当加强宏观管理。一是战略引导，即政府围绕国民经济总量平衡和国民经济整体素质的提高，制定和实施以中长期发展战略为主的指导性计划体系，引导国民经济的发展方向，依靠产业政策引导和调控产业发展方向，调整产业目标，形成合理的产业结构，推动经济社会协调、健康发展。二是平衡协调，即一方面通过适时调整宏观财政和货币政策，保障社会总需求和总供给的平衡，防止经济大起大落，克服高通货膨胀和高失业率；另一方面，针对我国实际，采取诸如转移支付等政策，支持和帮助欠发达地区经济发展，逐步缩小区域差距，依靠收入分配和税收政策调节国民收入分配，在保证效率的前提下兼顾公平。三是合理保护，即通过合理政策引导，帮助企业规避市场风险，努力在激烈的市场竞争中实现本国利益的最大化；按国际惯例加大对生产者、消费者的保护，对农业产业给予扶持，保护知识产权，查处假冒伪劣，维护市场秩序，保护公平竞争等。在这些方面，随着国家经济实力的壮大和市场体系的成熟，随着政府管理能力和调控水平的不断提升，随着民族企业和国民整体素质的实质性提高，政府的活动空间是可以有所缩小的。

第三，政府对市场监管职能的“持续加强”。

要持续加强政府对市场秩序、市场主体、市场行为和市场交易等的监管职能，否则就无法保障公平竞争的市场秩序。要完善社会主义市场经济体制，必须切实加强政府的市场监管、维持公平竞争的市场秩序的职能。对企业的监管，不能一味地为了发展经济而强调扶持和优惠措施，必须对企业社会责任的履行加强监管，特别是对其产品质量等的监管。对金融领域的监管也是如此道理。金融业的发展要为实体经济服务，金融自由是受限制的、有条件的。虽然政府要为金融领域的发展提供政策优惠等服务，创造宽松的市场环境，但政府必须同时加强对金融业的监管，这样才能保证金融业的健康发展，并与实体经济的发展相协调。

二、处理好纵向府际关系

转变政府职能，其次是要处理好政府与政府之间的关系，也称府际关系，特别是要处理好纵向府际关系，实现纵向政府间职责的科学合理配置。

由于所处层级与接触层面不同，政府纵向层级系统中的各级政府职责划分应呈现明显的分工导向，不仅中央政府与地方政府要有分工，而且地方各级政府之间也要有明确的分工。现在的一个突出问题是，中国政府在纵向上的职责划分很不明确，其基本特征是“职责同构”，也即在政府间关系中，不同层级的政府在纵向职责和机构设置上高度统一。通俗地讲，就是在这一模式下，每一级政府都管理大体相同的事情，相应地在机构设置上表现为“上下对口，左右对齐”。①

这种“职责同构”的政府纵向关系模式，理论上有助于贯彻上级部门的决策指令，但同时客观上形成了纵向政府间在事权划分上的混乱，阻碍了社会结构的进一步分化和整合，增加了政府运行成本，降低了政府信誉，易于形成政绩指挥体系，滋长官僚主义作风，不利于地方政府履行职责。各个层次的政府都应直接提供社会管理和公共服务，但各个层次的政府不应提供相同的管理和服务。对不同层级的政府，职能转变的要求是不同的。政府职能在纵向上的配置，应该呈现出从宏观到微观的递减趋势。高层次政府的管理属于宏观管理，在法制建设、宏观调控和市场监管方面的职责权重较大，政治性管理占主导地位；地方和基层政府在社会管理和公共服务方面职责权重较大，为居民提供必要的公共服务。例如，县级政府的职能转变，就不存在“放开微观抓宏观”之类的问题；环境卫生工作就应该由基层政府负责，开发区建设就应该由地级市负责，国防和外交就应该由中央政府负责。在这些问题上，要改变统治和管理思路，理顺各级政府之间的领导、决策、执行、监督关系，实行政府纵向间的合理分权，该谁做的事情，谁就负责到底。

政府纵向间财权与事权划分不匹配也是政府间关系中的突出问题。分税制在中央政府与省级政府之间划分了财权，却并没有对省级政府与省级以下各级地方政府之间的财权进行划分，也没有对各级政府的事权范围作出合理界定。当前，“资金向上流动，事权向下流动”的趋势很明显，“中央请客，地方埋单”和“上级请客，基层埋单”等现象广泛存在。在这方面，应创造条件，使府际关系逐渐由“命令—服从”的关系向伙伴型关系发展。这种伙伴型关系，是建立在纵向政府间共同利益的基础上的一种友好合作的工作关系，并不取代上下级政府间政治上的层次差别，更不会否定中央的政治权威，而只会使工作主体更加愉快，更具有政治文明的特征。

理顺纵向政府间关系，最根本的原则是打破“职责同构”，探讨纵向政府间职责的归位问题。这具体体现为，中央政府在某些重点领域仍需要适度集权，如银行系统、纪律检查系统、技术监督系统等；对香港、澳门特别行政区及少数民族自治区应适当给予政治性分权；在计划生育、环境保护、市政建设等具体政策

① 参见朱光磊、张志红：《“职责同构”批判》，载《北京大学学报（哲学社会科学版）》，2005（1）。

的制定上给予适当的行政性分权。

我们建议：（1）党中央和国务院的重要报告、文件、领导同志讲话，在论及转变政府职能方面的问题的时候，要区分不同层次，至少区分中央政府、省政府、市政府和县乡政府几种情况，分别提出具体要求；对党校、行政学院的相关课程，也有必要区分不同情况做出差别性安排，简单的表态解决不了工作中的具体问题，对基层领导干部讲强化宏观调控的意义也不大。（2）切实转变政府职能，要有可操作的方案。政府职责划分，只在道理上和原则上清楚不行，中国需要有清晰的“政府职责配置表”，并通过法律渠道逐步建立起中国特色的政府职责体系。（3）在法定的职责范围内，中央有必要在某些重要的“条条”上建立更多的垂直系统，以逐步建立起自己的执行系统，也即中央的决策应当主要依靠中央自己的执行系统来执行，部分职责可以委托给适当层次的政府代为执行：该由地方负责的事情，由地方自己去执行，上级负责监督。（4）加强对不同层次、不同类型的地方行政区域及其政府机构特性的认识，比如，市辖区是什么性质？市与县的实质性区别有哪些？市与镇的根本区别和内在联系分别是什么？研究清楚这些问题，有利于通过制度安排让它们更好地发挥各自的作用。（5）区分公共物品的全国性和地方性，明确提供各类公共物品的主体资格。把这些问题研究清楚了，对很多工作和制度的设计自然就会更科学一些。

三、处理好政府三大行为间的关系

转变政府职能，还需要处理好政府三大行为间的关系，实现统治行为隐性化、管理行为刚性化和服务行为扩大化的有机统一。处理好政府的统治、管理和服务三大行为的关系，使之成为协调统一的整体，政府在各个方面的职责才能全面落实到位，政府工作才能做到有实有虚，里表结合，张弛有度，才是一个发展全面的政治有机体。

在现代化阶段到来之前，受生产力发展水平、文明进步程度和国家阶级性质等重要因素的制约，古代国家的政府只能在水利、交通、度量衡等方面提供相当有限和非常简单的管理与服务。工业革命以来，生产力的迅速发展、社会生活的日益复杂化和工人阶级对政权的强大压力，使得政府管理工作越来越复杂，政府越来越不得不倾向于改革。二战结束以来，公共服务才成为政府的主要职能，社会保障才成为政府最基本的职责，相应地，整个社会阶级阶层关系和社会生活的面貌也有了巨大改观。

社会主义国家应当具有发达的政府管理、公共服务保障体系，但受国际共产主义运动中“左”的思想的影响和客观经济社会条件的制约，苏联和改革开放前的中国，政府的管理、服务职责一直没有得到理论上的确认和实践上的重视，统治行为孤军深入，甚至一度把政治等同于“阶级斗争”，乃至搞了一些年的“以阶级斗争为纲”。

我国改革开放的前20多年，由于面临着紧迫的经济建设任务和受到理论研究基础的限制，对全面履行政府职能问题的深入研究还很不够。这不只是一个纯理论问题。一直到最近还有同志在问，我们一直强调政府是为人民服务的，为什么还要建设服务型政府？国家归根到底是统治机器，为什么要把服务讲这么高？如果能够把国家本质、政府职能和政治行为这几个问题结合起来分析，就不难说明其中的差异。事实上，“为人民服务的政府”与“服务型政府”是两个角度的问题，前者侧重于国家的性质和宗旨，后者侧重于政府职能和政府行为之间的协调。在社会主义条件下，通过建设服务型政府，能够更好地使人民政权体现出自己的宗旨。人民政府如果长期不能以公共服务为主要职能，就无法很好地满足人民的要求。坚持人民政府的社会主义性质与推进服务型政府建设事业在21世纪的结合，将使中国的政府发展跨入新的历史阶段。

改革开放以来，政府的宗旨没有改变，但政府存在的社会经济与文化条件变化了，政府所履行的主要职责的“排列组合”关系，执政党和政府的政治行为方式就自然要发生相应的变化。“老革命”遇到“新问题”，就要有新的政治行为方式，乃至要有新的政治话语体系。在历史发展过程中，政府行为随着社会条件的改变而不断调整是客观趋势。在这方面，历史遗留下来的主要问题有：对统治、管理和服务三方面关系的认识不够清晰，尤其对统治活动隐性化这一重要问题关注不够，推行政治主张的各种方式过于直接，过于刚性，不善于迂回，习惯于给管理和服务贴上不必要的政治标签，习惯于“上纲上线”，习惯于所谓的“透过现象看本质”，往往人为造成政治工作的被动；对管理工作的刚性化这一问题有模糊认识，寄希望于通过扩大管理工作的弹性去平衡政治统治过于刚性所带来的内外压力，难免会导致在一些环节上出现宽严失当的现象；政府为社会提供公共服务的范围还不够大、水平还不高，在全国和省一级还缺乏必要的统筹，政府的治理（governance）意识还不够强，服务方式还较为单一。随着国家民主法治进程的加快、更加强调尊重和保护人权以及人民群众政治素质的普遍提高，也随着我国越来越深入地介入经济全球化的进程，越来越深入地融入国际社会化，政府的统治行为隐性化、管理行为严格有序和公共服务领域不断扩大的趋势都非常明显，人们更加注意国家和政府是“特殊的公共权力”，更加注意统治、管理和服务三大政治行为之间的协调、配合，也更加注意有效地实现强化管理与提升服务的有机统一。特别是构建和谐社会和提高国家治理能力、改进社会治理方式等重要思想的提出，都表明中国在国家政治建设方面日趋成熟，中国政府发展的内涵也日趋丰富。

四、处理好政府与社会的关系

在中国改革开放的过程中，人们逐步认识到转变政府职能还必须处理好政府与社会的关系，进而实现多元主体对社会的治理。对这一点的认识，要比对处理好政府与市场的关系来得晚些，但终究是来了。《中共中央关于全面深化改革若干重大问题的决定》正式接纳“治理”的概念，是一个明显的标志。

与社会需求由低到高转变过程相适应的是社会需求的多样化。从一定意义上讲，社会结构由整齐划一走向社会成员属性多样化和社会利益格局多元化，其背后的深层含义是国家与社会关系模式的转变。[①] 我国改革开放前的计划经济时期，“全能政府”控制着各种社会资源，国家与社会关系呈“强政府弱社会”的“单边主义”的状态；西方国家在市场经济发展中长期主张“小政府”，限制政府干预，在某种程度上呈“弱政府强社会”的状态，两相对比而使人们对国家与社会关系的认知呈非此即彼、非强即弱的印象。如何认识这两种状态，在一定程度上制约着中国政府对职能转变课题一系列子课题的思考，显然，人们是有分歧的。好在人们在对各国实践的对比中，做出了一个趋向于正确的独立的历史性选择——避开关于政府与社会的大小强弱之争，一切从实际出发，一切从国情特别是国家的发展阶段出发，积极而适当地发挥政府和社会各自的作用。

“大政府”、“小政府”的概念主要是从政府规模和职责范围角度而言的，“强政府”、“弱政府”的概念则是从政府能力角度而言的。从政府规模控制和建设服务型政府的长期趋势看，公务员规模要保持整体格局稳定前提下的适度增长趋势。但是，这并不意味着中国政府要发展成为“大政府”、“强政府”。“大政府”不符合社会各界对政府的审美要求；中国政府已经是一个“强政府”，没有继续肯定和鼓励“强政府”的余地。但是，“小政府”确实不够用，“弱政府”显然完全不能适应中国的现实需要。因此，政府在总体的政策和宣传导向上，要避开非此即彼的“大”“小”“强”“弱”之争，因为这里的“大”“小”“强”“弱”都不是物理和数学概念，不是一方“大”或“强”，对应的一方就一定要“小”或“弱”。问题的核心是要强调在现有条件下，如何使中国有一个能够做到高质量运行并拥有较强管理能力的政府。基于此，在中国建设一个偏强一些的政府是一种比较务实的选择。

---

① 参见商红日：《政治系统调适与执政党——基于社会结构转型的分析》，载《上海师范大学学报》，2002（6）。

从较长时段来考察人类社会的历史进程，不难发现，政府与社会之间既存在对立的一面，又是互为条件、互相依存、彼此相长的，二者的这种一致性体现为，在某些历史时期或某些国家，政府和社会双方的作用是可能都发挥得比较显著，不存在“一方强另一方就一定要弱”，“一方大另一方就一定要小”的规律性现象，这种关系完全有可能是相互促进的、“共强”的。中国的人口多，生存空间大，发展纵深大、速度快，很多在其他国家不易实现的事情，在中国却可以做得到；当然，相反的现象也是有的。在中国的改革开放进入发展方式转型的深化阶段后，一方面，政府要以积极、灵活多样的方式发挥推进改革进程的作用，即有作为的政府需要继续；另一方面，社会利益分化和公民意识增强等因素也需要社会增强自主性，即使是从完善市场经济体制、推进政府职能转变的角度，也需要社会组织、企业等主体的成长和成熟，从而形成政府和社会都有积极作为的“双强”模式。

从政府的角度看，“双强”模式下政府职能转变的主攻方向是规范和效率，而不是简单的职责增减。具体来说，在发展转型时期，政府要以“十六字职能”（经济调节、市场监管、社会管理和公共服务）方针为基础，在继续发挥好经济调节职能的同时，更加重视市场监管、社会管理和公共服务职能；注重提升和规范政府绩效，调整对地方政府和领导干部的绩效考核指标体系和考核方式；解放思想，加大对公民意识和社会组织的培育，制定“社会力量活动准则”，引导社会组织有序参与；提升综合应急管理能力，合理有效应对国内外重大突发事件。

需要特别提到的是，政府不仅要向企业开出“权力清单”，而且要敢于向公民开出“权力清单”乃至“负面清单”。转变政府职能，只对企业、只对社会组织，而不对个人，就是一句空话。政府职能、政府行为的一切变化，最后都要落实到公民。因此，今后对涉及公民私人生活的问题，要坚决明确划分公私两界的权力与权利边界，明确划分法律要求、纪律要求和道德要求的界限，划分清楚国家要求、政府要求、单位要求、自治组织要求的界限；要敢于提出有些事情是“政府不该管的”，有些是“政府不适合管的”，要尊重公民独立健康合法的私人生活空间，对一些非原则性的个人问题和一些从发展的角度看将来很可能“不是问题”的问题，坚决减少管制和限制；要坚决取缔刑讯逼供诱供。

从目前的情况看，当前中国的社会力量还较弱，达不到与政府共同构筑“双强”模式的总体要求。这首先需要各种社会因素充当意见表达和实现多样化利益诉求的重要载体，发挥社会整合功能，促进有序的社会参与；社会组织不能只积极参与、不做事情，各种社会力量都需要着力提升自身的能力和公信力，在促进经济增长和发展转型、社会管理和公共服务等方面有所作为，不能没干活儿先捞钱；社会力量要适度发挥制约和监督作用，以构建均衡的权力监督体系，为民主建设提供动力并奠定坚实的社会基础；每个人都要增强公共意识和责任意识，大型企事业单位等市场主体、社会主体要自觉、努力地履行社会责任。

能否切实转变政府职能，是检验中国政治发展能否做到为社会主义市场经济建设服务、政治体制改革是否取得实质性进展的关键性指标。在今后的一个时期内，政府应着力调整经济调节职能，强化市场监管职能，更加注重社会管理和公共服务职能。中国需要必要的社会分化，在一定程度上说，转变政府职能的过程，就是对过去那种交织在一起的林林总总的社会关系进行“去交织化”的过程——“转”是过程，“确”是目的；“分”是过程，“衡”是目的。正确处理政府与市场、社会的关系，以新的思路处理好纵向府际关系和三大政治行为之间的关系，有助于在全面深化改革的过程中进一步厘清政府职责，也有助于解决政府职能转变方面长期存在着的“不愿转”和“不会转”两种现象并存的问题，成就21世纪初建设服务型政府这一“历史压力下的历史性选择”。

（作者单位：南开大学周恩来政府管理学院政治学系）

第一部分

政府职能转变与公共服务体系建设

市场经济条件下加快转变政府职能问题研究报告

孙　涛

加快转变政府职能是全面深化改革、助推社会转型和推动政府发展的核心内容。它既是经济体制改革和政治体制改革的“结合部”，也是全面推进服务型政府建设、调整政企关系、建立现代企业制度、改革行政体制和政府机构、发展社会事业和培育第三部门等配套改革的基础性内容。2013年以来，新一届领导集体强力推进了中央和地方政府以简政放权为首要任务的行政体制优化和行政审批改革，取得了初步成效。下一步，探索加强顶层设计和地方创新实践的有机结合、切实转变各级政府职能、建立科学合理的绩效考核和问责机制，将是检验政府发展能否为社会主义市场经济建设服务、评判政治体制改革能否取得实质性进展的重要考量因素。

一、政府职能的历史回顾与政府职能转变现状综述

理解政府职能，首先需要对国家的统治、管理和服务职能及其逻辑关系有一个总体把握和基于现代化不同阶段的基本判断。二战结束以来，发达国家出现了公共服务职责渐次扩大即服务职能地位不断提高的趋势，这对现阶段中国加快政府职能转变应有所启迪。从历史的维度理解政府职能转变的问题，可以发现，中国政府的职责配置在经济社会的不同发展阶段呈现出明显的差异，执政方式也经历了由被动适应向主动应对的持续提升和改进的历程。面对战略机遇期，相信中央能够敏锐洞察经济全球化时代政府职责配置的基本规律性，基于对转型期经济治理和社会建设的准确把握，做出自觉的战略性调试和主动选择。

（一）政府职能转变的历史回顾

政府的社会管理和公共服务职能与政治统治职能相伴而生，是国家作为“特

殊公共权力”特性的重要体现。工业革命之前和早期，受生产力发展水平、文明进步程度和国家阶级性质等因素的制约，国家的社会职能与阶级职能相比处于次要地位，政府的公共服务职责不必充分展开，政府规模也相对较小。通常，政府只需提供水利、交通、度量衡等有限和简单的社会管理与服务，统治阶级对于短缺资源的获取以强大的暴力机关为后盾，国家政权作为统治工具的特征极其明显，阶级冲突不断迫使统治者把更多的精力放在阶级职能上，更看重如何维护统治权力的行使和运用，公共服务的职能尽管存在并一直得到行使，但仅限于兴修水利和公共设施建设等少数项目。所谓“公共服务”，在很大程度上是维持统治秩序策略的组成部分，不论在理论上还是实践中均居于次要地位。

工业革命以来，生产力的迅猛提升、社会关系的复杂化，特别是工人阶级对国家施加的强大压力，使政府承担的职责越来越繁重，管理工作越来越复杂，政府的组织规模不断扩大，这迫使欧洲各国重新考虑政府的角色。在政府职能调整方面，19 世纪末德国的俾斯麦改革是一个典型。社会环境的转变使执政者对过度依赖政治职能的手段越来越谨慎，在处理社会关系尤其是处理与被统治者的矛盾时，要考虑时代认可的道德标准的限制。进入 20 世纪，社会生活的复杂化使民众对于公共服务的需求前所未有地增加，为了维持政权，政府所要提供的公共服务的种类和管理社会事务的范围空前扩大。这一时期，工业化国家的政府意识到需要重新排定各项职能的次序，策略性地不断提高社会职能的相对地位，而让阶级统治的职能趋于隐性化，在某些方面甚至逐渐淡出日常行政的视野。二战结束以来，国家的社会职能得到了空前重视，政府的公共服务职责日益增加，现代化进程使西方国家阶级统治的职能策略性地隐藏在其繁杂社会职能的背后，政府的基本职责转变为提供公共服务。在政府财政支出中，用于社会保障和公共服务项目的比重大幅提高，这以“福利国家”的社会政策最为典型。

在这一历史时期，社会主义国家作为产生于社会并日益与社会相融合的力量，对传统国家的性质有所扬弃。但随着阶级斗争不再是这些国家最主要的矛盾，其国家的社会性趋势不断加强，调节社会各群体之间的利益关系上升到重要地位。然而，受到共产国际运动“左”的思潮影响而过分强调阶级斗争和国家作为“专政工具”的属性，社会主义国家政府的公共服务职能并没有得到理论上的确认和实践上的重视。

中国改革开放伊始，国家的社会职能、政府的公共服务职能本应得到重视，但当时中国紧迫的经济建设任务，导致迷信市场的作用、倾向效率主导的思潮非常时兴，妨碍了对政府职能进行深入和细化的思考。对此，邓小平曾指出：“到

21世纪初，当我们基本实现了小康的时候，就该调整政策了。”① 这种对政府职能调整的预判，体现了执政党和领导人对于公平与效率时代脉搏的把握，中国政府职能转变正是在这样的历史背景下展开的。

（二）“三个阶段、二次突破”：当代中国的政府职能转变

1. 第一阶段：初步认识与改革启动（1984—1998年）

过去30多年，中央和地方政府主导的改革大多与转变政府职能有关。可以说，“中国要走新型工业化道路，真正转变经济增长方式，症结在于体制障碍，关键是转变政府职能”②。改革之初，政府职能转变的突破口是改变高度集中的经济管理体制，向企业、向地方放权，主要特征是简政放权和增加社会的灵活性。一项与政府职能转变相关的重要内容是1982年遵循精简原则启动的政府机构改革，其中，取消领导干部的终身制和确定提拔任用干部的“四化”标准，对机构编制和人事制度改革产生了积极的深远的影响。

1984年10月通过的《中共中央关于经济体制改革的决定》谈及政府机构管理经济职能的部分时，表达出政企关系分开的意愿，但没有把“转变政府职能”作为独立的概念明确表述出来。1986年，《关于第七个五年计划的报告》中正式出现“政府机构管理经济的职能转变”的提法。③ 1988年启动的机构改革，把转变职能作为重要目标，将政府与企业的关系由直接管理逐步转变为间接管理。这是中央首次明确提出“转变政府职能”的命题，标志着我国政府改革开始突破只注重数量的增减和单一组织结构调整的思路，开始指向行政改革的核心——主动寻求政府职能的重新选择和定位，抓住了政治体制改革的要害。

1993年的政府机构改革仍以转变职能为主题，把建立社会主义市场经济体制和加快市场经济发展作为机构改革的目标。作为1988年机构改革思路的延续和拓展，对探索市场经济条件下政府职能转变的认识还处于初级阶段，但转变的重点已着眼于政企分开，对企业进行宏观管理和间接控制，只是在内容上没有更多的突破，可以认为是政府职能转变的初始阶段。该阶段的主要特征在于政府职能的调整要顺应国民经济建设的调整，尚未积累足够的理论基础和强大的实践动力对转变政府职能开展主动和深入的探索，属于被动调试。

2. 第二阶段：调整认识与焦点探索（1998—2003年）

1998年开始，在全面推进社会主义市场经济体制、转变经济增长方式的历史条件下，围绕政府职能转变集中进行了一次有相当广度和深度的行政体制改

① 《邓小平文选》，1版，第3卷，374页，北京，人民出版社，1993。

② 参见吴敬琏在2005年中国科学与人文论坛上的主题演讲。

③ 参见中共中央文献研究室：《十二大以来重要文献选编》，958页，北京，中央文献出版社，1986。

革。经过近 20 年探索，各界对政府职能的认识有了长足进步，把握了一些基本规律，开始寻求政府职能改革如何适应经济发展的情况，探求政治体制改革与经济体制改革的结合点，寻求全面的发展路径。1998 年，九届全国人大一次会议《关于国务院机构改革方案的决定》把政府职能定位于宏观调控、社会管理和公共服务，标志着对政府职能定位的科学尝试和对传统政治文化的突破的开始。

这一阶段的主题依旧是转变政府职能，所不同的是职能转变的内容更加广泛，其特点是总结以前改革的基础，把握推动转变政府职能的着力点，注重把机构改革和职责调整相结合作为焦点问题加以持续探索，以此为切入点深入转变政府职能。政府机构改革的重点延续了上一阶段偏重配合经济发展的原则，相应的政府经济职能也有了相当程度的变化。在这一轮改革所撤销的政府机构中，多半是专业经济管理部门，若干个工业部被撤销，经济管理部门的职能被厘定为制定行业规划和政策，实行行业管理；引导行业产品结构的调整；维护行业平等竞争秩序。与后来的情况相比，这一时期对政府职能及其转变的理解还是比较粗线条的。

这一阶段还有一个显著特点。党的十六大报告，明确行政审批改革的深入应当成为政府职能转变的重要内容和突破口。减少和规范行政审批，推动行政审批改革体现了政府管理思维方式的重大进步，政府开始从对经济事无巨细的传统管理者变为宏观调控的“掌舵者”和监督者。减少审批事项意味着政府把更多精力从经济管理事务中转移出来，更好地实现对社会建设的指导。行政审批改革对政府职能的调整起到了重要的推动作用，把政府角色和管理观念的转变在一个非常具体的层面上呈现出来，其导向意义此后开始被各界所认识。

3. 第三阶段：深化认识和全面推进（2003 年至今）

第三阶段的政府职能转变肇始于 2003 年。“非典”的暴发、环境污染加剧和弱势群体显性化等问题的出现，加之经济全球化等“后现代”的压力，促使中国在 21 世纪初，2003 年新一届领导集体以突出公平因素和反思市场因素的作用为契机，集中考虑全面转变政府职能，突出表现是以全面建设服务型政府为核心的行政体制改革逐渐展开。到 2008 年，中央提出大部门制的改革思路，探索转变政府职能与组织机构改革相结合的新途径。这一改革针对政府部门存在的职能越位与缺位现象，一个重要考量是解决政府对微观经济层面干预太多而无法在社会发展中尽职尽责地提供必要的管理和服务的问题。

大部门制改革不是片面地追求机构的合并与削减，而是在整合政府职责的基础上，为确保相同和相近权责的有机统一，相应地设置较大的部门来综合管理。通过整合职能更好地重组政府机构，有效提升行政效能，为解决“职责同构”带来的政府治理的结构性失灵问题迈出了重要一步。

第三阶段的综合配套改革为转变政府职能提供了良好的载体和支撑，其开拓性思路也为推进政治体制改革进行了有益的探索，提出转变政府职能的新要求和新目标。加快政府职能转变，意味着将统治、管理和服务三项基本职能更好地协调起来。

综上，改革开放以来，对政府职能转变的认识有两次理念突破：第一次突破发轫于对过度强调统治职能的反思，意识到急需扩大政府管理经济社会的职能。第二次突破是对 2003 年“非典”事件的反思，提出强化各级政府公共服务职能，全面实施建设服务型政府的战略，使之成为政府职能转变的新阶段，这也是中国政府发展的新起点。

对政府职能转变认识上的“三个阶段、二次突破”，标志着行政体制改革已不再局限于被动的调试和修补，跨入了整体规划和深入实践的新时期。这体现了社会各界对政府职能问题认识的细化，体现了对政治运行规律和政府发展规律认识的深化。

时至今日，加快政府职能转变的突破口在于推动行政审批制度改革。尤其是党的十八届三中全会以来，行政审批已由“改革的产物”逐渐变成“改革的对象”，最为典型的表现就是当前大力推行的行政审批权力的“负面清单”。可以预见，随着行政审批制度改革进入深水区，将会涉及政治、经济和社会的各领域，政府职责体系调整的触角也将延伸至省、市、县、乡各个层级，全面推动政府职能转变向纵深推进。

二、政府职能转变的代表性研究成果及观点综述

改革开放以来，国内围绕政府职能问题展开了大量的理论研究和实践探索，有效推动了经济体制改革和行政体制改革。在不同发展阶段，政府职能问题研究的抓手和核心内容均有所不同。这种抓手和核心内容的变化，勾勒出研究的演变过程，凸显了研究的内在逻辑。

梳理已有研究成果，可以概括为：1978—1998 年为“从国家职能到政府职能”的第一阶段，重点是区别政府职能与国家职能，以及对政府职能转变的初步认识；1998—2007 年为“从政府职能到政府职责”的第二阶段，重点探讨政府职责，深化对政府职能转变的认识；2007 年至今是“从政府职责到政府职责体系”的第三阶段，研究重点是政府间纵向职责配置和横向职责划分。这种“国家职能—政府职能—政府职责—政府职责体系”的逻辑脉络，推动了政府职能问题的研究日益深化和细化，进而关注实践中的可操作性。

（一）从国家职能到政府职能（1978—1998年）

20世纪80年代以前，我国没有现代意义上的“政府职能”概念，仅仅是在马克思主义哲学教本中对“国家的基本职能”进行概略说明。其时的国家职能，往往分为“对内职能”和“对外职能”。这种划分虽然符合历史情境，但因过于关注国家职能的“阶级属性”，很大程度上限制了理论和实践的突破。

党的十一届三中全会做出“把全党工作的着重点和全国人民的注意力转移到社会主义现代化建设上来”的战略决策。因应这一转变，学界和政界对“国家职能”有了新的认识，将国家的阶级性和社会性区分开，将国家的社会管理职能独立出来，为现代化建设提供理论支持。这一时期，很多学者提出过类似观点，但讨论的基本上是“国家职能”而非“政府职能”，“国家”与“政府”混为一谈的局面未能改观。然而，无论从理论发展的需要来看，还是从历史发展的趋势来看，“政府职能”的概念已呼之欲出。

20世纪80年代中期，在经济体制改革的推动和政治学理论发展的带动下，学界和政界开始讨论社会主义商品经济条件下“政府应当做什么”的问题，进而提出“政府职能”和“转变政府职能”的客观政治任务。1984年，中央把“发展社会主义商品经济”作为改革和发展的目标，明确提出“实行政企职责分开，正确发挥政府机构管理经济的职能”。1986年，《关于第七个五年计划的报告》提出“政府机构管理经济的职能转变”。1987年，党的十三大提出“使政府对企业由直接管理为主转变到间接管理为主”的要求，1988年和1993年两次政府机构改革，以探索适应经济体制发展的政治体制为目的，着力于政企分开，对企业进行宏观、间接的管理。理论和实践层面的探索推进了政府职能研究的深入。至此，“政府职能”成为一个独立概念，“转变政府职能”于是成为贯穿此后改革的一条主线。

这一时期，以“政府职能”为主轴，学界和政界共同开展了研究。1994—1998年，按发表时间，施雪华、张康之、金太军、何增科、辛向阳、钱振明、曹荣庆、李军鹏、郭小聪等在国家职能与政府职能的区别、政府职能配置、政府与市场关系、政府与社会关系、西方经验比较与借鉴等方面进行了广泛而细致的研究。“政府职能”从“国家职能”中分离出来，现代意义上的“政府职能”概念正式形成，关于政府职能问题的研究取得了初步进展。

1. 政府职能有边界

学界和政界意识到，政府与国家混为一谈、政府“无所不管、无所不包”的职能模式已无法适应现代市场和社会的发展，认识到在探索适应经济体制发展的政治体制过程中，处理好政府、市场、社会三者关系成为关键性的问题。

2. 对政府职能转变有了初步认识

学界和政界对政府职能转变问题及其转变方式形成了初步共识。认同政府职能重心在于经济建设这点是推动一系列体制改革的基石；同时开始探索改变单一的行政管理模式，实现政府对企业的间接管理、宏观管理。

纵然政府职能研究取得了一定的进展，但囿于特殊的历史环境，这一时期关于政府职能的认识还比较肤浅，对转变政府职能的看法并不全面，机构改革多局限在单纯的部门调整上。这些问题成为下一阶段研究的起点。

（二）从政府职能到政府职责（1998—2007 年）

这一时期是政府职能问题研究的第二阶段。前一阶段的研究取得了一定的成果，但关于政府职能的界说还比较纷乱。典型的表现是把有关国家机器的一切活动、行动、功能、职责等都解释为政府职能，比如将处理社会公平与效率的关系视为政府的重要职能，将设置若干警戒线作为政府直接行使其职能的控制基本尺度；认为中央政府的基本职能是处理好外交、国防、社会保障问题和对经济进行宏观调控等①；或将政府职能等同于政府在国家和社会中所扮演的角色和所发挥的作用②；或将政府职能视为国家行政机关各种职责的总称③。这些界说导致了理论上的不一致和实践中的模糊性，也使得准确厘定政府职能成为下一步研究的必需前提。

经过探索，学界在政府职能的概念上逐渐达成共识，将政府职能区分为政府功能和政府的职责。谢庆奎（1995）、李文良（2003）、朱光磊（2006）、张康之（2007）等学者均持类似的观点，但在具体的表述上有所区别。④ 朱光磊认为，应当把关于政府职能相对原则的界说中的适当部分纳入政府功能的范围；把关于政府相对具体的界说中的适当部分纳入政府职责的部分。张康之认为，政府职能表现为作为国家行政机关的政府所履行的职责，以及政府在国家和社会中的功用和效能状况。这种二分的观点避免了概念界说上的模糊，推进了对政府职能转变认识的深入。

理论的演进与实践的发展往往相互促进。伴随学界对政府职能认识的深入，改革实践中也表现出类似的趋势。1998 年的国务院机构改革在一定程度上将机构改革与职责划分联系起来。此前几轮国务院机构改革多从技术层面强调政府机

① 参见李善阶主编：《应用行政学》，北京，中国广播电视出版社，1990。

② 参见许文慧等主编：《行政管理学》，北京，人民出版社，1997。

③ 参见张国庆主编：《行政管理学概论》，北京，北京大学出版社，2000。

④ 参见谢庆奎等：《中国政府体制分析》，北京，中国广播电视出版社，1995；李文良等编著：《中国政府职能转变问题报告》，北京，中国发展出版社，2003；朱光磊主编：《现代政府理论》，北京，高等教育出版社，2006；张康之：《公共行政学》，北京，北京大学出版社，2007。

构的撤并和机构数量的增减；而此后的机构改革，开始有意识地将改革作为政府职能转变和管理体制创新的抓手，重点关注政府部门的职责权限和职能分工。这样，无论在理论上还是在实践上，政府职能问题研究的重点从关注政府职能，逐渐转移到政府职责的划分领域。

这一时期，政府职能问题研究的突破还体现在对于政府职能究竟转向何方有了更为明确的认识。在理论研究和实践摸索的基础上，确定了社会主义市场经济条件下政府的基本职能是“经济调节、市场监管、社会管理和公共服务”。① 2006年10月，党的十六届六中全会通过《中共中央关于构建社会主义和谐社会若干重大问题的决定》，明确要求“建设服务型政府，强化社会管理和公共服务职能”。这一原则性的提法为政府职能转变提供了明确指引。借此契机，学界围绕服务型政府的价值原则、理论基础、服务精神、建设目标、实现途径等进行了系统的研究，代表性的课题组或研究团队有：国务院发展研究中心课题组、财政部财科所课题组、世界银行课题组、国家行政学院研究团队、南开大学课题组、厦门大学课题组、中国农业大学研究团队等。

关于政府职能研究的突破还体现在对纵向政府职责配置的探索上。有学者提出中国政府职能在纵向上的“职责同构”是政府职能转变不到位、条块矛盾突出等一系列重要问题难以解决的主要体制性原因。② 只有适度打破“职责同构”，合理地配置纵向政府间职责，才有可能推动政府职能转变、行政体制改革、“条块关系”理顺等工作同步进行。

在实践中，2013年11月，《中共中央关于全面深化改革若干重大问题的决定》首次对“中央政府职责”和“地方政府职责”进行了区分，这一理念上的突破值得高度关注；与此同时，这项研究有待进一步的深入开展。

通过对政府职能的二层次界定，这一阶段将重点放在政府职责的调整上，从而使得行政改革更具针对性和可操作性，研究内容主要包括：

1. 政府职能包括功能和职责两个层面

政府职能包括政府功能和政府职责两个层面。这一划分改变了传统政府职能界说混乱的局面，有效避免了理论和实践的模糊性；更重要的是，进一步明确了在转变政府职能过程中，应将重点放到调整现代政府的职责上来。

2. 政府职能转变有了明确的侧重方向

虽然我国在1998年前就提出过转变政府职能的历史任务，但对于政府职能

① 参见温家宝同志2003年9月15日在国家行政学院省部级干部“政府管理创新与电子政务”专题研究班上的讲话。

② 参见朱光磊、张志红：《“职责同构”批判》，载《北京大学学报（哲学社会科学版）》，2005（1）。

究竟要转向何方并未明确。在这个阶段，经过理论和实践的探索，政府职能转变拥有了较为明确的方向，即要逐渐从偏重经济职能转向更加注重公共管理和社会服务职能。

3. 机构改革要与政府职责划分相联系

在这一阶段，研究者关注机构改革与职责划分的联系，强调要按照权责一致的原则调整政府部门的职责权限，明确政府部门之间的职能分工。特别是在提出建设服务型政府后，更将政府机构改革、政府职责划分和服务型政府建设三者有机联系在一起，推进了行政改革的进程。

（三）从政府职责到政府职责体系（2007 年至今）

2007 年至今是政府职能问题研究的第三阶段。这一阶段的研究重点从关注政府的职责划分转移到构建政府职责体系上来。换言之，这一阶段的研究不仅关注政府职责的划分，更关注政府职责的合理配置与协调；同时，凸显了从“政府如何做”到“政府如何做得更好”的绩效理念。

2007 年，党的十七大报告提出：“健全政府职责体系，完善公共服务体系，推行电子政务，强化社会管理和公共服务。”这是“政府职责体系”术语首次写入党的纲领性文件；党的十八大报告中出现了“稳步推进大部门制改革，健全部门职责体系”的原则性提法。这一提法的出现和发展将“政府职责体系”推上历史舞台。2008 年以来，中央推行的大部门制改革体现了构建政府职责体系的努力。从概念上讲，“大部门制既是政府部门设置的一种客观存在，也是一个机构重组和合并的过程”①。进一步的分析发现，大部门制的关键不在于部门的大小或数量的多寡，而是要与政府在经济社会中扮演的角色及其发挥的作用联系起来。

换言之，大部门制的关键是理顺职责关系、合理配置职责。② 同时，“改革的重点是紧紧围绕转变职能和理顺职责关系，稳步推进大部门制改革”③。这种探索展现出国家积极致力于构建政府职责体系的尝试。

总体上看，在这一阶段，政府职能问题研究的重点虽然逐渐转到了政府职责体系构建上，但关于政府职责体系的研究，特别是关于纵向政府职责配置的研究，还有进一步深入的空间。从已有研究来看，对政府职责体系的理解也有待深化，特别是关于政府职责体系的研究尚未找准突破口，泛泛而谈的论述较多。在

① 周志忍：《“大部制”：难以承受之重》，载《中国报道》，2008（3）。

② “国务院机构改革的主要任务是，围绕转变政府职能和理顺部门职责关系，探索实行职能有机统一的大部门体制”。参见华建敏：《关于国务院机构改革方案的说明（2008）》，见中国网，2008-03-11。

③ 马凯：《关于国务院机构改革和职能转变方案的说明（2013）》，见新华网，2013-03-10。

具体的表述中，政府职责体系、政府职责、政府职能等多个术语常常混用。但无论如何，在政府职能认识不断深化和行政体制改革不断深入的大背景下，下一步对政府职能研究的突破口在于系统地开展对政府职责体系的细化和具体化的剖析。

（四）政府职能转变研究的抓手：全面建设服务型政府

服务型政府究其实质，是以公共服务为主要职责的政府。全面推进服务型政府建设是2003年中央加快政府转变职能和管理创新的中心工作。改革开放以来，政府发展历经以机构改革为重点、以职能转变为重心的阶段性调整。2003年首次提出建设公共服务型政府，随即，研究的重点集中在五个领域：（1）服务型政府的本质与价值取向。（2）公共服务理论依据及背景。（3）服务型政府的基本建设规律与着力点。（4）基于各地的本土经验和模式。（5）国外的政府再造与公共服务改革借鉴。

从服务型政府研究的进展看，可以分为2003—2006年的起步阶段，以及2007年至今的深化阶段。起步阶段的成果多以理论和规范分析为主。2005年以来，国家出台了一系列强化公共服务、改善民生的政策，如取消农业税、免除中西部乃至全国义务教育阶段学费、提高个税起征点等，这表明服务型政府建设已不仅是政治口号，而转化为行动计划。这些变革既赢得了社会广泛赞许，也促进了人们对服务型政府建设的思考，研究成果渐次丰富，实践与理论相得益彰。[①]具体表现为：（1）研究的内容不断拓展。例如服务型政府的概念和模式，服务型政府建设的基本任务，服务型政府建设的前提条件，更加重视地方服务型政府的建设及差异性等。（2）研究的视角渐次丰富。例如从基本公共服务均等化的层面探讨服务型政府建设，从服务对象的多元化视角探讨服务型政府建设，如何借鉴典型国家公共服务模式等。（3）研究的领域日益细化。例如关注农村公共服务的改善，思考公共服务供给的府际关系问题，关注服务型政府建设的规模和绩效评价等。

与此同时，相比于起步阶段多采用规范分析、缺乏实证的现象，学者们近年来有意识地运用社会科学的多种研究方法助推服务型政府建设的研究，包括大量运用调研、个案、内容分析或建模等手段，工具性的价值研究与规范性的理论研究齐头并进，以服务型政府建设为抓手，推动政府职能转变相关研究的具体化。

随着各地强化公共服务的实践向纵深拓展，学界也取得阶段性的研究进展。一些研究团队基于已有成果，开始转向服务型政府视角下的政府制度建设和社会管理体制等相关领域。

由于对服务型政府建设的长期性、系统性和复杂性认识不足，当前，在理论

---

① 参见孙涛：《近年来服务型政府建设述评》，载《中国行政管理》，2011（1）。

和实践上出现了某些重视操作层面建设，忽视体制机制创新研究的现象。对于公共服务视角下如何加快不同层级政府的职责转变研究准备不足，研究出现一定的雷同性。加之受传统的行政体制掣肘、“官本位”文化的束缚和第三部门发育的不成熟，公共服务体系建设中的某些领域遇到了“瓶颈”，包括如何界定政府在卫生医疗、城市住房和社会养老等领域的角色和职责分工。

从以服务型政府建设为抓手加快政府职能转变来看，为应对新形势的挑战，学界研究要进一步从职能、机构、体制、过程等方面统筹考虑政府在纵向、横向上的职责配置、机构编制管理、社会管理创新、服务流程再造问题，突出公共管理和民生服务的特征，不断满足社会和公民的需求和期望。

具体来说，可以从如何实现公共服务在国家和地方层面的有效供给，如何定位公共部门的角色，如何借鉴典型国家经验等角度，探究政府的服务职能转变中的集成公共服务模式，使提供公共服务的不同部门和多元主体之间就分工协作和相互衔接达成共识，解决目前公共服务供给的“碎片化”问题。此外，可以搭建一个政界、学界与社会各界沟通交流的研究平台，坚持政府职能转变的研究“从实践中来，到实践中去”、“巩固统治、提升管理、改善服务”并举的思路，整合已有研究工作，形成若干完整、稳定的研究基地，积极应对政府职能转变中不断出现的理论问题和新的现实需求。

三、加快政府职能转变的展望与建议

中国作为世界上最大的发展中国家和后发国家，既要努力追赶发达国家和地区，完成基本现代化的既定目标，又不可避免地受到发达国家后现代浪潮的影响和冲击，在完成现代化进程的同时，及时应对并努力扮演好“后现代”时期的政府角色。回顾改革开放以来历次政府机构改革、几轮次行政审批改革、基于优化层级和结构的行政区划改革，乃至全面建设服务型政府的战略举措，其逻辑起点都是加快各级政府职能的转变。

（一）加快政府职能转变的趋势展望

纵览当前全面深化改革开放事业所面临的国内外环境，如何有效履行和强化公共服务职能是中国政府发展面临的重要任务。中国的政府发展必须适应“现代化”和“后现代”相交织的特点，应对这一前所未有的、双重历史压力下的艰巨挑战。

从中国政府发展肩负的“现代化”和“后现代”交织的历史任务出发——“管理补课进而强化管理”与“服务提升进而扩大服务”的双重逻辑并重，综合考虑发达国家后工业化时期政府职能呈现出的“政治职能隐性化、管理职能刚性化、服务职能扩大化”的特点，本报告认为，下一步的政府职能转变在内涵上可以从三个层面着眼：

(1) 深化对较为抽象但更为客观且不以执政党意志为转移的政府功能(function，role，即角色定位）的研究，从这个维度加深理解党的十八届三中全会提出的“国家治理体系”这一重大命题。针对2013年底党的十八届三中全会透露出注意区分中央和地方不同政府职能的问题，开展细化研究。

(2) 针对较为具体但有一定的主观选择性的政府职责（responsibility，duty，即负责什么），从探讨建构纵向政府间职责配置出发，对“政府职责体系”进行细化研究。

(3) 将政府职责的内涵进一步分解（见图1）。提炼出与“后现代”或“后工业化”阶段相呼应的强调透明、回应的行政问责和蕴含执政正当性的社会问责(accountability，即向谁负责）两个概念，针对阐释中国特色“治理能力现代化”问题开展系统研究。

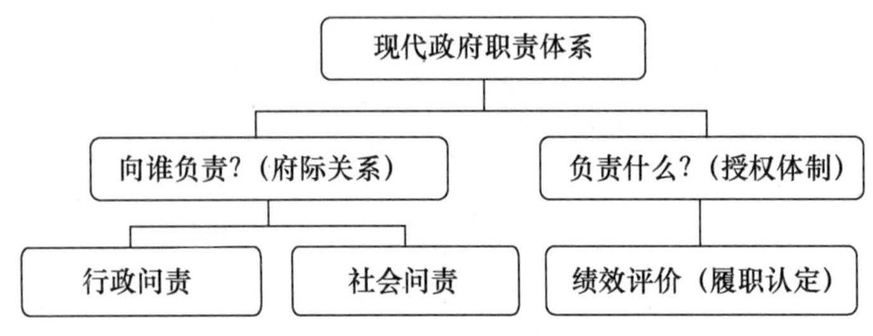

图1　现代政府职责的内涵

与此同时，针对进一步深化行政体制改革，研究如何规范政府间横向、纵向的行政权力，即“确权”，健全已有行政问责联动机制，建立法律的、财政的乃至社会的问责制度和机制，通过履职认定和绩效评价等手段，全方位推进服务型政府建设。

2013年5月，中国机构编制管理研究会在郑州召开中国机构编制管理研究会第五次联席会议暨政府职责体系专题研讨会，这是我国首次直接以“政府职责体系”为专题召开研讨会。与会专家针对政府职责体系的核心问题、加强政府职责体系研究的意义、构建政府职责体系要处理好的几对关系、健全地方政府职责体系的关键环节和突破口等重要问题进行了深入、细致的研讨。会议主办方摘编部分与会专家的发言陆续刊登在《中国机构改革与管理》上。如2013年第6期刊登了黄文平《加强政府职责体系研究具有重要意义》、朱光磊《政府职责体系构建中的六个重要关系》、马新华《健全地方政府职责体系的关键环节和突破口》、刘学群《省直管县背景下县级政府职责体系建设要考虑的几个关键问题》、刘云广《正确选择构建政府部门职责体系的方法路径》、盛放《职能管理是政府职责体系建设的重要抓手》。2013年第9期刊发了河北省行政管理体制改革与机构编制管理研究会《垂直管理是完善县政府职责体系的核心问题》、李东民《直管县政府职责体系的核心》、毛立红《地方政府社会管理职责体系创新的方向》等。可以认为，此次会议标志着学界探讨的“政府职责体系”问题已引起高层决策集体的关注。

有鉴于此，随着全面建设服务型政府工作的推进，应将政府机构改革（含行政区划改革）、政府职责体系划分和行政审批制度改革三者有机联系在一起，核心是以加快政府职能转变为出发点，着眼于建设法治政府和服务型政府，在经济调节、市场监管、社会管理和公共服务不同领域形成不同的政府角色定位（如有效政府、廉洁政府、效能政府和责任政府等）。

（二）加快政府职能转变研究的具体建议

党的十八大对行政体制改革进行了阐述。随后的十八届二中全会、三中全会，新一届党和国家领导人对行政体制改革的理论阐释和实践探索又有了新的发展，归纳起来，值得关注的层面包括：一是政府和市场关系的再认识，即如何全面深刻地理解市场的“决定性”作用；二是反思政府和社会的关系，加强社会建设；三是厘清中央和地方关系及其在政府职能转变方面的差异性。上述三个方面关系的重新定位或重构将成为下一步政府职能转变的着力点和行政体制改革的主干内容。几个需要重点研究的议题如下：

1. 如何推进核心职能的换位与全面履行职能的有机结合

党的十八届三中全会提出，要“全面正确履行政府职能”。回顾改革的历程，“以经济建设为中心”是中国在巨大的内外压力下做出的历史性选择，优先进行经济体制改革、发展经济的战略开启了中国特色社会主义道路的全新局面。毫无疑问，一个时期以来，发展经济是中国各级政府的核心职责。当前，国家经济发展任务依然紧迫，就业形势要求经济仍要保持一定速度的增长，产业结构调整关系未来发展的健康和可持续性，金融危机带来的消极影响使得中国外贸和金融形势严峻……各级政府从全身心投入“做大蛋糕”的工作，逐步转向既要重视“做蛋糕”，更要重视“分蛋糕”的顶层设计。

当前，国家有足够的物质力量去解决以往没有引起足够重视、发展不尽如人意或由于条件限制暂时难以处置周全的问题；在此基础上，努力推动社会更全面的发展。经济的成功使基于生存压力而全力推动经济建设的迫切性降低了，政府有余力更多关注更加广泛的社会事务，也具备了相当的财力、物力和技术手段去更好地推动许多非经济领域问题的解决。

加快转变政府职能是“全面履行”与“重点调整”政府职能的结合。“全面履行”与“重点调整”是转变政府职能前后相继的两个阶段。长期以来，政府职能履行存在着缺位和不足的情况，转变政府职能首先要使政府各方面的职能得到全面的履行，拓宽“作业面”，消除“空白点”。

改革初期，中国政府的职能设置过于偏重促进经济建设方面的内容，一定程度上忽视了社会管理与公共服务。尽管它具有历史的合理性，但与社会全面、协调的发展还是有一定距离的。当前，社会的发展需要政府的职能做出相应的调整，政府职能不能仅仅在经济建设上发挥作用，还需要在社会领域有所作为，尤其是为社会提供必要和优质的公共服务。发展经济是政绩，提供服务也是政绩。建设服务型政府更是体现了对政府职能问题的认识更加全面和深化，转变政府职能要突破调整经济职能的局限，向着更加广阔的范围发展，为社会发展提供更有力的支持与保障。在此基础上，重点调整政府的职责配置，通过调整工作重心使政府职能实现优化。服务型政府意味着政府职能的重心要逐渐转移到为社会提供公共服务上来，为社会提供更多更优质的公共服务。在满足社会不断增长的多方面、多层次需求的基础之上，更有效地理顺社会关系，化解各种社会矛盾，从而保持社会、政治的稳定与和谐，保证改革的深入进行，为实现全面小康打下坚实基础。

在中国的政治实践中，逻辑上的两个阶段实际上是交织在一起进行的，即政府在转变职能的过程中，往往同时面临着“全面履行”和“重点调整”的任务。从某种意义上来说，建设服务型政府的提出很好地契合了转变政府职能两个阶段的任务。“全面履行”政府职能的重要内容是政府更加重视社会公共服务领域，履行长期缺位的服务职能；而“重点调整”中的“重点”是指政府在充分履行各项职能的前提下，应当逐渐把工作重心转到为社会提供优质服务上来。将转变政府职能两个阶段的工作在现实中统一起来，在建设服务型政府过程中统一起来，既符合中国现代化发展的需要，也为完成这一历史任务提供了现实路径。

2. 加快转变政府职能是“后战略机遇期”应当完成的时代课题

全球化带来的外在压力促使我们必须系统思考加快转变政府职能的问题。全球化使国际交往日益加深，信息传递更加及时、便捷。中国在扩大开放的基础上已经深刻融入了全球化的整体进程，因此，各个领域的工作水平都不可避免地、越来越直接地以国际标准来衡量。由于发达国家的公共服务体系建设相对完备、水平较高，政府职责配置相对合理，中国政府职能履行面临与发达国家在同一平台上比较和竞争的压力。相关领域工作水平的滞后，自然给中国的国际声望带来一定的压力。在全方位的国际竞争中，资本和人才的全球性流动和产业结构的调整呈现出一些微妙变化，这就需要中国政府加强全方位的制度、机制建设，尤其是完善相应的社会政策，以增强综合竞争力。全球化本身意味着与经济发展相关的各项制度都应不断完善，而转变政府职能，使各项职责协调发展，建设完备的服务体系也是参与并适应经济全球化竞争的必要条件。

所以说，加快转变政府职能是缓解乃至解决这些矛盾和问题的重要途径，也是中国政治发展的现实路径。

首先，许多重要的经济、政治问题都是公共问题，以社会矛盾的形式爆发出来，这些社会矛盾在一定范围内并不是所谓“阶级矛盾”，究其根本也不涉及政治统治的要害，完全可以通过强化政府的社会管理和服务职能予以解决。中国现代化面临的问题多是需要改善公共权力的运用的问题。国家需要通过基本制度的完善，政府需要继续转变职能、提供必要的服务来满足社会不断增加的各方面的需要。如社会反映强烈的医疗、住房、教育三大难题，尽管在形式上表现得非常激烈，但并不属于不可调和的阶级矛盾，其本质上还是社会性的问题，是由于制度、公共服务供给不足造成的，可以通过政策调整、制度完善和职能转变来解决。当然，这样的社会问题如果处理不当，也会危及执政的正当性。

其次，高速发展中产生的问题可以用加快转变政府职能的办法来缓解，保持政治稳定和一定程度的社会团结，为进一步的发展创造条件。社会中产生的各种矛盾和不稳定的状况与中国政治、经济体制改革的“不到位”有关，而这种“不到位”的情况在一定的时期内还会存在下去。发展中产生的问题最终要靠发展的办法来解决。但就某一阶段而言，在矛盾集中凸显的情况下，要凝聚全社会力量，使全体社会成员认同继续发展的目标、坚定继续发展的决心是有困难的，必须进行某种程度的调整和缓解。这就需要通过更好地履行政府职能来弥合现代化高速发展造成的社会断裂。调控发展速度与坚持发展方向同样重要，其关键在于把握社会对变化的承受度。

加快转变政府职能，有效地解决政府职能的“越位”、“缺位”问题，在履行引领经济发展职责的同时，着力改善社会管理和公共服务职责的履行状况，推行有效的社会政策，也是现代化进程不可或缺的一部分，为完善现代化的政治经济制度做出了十分重要的探索和铺垫。

再次，依据其他国家现代化进程的经验，增强国家的社会性，强化政府社会管理和公共服务职能可以有效破除发展中的障碍，消除社会危机。中国的发展道路没有现成的经验可以照抄，但他国现代化道路的成功之处是值得借鉴的。二战以来，一些西方国家利用自己积累的雄厚财力建立了“从摇篮到坟墓”的全面的社会保障，改善了全体社会成员的生活，一定程度上缩小了贫富差距，缓解了阶级对立和许多与之相关的社会矛盾，赢得了普遍的社会政治稳定和广泛的发展空间。

总之，加快转变政府职能本身是时代赋予我们的重大课题，也是中国现代化建设攻坚阶段的一个破题点，政府应当在既有基础上增强紧迫感，力争在“后战略机遇期”有所突破，为更深远的发展提供坚实的体制机制保障。

最后，基于转变政府职能理论的行政体制改革配套推进。当前围绕政府职能转变，深化行政体制改革的突破口是政府行政审批的减少和规范，同时，要加强行政监管体系的建设。可以说，行政审批是要做“减法”，而政府监管是要做“加法”，“有减有增，增减结合”。为此，行政体制改革要探索如何实现两个层面的优化：一是行政体制内部的权力结构优化，包括编制、流程、职位、部门等，这种优化主要是政府行政体系中权力结构的调整，当然也包括政府层级关系的调整。二是行政体制外部的机制优化。在政府与市场的关系方面，要以市场作为资源配置的决定性机制；在政府与社会关系方面，能交给社会力量去办的事，尽量交给社会组织和社会机构兴办。三是引进市场机制，探讨如何更好地向社会力量购买服务，改变公共服务的供给方式和机制。四是探索通过行政体制改革来改变政府行政方式。

行政体制作为中国政治体制的重要组成部分，是巩固党的领导，承接和实施人民主权、实现人民民主和国家有效治理的执行机制，也是在政府治理能力现代化的意义上，落实依法治国方略，依法执政和依法行政共同推进，法治国家、法治政府、法治社会互动建设任务的运行平台。

总的来看，加快转变政府职能，深化行政体制改革，是贯彻和落实党的十八大以来党和国家关于行政体制改革的战略布局和理论阐释，谋划推进行政领域的改革实践。以政府职能转变为核心，基于政府职能理论建构，以及注意当前转变职能中的重点、难点和“困点”，注意区分中央和地方政府的职责。特别是将基于简政放权的行政审批改革和强化市场监管的政府能力建设纳入重构行政体制改革框架中。从机构到管理制度和管理方式，再到对公务员制度提出新的要求，进而在新的起点上，更多地考虑管理效率和方式创新，增强政府公信力。

四、报告要点

本报告对改革开放以来政府职能转变的历程进行了简要回顾，重点对 2003 年以来政府职能转变和服务型政府建设的研究进行了初步的学术梳理。在此基础上，从现实需求和理论研究层面对加快政府职能转变进行了展望、提出了建议。本报告要点总结如下：

（1）明确转变政府职能不是一件具体的工作，而是政府发展的方向和政府职责重心调整的过程。它不以达到某个具体的目标为终点，而是涉及党政关系、中央与地方关系、经济增长方式转变、法制建设、政府行政过程优化与政策调整等多个层面问题的系统性工程。转变政府职能是相对复杂和宏观的过程，要应对当前转变政府职能中出现的某些问题，一些过于具体的对策可能作用有限。

（2）认为加快转变政府职能，是应对政府职责体系与经济体制改革和社会整体发展的某些不协调、不适应情况的总体思路。当前，在既有成绩基础上，加快转变政府职能是政治体制改革的迫切需求，是把握战略机遇期、推动经济和社会更好更快发展的关键，也是中国政治现代化面临的重大课题。为此，转变政府职能研究要着重解决几对矛盾：1）解决两个“不相适应”——加快转变政府职能要应对政治实践中出现的政府职能的调整与经济体制改革和人们日益增长的物质文化需求不相适应的问题。2）解决两个“质量不高”——对于政府本身来说，政府自身相应的理论积累质量不高以及政府运行质量不高的局限性使得加快转变政府职能的必要性日益突出。3）破解两种“不协调”——解决地方政府的“职责错位”与央地政府之间的“职责同构”问题，推动央地政府核心职能定位与全面履行政府职能的有机结合。

（3）对过去政府职能转变历程、行政体制改革进程中的经验得失进行新的理论阐释，进而在政府职能的内涵构成，厘清政府职责体系内涵、转变政府职能的抓手，服务型政府建设、行政体制改革的“突破点”，深化行政审批改革等方面提出新的见解，凝聚和扩大学术共识，探讨合理划分政府职责体系的新思路。

总之，本报告着眼于对政府职能转变与行政改革现实效果的认识、立足于对于行政改革国际经验的规律性认识、制约职能转变掣肘因素的清晰认识，将学理研究“落到实处”。希望对在新一轮全面深化改革时期加快职能转变、深化行政改革做出战略性的解读，从而描绘职能转变的总体方向和大致路线图，建构政府纵向职责配置表，完善合理的行政问责机制与绩效评估体系，服务于“十三五”决策目标。特别是在政府职责体系、行政审批改革、行政层级优化、社会协同治理等改革路线图的关键领域，进一步提供了较成熟的政策思路和建议方案，能够对决策产生实质性的影响。具体包括：更好地处理政府职责配置中的横向、纵向及条块关系；更好地处理央地事权分解及划分与公共服务事权府际划分的关系；进一步明确行政许可权力分解与市场监管范围划分关系；进一步厘清职责放权与分权、授权与确权的矛盾关系；等等。

（作者单位：南开大学周恩来政府管理学院行政管理系）

城乡统筹社会保障体系建设研究报告

高连欢　王　俊

社会保障制度是构建和谐社会的基础。党的十八大报告提出，今后我国社会保障体系建设以增强公平性、适应流动性、保证可持续性为重点，全面建成覆盖城乡居民的社会保障体系。城乡社会保障统筹发展，能有效保障城乡居民的基本生活，对于经济社会的可持续发展和构建和谐社会具有重要的意义。要落实好中央提出的这一战略目标，必须在充分认识城乡统筹社会保障体系的时代背景下，客观面对社会保障体系的现状，认真分析存在的问题，进一步完善城乡社会保障体系。

一、城乡统筹社会保障体系发展现状

（一）完善城乡统筹社会保障体系的时代背景

1. 全面建成小康社会，实现中华民族伟大复兴的迫切要求

党的十八大报告指出，始终把实现好、维护好最广大人民根本利益作为党和国家一切工作的出发点和落脚点，尊重人民首创精神，保障人民各项权益，不断在实现发展成果由人民共享、促进人的全面发展上取得新成效。并提出全面建成小康社会奋斗目标的新要求，即必须全面落实经济建设、政治建设、文化建设、社会建设和生态文明建设五位一体总布局，做到经济持续健康发展。建立统筹城乡的社会保障体系，是社会建设中的一项重要内容，它的发展水平和完善程度直接影响经济建设、政治建设、文化建设和生态文明建设目标的实现，是全面建成小康社会、实现中华民族伟大复兴的迫切要求。

2. 夯实经济基础，促进经济可持续发展的重要动力

近年来拉动经济增长的三驾马车中，消费对经济增长的贡献逐步有所体现，2013年最终消费支出对经济的贡献率达到50%，但是根据国家统计局的数据，2010—2013年我国消费增速分别为18.3%、17.1%、14.3%和13.1%，呈逐年回落的态势。这表明在经济增速趋势性放缓的背景下，需要增加居民收入才能真正有效促进消费，只有居民实际收入增速超过GDP增速时，才能发挥消费的基础性作用，从而达到通过扩大消费提振内需，进而夯实经济基础、促进经济发展的目的。李克强同志在2014年博鳌论坛致辞中曾强调，当前中国经济开局平稳、总体良好，但经济稳中向好的基础还不牢固，下行压力依然存在。社会保障体系的完善程度直接影响着国民的消费预期，只有建立完善的城乡社会保障体系，广大国民才能解除后顾之忧，敢于消费，更大程度上发挥消费对经济增长的贡献率。因此，完善的城乡社会保障体系是夯实经济基础、促进经济可持续发展的重要动力。

3. 缩小收入差距，完善收入分配制度的重要途径

2013年全年我国城镇居民人均总收入29 547元。其中，城镇居民人均可支配收入26 955元，扣除价格因素实际增长7.0%，全年农村居民人均纯收入8 896元，扣除价格因素实际增长9.3%。[①] 2013年我国基尼系数达到0.473，贫富差距问题仍然较显著，收入分配改革迫在眉睫。社会保障作为保障人民生活、调节社会分配的一项基本制度，能够在国民收入的再分配过程中，通过加大对困难群众的保障力度，逐步缩小收入差距。虽然近年来国家在社会保障领域进行了一系列改革，取得较大成效，但是城镇居民和农村居民的社会保障待遇仍然存在较大差距。加快建立统筹城乡的社会保障体系、实现基本社会保障服务均等化，能够在一定程度上合理调整收入分配关系，缩小收入差距，完善收入分配制度。

4. 适应流动性，促进劳动力要素合理流动的必要条件

党的十八大报告提出，社会保障体系的一个重要目标就是适应流动性。随着我国城镇化进程的加快，越来越多的要素将在不同的地方之间流动。据国家统计局统计，2013年全国人户分离的人口为2.89亿人，其中流动人口为2.45亿人。[②] 预计2014年这个数据还会稳步增长，一方面进城务工的人员呈增长态势，另一方面，部分农村老年人跟随子女迁移到城市生活。还有一种现象就是在城市有独立居住能力和一定经济能力的低龄老年人部分选择在农村养老。这些老人到

① 参见王萍萍：《如何看待城镇居民收入增长7%》，见国家统计局网，2014-01-22。

② 参见《国家统计局公布2013年经济数据：GDP同比增7.7%》，见中国经济网，2014-01-20。

流入地之后需要社会保险关系的顺利接转。社会保险关系的转移接续，既包括统筹地区社会保险关系的转移接续，也包括不同制度间的社会保险关系的衔接，如城乡社会保险制度间的衔接。据人力资源和社会保障部副部长杨志明 2014 年 2 月 20 日在国务院新闻发布会上介绍，2013 年，全国农民工总量为 2.69 亿人，其中外出的农民工 1.66 亿人。其中 1.5 亿人在城乡间流动，6 000 多万人跨省流动。不论是哪一种流动，都涉及社保转移接续的问题，这就需要建立完善的统筹城乡社会保障体系满足这些流动人员的社保需求。因此，统筹城乡社会保障体系，可以进一步发挥市场在资源配置中的决定性作用，促进人员要素的合理流动。

（二）城乡统筹社会保障体系建设现状

1. 社会保险

（1）养老保险。

我国的养老保险制度起源于新中国成立初期，以 1952 年 2 月中央政府颁布的《中华人民共和国劳动保险条例（草案）》为标志，当时主要是为了保障离退休人员的基本生活。《劳动保险条例》规定，养老金与本人在本企业工龄和退休前的标准工资相关，约为职工工资的 50%～70%。1955 年 12 月，中央政府又颁发了《国家机关工作人员退休处理暂行办法》和《国家机关工作人员退职处理暂行办法》，针对机关和事业单位的工作人员建立了退休养老制度，规定了待遇标准，与企业职工基本相同。1958 年，国务院又发布了《关于工人、职员退休处理的暂行规定（草案）》，统一了企业职工和机关事业单位的养老保险制度。到 20 世纪 60 年代中期，基本形成了以单位为依托的城镇职工退休养老保险制度。“文革”期间，职工养老保险制度基本蜕变为职工单位内部的劳保。改革开放以后，各地开始实行养老保险制度改革。1991 年 6 月，国务院颁发了《关于企业职工养老保险制度改革的决定》，确立了国家、企业和个人的“三支柱”养老原则。1997 年，国务院根据试行中存在的问题，颁发了《关于建立统一的企业职工基本养老保险制度的决定》，进一步明确在全国建立统一的城镇企业职工基本养老保险制度。2005 年，国务院针对制度中存在的一些问题，颁布了《关于完善企业职工基本养老保险制度的决定》，继续完善制度体系。近十年来，基本养老保险覆盖范围不断扩大，参保人数逐年增加（见图 1）。截至 2013 年底，我国职工养老保险参保人数已经达到 32 218 万人，比上年增加 1 792 万人。

城乡居民养老保险包括城市和农村两个范畴。在农村地区，农民的养老很长时间一直由家庭保障为主，1992 年 1 月，民政部发布了《县级农村社会养老保险

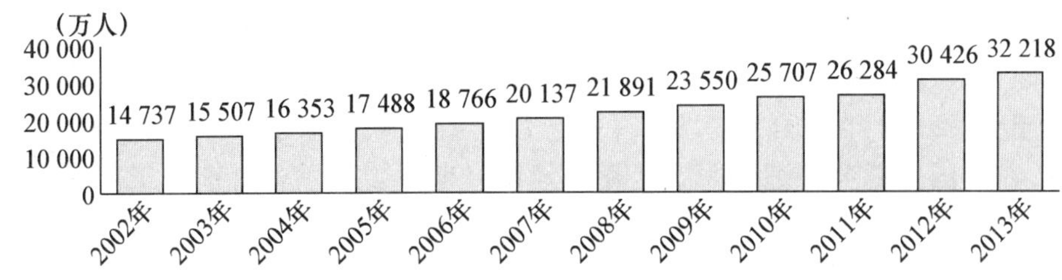

图1　城镇养老保险参保人数（2002—2013）

资料来源：历年《中国统计年鉴》。

基本方案（试行）》，由于多种原因，这个方案在很多农村地区无法实行。2009年8月，国务院发布了《关于开展新型农村社会养老保险试点的指导意见》，确定从2009年起开展新型农村社会养老保险，同时召开了开展新型农村社会养老保险试点工作会议，正式启动农村新型养老保险试点工作。这一制度在2009年覆盖了10%左右的县，2020年之前覆盖所有农村适龄居民。从2010年初到2012年底，新农保参保人数从3 326万人增加到4.6亿人。

2011年7月，国务院颁发《国务院关于开展城镇居民社会养老保险试点的指导意见》，决定城镇居民养老保险在全国层面试点，这是党中央、国务院为加快建设覆盖城乡居民的社会保障体系做出的又一重大战略部署。截至2013年底，全国新农保、城市居民养老保险参保人数已达4.98亿人，其中领取待遇人数达1.38亿人，加上职工养老保险，合计覆盖了8.2亿人。[①] 2014年2月，国务院决定合并新型农村社会养老保险和城镇居民社会养老保险，建立全国统一的城乡居民基本养老保险制度。

机关事业单位养老保险改革一直在稳步推行。2013年10月，时任人社部新闻发言人的尹成基透露，各地机关事业单位在养老保险制度改革方面进行了积极的探索，在城镇职工养老保险参保人数当中，包含着2 153万机关事业单位人员，一些地方已经将机关事业单位纳入参保范围。2014年的政府工作报告明确提出，加快机关事业单位养老保险改革步伐，人力资源和社会保障部目前正在制定顶层设计方案。

（2）医疗保险体系。

我国目前基本医疗保险体系主要包括三个方面的内容，分别是城镇职工医疗保险、城镇居民医疗保险和新型农村合作医疗保险。

城镇职工医疗保险体系，起源于计划经济体制下我国在城市里建立的劳保

① 参见人力资源和社会保障部：《我国养老保险制度覆盖8.2亿人》，见新华网，2014-02-26。

医疗和公费医疗制度。1993 年国家确定在城镇建立社会统筹与个人账户相结合的职工医疗保险制度。从 1994 年起，国家在江苏镇江和江西九江试点医疗保险制度，1998 年，国务院发布《关于建立城镇职工基本医疗保险制度的决定》，在全国范围全面进行职工医疗保障制度改革。目前，城镇职工基本医疗保险制度已经在全国普遍建立，基本取代了劳保—公费医疗制度，覆盖范围包括国家机关、企事业单位职工和退休人员，并逐步扩大到非公经济组织的从业人员、灵活就业人员和农民工等人群。近五年参保人数逐渐增加（见图 2），截至 2013 年底，我国参加城镇职工基本医疗保险人数 27 443 万人，比上年增加 957 万人。①

城镇居民医疗保险体系建设主要始于 2007 年 7 月国务院印发《关于开展城镇居民基本医疗保险试点的指导意见》。2007 年在 79 个城市启动试点，2008 年扩大试点，2010 年在全国全面推开。目前，城镇居民基本医疗保险稳步推进，居民踊跃参保。截至 2013 年底，我国参加居民基本医疗保险人数 29 629 万人，比上年增加 2 473 万人（见图 2）。②

图 2　近五年城镇医疗保险参保人数

资料来源：历年《人力资源和社会保障事业发展统计公报》。

农村合作医疗体系建设始于 2003 年。2002 年 10 月，《中共中央国务院关于进一步加强农村卫生工作的决定》提出要积极引导农民建立以大病统筹为主的新型农村合作医疗制度。从 2003 年开始，国务院按照“财政支持、农民自愿、政府组织”的原则组织部分地区进行试点。经过几年试点运行，全国农村在 2010 年基本建立起这一制度。截至 2013 年底，全国 2 489 个县（市、区）实施了新型农村合作医疗制度，新型农村合作医疗参合率 99.0%。③

①② 参见《2013 年人力资源和社会保障事业发展统计公报》，见人力资源和社会保障部网，2014-05-28。

③ 参见《中华人民共和国 2013 年国民经济和社会发展统计公报》，见国家统计局网，2014-02-24。

（3）工伤保险。

1996 年，劳动部颁布《企业职工工伤保险试行办法》，确立了我国工伤保险的基本模式和理念，除了扩大工伤保险覆盖范围以外，还确立了保险费率机制，形成了工伤康复与工伤预防的理念，确立了工伤康复和工伤预防在工伤保险中的重要地位。2003 年，国务院颁布了《工伤保险条例》，标志着我国工伤保险制度进入法制化阶段，《工伤保险条例》在 2010 年 12 月进行了修改。人力资源和社会保障部随后修订了《工伤认定办法》，颁布了《部分行业企业工伤保险费缴纳办法》、《非法用工单位伤亡人员一次性赔偿办法》、《实施〈中华人民共和国社会保险法〉若干规定》、《社会保险基金先行支付暂行办法》等规定，工伤保险立法体系逐渐完善。2013 年 4 月，人力资源和社会保障部发布了《关于执行〈工伤保险条例〉若干问题的意见》，针对工伤保险实务中存在的问题提出了指导性意见，工伤保险制度体系进一步完善。近五年参保人数稳步增长（见图 3），截至 2013 年底，全国参加工伤保险人数 19 917 万人，比上年增加 907 万人。①

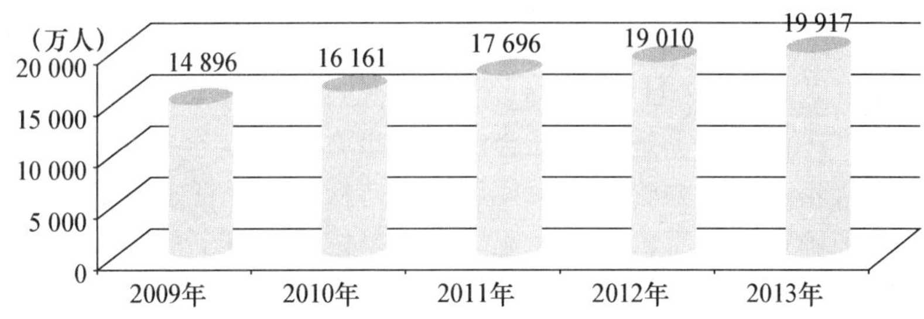

图 3　近五年工伤保险参保人数

资料来源：历年《人力资源和社会保障事业发展统计公报》。

（4）失业保险。

我国的失业保险制度起源于改革开放之后，主要标志文件是 1980 年国务院颁布的《国营企业职工待业保险暂行规定》，后来随着市场经济的建立、国有企业改革的推行，职工开始分流，失业人员的生活保障问题越发突出。1999 年 1 月，国务院颁布了《失业保险条例》及《社会保险费征缴暂行条例》，标志着我国的失业保险制度进入一个新的阶段。失业保险对于保障失业群体的生活、维护社会的稳定发挥了重要的作用。近年来，国家进一步完善失业保险制度，加快修订失业保险条例，推动扩大失业保险基金支出范围试点工作，同时稳步推进失业

① 参见《2013 年人力资源和社会保障事业发展统计公报》，见人力资源和社会保障部网，2014-05-28。

动态监测，开展失业预警试点，探索建立失业调控的有效手段和工作机制，参保人数逐年增长（见图 4），截至 2013 年底，参加失业保险人数 16 417 万人，比上年增加 1 192 万人。2013 年末全国领取失业保险金人数 197 万人，比上年末减少 7 万人。①

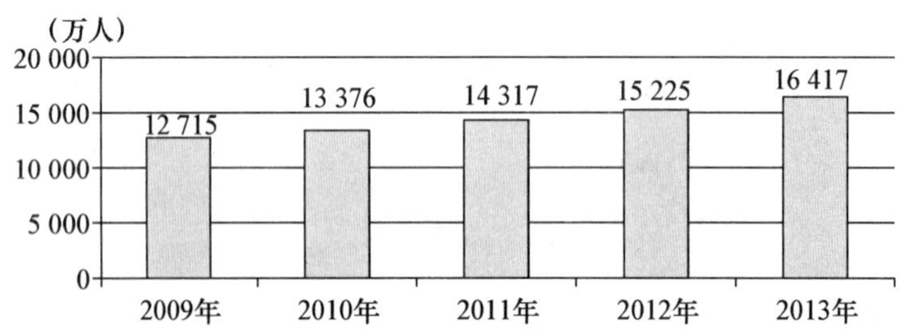

图 4　近五年失业保险参保人数

资料来源：历年《人力资源和社会保障事业发展统计公报》。

（5）生育保险。

我国的生育保险真正在规章制度上确立的标志是 1994 年 12 月原劳动部颁布的《企业职工生育保险试行办法》。它是我国目前推行生育保险制度最基础的部门规章。其主要内容是实行社会保险、生育费用社会统筹。2012 年 12 月，国家就《生育保险办法征求意见稿》面向社会公开征求意见，将生育保险的覆盖范围确定为国家机关、企业、事业单位、有雇工的个体经济组织以及其他社会组织等各类用人单位及其职工。《生育保险办法征求意见稿》还规定，生育保险的待遇包括医疗费用和生育津贴。《生育保险办法征求意见稿》与《企业职工生育保险试行办法》相比，其缴费比例由不超过 1%调整为，按照本单位职工工资总额的一定比例缴纳生育保险费，缴费比例一般不超过 0.5%，具体缴费比例由各统筹地区根据当地实际情况测算后提出，报省、自治区、直辖市批准后实施。超过工资总额 0.5%的，应当报人力资源和社会保障部备案。参加生育保险的人员在协议医疗服务机构发生的生育医疗费用，符合生育保险药品目录、诊疗项目及医疗服务设施标准的，由生育保险基金支付，即个人不需要支付费用；对于急诊、抢救的，可在非协议医疗服务机构就医。近五年参保人数如图 5 所示，截至 2013 年末，我国参加生育保险人数 16 392 万人，比上年增加 963 万人。②

① 参见《中华人民共和国 2013 年国民经济和社会发展统计公报》，见国家统计局网，2014-02-24。

② 参见《2013 年人力资源和社会保障事业发展统计公报》，见人力资源和社会保障部网，2014-05-28。

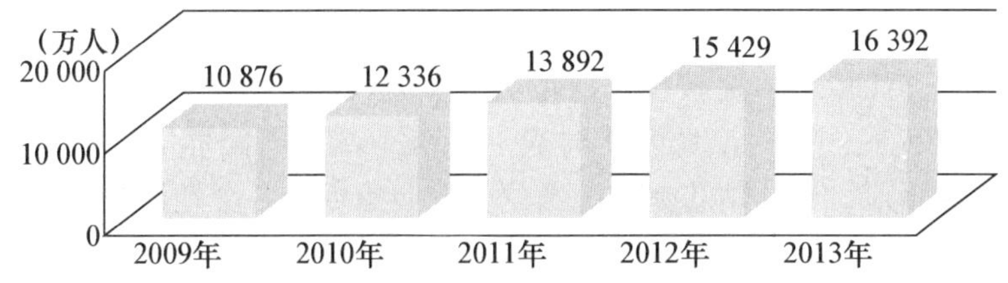

图 5　近五年生育保险参保人数

资料来源：历年《人力资源和社会保障事业发展统计公报》。

2. 社会救助、社会福利和优抚

近年来，我国社会救助体系建设取得重要进展。制度不断完善，机制创新取得新突破，资金投入不断加大，基层救助能力进一步提升，惠民利民取得新成效。2013 年底收养救助各类人员 310 万人，全国共有 2 061.3 万人享受城市居民最低生活保障，5 382.1 万人享受农村居民最低生活保障，农村五保供养 538.2 万人。① 社会福利事业快速发展。社会福利覆盖范围不断扩大，孤儿保障、残疾人福利、康复辅具服务等工作全面加强，养老服务业综合改革试点已经启动，城乡养老服务业统筹推进，城乡社区老年人日间照料服务水平逐步提高。据民政部统计，目前各类养老床位达到 570 万张、每千名老人拥有养老床位数达到 27 张。优抚安置工作成效显著。从 2005 年开始，中央财政已连续 8 年调整优抚对象等人员抚恤和生活补助标准，以切实保障优抚对象等人员各项待遇。30 多万退役士兵接受免费教育培训，近 8 万名退役士兵安置遗留问题得到解决，新旧退役士兵安置制度实现了平稳过渡、有序衔接。

二、城乡统筹社会保障体系研究现状综述

在统筹城乡社会保障体系方面，国内一些权威专家学者都有论述，也通过不同的渠道表达了他们的观点。

中国人民大学郑功成教授认为，传统观念的障碍直接影响新型社会保障体系的理念与目标设定。现实生活中一些政策制定者的价值取向仍然偏向城乡分割，由此导致政策偏离城乡统筹方向。因此，如果不能从根本上改变传统的城乡二元分割分治的观念、意识与思维定式，社会保障体系建设仍将很难超越城乡分割的困局。要统筹推进城乡社会保障体系建设，必须要解放思想，更新

① 参见《中华人民共和国 2013 年国民经济和社会发展统计公报》，见国家统计局网，2014-02-24。

观念。①

清华大学公共管理学院教授、清华大学就业与保障研究中心主任杨燕绥在2014年初接受人民网强国论坛专访时表示，统一城乡居民养老保险后，必须明确政府补贴的原则，对补贴的标准应当建立参照指标。各个地区政府补贴的标准可以参照当地上年度城乡居民消费支出，全国确定原则，各地确定标准。另外，她还建议，应从城乡居民养老保险整合做起，横向上统一社会保障卡管理服务体系、经办机构、信息系统，即可实现信息向上集中、服务向下派送的服务型政府运行机制，建立各类养老金的待遇调整机制；纵向上提高统筹层级，实现城镇职工基础养老金中央统筹，建立统一的信息系统和经办机构，解决遗留问题，完善个人账户制度和投资管理系统，明确中央和地方政府的责任。②

中国社会科学院世界社会保障研究中心主任郑秉文认为，目前我国社会保障制度便携性不足，主要存在三个障碍。一是财政分灶吃饭和社保体制设计等原因造成地域割据，进而在一个制度内产生便携性障碍。二是制度碎片化导致的不同制度间的便携性困境，比如公共部门与私人部门之间，城乡之间转移接续等。三是没有建立全国统一的社保电子平台。他建议在国家层面采取一次性投入或一次性签约的办法建立全国范围的统一电子平台，以避免地方化投入造成的潜在浪费和便携性的区块肢解问题。③

中国社会科学院劳动与社会保障研究中心主任王延中指出，目前我国以社会保险、社会救助、社会福利为基础的社会保障制度框架基本确立，在维护社会稳定、保障基本生活、调节收入分配、增进社会公平等方面发挥了积极作用。要把社会保障制度建成保障人民生活、调节收入分配的一项基本制度，还需要做好一些工作。一是进一步加大财政对社会保障的投入，建立社会保障财政投入的长效机制。二是加强社会保障制度的整合与城乡统筹。城镇职工基本养老保险制度应尽快实现全国统筹，城镇职工基本医疗保险制度应实现省级统筹，其他社会保险制度也需提高统筹层次。三是进一步完善制度设计。制度的设计，应重点考虑中低收入人口和贫困人口的社会保障需求。四是进一步完善社会保障的筹资机制与补偿机制。应适当调整基本社会保障项目的缴费率，加大社会统筹的比重，适当降低个人账户的缴费比例；在坚持总体待遇水平逐步提高的同时，建立差异化的待遇调整机制。五是改进社会保障的管理与服务。大力发展以教育、卫生为重点

① 参见郑功成：《从城乡分割走向城乡一体化（上）中国社会保障制度变革挑战》，载《人民论坛》，2014（1）。

② 参见杨燕绥：《补贴标准可参照消费水平确定》，见中国劳动保障新闻网，2014-02-18。

③ 参见郑秉文：《未来10年如何建立“更可靠的社会保障”》，见中国劳动保障科研网，2013-03-01。

的基本公共服务和社会福利体系，进一步理顺社会保障管理体制，增强公平性，提高效率。①

首都经济贸易大学石郑认为，传统社会保障的重心一直在城镇而忽视了农村，造成城乡之间差异很大，失衡严重。在城乡二元社会保障制度下，农村社会保障体系不全、标准过低、覆盖面窄。城镇职工享有社会保险、社会救助、住房保障等较为全面系统的保障，而农民的保障基本上以土地保障和家庭保障为主。因此，要实现全面建成小康社会的奋斗目标，必然要强力推进统筹城乡社会保障体系建设。②

中央财经大学中国社会保障研究中心主任褚福灵在做客中新网财经频道视频访谈间时表示，我国之所以出现养老保险多轨制的现象，根本原因是我国经济发展水平不平衡。经济发展水平不一样，收入水平不一样，缴费能力不一样，消费水平不一样，在多种不一样当中，要让养老保险制度完全一样，没有现实基础。③

人力资源和社会保障部社会保障研究所所长何平认为，随着我国社会老龄化持续加快，独生子女父母逐渐进入老年阶段，家庭小型化、子女与父母普遍分居，老年服务需求急剧增加，家庭照料能力逐渐减弱，老年护理问题将越来越成为一个社会突出矛盾。他建议尽快对老年长期护理做出制度设计和安排，将老年长期护理纳入社会养老保障体系。④

三、城乡统筹社会保障体系的分析与展望

（一）统筹城乡社会保障体系过程中的问题分析

近年来，我国城乡社会保障体系建设取得了显著成绩，社会保障改革稳步推进，社会保障覆盖范围逐步由“广覆盖”向“全覆盖”转变，保障待遇水平也逐年提高，共济功能进一步得到发挥，有力保障和改善了民生，维护了社会和谐稳定，促进了经济社会又好又快发展，但是，由于我国社会保障体系建设起步晚，面临着人口老龄化等因素的影响，统筹城乡社会保障体系建设仍然面临一些问题，主要表现在以下几个方面：

1. 社会保障体系相关法律制度缺位

完善的覆盖城乡的社会保障法律体系，是建立统筹城乡社会保障服务体系的

---

① 参见王延中：《发挥社会保障调节收入分配的作用》，见经济参考报网，2013-04-03。

② 参见石郑：《统筹推进城乡社会保障体系建设的若干认识》，载《劳动保障世界》，2013（1）。

③ 参见褚福灵：《养老保险多轨制是经济发展不平衡的反映》，见中国新闻网，2014-02-12。

④ 参见何平：《 深化社会保障体制改革问题解析》，载《行政管理改革》，2013（2）。

基础和依据。党的十八大报告明确提出社会保障要坚持全覆盖、保基本、多层次、可持续方针，全面建成覆盖城乡居民的社会保障体系。完整的社会保障法律体系应该包括四个方面的内容：社会保险法体系、社会救助法体系、社会优抚法体系和社会福利法体系。近几年来，党和国家高度重视社会保障工作，社会保障法律体系建设取得较大进展，2010 年 10 月，十一届全国人大常委会第十七次会议表决通过了《社会保险法》，确定该法于 2011 年 7 月 1 日起实施。《社会保险法》实现了制度上的突破，以法律形式确立了我国覆盖城乡全体居民的社会保险体系，但是社会救助、社会优抚和社会福利等体系还没有立法。"社会救助法"和"社会福利法"是社会保障体系的支架性法律，是构成中国特色社会主义法律体系的重要法律。如果缺少"社会救助法"和"社会福利法"，不仅无法保证社会救助和社会福利制度规范、良性运行，而且将影响整个社会保障制度的法治化和整个国家的法治建设。"社会优抚法"作为军人社会保障的重要法律，早日立法对维护国家安全和保障军人生活的重要性不言而喻。因此，从整个社会保障法律体系上看，我国社会保障相关法律制度存在"缺位"问题。

2. 社会保障体系发展不均衡

我国目前的社会保障体系中，社会保险为核心层次保障，社会救助为低层次的保障，社会福利为较高层次的保障。这三个系统的发展也不均衡，社会福利制度建设进展缓慢，目前还没有立法的计划。社会救助法律体系目前已经被全国人大列入立法计划，但是受多重因素影响，还未颁布。相较而言，社会保险体系建设进展较快，《社会保险法》已经颁布。

社会保险系统里的各具体险种制度建设进展也不同步。养老保险方面，国家已经决定将城镇居民养老保险和新型农村养老保险实施合并，实施城乡居民养老保险制度。城乡居民医疗保险目前还没有统一，下一步，城乡居民医疗保险制度有望并轨统一。在养老保险的三大支柱里，发展的程度也出现不平衡的状况。据人力资源和社会保障部发布的信息，到 2013 年我国共有 66 120 户企业建立了企业年金，参加职工人数为 2 056 万人。2013 年我国企业户数约为 1 470 万户，为职工设立年金的比例不足 0.5%；到 2013 年末全国城镇职工基本养老保险参保人数 32 212 万人，拥有企业年金的职工不到参保总数的 7%。① 总体来看，为职工缴纳企业年金的企业数量并不多，且多集中在能源、通信、金融等垄断行业。据工商总局网站显示，截至 2014 年 1 月底，全国注册登记的实有企业数量已经达到 1 540.87 万户。粗略计算，目前我国建立年金的企业只占企业总数的 4‰左右。可见，我国企业年金的发展任重道远。

① 参见《我国不足 0.5%企业设立企业年金》，见中国政府网，2014-04-01。

从群体差异来说，职工与居民的养老基金收入差异也较明显。人力资源和社会保障部公布的《2013 年人力资源社会保障快报数据》显示，2013 年城镇职工基本养老保险期末参保人数为 32 212 万人，基金收入 22 483.6 亿元，基金支出 18 416.7 亿元。同期，城乡居民社会养老保险期末参保人数 49 750 万人，基金收入 2 154.0 亿元，基金支出 1 453.7 亿元。经计算，前者的基金支出额是后者的 12.7 倍，基金收入是后者的 10.4 倍。另外，5 个险种基金收支情况也不均衡，养老保险基金支出压力较大，医疗保险基金、失业保险基金、工伤保险基金和生育保险基金压力相对较小。

3. 社会保障基金保值增值压力较大

实施社会保险制度以来，随着参保人数的不断增加，社会保险基金的规模也越来越庞大，基金的保值增值问题也愈显突出。据人力资源和社会保障部副部长胡晓义 2014 年 2 月介绍，我国 2013 年各项社会保险基金总收入达 3.5 万亿元，同比增长 14%，基金结余总计达到 4.5 万亿元，比上年增加 7 076 亿元。结余基金的投资比较单一，其中活期存款、定期存款的比重分别高达 38.44% 和 58.01%。2013 年活期存款利率在 0.35%～0.385%，一年期定期存款利率在 3.25%～3.3%，而通货膨胀率 2011 年为 5.4%，2012 年为 2.6%，2013 年为 2.6%，基金的增值压力比较大。原全国社保基金理事会理事长戴相龙曾说，到 2010 年底，分散在各个省的基本养老保险基金结余约为 1.5 万亿元，由于 90% 存入银行，10 年来年均投资收益率不到 2%，截至 2011 年，基础养老金年均平均收益率仅为 1.8%，低于年均通货膨胀率。

4. 城乡社会保障管理体制不顺畅

经过多年的发展，我国已经初步形成了以社会保险、社会救助和社会福利为基础，以基本养老、基本医疗、最低生活保障制度为重点，以商业保险为补充的社会保障体系。国家进行过几次大部门制改革，取得了一些进展，但是社会保障管理领域仍然面临体制不顺畅的问题。2014 年初，国务院决定合并新型农村养老保险制度和城市居民养老保险制度，建立城乡居民养老保险制度。这两种制度之所以能合并统一，其前提条件就是无论是新型农村养老保险制度还是城市居民养老保险制度都划归人力资源和社会保障部门管理。居民医疗保险方面存在多头管理问题，城市居民医疗保险由人社部门管理，农村新型合作医疗由卫生部门管理，这种制度分设、管理分割的现象严重影响统一的城乡居民医疗保险制度的构建。人力资源和社会保障部虽然叫社会保障部，但是主要负责社会保险这个体系，社会救助和社会福利则属于民政部的管理范畴，另外住房保障属于住房和城乡建设部的管理范畴，这种多头管理体制给各项社会保障政策之间的有效衔接带来较大影响。

5. 社会保障经办服务能力亟待加强

近几年来，全国各级社会保障经办机构紧紧围绕健全和完善覆盖城乡社会保障体系的目标，以贯彻《社会保险法》和落实“十二五”规划为主线，不断优化和创新经办管理服务流程，丰富便民利民举措，服务能力有很大的提升，取得了明显的成效，但是，与党的十八大提出的统筹城乡社会保障体系背景下不断增长的社会保障需求相比，社会保障经办机构的服务能力还存在一些不适应的环节。第一，经办机构比较分散。目前我国很多地方社保经办机构按照不同的社会保险分设经办机构，养老保险、医疗保险、失业保险、工伤保险等的经办机构都分开设立。全国有 12 个省的农村合作医疗由社保经办，其他省仍然是由卫生行政部门经办。第二，社会保险征缴方式没有统一。就全国范围来讲，社会保险主要是由社保或税务机关征缴。如宁波和厦门所有的险种是由税务机关征缴，而有的省份养老保险企业缴费部分由税务机关征缴，个人部分由社保机构征缴。这样不统一的征缴方式对完善经办服务能力影响较大。第三，保障能力不足。2013 年 12 月公布的《养老金发展报告》显示，截至 2012 年底，全社会社保覆盖高达 26.6 亿人次，一个经办人员对应的参保人次，已经从 2000 年的 2 757：1，上升到 2012 年的 9 692：1。2013 年该比例超过 1 万人次比，远远超过国际上趋于合理的 5 000：1 配比的上限。在参保人数快速增长的情况下，由于社保经办人员数量和经费没有跟上，目前社保经办机构人均负荷已经进入极限状态，被业内人士称为“小马拉大车”现象。

（二）统筹城乡社会保障体系建设的展望

1. 大力推进社会保障法律体系建设

完善的社会保障法律体系能确保社会保障制度按照既定的目标实施，提高制度的可操作性，而且还可以提高执行效力。目前我国社会保障法律体系中，仅仅有一部《社会保险法》，“社会救助法”和“社会福利法”还没有出台，带来社会救助和社会福利没有专门的法律来规范的后果。《社会保险法》也显得过于原则化，还需要多部法规来弥补和细化 。党的十八大已经提出要统筹建设城乡社会保障体系，没有完备的相应的法律体系，社会保障的目标就难以实现，必然影响整个社会的和谐稳定。首先，充分分析影响城乡社会保障统筹的新问题，加快制定“社会救助法”、“社会福利法”和“社会优抚法”的立法步伐，逐步建立起与我国社会主义市场经济体制相适应的社会保障法律体系，保障人民的权益，促进社会的和谐。其次，逐步完善《社会保险法》。《社会保险法》对新型农村合作医疗管理、社会保障基金的增值办法以及失地农民的参保缴费等都仅说明“具体办法由国务院另行规定”，这样一来，相应条款还需要相关部门的配套政策补充，但是随着条件的不断成熟，应该将这几个部分的规定纳入法律体系中，这样才能保障法律的权威性。另外，《社会保险法》对社会保险费的征缴主体也没有统一明确，使经办服务存在不顺畅的现象。建议《社会保险法》明确做出社会保险费由经办机构统一经办、统一征缴的规定。最后，在条件成熟时国家应出台一部完整的社会保障法，内容包括社会救助、社会保险和社会福利体系，确保社会保障立法的规范性。

2. 不断提升城乡社会保障服务的均等化水平

多年来，受城乡二元经济结构的影响，我国城镇的社会保障服务水平要高于农村地区；受区域经济发展不平衡的影响，东部沿海地区的社会保障水平要高于广大中西部地区；受制度分割的影响，城镇居民中不同群体的社会保障待遇也出存在不平衡。要解决这些问题，推进统筹城乡社会保障体系建设，就需要我们不断提升城乡社会保障服务的均等化水平。第一，积极推进城镇化建设，逐步破除城乡分割的二元经济结构。由于城乡二元经济结构的存在，我国社会保障走的是一条先城市后农村的道路，导致城市与农村的社会保障水平差距较大。今后几年，建议国家在大力推行城镇化建设过程中树立统筹推进的理念，重点关注农民工、失地农民、农村留守儿童等群体的社会保障问题，缩小与城市的差距，稳步提高农村居民的社会保障供给水平。第二，加大区域经济协调发展的力度，逐渐缩小地区之间的社会保障待遇差异。改革开放以来，我国对沿海地区实施开放政策，东部沿海地区经济率先发展，内陆地区经济发展水平相对落后，并呈现差距拉大的趋势。近年来，国家推行区域经济协调发展战略，地区差异扩大的形势有所扭转，今后应该加大协调区域经济发展的力度，加大对中西部地区的支持力度，使各个地区的居民享受的社会保障待遇差距不断缩小。第三，实施制度整合，逐步缩小不同群体的各项社会保障待遇差异。继城乡居民养老保险制度并轨后，应尽快推行城乡居民医疗保险制度的统一，把新农合和城镇居民基本医疗保险整合为城乡居民基本医疗保险制度，实现城乡居民在这两项基本制度上的平等和管理资源上的共享。同时制定实施职工与城乡居民养老保险制度转移衔接办法，促进参保人员在城乡之间流畅转移。逐步实施基础养老金全国统筹，稳步推进机关事业单位养老保险改革，逐步解决“双轨制”问题。

3. 完善社会保障基金投资运营制度

党的十八大报告指出，拓展社会保障基金筹资渠道，建立社会保险基金投资运营制度，确保基金安全和保值增值。根据联合国的预测，2020 年中国老年人将达到 1.67 亿人，2060 年达到峰值 3.57 亿人之后，到 2085 年之前一直维持在 3 亿～4 亿的规模。随着我国老龄化社会的到来，我国养老基金面临较大的压力。2011—2013 年，社保基金会管理的基金规模从 8 377 亿元增加到 11 943 亿元，其中，全国社会保障基金权益从 7 811 亿元增加到 9 925 亿元，受托管理的其他基金权益从566亿元增加到2 018亿元。① 为促进社保基金可持续发展，必须完善社保基金投资运营制度。第一，研究开征社会保障税。目前，世界上有132个国家建立了社会保障制度，至少有108个国家开征了社会保障税。德国是世界上最早开征社会保障税的国家，美国于1935年开征社会保障税，并于1968年使其成为该国的第二大税种；巴西是最早开征社会保障税的发展中国家，且从收入规模来看，其已成为该国的第一大税种。开征社会保障税将社会保险资金置于法律的强制力下，可以使社会保障税成为社会保障基金筹资的稳定来源。第二，提高国有资本收益的上缴比例，加大划拨社保基金的力度。划拨更多的国有资产，如国有银行、国有保险资产的一部分给社保基金，可以考虑将划拨比例扩大为30%～50%，这既可以改变公司治理状况，又能实现社保基金保值增值。第三，健全多元化投资模式。可以提高社保基金投资中权益类的投资比例，加强对投资基金公司的监管，选择专业的基金公司作为委托投资人，同时优选实业投资项目，逐步扩大实业投资规模，提高社保基金投资收益率。第四，完善风险控制机制。在社保基金的投资运营中，要设定合理的风险评估指标，严格按照程序进行风险评估工作。国家应该在这个方面加强人才的引进与培养，加强专业评估队伍建设。

4. 探索建立统一的国家社会保障管理体制

统筹城乡社会保障体系是一项复杂的系统工程，必须加强顶层设计，做好统筹规划。目前我国存在的多头管理社会保障问题若解决不好，势必影响我国社会保障体系城乡统筹的进程，带来其他的社会问题。因此，必须探索建立国家大社会保障管理体制。第一，建议国家设立社会保障委员会，由国务院主要领导担任主任，发展改革委、财政部、人力资源和社会保障部、民政部、卫生计生委等政府职能部门及专家学者参与，统筹考虑各项城乡社会保障制度安排，明确统筹目标与推进路径。第二，推进大社会保障部的组建。首先将民政部与人力资源和社会保障部合并成立新的社会保障部，促使社会救助、社会保险、社会福利归属新的社会保障部管理。社会保障体系的统一管理有利于各个子系统政策的衔接和统筹推进，促进社会保障整体功能的发挥。其次将卫生部门的农村新型合作医疗保障管理职能划转新的社会保障部，与城市居民医疗保险职能整合，加快推进城市居民医疗保险制度与农村新型合作医疗保险制度的并轨，建立城乡居民医疗保险制度体系。第三，合理划分中央和地方在社保事务中的权力与职能。目前在社保制度设计与运行中，中央各部门与各地区缺乏必要的协调，各行其

① 参见《稳中求进　改革创新　努力开创基金投资管理工作新局面》，见全国社会保障基金理事会网，2014-03-27。

是。现实中各种社会保障制度的改革现在几乎都是自下而上的，各个地方都在制定自己的方案，这些都在影响着社保体系建设的统一性与公平性，因此必须合理划分中央和地方在社会保障事务中的权力与职能。

5. 不断提升社保经办机构服务水平

统筹推进城乡社会保障体系建设是一个复杂系统，涉及面广，需要社会保障各个子系统的协同推进，需要相关社会政策配套实施，还需要完善健全的社会保障经办管理体制来保障。第一，建立事权划分清晰、机构设置科学、人员管理规范的社会保险经办管理体制。统筹城乡社会保障体系需要建立统一的社会保险经办机构，按险种分设经办机构的地区，现阶段应该理顺经办体制，这可以从整合经办管理资源着手加以推进。首先对五个险种涉及登记、申报、缴费和稽核等共性业务的，逐步实现由一个经办机构提供具体服务；其次打破行政区划或隶属管理的限制，实现所有服务窗口可以受理同一统筹地区不同行政区划和隶属关系参保人员的所有社会保险业务。第二，逐步统一社会保险征缴方式。从全国未来的发展趋势来看，社保经办机构应该会成为社会保险的征缴主体，国家应该明确征缴主体，逐步统一征缴方式，这样才能减少协调成本，提高经办服务能力。第三，提高社会保险经办机构的信息化水平，打造专业化队伍。加快中央与地方、地方与地方之间社会保障网络建设工作，并向城市社区和乡镇行政村延伸。同时建立多层次、全方位的信息化公共服务体系，构建统一的劳动保障信息化公共服务平台。根据不同阶段的社会保障服务需求建立动态的人力资源供给体系，加强各级经办工作人员培训力度，注重培训效果，切实提高基层平台工作人员的业务素质和技能水平，保障队伍和经办业务长期稳定发展，促使社保经办机构服务水平稳步提升。

总之，城乡统筹社会保障体系建设是一项复杂的系统工程，要在坚持公平共享理念的基础上加强顶层设计，充分发挥政府和市场两个共同作用，分项目、分步骤逐步完善社会保障体系建设，最终实现城乡社会保障统筹。

四、报告要点

本报告对 2013 年度统筹城乡社会保障体系的发展情况和研究现状进行了初步的归纳总结，并在此基础上对统筹城乡社会保障体系发展过程中存在的问题进行了分析与展望。本报告要点总结如下：

（1）城乡统筹社会保障体系建设对于促进经济的良性发展、实现社会的稳定、追求社会的公平正义具有重要的战略意义。党的十八大以来，党和政府高度重视社会保障工作，社会保障制度建设逐步完善，覆盖范围不断扩大，社会保障待遇稳步提高，服务能力不断提升。

（2）总体来看，2013 年理论界对社会保障体系的研究主要包括宏观和微观两个层面。宏观方面主要是要加强顶层设计，树立城乡统筹的大局观念，改变二元分治的传统思想；微观方面更多侧重于增强社会保障体系的公平性、适应人员的流动性以及促进社会保障体系的可持续性等方面。

（3）城乡统筹社会保障体系建设是一项复杂的系统工程，不可能一蹴而就。目前，我国社会保障法律体系还不完备，社会保障体系内容发展还不均衡，社会保险基金投资运营制度还不完善，管理体制还不顺畅，经办服务水平还需提高。

（4）展望未来，我们要在坚持公平共享理念的基础上加强顶层设计，充分发挥政府和市场两个共同作用，分项目、分步骤逐步完善社会保障体系建设，最终实现城乡社会保障统筹。

（作者单位：南开大学周恩来政府管理学院、天津市人力资源和社会保障局职工养老保险处）

行政审批制度改革与地方行政服务中心建设情况报告

宋林霖

根据党的十八大和十八届三中全会精神，新一届中央政府将转变政府职能作为深化行政体制改革的切入点，将行政审批制度改革作为转变政府职能的突破口与牵引力，将取消和下放行政审批事项作为继续简政放权的主要抓手。如何巩固国务院历次行政审批制度改革的成果，如何克服部门利益的惯性抵触、破除政府寻租的可能，成为政界与理论界共同关注的焦点。行政服务中心是地方政府行政审批的主要载体，各地在不断探索的基础上，普遍建立了宽敞舒适、服务人性化和管理智能化的一站式平台，各地政府都以“应进必进”的原则，将行政审批事项集中至中心，将行政审批项目的法定依据、申请条件、申报材料、办理流程和时限、收费依据和标准等在中心公示，既方便服务群众和企业办理业务，又方便行政审批各部门的协调与配合，为打通政府与公众“最后一公里”的问题发挥了积极的、不可替代的作用。行政服务中心的进一步完善要配合行政审批制度改革的进程，从简单的数量增加提升至服务质量标准化建设、行政审批流程完善与再造。同样的，行政审批制度改革的深化也要借助行政服务中心这一高效平台，两者互为保障，互相促进。本报告将重点梳理和分析地方行政服务中心承载的审批职能的变化，以及深化行政审批制度改革后行政服务中心的发展趋势。

一、行政审批制度改革与地方行政服务中心建设现状综述

（一）行政服务中心运行平稳、数量稳中有增，加强政务体系建设已达成共识，但是中央政府仍没有给出统一制度规范的时间表

行政服务中心，也称作政务服务中心、阳光政务大厅、行政审批中心或市

民中心与公共资源交易中心等。20世纪中后期，为了优化外商投资环境，促进经济发展，提高审批效率，沿海地区的政府开始探索集中办理行政审批的模式，并在《中华人民共和国行政许可法》颁布实施后，进入快速扩散阶段。历经20余年的发展和完善，行政服务中心已经不仅仅是招商引资的"阳光大厅"，还承担着政务公开、行政审批、政务服务和政务监督等多项职能。

2011年6月，中共中央办公厅、国务院办公厅印发的《关于深化政务公开加强政务服务的意见》（简称《意见》），首次从中央政府的层面明确了行政服务中心的职能，对行政服务中心取得的成绩、发展过程中的问题进行了分析，指出了行政服务中心未来的发展方向。至今，《意见》仍是中央政府关于指导与规范行政服务中心发展的最全面的文件。虽然《意见》第三部分"统筹推进政务服务体系建设"没有对政务服务体系做出界定，但是参照各省市的文件，政府服务体系的规定适用于"省人民政府部门的政务服务大厅（窗口），市（州）、县（市、区）政务服务中心（含分中心）以及乡（镇）便民服务大厅、村便民服务室的建设和管理"①。由此看来，政务服务体系主要指省级政府范围内纵向层级的行政服务中心组成的整体。这部分主要从建立健全政务服务体系、充分发挥服务中心作用、明确中心的职能和编制、规范服务中心运行、推进基层便民服务、建立统一规范的公共资源交易平台、加强信息化建设、整合政务服务资源8个方面解决了行政服务中心发展过程中面临的突出体制难题，为中心下一步的健康发展指明了方向。

《意见》充分肯定了行政服务中心在实施政务公开和加强政务服务等方面的重要作用，其最大的成效是消除了部分地方政府成立和建设行政服务中心的疑虑，坚定了进一步完善行政服务中心的决心，行政服务中心的数量稳中有升，运行比较平稳。据全国政务公开领导小组办公室的统计，截至2011年底，31个省（自治区、直辖市）共设立政务服务中心2 912个（含各级各类开发区设立的服务中心），其中，省级中心10个，市（地）级368个，县（市）级2 534个；30 377个乡镇（街道）建立了便民服务中心。② 截至2013年12月，省级行政服务中心的数量已增加至19个（见表1）。

① 参见《湖北省政务服务体系建设管理办法（试行）》，2012。

② 参见张定安、孙硕：《中国政务服务中心：挑战、创新与发展》，3页，北京，国家行政学院出版社，2013。

表 1　　　　省级行政服务中心相关数据统计表

序号＼项目	名称	建成时间	面积（m^2）	进驻单位数（个）	进驻审批服务事项数（项）	实体大厅与网上大厅配套情况
1	首都之窗网上办事大厅	2007.10	无	50	1 800	网上
2	四川省政务服务大厅	2001.10	—	36	509	实体＋网上
3	安徽省政务服务中心	2001.12	230 000	35	1 153	实体＋网上
4	吉林省政务大厅	2002.12	16 000	48	587	实体＋网上
5	天津市行政许可服务中心	2004.11	26 653	62	550	实体＋网上
6	甘肃省政府政务服务中心	2006. 2	500	14	492	实体＋网上
7	宁夏回族自治区政务服务中心	2008. 5	6 000	51	843	实体＋网上
8	福建省网上审批受理发布平台	2008. 6	无	47	619	网上
9	海南省人民政府政务服务中心	2008. 7	—	34	776	实体＋网上
10	广西壮族自治区政务服务中心	2007. 9	12 225	61	1 506	实体＋网上
11	浙江省政府网上办事大厅	2010. 1	无	43	805	网上
12	湖南省网上政务服务大厅	2011. 7	无	67	815	网上
13	河北省网上政务服务中心	2011. 8	无	51	448	网上
14	山东省网上政务大厅	2011.12	无	55	1 579	网上
15	广东省网上办事大厅	2012.10	无	45	1 106	网上
16	黑龙江省人民政府网上政务服务中心	2013.9	无	36	500 余项	网上
17	青海省人民政府行政服务和公共资源交易中心	2013.12	11 165.05	31	377	实体＋网上
18	陕西省政务大厅	1999.9	—	47	—	实体＋网上

资料来源：根据相关政府文件与实际调研情况整理，按照成立时间排序，数据截至 2013 年12 月。

《意见》规定，对于已有行政服务中心的各省（区、市），要在本行政区域内规范省、市、县三级服务中心的名称、场所标识、进驻部门、办理事项和运行模式，推进政务服务规范化建设。《意见》规定服务中心的性质是行政机构，应使用行政编制，已使用事业编制的，应在行政编制总额内调剂出一部分进行替换；运行经费和人员办公经费列入本级财政预算；并应设置专门的政府信息公开查阅场所。对于没有建立中心的，并没有强制要求，提倡和鼓励各地因地制宜发展。考虑各地情况差别较大，一定要从当地实际出发，坚持积极稳妥的原则，稳步推进，不宜一刀切。① 所以，从实践的层面看，《关于深化政务公开加强政务服务的意见》仅是对行政服务中心发展的指导性意见，并没有明确强制解决法律主体地位、中心人员编制、经费等问题的时间表，各地方政府对其的回应度明显不足。《意见》颁布后，仅有个别省份出台了相关实施细则，例如湖北省实施了《政务服务体系建设管理办法（试行）》（2012 年 4 月）；江苏省印发《关于加强政务服务体系建设的实施意见》（2013 年 9 月）等。各地行政服务中心关于《意见》中要求的管理体制的规范程度还是十分有限的（见表 2）。

表 2　　2013 年部分市级行政服务中心管理体制规范情况一览表

省市	名称	机构性质	人员编制	经费来源	是否有政府信息公开查阅场所
广东省	广州市政务服务中心	市政府的派出机构	政务服务中心窗口工作人员约 700 人。其中政务管理办公室总编制 51 人：行政编制 21 人、事业编制 14 人，军转干编制 1 人、后勤服务 4 人、离退休 9 人	以公共财政预算资金作为最主要的收入项目并用于工资福利支出、基本支出、商品和服务支出、项目支出、经常性专项支出与一次性专项支出	政务大厅 7 层的政务资讯厅可以查阅广州市委、市人大、市政府的公开资料，重点行业分析报告，珠三角地区行业企业名录，社会经济年鉴；配备电脑设备，提供查阅政府各部门现行文件

① 参见《国家预防腐败局办公室、全国政务公开领导小组办公室负责人就〈关于深化政务公开加强政务服务的意见〉有关问题答新华社记者问》，见新华网，2013-08-03。

续前表

省市	名称	机构性质	人员编制	经费来源	是否有政府信息公开查阅场所
浙江省	义乌市行政服务中心	综合管理层义乌市行政中心为政府正科级派出机构，下设四个全额拨款事业单位	——	经费主要由义乌市政府拨款并用于人员支出、项目支出等	96150服务热线提供政务咨询要求，将相关职能部门的特服号码整合到咨询平台，提供咨询求助、投诉举报的服务
湖北省	武汉市行政服务中心	全国最大的市级政务中心，全额拨款的事业单位	中心有窗口工作人员800名左右。其中心内设机构中，机关行政编制19名，核定50名政府购买服务岗位	全额拨款用于支付工资福利、商品服务、对个人和家庭补助以及项目支出系列费用	行政服务中心内设自助服务区，提供自助查询、自助阅读、自助填表等服务
四川省	成都市政务服务中心	市政府办公厅归口管理的正局级行政机构。省、市两级政务服务同址办公	中心共有140名窗口工作人员。内设机构中，行政编制10名，实际10人；事业编制1名，实际1人	主要来源于公共财政预算收入并用于支出基本项目、服务、人员保障等项目的费用	政务中心大厅配置电子查询触摸屏方便了解相关办事信息、办事窗口和申办事项办理状态等 建立网上政务大厅实施在线咨询等服务
福建省	厦门市行政服务中心	市政府派出机构，方便企业和市民办事的政府集中服务场所	市服务中心管理委员会设有1个事业单位——厦门市政务服务保障中心；3个处室，行政编制13名，实际16人	主要来源是公共财政预算拨款用于人员经费支出和保证机构正常运转支出、完成日常工作支出、完成行政服务中心相关工作支出	一楼大厅设有查阅专区（配备8台电脑），但是仅能查阅进驻单位的办事指南、政策法规

续前表

省市	名称	机构性质	人员编制	经费来源	是否有政府信息公开查阅场所
天津市	天津市行政许可服务中心	市政府派出机构，规格为局级，是集行政审批、要素配置、社会服务、效能监察于一体的行政服务中心	市审批办有5个职能处室，下辖1个预算单位，实有48人，在职人员47人，退休人员1人	主要来源是公共财政预算拨款，用于一般公共服务支出、本部门及所属事业单位的基本支出和项目支出；医疗卫生与计划生育支出，用于机关事业单位医疗保险补助	天津市人民政府行政审批管理办公室主动公开政府信息，通过天津市行政审批服务网的政府信息公开栏目、天津市人民政府行政审批管理办公室新闻发布及报刊、广播、电视等形式主动公开。公民、法人和其他组织可以到天津市行政许可服务中心查阅
青海省	西宁市行政服务中心	参照公务员管理的事业单位。承担西宁市小微企业服务中心的日常性服务等的中心	机关核定编制14人，为参照公务员管理的事业单位，内设处室四个	经费来源是上级补助收入与其他收入项目，用于支付功能项目支出和经济项目支出等	行政服务中心内设有电子显示屏幕，通过触控面板上中心简介、服务指南、办事查询等一系列项目，方便百姓了解办事程序
辽宁省	大连市行政服务中心	市政府派出机构，与下设机构单位负责指导政务公开、行政审批等工作	中心下设8个行政编制处室和1个处级事业单位	公共财政预算拨款用于人员经费支出和保证机构正常运转、完成日常工作和行政服务中心相关工作等支出	建立大连市政府信息公开网政府信息公开查阅专栏 市政府行政服务中心设有政府信息查阅中心

资料来源：根据相关政府文件与实际调研情况整理。

（二）行政审批制度改革成效显著，各地行政服务中心职责拓展且在行政体制改革中的战略地位不断提升

2012年5月，广东省人民政府向国务院呈报了关于深化行政审批制度改革先行试点的请示，请求国务院授权该省停止实施和调整由法律、行政法规、国务院及部门文件规定的部分行政审批。2012年12月，第十一届全国人民代表大会常务委员会决定授权国务院在广东省暂时调整部分法律规定的行政审批。由此开启了2013年中央政府高频次、大强度下放和调整审批事项的序幕（见表3）。

表3　　深化行政审批制度改革历程回溯（2013.1—2013.12）

改革时间	发布文件名称	取消和下放事项	改革重点	改革成效
2013.5	《国务院关于取消和下放一批行政审批项目等事项的决定》	取消和下放管理层级的行政审批项目91项；取消评比、达标、表彰项目10项；取消行政事业性收费项目3项	减少和下放投资审批事项，减少和下放生产经营活动审批事项，减少资质资格许可和认定，取消不合法不合理的行政事业性收费和政府性基金项目	促进政府管理科学化、规范化，简政放权的力度加大，政府效率不断提高，加强对行政审批权运行的监督
2013.7	《国务院关于取消和下放50项行政审批项目等事项的决定》	取消和下放管理层级的行政审批项目29项；部分取消和下放管理层级的行政审批项目13项；取消和下放管理层级的评比、达标项目3项	取消和下放管理层级的行政审批项目，部分取消和下放管理层级的行政审批项目，取消和下放管理层级的评比、达标项目	继续推进行政审批制度改革，清理行政审批事项，加大简政放权力度
2013.11	《国务院关于取消和下放一批行政审批项目的决定》	决定取消和下放管理层级的行政审批项目82项（2项属于保密项目）	加快配套设施建设，有序推进“放”的同时，加强后续监管，放管结合，依法及时公开项目核准和行政审批信息	市场环境公平和谐，监督制约机制健全，政府管理科学化水平不断提升
2013.12	《国务院关于在中国（上海）自由贸易试验区内暂时调整有关行政法规和国务院文件规定的行政审批或者准入特别管理措施的决定》	国务院关于在中国（上海）自由贸易试验区内暂时调整有关行政法规和国务院文件规定的行政审批或者准入特别管理措施目录	改革外商投资管理模式，对国家规定实施准入特别管理措施之外的外商投资，暂时调整有关行政审批要求，扩大服务业开放，暂时调整相关行政审批及有关资质要求	加快政府职能转变，创新对外开放模式，进一步探索深化改革开放的经验

资料来源：根据政府相关文件进行整理。

2013年，行政审批制度改革取得了显著的成效，根据国务院相关文件统计，国务院取消和下放审批项目共计249项，截至2013年12月，国务院各部门取消和调整的审批项目总数达到2 746项，占原有审批项目的76.2%。而地方政府也积极配合中央政府的改革节奏，大部分省市审批事项的数量都大幅缩减，办事效率明显提高，办理流程持续简化（见表4）。

表4　　2013年部分地方政府缩减行政审批事项一览表

	取消与下放审批事项数量（项）	审批数量的减幅比率（原有审批项目总数－保留审批项目数/原有审批总数）
海南省	792	52.8%
银川市	366	71%
枣庄市	108	59%
宿迁市	136	70%
东莞市	352	55.1%

资料来源：根据相关政府文件与实际调研情况整理，数据截至2013年12月。

随着行政审批制度改革的深入，行政服务中心的职责也在发生变化。依据各地政府颁布的相关文件和实践发展情况，可以从广义与狭义两个角度来界定行政服务中心的内涵。广义的行政服务中心是指具有一站式服务形式的政府平台；狭义的行政服务中心仅指以组织、协调和监管政府不同部门审批权为核心功能的便民服务平台。两者之间的差别在于，狭义的行政服务中心不包括部门内部的办事大厅。① 从定义中可以总结出，行政服务中心的核心职能就是管理中心内部的审批事项。但是，当中央政府提出行政审批制度改革的目标是大量减少并进一步规范行政审批事项，行政服务中心作为对审批事项、审批流程与审批服务最熟悉的部门，实质性地承担了规划和监管行政审批制度改革的职责（见表5）。

表5　　行政服务中心主要职责情况一览表

机构名称	主要职能	职能确定时间
日照市行政服务中心	（1）组织、协调和监督全市各部门的审批事项 （2）负责对服务窗口、工作人员的日常管理和考核	2011.6

① 参见宋林霖：《刚性原则与弹性空间——论地方政府行政服务中心的发展趋势》，载《南开学报（哲学社会科学版）》，2013（4）。

续前表

机构名称	主要职能	职能确定时间
北京市东城区行政服务中心	(1) 负责全区行政许可事项集中办理的统一指导 (2) 组织、协调和监督全区各部门的审批事项 (3) 负责对服务窗口、工作人员的日常管理和考核 (4) 负责区政府职能部门行政服务网络建设	2011.12
惠州市惠东县行政服务中心	(1) 贯彻落实行政许可法和省、市、县关于行政审批制度改革的方针政策 (2) 负责对行政审批服务工作中出现的新情况、新问题进行调查研究；及时向县委、县政府或有关部门提出解决问题的意见和建议 (3) 组织、协调和监督全市各部门的审批事项 (4) 负责对服务窗口、工作人员的日常管理和考核	2013.4
江阴市行政服务中心	(1) 拟定行政审批制度改革方面的政策、制度和方案，并监督实施，负责对各部门审批制度改革重点工作的督查考核 (2) 督促检查行政审批制度改革推进工作的执行情况，总结交流行政审批制度改革方面的工作经验，分析研究改革中遇到的问题，及时向市政府报告改革的进展情况，提出解决问题的意见和建议 (3) 组织、协调和监督全市各部门的审批事项 (4) 负责对服务窗口、工作人员的日常管理和考核 (5) 负责全市行政权力网上公开透明运行的有关工作	2013.9

资料来源：根据相关政府文件和实际调研情况整理，数据截至2013年12月。

在实践中，各地方政府都存在行政审批事项没有全部进入行政服务中心的情况，或者即使一些部门进驻中心，其实质的行政审批权还保留在原部门。因此，在行政服务中心被赋予拟定行政审批制度改革政策并监督实施，负责督查考核各部门审批制度改革重点工作等职责后，中心的职责范围由原来的中心内部，扩大到所有涉及审批权限的部门，行政服务中心的战略地位明显提高。

二、行政审批制度改革与地方行政服务中心建设的研究现状综述

2013—2014年，学术界没有以行政审批制度或地方行政服务中心建设为主题出版的研究类专著，相关的文章都以地方政府创新案例的方式散布在其他主题的书中，或是将会议论文结集出版①，多数研究仍以期刊论文为主

① 如张定安、孙硕主编：《中国政务服务中心：挑战、创新与发展》，北京，国家行政学院出版社，2003。

(见表 6)。

表 6　　“行政审批改革与行政服务中心建设”问题研究论文文献检索统计表

数据库名称	收录时间	覆盖期刊	检索词	检索方式（篇数）				
				篇名	关键词	摘要	全文	主题
中国知网(cnki. net)	2013 年 1 月至 12 月	所有期刊	行政服务中心	29	93	52	174	93
			行政审批(许可)	234	116	265	1 109	239

注：本表检索采用中国知网（CNKI），检索来源为所有期刊。

以行政审批为线索来看，法学视角的研究者多是从行政审批与行政许可的内涵解读、行政许可与非行政许可的程序与机制等方面进行深入探讨和分析的，为行政审批制度改革的持续推进奠定了理论基础。公共管理视角的研究者多是将行政审批制度改革与行政服务中心的建设联系在一起，运用服务型政府、无缝隙政府等理论，研判行政审批制度改革的主要载体——行政服务中心，是如何改革以适应和推动行政审批制度的改革进程的。基于实务层面的理论需要，论文的数量明显增加（见图 1）。

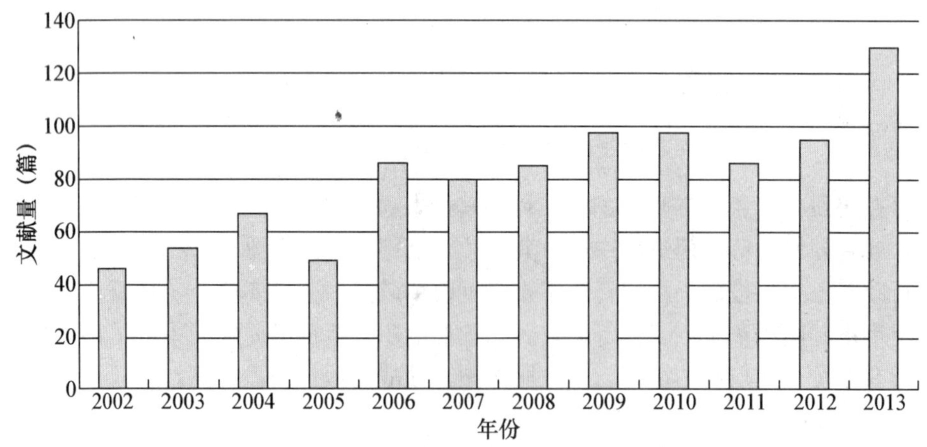

图 1　2002—2013 年中国行政服务中心研究文献年度分布图

资料来源：根据中国知网（CNKI）提供的文献，检索来源为所有期刊。

从研究主题上看，2013 年的研究趋势与行政体制改革实践基本保持一致，相关研究成果更多地集中在为深化行政审批制度改革寻求突破口上，而仅关注行政服务中心建设的研究比较少。从学科分布来看，法学、行政学、经济学等专业的研究者是研究队伍的主体。同时，由于该领域实践性强，比较突出的特点是，许多在第一线从事具体管理及业务的工作人员也发表了相当数量有参考价值的文章。具体来说，可以将相关研究成果归纳为四个主要方面：行政服务中心建设中存在的问题、对策与前景、行政服务中心建设（行政审批制度）标准化、行政审批制度改革的理论基础和深化行政审批制度改革的重点与趋势。

（一）行政服务中心建设中存在的问题、对策与前景研究

朱新力和黄玉寅探讨了颇具争议的行政许可集中化改革发展方向选择的两种模式——行政审批局模式与行政服务中心模式，以三个维度——是否顺应行政体制改革、是否符合许可审查专业性要求、是否有助于行政效能——为取舍依据，并得出明确结论，认为行政审批局模式不符合这三个标准，行政服务中心模式更值得推崇，并进一步厘清了行政服务中心的功能定位、法律地位及制度保障机制。①

吴静和施雪华从行政服务中心的体制与机制的视角，探讨了改革的对策，认为需要完善的体制包括行政管理体制、财务管理体制与人事管理体制；需要改进的机制包括行政审批机制、综合动力机制、部门协作机制、工作激励机制、绩效考核机制与内外监督机制。②

吴静系统地梳理了英国一站式服务、美国的无缝隙政府与澳大利亚的中心连接署的特点和运行机制。分析了国外行政服务中心建设的基本经验：公众需求与服务供给相互配套、坚持网络虚拟与物理实体相结合、领导管理体系完善高效。总结了国外行政服务中心建设对中国的主要启示：采取渐进化的改革模式，注重顶层设计，制定明确的改革计划，依法有序推进改革，促进行政审批制度改革。③

韩兆柱和高妍研以秦皇岛市行政服务中心为研究对象，结合服务型政府的理论，采用实地调查的研究方法，全面梳理了秦皇岛市行政服务中心的体制框架和运行机制，总结了中心运行取得的成效和存在的问题。认为导致问题存在的原因在于：正式制度不足与非正式制度约束之间的矛盾，创新体制与现有体制之间的矛盾，中心统一管理与各部门利益之间的矛盾，中心单兵突进与配套改革滞后之间的矛盾。需要加强中心公共服务的理念，并在健全管理体制、推进配套设施改革、加强电子政务水平，重视中心文化再造等方面完善秦皇岛市行政服务中心建设。④

（二）行政服务中心建设（行政审批制度）标准化研究

因为宁波市最早开展了行政审批标准化建设，所以许多学者都以宁波市为例

① 参见朱新力、黄玉寅：《“行政服务中心”模式的时间、正当性与时代出路》，载《浙江学刊》，2013（5）。

② 参见吴静、施雪华：《中国行政服务中心体制与机制改革对策研究》，载《学习与探索》，2013（12）。

③ 参见吴静：《国外行政服务中心建设的经验及其对中国的启示》，载《理论与改革》，2013（5）。

④ 参见韩兆柱、高妍研：《秦皇岛市服务型政府与行政服务中心建设》，载《中国公共管理论丛》，2013（1）。

进行研究。唐明良概括了行政审批标准化建设的内容，主要包括四个方面：制定单个事项行政审批标准、设计联合审批标准并构建与标准相配套的运作机制、创新基本建设项目联合审批运作程序标准化机制，以及构建行政审批服务标准化体系，并进一步针对内容的分类研究了阻碍行政审批标准化的障碍，认为主要是缺乏细化的法律法规、行业标准，或是现存法规、政策与标准之间存在冲突；部门之间协调机制的缺失，责任权利的不明确等导致了行政审批标准化建设困难重重。破解难题的对策包括：精细化推进已有审批标准的科学性与合法性，化解标准之间的矛盾之处，推进行政服务中心的改革。①

朱新力和石肖雪以宁波市行政审批制度改革为研究样本，以行政程序的三大价值元素——参与、透明、集中——为分析框架，检视了审批标准规则制定中的协商原则、信息公开原则与联合审批运作机制。②

陈新从法学的角度研究了宁波行政审批标准化建设，通过回顾其发展的历程和实践特征，总结了宁波市在行政审批标准化方面取得的显著成效：规范行政审批权力，提高行政审批效率，打造无缝隙政府。在面临的困境中，重点强调了自由裁量权与审批标准化之间的矛盾，提出应在法治政府框架内积极推进标准化建设。③

（三）行政审批制度改革的理论基础研究

魏琼认为行政审批制度改革应当严格遵循行政法治原则，目前行政审批改革中出现的问题都源于行政审批的外延没有界限，大幅超出了行政许可的范畴，使《行政许可法》在许多领域无法适用，文章的结论是：依法行政是行政审批精细化改革的重要路径。④

张步峰认为，行政审批概念的模糊和混乱，严重阻碍了行政审批制度改革的进一步深化。国务院文件和现行法律中对于行政审批概念的使用存在冲突。2004年7月生效的《行政许可法》界定，行政机关针对行政机关外部的审查批准行为是"行政许可"，行政机关进行的内部审查批准行为是"行政审批"。行政审批与行政许可是平行概念。2004年8月，《国务院办公厅关于保留部分非行政许可审批项目的通知》将"行政审批"的内容分成了两类，一类是行政许可审批，指政府对外部的审批；一类是非行政许可审批，主要指政府内部的审批，也包括少量的政府外部审批。这样，行政审批成了行政许可的上位概念。文章的结论是，

---

① 参见唐明良：《标准化与行政审批制度改革意义、问题与对策》，载《中国行政管理》，2013（5）。
② 参见朱新力、石肖雪：《程序理性视角下的行政审批制度改革》，载《中国行政管理》，2013（5）。
③ 参见陈新：《宁波市行政审批标准化建设的探索与实践》，载《行政法学研究》，2013（2）。
④ 参见魏琼：《简政放权背景下的行政审批改革》，载《政治与法律》，2013（9）。

“非行政许可审批”的概念有违《行政许可法》的规定，应予以废除。①

王祯军分析了“非行政许可”内涵难以界定的原因，主要在于行政审批问题的复杂性，行政机关认识能力存在局限性，理论的模糊地带为具体操作机关的重新界定提供了空间和可能。

骆梅英认为，非行政许可审批的实质是行政许可法所规范的“行政许可”与审批制度改革的对象“行政审批权”之间的断层。由于非行政许可审批的内涵与外延具有不确定性，这个概念存在的合法性饱受质疑。但是，从管制实务的专业性方面来分析，非行政许可审批的存在仍具合理性。所以，非行政许可审批的清理和消弭并不是简单的取消概念，而需要针对不同功能、不同性质的事项进行分类处理，完善清理的程序和机制，设计与审批制度改革保持理念及原则最大一致的方案，这样既可以回应理论上明确概念的需要，又可以解决实务界操作的难题。②

（四）深化行政审批制度改革的重点与趋势研究

骆梅英运用佩里·希克斯的整体政府理论，分析目前碎片化的部门审批体制，发现其存在诸多弊端：管制矛盾与职能割据、标准冲突与程序迷障、信息孤岛与准入中断。日趋成熟和扩散迅速的行政服务中心将一级政府内行业的联合审批模式成功实践，行业审批指南的编制和电子联合审批平台的建设使横向与纵向的部门协调机制成为可能，这对于建设可预期政府、高效能政府、结果导向型政府和顾客需求型政府有积极的促进作用。③

艾琳等认为行政服务中心是行政审批改革的重大成果，行政审批制度改革的空间仍然很大，增强制度构建、做实审批事项压缩、促进政府职能转变，才能应对越发增大的改革复杂性。行政服务中心使分散在各个部门的行政审批事项，甚至行政审批权限进行空间上的集中，便于政务公开与部门协调，提高审批活动的资源整合与办事效能，并预测审批业务的集成、审批数据的集成和政务服务的集成是行政服务中心发展的必然趋势。④

高小平和严艺通过对行政审批制度改革的历程梳理，总结出其在三个层次、六个方面的积极意义和消极作用，指出行政审批制度改革中存在的主要问题包括：行政审批事项设定的权责不清，审批办理机构之间协调不畅，程序不规范成

① 参见张步峰：《基于实定法解释的“行政审批”概念分析》，载《法学杂志》，2013（11）。

② 参见骆梅英：《非行政许可审批的生成与消弭——行政审批制度改革视角中的观察》，载《浙江学刊》，2013（5）。

③ 参见骆梅英：《行政审批制度改革：从碎片政府到整体政府》，载《中国行政管理》，2013（5）。

④ 参见艾琳、王刚、张卫清：《由集中审批到集成服务——行政审批制度改革的路径选择与政务服务中心的发展趋势》，载《中国行政管理》，2013（4）。

本较高。解决这些问题的关键是，大幅精简审批事项，创新审批管理机制，加强标准化建设，依法行政，重点是确立行政审批制度改革的地位，进一步推进相对集中审批权，将审批的决策、执行和监督的权力分开。①

李波、李晴和陈鹏详尽地梳理了中国行政审批制度改革的背景和历程，认为行政审批制度改革势在必行，原因是市场配置资源失效、社会公平效益失衡与政府监管效应失范。目前改革面临困境，一是政府管理“越位”，没有厘清政府、市场和社会三者的关系与功能，由于不能尊重市场和个体，导致了政府对市场与社会的过度干预；二是监管职能缺位，职能部门不重视事后监管，审批事项取消得不彻底，甚至变换名目增加了其他程序，非行政许可审批事项管理随意性大，不受行政许可法的限制；三是法律法规不到位，行政许可设定条件不规范，行政许可听证制度不完善，行政许可变相收费屡禁不止。文章提出行政审批制度改革的出路在于：简政放权，实现政府的职能转变，健全行政审批监管体制，加强政务公开，完善行政许可法。②

三、行政审批制度改革与地方行政服务中心建设的展望与建议

（一）理论研究的重点与需要突破的主要问题

关于行政服务中心建设的研究已经不再是公共管理领域的新课题了，国内开展的相关研究已由中心如何初步建设，逐步转向中心如何进一步完善。目前研究的优势在于大部分文章采用了实证研究的方法，重视实地调研；存在的问题也较为集中：虽然案例的选取各有不同，但是，无论在分析行政服务中心发展面临的瓶颈、产生问题的原因，还是提出的对策与结论都明显趋同，缺乏针对性和创新性。关于行政审批制度改革的理论研究显然是滞后于实践需求，原因主要有两点：一方面，行政审批涉及政府、市场和社会的各个领域，专业性较强，利益博弈复杂，《行政许可法》的规定与实践的操作之间存在差异，并且，至今学界对于行政审批、行政许可和非行政许可等概念还存在模糊地带，行政许可法的后续解释工作任重道远；另一方面，公共管理学界与行政法学界之间的交叉研究有限，实务界与理论界之间的沟通有限，这导致研究中存在明显的碎片化和形式化的问题，缺少前瞻性、创新性和系统性的研究成果，如下几个方面亟待重点突破：

1. 系统研究非行政许可审批形成的原因、实践中的操作规范与整合路径

对于行政审批、行政许可与非行政许可审批的概念界定模糊，学界已达成共

① 参见高小平、严艺：《构建传统审批为“零”的服务型政府——行政审批制度建设的障碍、趋势与改革重点》，载《人民论坛》，2013（11下）。

② 参见李波、李晴、陈鹏：《行政审批制度深化改革的困境与出路》，载《政治与法律》，2013（11）。

识。“行政审批”与“行政许可”的理解分歧主要源于法律、法规与政策之间的冲突，尤其是国务院的文件中出现“非行政许可审批”的术语后，一批保留的审批项目可以不适用《行政许可法》的规定，严重阻碍了行政审批制度改革的进程。“非行政许可审批”多数由行政许可审批事项派生而来，取消非行政许可审批是改革的必然路径，但是“非行政许可审批”的形成有其客观的实践土壤，因涉及政府内部、跨部门、历史遗留问题等种种原因，难以一次性直接取消，如果不能明确其形成的原因，掌握其适用的真实范围，仅从理论上消除其概念的存在，无法达到预期的改革效果。所以下一步理论界需系统研究非行政许可审批产生的背景、实践层面的需求、屡禁不止的原因，然后有针对性地提出渐进性规范整合的方案，明确政府内部审批的权限、范围、条件、程序、时限等，使其逐渐纳入《行政许可法》的调整范围。

2. 明确由市场主体、社会主体承接的行政审批事项和权力

政府、市场与社会的三维分析框架，是公共管理研究的基础性框架，行政审批制度改革的纵深推进也需要三者的良性互动。行政审批作为政府调节和监管政府内部、市场和社会的主要工具，在规范市场稳定与促进社会和谐方面发挥了重要的作用。但是，“错位”“越位”的行政审批行为严重阻碍了市场与社会的正常发展，全能政府的执政理念，导致没有平等的市场主体与社会主体来弥补“政府失灵”的后果，而市场与社会长期以来对政府的依赖性，需要稳健的制度设计来克服：一方面，政府需要引导、扶植和培育市场主体和社会主体，增加数量，提升质量；另一方面，政府要适当放权，减少企业负担，为企业发展铺路，增加向社会组织购买公共服务的项目数和资金量，用有序公平的竞争与有效的政府监督代替直接的行政干预和指令控制。然而，目前学界的研究仅关注市场和社会承接行政审批事项的合法性，对于政府、市场和社会三者之间在管理审批事项上的权利、义务和责任边界、市场主体与社会主体承接审批事项的能力，与之配套的制度建设等问题都需要进一步研究予以明确。

3. 国内行政服务中心建设的比较研究

目前学界关于行政服务中心研究的思路主要集中在两个方面：一方面是大而全，对全国或某一地区服务中心的宏观发展情况进行梳理；一方面是小而精，将某一个服务中心作为具体案例深入剖析。这也就导致了研究的趋同性和局限性。行政服务中心已经经历了较长的从自发创立到自主探索的阶段，目前发展中面临的困难除了全国普遍性的问题之外，还糅杂了若干地方特殊背景下形成的难题，所以后续的研究应多采用比较研究的方法，将国内行政服务中心按照不同的标准进行细致的分类，在差异中寻找原因，然后依据不同的情况提出针对性的对策，按照类别进行规范管理，完成行政服务中心的管理方式由自下而上至自上而下的

转变，实现全国统一的标准，也只有这样，行政服务中心才能承载行政审批制度改革深入进行的重任。

（二）实践层面需要明确的两点认识

1. 行政服务中心应该由中央及地方编制办公室归口管理

行政审批制度改革的紧迫性和复杂性，客观上要求行政服务中心加强自身建设，突破探索期长、久拖未决的普遍性问题。因而，明确行政服务中心的归口部门，对于加强中心的顶层制度设计，规范中心的健康有序发展，保障行政审批制度改革的顺利进行，具有重要意义。一直以来，地方行政服务中心的法律和行政地位差别较大，比较有代表性的类别包括派出机构、临时机构、直属机构、事业单位以及介于它们之间的其他类别。因此，中心的归口管理就比较复杂，纪检委、政府办公厅（室）、党委办公厅（室）、编制办公室都有管理的实践先例。

2013 年 6 月，国务院明确行政审批制度改革工作牵头单位由监察部调整为中央编办，国务院审改办设在中央编办。① 而在上一年度的《中国政府发展研究报告》中，南开大学政府管理学院的研究团队就曾提出，希望可以考虑将行政服务中心暂归于中央编制委员会办公室统一管理，垂直管理归口为各省、市、县的编制办公室。② 鉴于行政服务中心既是行政体制改革的地方创新形式，又作为行政审批制度改革的重要载体，审批事项的受理、承办、批准、办结、告知、救济、监督、投诉等环节都集中在行政服务中心进行。而中央编制办公室的职能，既包括研究拟定行政管理体制和机构改革总体方案，又包括负责审核和控制编制，所以如果由中央编制办公室统一管理地方行政服务中心，就可以加速解决长期以来中心的法律主体地位不明确、工作人员无法落实编制、中心的管理地位不高、中心建设尚未标准化等问题，中心归口管理的落实势在必行。

2. 行政审批制度改革尚处于启动阶段

新一届政府对行政审批制度改革高度重视，中央及地方政府也密集出台了一系列相关的政策，理论界、实务界与传媒界经常提到“目前行政审批制度改革已经进入深水区”。这导致了一个认识误区——行政审批制度改革已经进入最后的攻坚期，前期的改革已经顺利结束，并取得了丰硕成果。其实，行政审批制度改革目前仍然处于启动阶段，并且该阶段的任务还远没有完成。

行政审批制度改革能够成为行政体制改革的突破口，主要原因在于其可操作

---

① 参见《国务院明确行政审批制度改革工作由中央编办牵头》，见中国编制机构网，2013-06-19。

② 参见朱光磊主编：《中国政府发展研究报告（第 3 辑）》，297 页，北京，中国人民大学出版社，2013。

性较强，改革效果比较明显，但是审批制度改革成功的评判依据不仅是审批事项数量的减少与审批流程的简化，市场主体与社会主体的数量增加与持续活跃才是改革要达到的最终效果。行政审批制度改革是一个复杂的系统工程。完整意义上行政审批制度改革至少包括两个阶段：启动阶段是在尽量不触及部门利益的情况下进行的改革，这一阶段的特点是推进比较容易，进展速度快，包括列出“权力清单”、行政审批事项的取消与下放，行政审批流程的简化与规范、网上审批系统的建立与维护，但是并没有其他方面的配套改革，容易反弹，这一阶段完成的标志是全国范围内的行政审批标准化建设基本完成；攻坚阶段是在以初级阶段审批制度改革为基础的同时推动配套改革的进行，涉及行政文化的重塑，政府职责体系的构建、纵向与横向政府部门关系的调整，最终达到权力的合理配置（见图2），也就是政治权力、市场权力与社会权力三者的良性互动。这一阶段因为涉及削减政府部门的核心利益，所以改革难度最大，但是如果不能如期突破，行政审批制度改革势必陷入僵局。

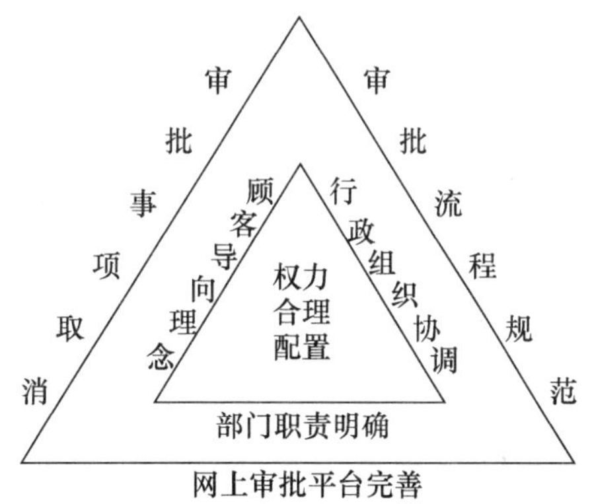

图 2　行政审批改革阶段示意图

总之，深化行政审批制度改革，既是政府增强其自身合法性和提升行政效率的主动选择，更是公众对政府释放改革红利、企业对减少规制束缚的必然诉求。行政审批制度改革的深化之所以困难，主要是因为“专业技术黑箱”和“部门利益黑箱”的存在。因此，依托行政服务中心这个平台的好处在于，既可以有专门的机构、专业的人员从全局着眼，规避部门间不必要的摩擦，高效行政；又可以在公众的监督下使改革的过程与结果透明化，弱化制度之外人情因素的微妙影响，加强依法行政的力度。行政服务中心建设的完善，核心功能的转变，是中心健康发展的趋势和保障，其关键是要依托行政审批制度改革的深化，规范审批职能，进一步延伸涉企涉民服务链，使中心逐步从单一审批型发展成涵括政务公开、资源交易、社会组织培育等各类公共服务和社会管理职能的综合平台。

四、报告要点

本报告对 2013 年度全国行政审批制度改革与行政服务中心建设的最新进展情况和理论研究成果进行了初步的梳理总结，并在此基础上，从理论和实践两个层面提出了几个需要重点关注的问题。本报告要点总结如下：

（1）进入 2013 年以来，各地方政府对行政服务中心在推进服务型政府建设、政务公开、规范协调行政审批权等方面发挥的积极作用基本达成共识。行政服务中心运行平稳，数量稳中有增，截至 2013 年 12 月，省级行政服务中心的数量已增加至 19 个。2011 年 6 月，中共中央办公厅、国务院办公厅印发的《关于深化政务公开加强政务服务的意见》，至今仍是中央政府关于指导与规范行政服务中心发展的最全面的文件。由于中央政府并没有给出全国范围内统一行政服务中心各项基本制度的时间表，所以各地方行政服务中心仍处在主要依靠自身创新完善服务的探索阶段。

（2）行政审批制度改革成效显著。2013 年，行政审批制度改革取得了显著的成效，国务院取消和下放审批项目共计 249 项，截至 2013 年 12 月，国务院各部门取消和调整的审批项目总数达到 2 746 项，占原有审批项目的 76.2%。地方政府也积极配合中央政府的改革节奏，大部分省市审批事项的数量都大幅缩减，办事效率明显提高，办理流程持续简化。各地行政服务中心职责由管理中心内部拓展至规划和监督拥有审批权的所有部门的审批事项改革，在行政体制改革中的战略地位不断提升。

（3）总体来看，2013 年理论界对行政审批制度改革与行政服务中心建设问题的研究文章数量明显上升，公开发表论文 140 余篇。公共管理视角的研究者多将行政审批制度改革与行政服务中心的建设联系在一起，运用服务型政府、无缝隙政府等理论，研究作为行政审批制度改革主要载体的行政服务中心是如何改革以适应和推动行政审批制度改革进程的。研究的焦点主要集中在四个方面：第一，深入探讨行政服务中心建设中存在的问题、解决的对策与发展的趋势；第二，关注行政审批（行政服务中心）标准化建设；第三，行政审批制度改革的理论基础研究；第四，深化行政审批制度改革的重点与趋势研究。

（4）未来几年，行政审批制度改革与行政服务中心建设相关理论研究的重点主要包括：取消非行政许可项目作为行政审批制度改革的突破口，要保证非行政许可项目在实践中的彻底取消，需要理论研究者厘清非行政许可审批形成的原因、实践中的操作规范与整合路径；行政审批制度改革不仅要取消审批事项，还需要下放审批事项，而作为政府外的承接主体，市场主体与社会主体应该承接与现实中有能力承接的事项需要明确；行政服务中心的标准化势在必行，其难点在于各个地方政府的行政服务中心的制度差异与实践差异，通过比较研究可以促进行政服务中心的规范管理，而只有规范管理才是充分发挥其作用的前提。

（5）在推进行政审批制度改革与行政服务中心建设的实践过程中，需要明确如下几点认识：行政服务中心应该由中央及地方编制办公室归口管理；行政审批制度改革尚处于初级阶段。完整意义上行政审批制度改革至少包括两个阶段：启动阶段是在尽量不触及部门利益的情况下进行的改革，这一阶段完成的标志是全国范围内的行政审批标准化建设基本完成；攻坚阶段是在进一步完善审批制度的同时推动配套改革的进行，涉及行政文化的重塑，政府职责体系的构建、纵向与横向政府部门关系的调整，最终达到权力的合理配置，也就是政治权力、市场权力与社会权力三者的良性互动。

（作者单位：天津师范大学政治与行政学院行政管理系）

第二部分

政府职责体系构建与府际关系

政府职责体系与纵向府际关系研究报告

张志红

构建政府职责体系，是中国政府职能转变过程中的一个重要课题。从党的十七大报告明确提出要“健全政府职责体系”，到党的十八大报告提出“稳步推进大部门改革，健全部门职责体系”，建立健全符合中国发展的政府职责体系成为促进政府职能转变的重要目标之一。政府职责体系的建立健全，是在对中国政府职能转变历程的科学总结的基础上，以促进经济社会全面发展为目标的政府职责边界的重新划定。由于在中央与地方关系中“职责同构”现象长期存在，形成了政府职能转变最大的结构性障碍和路径锁定，这种异化的“同构”一方面阻碍着中央和地方两方面积极性的发挥，另一方面这种有利于集中资源办大事的结构也确实长期为政府的各种应急式管理所依赖。

目前，以简政放权为核心的行政审批改革进入深水区，如何提交一份既能有效促进改革又能够真正实现政府与社会共赢的“权力清单”，是一个艰难的改革进程。在这个改革进程中，政府不仅要实现经济发展方式的转型，同时还要促进经济社会同步协调发展，政府合理的职责定位和优化的行政体制成为推动改革的关键。因此，加快政府职能转变，打破“职责同构”，理顺纵向政府间关系，建立健全政府职责体系是深化行政体制改革和提升治理能力的核心内容。

过去的一年，对于政府职责体系建设和转变政府职能来讲，是非常重要的制度变革年。在一定意义上讲，2013 年是政府职责体系建设元年：5 月，郑州会议的胜利召开实质上拉开了中国政府职责体系研究和建设的序幕；11 月，党的十八届三中全会通过的《中共中央关于全面深化改革若干重大问题的决定》更是提出了加快政府职能转变的顶层设计。本报告将重点分析和解读这些具有划时代意义的事件和文件对于中国政府发展研究和实践的推动作用，并持续关注实践层面的政府职责改革和政府间关系的调整。

一、郑州会议：政府职责体系建设的重要里程碑

长期以来，政府职责一直是学界研究的话语，政府功能与政府职责两分法的提出事实上成为政府职能转变理论的重要转折点①，从此，学术界在转变政府职能理论研究方面转向更加关注政府职责的具体配置和政府履责过程的优化。2013年5月，中国机构编制管理研究会在郑州召开了中国机构编制管理研究会第五次联席会议暨政府职责体系专题研讨会。这是我国首次明确以“政府职责体系”为专题召开的研讨会，这里简称为郑州会议。来自国内知名高校和中国行政管理学会、中国行政体制改革研究会以及其他智库的公共管理专家，来自中央编办、中国机构编制管理研究会及31个省、自治区和直辖市的地方编办和地方研究会的司局级领导参加了会议。与会专家针对政府职责体系的核心问题、加强政府职责体系研究的意义、构建政府职责体系要处理好的几对关系、健全地方政府职责体系的关键环节和突破口等重要问题进行了深入、细致的研讨。

《中国机构改革与管理》是中央机构编制委员会办公室主管、中国机构编制管理研究会主办的刊物，作为郑州会议的主办方，密集性地刊发了有关政府职责体系建设的相关文章和观点，如2013年第6期刊登了：黄文平《加强政府职责体系研究具有重要意义》、朱光磊《政府职责体系构建中的六个重要关系》、马新华《健全地方政府职责体系的关键环节和突破口》、刘学群《省直管县背景下县级政府职责体系建设要考虑的几个关键问题》、刘云广《正确选择构建政府部门职责体系的方法路径》、盛放《职能管理是政府职责体系建设的重要抓手》。2013年第9期刊登了：河北省行政管理体制改革与机构编制管理研究会《垂直管理是完善县政府职责体系的核心问题》、李东民《直管县政府职责体系的核心》、毛立红《地方政府社会管理职责体系创新的方向》等。

郑州会议标志着转变政府职能工作进入了一个新的阶段，标志着中国政府对于纵向府际关系的调整全面转入了正面构建阶段，是纵向政府间关系调整和认识发展史上的重要里程碑。郑州会议的召开，意味着学界探讨的政府职责体系问题已引起高层决策集体的关注，同时也是中国政府与学界联手共同推进政府职责体系建设的重要肇始。政府职责研究从象牙塔走向具体社会实践，意味着下一阶段中国政府职能转变将朝着更加科学化、系统化和制度化的方向发展。

---

① 参见朱光磊主编：《现代政府理论》，北京，高等教育出版社，2006。

二、政府间纵向关系的新变化

党的十八届三中全会通过的《中共中央关于全面深化改革若干重大问题的决定》对于新时期的纵向政府间关系改革进行了重大部署。有关政府职责的相关改革在会议之后较为迅速地全面铺开，政府间纵向关系也发生了一些重大变化，主要体现在以下几个方面：

（一）中央政府在处理政府与市场关系上有了重大变化

新一轮的改革突出强调市场在资源配置方面的核心作用，经济体制改革是全面深化改革的重点，核心问题是处理好政府和市场的关系，使市场在资源配置中起决定性作用和更好发挥政府作用。市场决定资源配置是市场经济的一般规律，健全社会主义市场经济体制必须遵循这条规律，着力解决市场体系不完善、政府干预过多和监管不到位的问题。明确提出政府在市场经济中的职责和作用主要是：保持宏观经济稳定，加强和优化公共服务，保障公平竞争，加强市场监管，维护市场秩序，推动可持续发展，促进共同富裕，弥补市场失灵。

在此基础上，报告提出，“加强中央政府宏观调控职责和能力，加强地方政府公共服务、市场监管、社会管理、环境保护等职责”。实质上是在政府管理经济方面，在过去“经济调节、市场监管、社会管理和公共服务”的政府“十六字职能”规定的基础上，实现了以下转变：一是首次采用了对中央与地方的职责分别予以明确的做法。相较于之前有关政府职能转变改革的政府文本，中央与地方职责的区分第一次出现，体现了新一届政府对于政府职责体系的新认识，即明确指出中央与地方政府应当有不同的职能定位。二是对于地方政府职责定位有了明确的、新的排序。过去在关于政府职能的文字定位中，“公共服务”比较靠后。在这个决定中，“公共服务”被列为地方政府的首要职责，“市场监管”和“社会管理”紧随其后。这一位序的调整，虽然不能说是政府职能的本质变化，但还是反映了“公共服务”在政府职能格序中的重要性的上升，体现了中央政府对于地方政府加强公共服务职责的迫切要求。三是“环境保护”被首次明确作为对地方政府全面履行政府职责的强调性要求，体现了中央政府对于环境保护职责的高度重视。

（二）社会系统治理成为“政府与社会互构”的重要内容

在政府与社会的关系中，社会成员和社会组织从之前的管理或者调节的对象，转变成为社会系统治理的主体之一。一方面，在政府职能转变的过程中，积极推进政府购买服务，提出应“推广政府购买服务，凡属事务性管理服务，原则上都要引入竞争机制，通过合同、委托等方式向社会购买”。通过向社会放权，突出外在运行机制对于政府内部运作的机制调节作用，弥补大部门制改革中的权力缝隙及其结构真空，通过政府购买服务，实现政府对于社会组织的扶持，培养居民的自我管理能力，同时有效节约政府服务成本，为社会成员提供多元化的适度服务。另一方面，中央政府强调“坚持系统治理，加强党委领导，发挥政府主导作用，鼓励和支持社会各方面参与，实现政府治理和社会自我调节、居民自治良性互动”，社会自我管理的凸显，从一个侧面反映了政府对于自身职责有限性的充分认识，政府管理开始从传统的“群众路线”走向“以社会制约权力”。

（三）中央政府的职责范围更加清晰

在中央与地方关系上，中央政府开始向“双向确权”的方向发展。一是通过深化行政审批改革，尽可能减少对微观事务的管理，不仅强调中央向地方分权，同时也进一步强调政府向市场和社会分权。2014 年 3 月，国务院 60 个部门首次公开“权力清单”，这不仅是中央政府确权的过程，更是政府职能转变的过程。“权力清单”制度的建立，将在政府制度建设的过程中促进政府职能转变和职责体系的逐步完善。二是通过明确政府间支出责任，实现政府间财政关系的有序管理，为进一步完善政府职责体系奠定必要的框架结构。主要内容包括：突出中央政府在区域差距调节中的主导地位，增加对于老少边穷地区中央转移支付；杜绝“中央请客地方埋单”的政府财政支出，凡是中央政策导致的增支，由中央政府承担，不再增加地方负担，也避免了由于地方财力不济导致的政策执行偏差；明确中央与地方的事权划分，提出中央事权，中央与地方共同事权和地方事权的划分，这次划分虽然比较粗略，但是重点罗列了中央政府的事权，这是政府职责体系构建的重要前提。

（四）党内监督体制不断增强

在中央与地方关系中，突出党的纪律检查工作，双重领导体制具体化、程序化、制度化，强化上级纪委对下级纪委的领导。查办腐败案件以上级纪委领导为主，线索处置和案件查办在向同级党委报告的同时必须向上级纪委报告。各级纪委书记、副书记的提名和考察以上级纪委会同组织部门为主。通过事权、人事任命权的上收，党内严格的纪律监督体制更加突出。此外，常规化的中央巡视制度实现了中央对于地方领导的全面监督，做到对地方、部门、企事业单位全覆盖。截至 2014 年 7 月底，中央巡视组已经实现对 31 个省市的全覆盖，企事业单位也已经重点巡查。“以巡视促监督”的新型政党监督机制不仅加强了执政党的自身建设，同时也突出了中央政府的权威。

（五）中央与地方关系中的“集分统合”的特点更加明显

目前，中国的中央与地方关系实际上已经走出了简单的“集分反复”式的零和博弈，迈向更加合理的“集分统合”，集权中有分权，分权中有集中。相较于传统的单向度的政府间分权，法治思维下的政府间权力划分更加注重权力运行的过程的控制。突出表现为：

（1）经济管理的微观退出和宏观调节并重。中央不仅强调减少行政审批，而且明确将经济宏观调控的权力集体上收。中央政府一方面减少对于微观管理的干预，另一方面在地方重大项目审批的过程中，通过社会稳定风险评估环节的增加，实质上扩大了来自政府外部的社会组织的参与和居民参与。政府投资的重大建设项目审批过程中的公民参与环节的增加，实际上以向社会分权的方式增加了地方政府的外部监督，从中央控制的角度来讲，实质上有利于中央政府对地方的监督。

（2）政治监督中的“管理”和“统治”适当分离。新一届政府改革了传统的“信访”体制，不再实行“信访大排名”。2014 年 5 月 1 日起，中央政府不再接受来自地方的越级进京上访，实际上是从体制上“恢复”了中央政府对于地方政府的政治信任，在一定程度上有利于破除“以政治促管理”的泛政治管理方式，有利于中国地方政府管理法治化，减少不必要的行政干预。信访体制中的政治监督功能弱化的同时，中央巡视组制度的常规化运行，实现了从“民众上访”到“政府下访”的机制转变，政治监督也实现了与政府管理的有效分离，朝着更加法治化和高效率的方向发展。

（3）中央政府出台的新政策继续兼顾“全局统一”和“局部特殊”的特色。在单独二孩政策推出之后，中央政府并没有采取一刀切的方式要求地方政府全面执行，而是把是否要推进、如何推进和何时推进的选择权交给地方，在涉及政府管理对象的重大问题上，体现了中央政府对于地方利益的充分尊重。在户籍制度的改革中，中央政府提出要全面实行居住证制度，但是更多以人口规模来划定不同类别的居住证制度实施方式。居住证制度本身就是地方政府的创新性探索，当这一探索具备较好的试点基础后，中央政府才在全国范围全面推行，正如李克强同志所讲：“中央政府改革是上篇，地方政府改革是下篇，要整体构思，通盘考虑，上下贯通，把整篇文章做好，更多释放市场活力，更好服务人民群众。”① 目前，中央与地方政府之间具有较强的政策合作关系，简单的命令式层级管理开始向具有更多“伙伴关系”特征的政府间合作发展。

三、政府间职责体系研究现状综述

作为政府职能的具体化和操作化研究，政府间职责体系研究才刚刚起步。2013 年至今，相关直接的研究文献并不多，但是在中央与地方关系、政府间财

① 李克强：《在地方政府职能转变和机构改革工作电视电话会议上的讲话》，见新华网，2013-11-08。

政关系、政府职能转变，行政体制改革等领域相关的研究并不少。从促进政府间职责配置研究和实践工作出发，本报告重点选择相关程度较高、具有一定创新性的研究成果集中介绍，主要包括以下几个方面：

（一）相关概念的界定

政府职责，改革开放以来最早使用该词的政府部门是卫生部门，是当时的卫生部长讲话使用的。20 世纪 90 年代，学者使用“政府职责”这一词时，更多地将政府角色与政府职能混淆在一起使用。① 张伟认为，政府职责包括不可分割的两个方面：政府（部门、人员）被赋予的职权以及由此所承担的相应责任。因此，职权与责任是相辅相成的，有职权就有职责，权责一致是健全政府职责体系的基本原则。政府职责关系包括中央与地方的职责关系、政府各部门间的职责关系、垂直部门与地方政府间职责关系三个方面，健全政府职责体系的关键在于确立政府权责一致原则、合理界定政府职责体系范围、理顺政府职责关系。②

黄卫平指出，政府职责体系是一个重要概念，内涵十分丰富。大的方面包括政府职责属性和定位，政府职责内容和边界，政府与社会，包括与社团、企业的职责关系等。横向分解包括各级政府的职责体系及其与所属部门的职责关系，各个部门的职责体系及相互间的职责关系等。纵向分解包括中央政府与地方政府之间的事权划分和职责关系，地方各级政府之间的事权划分和职责关系等。政府职责体系研究和建设有着明确的既定前提。政府职责体系是一个有机的整体，不是简单的“堆积木”。政府职责体系建设是一个动态的过程。即使是同一个国家，随着经济社会的发展和其他相关情况的变化，政府的具体职责任务也会发生变化。这些立足于政府职责体系研究意义的观点，较为客观地指出了政府职责体系建设的规律性。③

（二）政府间职责配置改革的思路

朱光磊在郑州会议上提出“政府职责体系构建中的六个重要关系”④，其中最为重要的是有关职责分解与职责归类的阐释，他用极为形象的比拟方式指出了当前政府职责体系建设的困境和未来改革的方向。具体内容是要防止（职责）分解得过细，要处理好“环节”与“事权”的关系，尽可能把比较完整的事权划分出来、划分下去。事权就好比一头牛，如果我们把牛分解了，把牛头留在中央，把躯干交给省市，把牛腿放给县区，把零零碎碎的东西让乡镇街道去做，就达不到

① 例如较早的一篇文章，宋文昌：《论市场价格体制下的政府职责》，载《新西部》，1994（1）。
② 参见张伟：《构建政府职责体系应把握的基本框架》，载《中国党政干部论坛》，2009（12）。
③ 参见黄卫平：《加强政府职责体系研究具有重要意义》，载《中国机构改革与管理》，2013（6）。
④ 朱光磊：《政府职责体系构建中的六个重要关系》，载《中国机构改革与管理》，2013（6）。

合理配置职责的目的，情况就不会有大的改变。因为采取这种方式，事情还都牵在中央的手里，上下之间的职责还是划不清楚。应当是把“牛”留在中央，把“羊”交给省市，把“家禽”放给乡镇街道，事权相对独立，各负其责。这篇论文创新性地指出了中国政府传统的政府间分权模式实质上是“环节分工”，即较为集中地体现为一个具体工作流程中的不同环节分工，而不是对于不同工作内容的“整体性分权”。环节分工的具体结构支撑就是“职责同构”，即所有层级政府都负责相同事项的不同阶段，表面上政治风险均担，但是辅以同构的“政党体制”，权力与风险同时被集中转移到中央政府，压缩了地方政府和社会成长的空间。

国务院发展研究中心 2012 年重大课题“推进经济体制重点领域改革研究”课题组，在“新时期中央—地方政府权责优化的总体思路”中，提出了优化央地关系权责的具体构想，即基于政治统一、发展与服务相平衡、受益范围、效率四项改革原则，课题组提出了如下改革思路：在维护中央政府权威的前提下，以适应经济发展方式转变的客观要求为基础，以理顺中央与地方的财税关系为突破口，以构建权责一致、集分适度、相互制衡、科学规范的新型政府间权责关系为总体目标，加快推进不同层级政府间权责界限的模糊化向法定化转变。课题组对于中央与地方政府之间的权责优化提出了具体构想，主要集中表现为政府间职责配置框架图（见表 1）。①

表 1　　不同层级政府权责配置优化框架

权责配置				中央政府	省级政府	地市级政府	县及县以下政府（乡镇）	备注
经济发展	宏观调控		责任	√	√			
			权力	D/S	D/M/S	E	E	
	市场规制		责任	√				
			权力	D/S	M/S	E	E	
	资源配置	跨区域的资源	责任	√	√			决策监督权在高层级政府
			权力	D/S	D/M/S	E/M	E	
		大宗矿产资源	责任	√	√	√		属地原则
			权力	D/S	D/M/S	E/M	E	
		战略性能源资源	责任	√				
			权力	D/S	M/E			

① 参见国务院发展研究中心 2012 年重大课题“推进经济体制重点领域改革研究”课题组：《新时期中央—地方政府权责优化的总体思路》，载《中国发展观察》，2013（10）。

续前表

权责配置				中央政府	省级政府	地市级政府	县及县以下政府（乡镇）	备注
公共服务	交通		责任	√	√	√		受益范围
			权力	D/S	D/E/M/S	D/E/M/S		
	教育	义务教育	责任	√				
			权力	D/S	/E/M/S	E/M	E	
		高等教育	责任	√				
			权力	D/S	/E/M/S	E/M		
	医疗卫生		责任	√				
			权力	D/S	/E/M/S	E/M	E	
	社会保障		责任	√				
			权力	D/S	/E/M/S	E/M	E	
	住房、社区维护		责任			√	√	
			权力	D/S	/E/M/S	E/M	E	
	环境保护		责任	√	√			
			权力	D/S	/E/M/S	E/M	E	
	娱乐文化设施		责任			√	√	
			权力			D/E/M/S	E/M	

注：决策——D，执行——E，管理——M，监督——S。

该框架结构，针对地方政府的主要职责进行政府不同权责划分，对于不同的事项，在明确责任主体的前提下，划分权力，然后针对每一事项，根据管理主义的观点在不同层级政府中划分决策权、执行权、管理权和监督权。本质上讲，这一框架结构是对于中国现存的“职责同构”的改版认定。虽然有部分权力如战略性资源隶属省级以上政府，娱乐文化设施权力归属地市级以下政府，但是这种制度安排依然是在加强责任归属之后的环节型分权。对于中国这样一个幅员辽阔的后发展国家来讲，地域广，人口多，决策与执行层面的过度分离，就会导致“决策的不执行，执行的不决策”，在很大程度上会导致“决策与执行两层皮”，影响政府管理的整体效率。此外，课题组在英国管理主义的核心思想的基础上，又增加了一个“管理阶段”。仔细分析，“管理”概念的外延与内涵的模糊性，导致管理有可能包涵决策、执行和监督的所有环节，这样，加入“管理”的分工又将陷入没有分工的境地。这也是该框架的主要问题之一。此外，没有社会组织承担和公民参与的政府间职责配置终将是不完美的，公共服务提供的有效性和针对性将被大大降低，造成不必要的浪费。

曹桂全在《多级政府分工模式与我国行政管理体制改革》中提出，我国政府机构的历次改革偏重于横向的部门设置和分工调整，而在纵向政府间分工上多限于行政管理权限的调整，并没有触及多级政府之间分工模式的实质性改革，也就没有取得缩小政府规模的效果。相较于西方国家的基于“分事”的分权模式，中国更多的是权限分级模式，我国各级政府之间的分工是通过在不同级次政府之间划分行政管理职权的权限实现的，不同级次政府管理权限的划分则是按照“重要性”进行划分的，这种重要性又在很大程度上按照管理对象的规模、数额、标的涉及的金额等划分。其弊端主要有：一是权限分级模式是导致政府机构多、行政成本高的体制原因；二是低级次的政府管理与社会需要总体不相适应，不利于低级次政府职能的发挥；三是权限分级模式会导致责任不清，改革方向是借鉴分事模式，关键在于按照政府行政管理、公共服务等事权本身的性质，确定承担不同事权的政府级次，改革传统上级政府管理下级政府和直接管理重要事项的分工模式。① 曹桂全明确提出了中国政府间职责配置的关键性问题，但是对“分工”和“分事”在概念界定上的不足，特别是在二者关系上较为模糊的处理，影响了论文的对策性研究。

（三）中央与地方的关系

赵树凯在《重新界定中央地方权力关系》一文中，以基层政府运行困境为出发点指出，当前“重新集权化”全面挤压了县乡政府，直接加剧了县乡政府与上级政府的紧张关系，间接加剧了县乡政府与基层民众的紧张关系。未来的政府改革需要抛却传统“大一统”的控制思路，在法治轨道上重新界定和确立不同层级政府间权力，建立起基层政府与高层政府的新互动模式。中央和地方之间，基层政府和上级政府之间，也应该通过法律过程来“确权”，而不是通过领导人的讲话、文件来随意收放权力。这是法治政府的基本要求。高层要重塑政治权威，需要抛却传统思路，对政府体系动大手术，重新界定确立不同层级政府间的权力关系，在不同层级政府间建立全新的互动模式。② 该论文的创新之处在于从基层政府的视角解读政府间职责配置的问题与出路，但是忽视了政府职责配置的系统性，简单地把高层政府与基层政府对立起来，忽视了中间政府、社会组织等在政府间职责配置中的应有位置，特别是在高速城市化和迅猛的信息技术发展支持下，基于标准化的政府管理和服务将愈加凸显，基层政府也不可能是独立王国，

① 参见曹桂全：《多级政府分工模式与我国行政管理体制改革》，载《理论与现代化》，2013（5）。

② 参见赵树凯：《重新界定中央地方权力关系》，载《中国经济报告》，2013（9）。

基层政府将更多关注与如何更好地提供有限的公共服务和管理，而不是全能主义视角下的基层政府职责。

贾康在《在全面改革中深化财政体制改革》中指出，在中央与地方的财政关系中，由于地方财力不足导致的“土地财政”问题及其仍未完全解决的“基层财政困难”等问题，产生的根源绝不是分税制，而恰恰是我国省以下财政体制至今迟迟不能真正进入分税制状态，实际上是五花八门、复杂易变、讨价还价色彩尚较浓厚的分成制与包干制。省以下分税制迟迟不能真正贯彻这一问题的“病理分析”并不复杂，就是因为我国省以下还有市、县、乡镇。如何以二十个左右的税种实行五级“分税”，这在技术上是无解的。今后改革的方向，应立足于以合理界定各级政府职责即“事权”为始发环节，构建“一级政权，有一级合理事权，呼应一级合理财权，配置一级合理税基，进而形成一级规范、完整、透明的现代意义的预算，并配之以一级产权和一级举债权”的三级分税分级、上下贯通的财政体制，加上中央、省两级自上而下的以“因素法”为主的转移支付和必要的“生态补偿”式的地区间横向转移支付。[①] 文章从技术角度指出了财政体制与行政区划、政府层级之间错综复杂的关系，提出以事权改革促进财政关系改革，摒弃了以财税改革带动事权改革的传统思维，符合现代政府发展规律，但是如何合理界定各级政府职能，明确各级政府的支出责任已经超出了单纯的财政学研究范围。

（四）政府间职责配置的理想模式

邹宗根在《职责旋构：纵向间政府关系的新思考》中提出，高度集中的“职责同构”模式难以适应现代政府的发展。但是，简单采取“职责异构”的模式也难以适应中国的现实与未来发展的需要。通过分析“职责同构”、“职责异构”和混合结构的利弊以及典型国家纵向政府间关系的实质，结合中国各个层级政府运行的实际状况，以生物学“DNA 双螺旋结构”为分析框架，思考以职责旋构作为未来政府间关系的选择，以此形成较为明晰的权力集分和职责分工体系，从而提高政府在愈加复杂的公共事务治理中的整体适应性。其核心思想是，如何实现维护中央权威与适应地方需要之间的平衡。[②] 论文以政治仿生学的视角描述了政府间职责配置的理想状态，但恰是其过于理想化导致了具体对策研究的相对缺失。

马万里在《多中心治理下的政府间事权划分新论：兼论财力与事权相匹配的第二条（事权）路径》中提出政府间事权划分新逻辑，即首先明确整个社

---

① 参见贾康：《在全面改革中深化财政体制改革》，载《光明日报》，2013-11-15。

② 参见邹宗根：《职责旋构：纵向间政府关系的新思考》，载《长白学刊》，2013（5）。

会私人品与公共品的界限，然后将政府公共品供给职责在中央与地方政府间纵向分解，当各级政府公共品供给范围确定之后，再由政府、市场与非政府组织合作，进行横向分工，从而最终实现公共品供给效率的提高，最大限度地满足社会需要。① 这个思路具有一定的创新性。但是问题在于论文从公共物品的属性出发来划分政府间支出责任，本身具有不确定性，公共物品的划定究竟是由享受服务的对象来确定，还是由提供物品的主体来确定，本身就是个难解的困局。

四、政府职责体系与纵向府际关系的展望与分析

中国政府职能转变在过去的一年发生了重要的调整，无论是理论研究还是实践推进，都将对未来中国政府发展产生重大影响。郑州会议和党的十八届三中全会的召开，将成为中国政府职责调整的重要里程碑和旋转门。尽管政府职责的调整和政府间关系的理顺刚刚起步，但是改革的方向已经明朗，需要理论研究者和实践工作者在政府职责调整的过程中，加强制度建设，推动“四两拨千斤”的关键体制改革，重视机制构建，完善流程重构，全面推动中国政府发展。当然，在今后的政府职责体系建设中，仍有一些困境需要突破，有一些工作急需推进，主要体现在以下两个方面：

（一）需要突破的困境

第一，财力与支出职责相匹配。中国政府间职责配置从财权与事权相匹配，到财力与事权相匹配，再到财力与支出责任相匹配，不仅仅是简单的措辞变化，而是同中央与地方各级政府权责配置改革思路的变迁高度相关。从财权到财力的变化，是中央政府汲取税收能力的增强，是中央政府实现有效宏观调控和区域协调发展的物质保障，这是体制内的自我变革。从事权到支出责任的变化，是政府改革从管理到治理的变革，是社会管理资源的全面整合的过程。支出责任不仅仅是由哪一级政府来主要负责某项事项的财力支持，还包括承办该事项的主体选择问题，在系统治理的体系中，越到基层，承办主体就越有可能是来自社会的企业、社会组织和公民。今后，在政府职责配置的改革中，主题选择和过程监督将成为制度机制建设重点加强的主要领域。

第二，中央与地方的两个积极性。发挥中央与地方两个积极性，是中国政府自计划经济时代就一直遵循至今的重要原则。在计划经济体制下，两个积极性的

① 参见马万里：《多中心治理下的政府间事权划分新论：兼论财力与事权相匹配的第二条（事权）路径》，载《经济社会体制比较》，2013（6）。

提出，在机制上保障了政府间权力的相互制约，特别是有利于来自中央政府的整体控制。在计划经济向市场经济过渡的特殊时期，对于地方发展经济的积极性的提倡，实质上加快了中国市场化的改革。随着市场化改革的深入，尤其是中国进入新的发展阶段之后，两个积极性的提倡开始有可能导致政府管理更加复杂。尤其是在“职责同构”的体制下，中央与地方都会在逐利的过程中在同一个领域同时发挥积极性。两个积极性表面是一致的，但在内在利益架构中双方的着力点实际存在相左的方面，中央积极性作用在全国整体性发展上，地方积极性作用在利用中央政府发展地方特殊性方面，这样就有可能出现中央政策执行不到位的情况。今后要突破这种困境，重点在于把原本“在一处使劲”的两个积极性置放在不同的领域中去发挥，中央积极性应在归中央政府管理的范围内体现，地方积极性更多体现在地方特殊性公共物品提供中。

第三，研究理想化与实践特殊化。客观地讲，中国政府间职责配置的核心问题“职责同构”是在与发达国家比较研究的过程中发现的结构性特征。得益于开放的研究体系和相对便捷的信息传播网络，有关政府间职责配置改革的相关研究正在开展。与其他的政府发展研究类似，政府职责研究也面临着“后发优势”与“后发劣势”并存的研究困境。在比较研究的过程中，有关本国实践的问题比较容易搜索，但是相关的对策在引进的同时往往遇到实践的特殊性而水土不服。与此同时，“后发劣势”导致的外在压力不断增强，外在的倒逼式改革急需推进，实践只好“摸着石头过河”。随着中国经济社会的整体发展，支付大量学习成本的改革不再被允许。因此，立足中国实践，摒弃简单模仿，探索符合中华民族发展整体利益的改革思路才是今后中国政府发展的关键所在，这就要求理论研究和实践工作高度结合，建立有效的沟通网络，搭建信息共享平台，探索人才双向流动机制，全面加快政府改革。

第四，分工、分类与合作。这是当前中国政府间职责配置改革中的重要命题，传统的政府间权责配置实际上是一个工作流程中的不同工种、不同环节的分工合作，以至于形成了错综复杂的“条块矛盾”，“上面一根针，下面千根线”，关系复杂程度越高，政府间合作就越难以达成，政府履责的监督成本就越高，同时政府效率相对越低。政府间职责配置就是要改变原有的政府流程中的分工式分权，走向政府职责的层级分类下的系统配置。基于不同事项的政府间职责配置，将会更加凸显中央政府的宏观调控，将有利于中央政府从微观管理的困局中解脱出来，更加超然地处理有关国家能力的重大事项，特别是有利于进一步缩小区域发展差距，提升中央政府的政治治理能力。如何实现分类管理下的政府间合作，将是未来改革中需要解决的重要问题。

第五，政府间职责配置的配套改革的议程设定。政府间职责配置不是单向度的改革，需要其他支撑性的体制改革同步推进，例如财税改革、行政区划改革、城乡一体化改革、社会保障制度改革等，这些改革都是中国社会面临的重要变革，如何有效地整体推进，孰前孰后，相互之间的嵌套关系错综复杂。这种互为支撑、互为制约的关系，增加了政府间职责配置改革的难度。尽管政府间职责配置改革是这些改革的相对顶层设计，但是这些配套性改革的逐步推进，既是政府职能转变的结果，也是政府间职责改革的试错过程，同时将为政府间职责配置的合理化提供制度选择的空间。

（二）下一步改革的方向

第一，突出“双向加强”，突破“职责同构”。“双向加强”主要指在职能转变的过程中，一方面加强中央政府的直接管理，特别是重要宏观调控部门在地管理的垂直化，真正实现中央的事情中央管理，而不是中央的事情地方代管，增加监督成本和道德风险。增强中央管理部门的无层级化“对口管理”。另一方面增强基层社会的自我管理，这个自我管理不是简单的自治，而是在强化经济管制和社会管制的前提下，通过制度变革，实现基层原有自治单位的法内有限自治。基层治理单元的异构，不仅有利于促进政治民主发展，也有利于基层社会的稳定。

第二，以“权力清单”建设倒逼政府职责调整。从政府职能上讲，“权力清单”不仅仅是对于当前政府职责定位的法律界定，更是政府职能转变的结果。从权力边界的划分上讲，“权力清单”首先意味着政府职责在政府、市场和社会之间的权力边界的明确。“权力清单”不仅仅要做事前监管的减法，更重要的在于加强政府职责在事中事后监管的加法。市场能够发挥关键性作用的，各级政府都应主动放权；需要加强监管的，各级政府必须及时承担相应的职责。

从政府体制的角度上讲，“权力清单”还需要明确不同层级政府的职责分工。必须注意，中央在党的十八届三中全会上首次分层次地提出中央要加强宏观调控职责和能力，地方加强公共服务、市场监管、社会管理、环境保护等职责。站在政府发展的高度，这就是中国政府职能转变的首份顶层设计的“权力清单”。今后的改革，都应当在此基础上，更好地发挥市场配置资源的关键优势，科学界定不同层级政府职责，最终形成符合中国国情和现代政府发展规律的政府职责体系。

第三，深化政府职责配置的技术路径及其应用研究。尽管政府工作流程的改进、工作作风和服务态度的转变，似乎是比较微观具体的改革，但其实它是行政改革的一个重要方面，也是政府职责履行到位的重要机制保障。从政府形象来讲，工作流程优化是普通公众对政府服务水平评价的关键因素。长期以来，政府改革长期关注职能、机构和组织变化，一贯注重精简机构和人员，对行政体制进行了一系列改革，但是对于对政府行政过程中的问题始终关注不够。事实上，考察一个政府，可以从机构、体制、职能和运行等多个角度来看，体制改革、机构改革、转变职能，甚至包括转变机关和干部作风，都不能代替政府运行质量的改善。今后，政府职责调整也要突出过程优化和机制创新，变革地方政府管理和服务的技术路线，实现以技术促管理。

深化政府职责配置，重在夯实基层管理。通过行政体制改革，逐渐剥离压在基层政府身上的“找钱办事”的财政压力，通过合理的政府间财政转移支付，提升基层政府公共服务能力，能够更加迅捷地回应居民的要求，提供适度的公共服务。

深化政府职责配置，突出信息化建设的技术推动。特别是实现对于流动人员和非户籍常住人口的有效管理，通过“以房找人”，将流动人口以固定的住所稳定下来，实现有效的社会控制，加快建设“云政府”，通过强大的信息技术，实现无缝隙的政府管理。

深化政府职责配置，提升经济管制和社会管制水平。政府管制是工业社会发展变化的产物，是社会自身选择的结果。特别是为了解决因社会自由放任发展而引发的众多严重的社会问题，人们希望通过政府管制来消除资本的野蛮性，促进经济社会的自由竞争，并且能够改善那部分相对弱势的社会群体的生存境况。尤其是在社会管制方面，要实现政府通过严格的管制、标准化的流程，通过相对严苛的制度设计促管理促服务，以管制上水平。

五、报告要点

本报告对 2013 年度政府职责体系与纵向府际关系的建设发展情况和研究现状进行了初步的归纳总结，并在此基础上，对构建政府职责体系、优化政府间纵向关系过程中存在的问题进行了分析与展望。本报告要点总结如下：

（1）政府职责体系的建设，是中国政府发展的重要命题之一。2013 年，郑州会议的召开和党的十八届三中全会通过的《关于全面深化改革若干重大问题的决定》是政府职责体系建设和纵向政府间关系调整的重要里程碑，今后政府职责配置体系建设，将成为引领和推动中国政府发展的重要体制和机制改革。

（2）总体来看，2013 年理论界对政府职责体系的研究，数量不多，但是质量较高。突出强调政府职责体系建设的重要性，初步提出政府职责配置改革的对策性思路，但是具体操作环节尚需进一步探索。此外，对政府间财政关系，政府间职责配置的理想模式以及未来调整的方向都有所涉猎，如何处理研究理想化和实践特殊性是一个重要问题。

（3）政府职责配置的改革刚刚起步，诸多的困难需要克服，特别是在传统的政治话语体系下，理论工作者和实践工作者需要多角度探索，推动政府间的双向互动确权，以“权力清单”制度推动政府职能转变，深化政府职责配置的技术路径及其应用研究，使得政府职责配置改革更加具有可操作性。

（作者单位：南开大学周恩来政府管理学院行政管理系）

“省直管县”问题研究报告

王雪丽

“省直管县”改革是地方行政体制改革中的关键环节和重要内容。作为对“市管县”体制的修正机制，自启动以来，各地相继在财政“省直管县”、强县扩权、扩权强县、行政“省直管县”等方面进行了改革试点工作。2013 年以来，宣布启动行政“省直管县”改革试点工作的省份数量逐步增加，与此同时，西部省（区）也开始加快推进改革的步伐。可以说，“省直管县”改革有加快向纵深推进的趋势。尽管如此，这一改革目前仍然处于探索中的试验阶段，特别是在行政“省直管县”方面，还有很大的改革空间。因此，对“省直管县”问题的持续关注和探讨，是一项非常有意义的工作。

一、“省直管县”改革与发展现状综述

自 20 世纪 90 年代开始，浙江等省（区）陆续推行以“强县扩权”、“扩权强县”和“县财省管”等为主要内容的“省直管县”系列改革。2008 年 10 月，党的十七届三中全会决定指出，“有条件的地方可以依法探索省直管县（市）的体制”。2009 年 6 月，《财政部关于推进省直接管理县财政改革的意见》指出，“省直管县财政体制改革的总体目标是，2012 年底前，力争全国除民族自治地区外全面推进省直管县财政体制改革”①。2012 年 11 月，党的十八大报告明确提出：

① 由于财政“省直管县”改革涉及财政利益调整，政策性强，牵涉面广，到目前为止，一些省（区）（主要集中在包括四川、贵州、陕西、甘肃、青海等在内的西部地区）仍未能按期达标。

“优化行政层级和行政区划设置，有条件的地方可探索省直接管理县（市）改革。”① 2013年11月，党的十八届三中全会决定再次提出，要“优化行政区划设置，有条件的地方探索推进省直接管理县（市）体制改革”。在中央系列政策的导向作用下，各地相继启动“省直管县”改革试点工作。截至2013年底，全国除港澳台地区、4个直辖市、新疆（不含新疆建设兵团②）、西藏、内蒙古3个少数民族自治区外，各省级单位基本上都开始了程度不同的“省直管县”改革试点工作。

（一）“省直管县”改革实践中的几种典型模式

从改革内容和改革程度两个方面，可以将各地“省直管县”改革区分为财政省市共管型、财政“省直管县”、财政省直管＋部分经济社会管理权限下放、准行政“省直管县”、行政“省直管县”五种典型模式（见表1）。

表1　各地“省直管县”改革分类情况

类型	财政省市共管型	财政“省直管县”	财政省直管＋部分经济社会管理权限下放	准行政“省直管县”	行政“省直管县”
改革内容	省一级核定财政收支时直接到县，但资金调度仍以省对市、市对县模式进行	省财政与县财政全面直接对接	财政省直管＋部分经济社会权限下放	财政省直管＋部分经济社会权限下放＋人事权省直管	党、政、人大、政协、司法系统体制全面调整
改革目标	解决县级财政“入不敷出”的问题	全面财政省直管县	扩权强县，激发县域经济活力	扩权强县，通过人事省直管，降低改革阻力	市县分治，减少层级，提高行政效能
典型地区	四川、贵州、陕西、甘肃、青海等西部省区	除四川、贵州、陕西、甘肃、青海等西部地区外的绝大多数地区	辽宁、山西等	江苏、浙江、广东等	海南全省；河南、黑龙江、宁夏、湖北等改革试点县

注：表中分类结果根据各省（区）出台的“省直管县”改革相关政策文件整理分析得出。

① 作为一种顶层安排，相比于十七大报告“减少行政层次”的论述，十八大报告并提“行政层级”“行政区划设置”两个优化，说明行政层级的优化探索将进一步深化并触及更多实质内容。参见刘安庆：《省直管县背景下地级市行政层级改革探析（上）》，载《机构与行政》，2013（4）。

② 目前新疆生产建设兵团所属各县市均实行“省直管县”体制，具体包括石河子市（归新疆生产建设兵团农八师师部管辖）、阿拉尔市（归新疆生产建设兵团农一师管辖）、图木舒克市（归新疆生产建设兵团农三师管辖）、五家渠市（归新疆生产建设兵团农六师师部管辖）。

如表 1 所示，当前各地“省直管县”分类改革的内容从左到右逐渐由单一财政领域的“省直管县”逐步向完全意义上的行政“省直管县”和市县分治过渡；改革程度也是从左到右依次呈现由浅入深的态势。从上述两个方面来看，前四类改革模式都是在现有体制下的修修补补，而最后一类改革模式则是通过实行全面的行政“省直管县”体制，实现最终的市县分治目标，完全突破了现有的“市管县”行政架构，是地方行政体制的彻底变革。

特别值得一提的是，2010 年中编办选取 8 省（区）37 个试点县作为行政“省直管县”体制改革试点①，计划用 3 年左右时间完成试点，为进一步推进地方行政体制改革积累经验。2013 年 7 月，“省直管县”行政体制改革研讨会在黑龙江省绥芬河市召开。② 河北、辽宁、江苏、安徽、河南、海南、贵州、云南等全国行政“省直管县”体制改革试点单位的有关代表参加会议，会议还特邀了四川省和新疆维吾尔自治区的编办领导。参会各试点省及试点县（市）代表就行政“省直管县”试点工作，围绕着改革步骤、初步成效和现阶段存在的问题等方面内容进行了交流发言，并就发言中的共性问题展开了深入探讨。中央编办三司司长靳永龙对各试点省和试点县（市）的试点工作给予了充分肯定，并要求各试点省及试点县（市）积极稳慎地把改革推向深入。截至 2013 年底，全国已经有 10 余个省（区）开始了向行政“省直管县”体制改革迈进的实践探索（见表 2）。

表 2　　行政“省直管县”改革试点分布情况

试点省（区）	试点县（市、区）
河南	巩义市、兰考县、汝州市、滑县、长垣县、邓州市、永城市、固始县、鹿邑县、新蔡县
安徽	广德县、宿松县
黑龙江	绥芬河市、抚远县
江苏	昆山市、泰兴市、沭阳县
浙江	义乌市
湖北	仙桃市、潜江市、天门市、神农架林区
河北	定州市、辛集市
宁夏	盐池县、同心县
云南	镇雄县、宣威市、腾冲县

① 中编办选择的 8 个试点省区为：安徽、河南、黑龙江、江苏、湖北、河北、云南、宁夏。

② 参见《省直管县行政体制改革研讨会在绥芬河市召开》，见黑龙江机构编制网，2013-07-16。

续前表

试点省（区）	试点县（市、区）
广东	顺德区、普宁市
吉林	公主岭市、梅河口市
辽宁	绥中县、昌图县
贵州	仁怀市、威宁县
四川	将选择个别条件成熟的人口过百万大县作为改革试点

注：表中内容是根据各省（区）出台的“省直管县”改革相关政策文件整理得出，不包括4个直辖市、2个特别行政区、海南省、新疆生产建设兵团等之前一直实行行政“省直管县”体制的省级政区。

（二）2013年各地“省直管县”改革最新进展情况

2012年11月，党的十八大报告删除了之前官方文件表述的“有条件的地方，可依法探索省直接管理县（市）的体制”的“依法”两字。这一新表述为深入推进“省直管县”改革去除了制度障碍和法律束缚，释放了中央将持续稳步推进改革的重要信号。2013年，各地相继出台深入推进“省直管县”改革的政策文件，改革的新规定和新举措层出不穷，改革有向纵深迈进、逐步过渡到“深改区”的趋势。特别值得一提的是，进入2013年以来，中西部地区开始走向“省直管县”改革前台，纷纷宣布启动或即将启动行政“省直管县”改革试点工作，这是一个值得关注的新变化。为此，本报告将按照时间顺序全面梳理和系统描述2013年各地“省直管县”改革的最新进展情况。

2013年5月，《贵州省人民政府关于推进省直接管理县（市）体制改革试点工作的意见》和《贵州省人民政府办公厅关于推进省直接管理县（市）体制改革试点工作的实施意见》，确定仁怀市、威宁县、福泉市、镇远县、黎平县为试点县（市）。先期选择仁怀市、威宁县进行试点，时机成熟后逐步扩大试点范围。试点县（市）党委、政府直接向省委、省政府负责并报告工作。试点县（市）党委、政府的各工作部门依照法律、法规、规章和党章的规定，直接接受省委、省政府主管部门的业务指导或领导。调整和完善省以下垂直管理部门管理体制，试点县（市）工商、质检部门由省以下垂直管理调整为县（市）政府管理，作为县（市）政府工作部门。试点县（市）国土资源部门的领导班子成员改由省级国土资源部门直接管理。试点县（市）的行政区划建制、机构规格和司法、人大、政协管理体制维持不变。试点县（市）经济社会发展数据的统计、考核纳入所在地级市（自治州）。

根据《中共河北省委办公厅、河北省人民政府办公厅印发〈关于推进省直管县（市）体制改革试点工作意见〉的通知》，2013年5月，河北省委、省政府确定定州、辛集为河北省首批省直管县（市）体制改革试点，赋予定州、辛集省辖市级经济社会管理权限。

2013 年 9 月，吉林省印发了《吉林省深化扩权强县改革试点实施方案》，将省内的公主岭、梅河口两个县级市变为“省直管”，正式启动“省直管县”体制改革试点。对此，当地官员形容说，这将是中国各地“省直管县”简政放权最为彻底、力度最大的一次改革。

2013 年 11 月，四川省委办公厅、省政府办公厅联合印发《关于支持百万人口大县改革发展的政策措施》，该文件宣布四川省将选择个别条件成熟的人口过百万的大县探索开展省直接管理县行政体制改革试点。

2013 年 11 月，河南省委、省政府印发了《河南省深化省直管县体制改革实施意见》，提出从 2014 年 1 月 1 日起，对巩义市、兰考县、汝州市、滑县、长垣县、邓州市、永城市、固始县、鹿邑县、新蔡县 10 个县（市）全面实行由省直接管理县的体制。此次深化改革的主要内容是调整党委体制、人大体制、政协体制、法院和检察院体制、群团体制。

2013 年 12 月，安徽省委、省政府印发《安徽省深化省直管县体制改革实施意见》，提出从 2014 年 1 月 1 日起，对桐城市、太和县、天长市、肥西县、蒙城县、宁国市、界首市、灵璧县、怀远县、定远县 10 个县（市）全面实行由省直接管理县的体制。

在 2013 年 12 月举行的江西省发展和改革工作会议上，江西省发改委主任李安泽透露，江西省发改委已起草了“省直管县”体制改革试点的意见，考虑选择 5～7 个区位条件较好、人口较多、经济实力较强、离设区市行政中心较远、有利于先行先试的县开展改革试点，赋予其享受设区市一级的经济社会管理权限，更好地激发县域经济活力。

与此同时，为应对“省直管县”改革对地级市发展空间与发展利益的冲击，在先期启动“省直管县”行政体制改革试点的东部沿海省份，也开始了新一轮撤县设区的热潮。从 2012 年下半年到 2013 年底，广东省在一年左右的时间内已有 4 个县“撤县设区”申请获批，包括清远市清新县、揭阳市揭东县、潮州市潮安县以及梅州市梅县。与广东省一样，江苏省在县改区方面的动作也不小。2012 年 9 月，苏州市政府召开新闻发布会，宣布吴江市将以“吴江区”的身份整体并入苏州市中心城区。2013 年 2 月，国务院同意批准江苏省撤销溧水县和高淳县，分别设立南京市溧水区和南京市高淳区。

二、2013 年“省直管县”问题研究综述

2013 年以来，在中央政策的持续推动下，理论界对“省直管县”问题研究

的热度依旧不减。本报告将从专著和论文两个方面对2013年度“省直管县”问题的理论研究动态做简要综述。

（一）专著发表情况与主要学术观点①

2013年共出版有关“省直管县”问题的学术专著5部。其中，孙学玉教授在《垂直权力分合：省直管县体制研究》一书中，从垂直权力运行的县制基础、垂直权力分化的有限整合、垂直权力分合的失序、垂直权力调整的现实生态、垂直权力调整的国际借鉴、垂直权力调整的典型案例、垂直权力整合的适度分化、走向权力有序分合的持续变革等方面对中国市管县体制的理论基础和实践意义进行了深入、全面、详尽的研究。② 缪匡华教授在《福建“省直管县”体制改革实践与探索》一书中，根据近年来的研究探索和初步调查，重点分析了福建省市辖区、设区市、县域经济的财政经济状况，全面阐述了福建“省直管县”体制改革的历史进程、实践探索和改革效果。在此基础上，结合全国其他省份经验，以及各方面的研究成果，力图总结出福建“省直管县”体制改革的发展模式，并提出改革的配套措施。③ 吴金群等的《省管县体制改革：现状评估及推进策略》一书，在详细考察我国省市县府际关系历史演变与改革现状、省管县的条件及对26个省区聚类研究的基础上，认为市县协调发展是“省直管县”改革的本质，政府职能转变是“省直管县”改革的关键，县域政权建设是“省直管县”改革的重点，干部制度改革是“省直管县”改革的核心，行政区划调整是“省直管县”改革的配套，法律制度完善是“省直管县”改革的保障。④ 潘小娟教授主编的《攻坚：聚焦省直管县体制改革》一书，全面展现了当前我国“省直管县”体制改革的全貌。全书分为两编。上编为理论编，分别对省县关系的历史、“省直管县”体制改革的背景与动因、成效与问题、影响因素和未来模式进行了分析；下编为实践编，分别是课题组赴海南省、浙江省、湖北省、新疆维吾尔自治区等地进行深入调研后撰写的调研报告。该书的一个突出亮点在于，以辖区面积、所辖市县数量、人口规模、GDP总量、一般预算收入和管理技术水平为分类标准，将“省直管县”改革的省份分为五类，并根据五类省份的各自特点分别提出了具有参考价值的改革建议。⑤ 王雪丽在《中国省直管县体制改革研究》一书中，以行政“省直管县”体制改革为研究对象，明确改革的终极目标是要建构“以域代属、按需定责”的区域治理体系。同时，系统分析“省直管县”体制改革需要具

① 按出版时间顺序介绍。

② 参见孙学玉：《垂直权力分合：省直管县体制研究》，北京，人民出版社，2013。

③ 参见缪匡华：《福建“省直管县”体制改革实践与探索》，厦门，厦门大学出版社，2013。

④ 参见吴金群等：《省管县体制改革：现状评估及推进策略》，南京，江苏人民出版社，2013。

⑤ 参见潘小娟等：《攻坚：聚焦省直管县体制改革》，北京，中国社会科学出版社，2013。

备的基础和条件，为改革的分类推进提供了理论依据。在此基础上，从重塑地方政府间利益格局、超越“级别”与“权力”的对等关系、重构地方政权体系、理顺“条块”关系、创新权力制衡机制等方面，对综合推进行政“省直管县”体制改革提出对策建议。①

（二）论文文献检索情况与研究综述

2013年，以“省管县”为检索词的论文数为87篇，以“强县扩权”为检索词的论文数为27篇。具体统计信息详见表3。

表3　“省直管县”问题研究论文文献检索统计表

数据库名称	收录时间	覆盖期刊	检索词	检索方式（篇数）				
				篇名	关键词	摘要	全文	主题
中国知网（cnki. net）	2013. 1—2013. 12	所有期刊、报纸	省管县	23	19	2	87	29
			强县扩权	0	3	0	27	3

注：本检索采用中国知网（CNKI），检索来源为所有期刊。

总体来看，2013年理论界对“省直管县”问题的研究内容更加务实，研究方法更趋多样化。具体表现为以下几个方面：

1. 研究内容更加务实

在研究内容上，一方面，有关“省直管县”的相关理论研究进一步深化；另一方面，开始更多地关注“省直管县”改革实践领域的经验总结和问题解析。具体来说，2013年学术界有关“省直管县”问题的研究内容主要集中在如下几个方面：

第一，“省直管县”改革试点的制度绩效评估研究。

张占斌通过对2010年开始的8省区30县（市）行政“省直管县”改革试点的跟踪调查，认为，从试点省区已出台的改革方案来看，改革试点工作主要是围绕着进一步扩大试点县（市）经济社会管理权限、调整试点县（市）管理体制、调整干部管理体制、调整垂直管理部门体制、调整司法管理体制等方面展开的。并将这些试点地区的“省直管县”改革推进方式概括为“省内单列或全面直管”。② 罗植等利用浙江和福建两省的县域面板数据建立双重差分模型，通过构造一个自然实验，检验“省直管县”体制对经济绩效的净因果效应，结果表明，“省直管县”体制对县域经济具有显著、持续的积极影响。稳健性检验进一步证实了结论的可靠性。③ 汪冲利用云南省2003—2009年县级数据，集合网络分析方

① 参见王雪丽：《中国省直管县体制改革研究》，天津，天津人民出版社，2013。

② 参见张占斌：《省直管县改革新试点：省内单列与全面直管》，载《中国行政管理》，2013（3）。

③ 参见罗植等：《“省直管县”是否改善了县域经济绩效：一个自然试验证据》，载《财贸研究》，2013（4）。

法和非线性计量模型对“省直管县”财政改革的经济绩效进行研究，认为改革增强了县级财政能力与提升了支出水平，与要素的空间集聚相结合，不仅能够促进县域经济增长，而且可以显著缩小县域间差距。但是，县域经济本身的集聚与扩散状况、省以下财政分配均等化水平以及省本级财政状况均对改革产生了制约影响。① 杨春梅等对吉林省省管县财政体制改革绩效进行了实证研究，研究表明，“省直管县”改革虽然促进了吉林省县级财政收支总体规模的增长，但对各县财政收支的影响并不一致。② 张波等以辖县大省河北省为例进行实证研究，认为，总体看，“省直管县”改革的实施对河北县域经济社会的发展起到了明显效果，但也存在一些不容忽视的问题。③ 叶子荣等运用2003—2010年四川省70个县（市）的社会经济数据，建立面板数据模型，实证分析了“省直管县”改革对试点和未试点县（市）的县域经济的影响，研究结果发现，“省直管县”改革显著促进了试点县（市）的经济增长。④ 郑文平等利用河南省企业层面的经验证据对“省直管县”改革绩效进行研究，结果发现，“省直管县”政策对国有和集体企业资产增长产生持续增强的促进效应，对民营企业资产增长并没有表现出显著的促进效应，而对外资企业资产增长产生显著的抑制效应，并进一步指出，“省直管县”改革在事实上对资源配置效率造成扭曲，应谨慎推广。⑤ 邓悦等使用双重差分模型分析方法，选取河南省首批扩权县邓州市与未扩权的唐河县作比较分析，分别从县域宏观层面和微观企业层面实证考察了“省直管县”改革对县域经济的影响，并由此得出结论，即“省直管县”改革无论对县域总体宏观经济增长，还是微观企业绩效提高均起到积极促进作用。⑥ 孟白通过对河南“省直管县”体制改革10个试点县的调查发现，除巩义市外，没有扩权县基础的长垣、兰考、汝州、滑县、邓州、永城、固始、鹿邑、新蔡9个县（市），改革中均出现权力配置不公等难点问题。⑦

---

① 参见汪冲：《西部地区“省直管县”财政改革的制约因素与化解对策——以云南省为例》，载《财政研究》，2013（7）。

② 参见杨春梅等：《“省管县”财政体制改革与县域财政运行研究———基于吉林省的实证分析》，载《税务与经济》，2013（3）。

③ 参见张波等：《“省直管县”财政管理体制改革实证研究———以辖县大省河北为例》，载《经济研究参考》，2013（53）。

④ 参见叶子荣等：《“省直管县”改革的经济绩效实证研究———来自四川省县（市）面板数据的经验证据》，载《天府新论》，2013（5）。

⑤ 参见郑文平等：《“省直管县”能否促进经济增长？——来自河南省企业层面的经验证据》，载《当代财经》，2013（8）。

⑥ 参见邓悦等：《基于双重差分法的改革绩效评估——— 以河南邓州强县扩权为例》，载《江西社会科学》，2013（2）。

⑦ 参见孟白：《我国省直管县改革试点中出现的问题及对策研究》，载《农民日报》，2013-09-28。

总体上看，学术界对“省直管县”改革的制度效果进行了一些有益的探索，但关于“省直管县”改革是否促进县域经济增长，仍没有形成一致的结论。① 这也进一步印证了“省直管县”改革需要具备相应的条件，并采取分类推进策略的学界共识。

第二，“省直管县”改革条件与掣肘因素研究。

关于“省直管县”改革条件，庞明礼等认为，并非所有省份都适合全面推行“省直管县”体制改革。推行“省直管县”体制改革的省份至少应在管理幅度、经济条件、区划面积、自然地理环境四个方面满足一定条件，并根据各省份对这些改革条件的不同满足程度，划分为三种改革类型，分别是：完全直管型，即可以在全省范围内推行完全意义上的“省直管县”体制改革的省份；不完全直管型，即可以在省内部分满足条件的区域推行完全意义上的“省直管县”体制改革，或者是推行“省直管县”体制改革中的“省直管县财政体制改革”、“扩权改革”等；完全不直管型，即全省整体的和各县市的客观条件都不适合推行“省直管县”体制改革的省份，适宜保留现有的行政管理体制。②

关于“省直管县”改革的掣肘因素，翟校义通过对浙江、海南、湖北、新疆等地的调查及相关研究发现，影响“省直管县”改革效果的因素非常复杂。按照“既成事实的程度”与“短时间改变的可能性”两个维度，可以将影响因素分为客观性影响因素、主观性影响因素、现实性影响因素、期待性影响因素，以及处于中间状态的中间因素，各个影响因素在各地的分布极不均匀。③

第三，“省直管县”改革中面临的问题与风险研究。

李天兵认为，制度是重要的，但具体的制度是有效力限度的，并受制于多种因素的影响，在省县关系的变迁上，这一理论依然适用。省管县的制度设计可以解决“市卡县”“市压县”的问题，但又存在省的管理幅度过宽的问题。省域的重新划分可以解决省的管理幅度过宽的问题，但这又涉及利益的重新分配问题。④ 张丽华等指出，2009 年财政部《关于推进省直管县财政改革的意见》明确提出，2012 年底在全国（除民族地区外）全面推进“省直管县”财政改革，然而这一顶层设计目标并未按期实现，西部地区甚至部分中部地区改革试点的原地踏步，彰显了改革风险的客观存在⑤，并进一步指出，“过度依赖财政型”发

① 参见叶子荣等：《“省直管县”改革的经济绩效实证研究——来自四川省县（市）面板数据的经验证据》，载《天府新论》，2013（5）。

② 参见庞明礼等：《省直管县体制改革的制度设计研究》，载《北京行政学院学报》，2013（1）。

③ 参见翟校义：《“省直管县”改革影响因素分析》，载《北京行政学院学报》，2013（3）。

④ 参见李天兵：《从制度效用边界看省管县关系变迁》，载《党政干部论坛》，2013（3）。

⑤ 参见张丽华等：《“省直管县”财政体制改革风险的理论探索》，载《中国财政》，2013（22）。

展模式是西部地区省管县改革步伐缓慢的重要风险因素之一①。谭兰英指出，实施“省直管县”时，没有真正做到具体问题具体分析，在“省直管县”改革进程中存在管理半径增大、市县竞争矛盾加剧、制约区域中心等问题。② 高传勇指出，现阶段“省直管县”改革已经遇到相关问题，如市县两级矛盾抬头、“管理真空”难题、县域经济发展历史遗留包袱较多、市级单位行政管理干部安置、不同政府层级之间权力重新配置以及诸多法律问题亟待理清。③

第四，“省直管县”改革顶层设计与配套改革研究。

关于“省直管县”改革的顶层设计问题，庞明礼等认为，当前“省直管县”体制改革实践存在不少问题，究其原因是中央层面没有做好顶层制度设计和规划，没有来自全国人大及其常委会制定的相关法律的保障，没有中央政府的充分授权，中央政府对于完全意义上的“省直管县”体制改革也没有一个完善的、系统的指导性改革方案。④ 孙远太认为，“省直管县”改革的顶层设计应该包括：在中央层面成立统一的组织领导机构和具体的工作机构，统筹协调“省直管县”改革；科学制定“省直管县”改革的规划方案，明晰改革目标，确定改革路线；加快管理体制配套改革，全面推行中央、省、县三级管理层次。⑤

关于“省直管县”配套改革问题，吴金群认为，行政区划的调整和优化本来就是“省直管县”改革的题中应有之义和必要的配套。⑥ 丁冰认为，为打破“省直管县”改革僵局，下一步可考虑继续推进市县分治、加快推动市制改革和省以下的实质性分税制度。⑦ 刘学群认为，在“省直管县”改革过程中，要从国家立法层面界定地方不同层级政府（特别是市、县政府）的职能界限，进一步健全县级政府职责体系。此外，还需改变当前对城乡实行同一套评估指标体系的办法，应该根据城乡职责差异，分别制定评估指标体系，使绩效评估真正成为促进区域发展的“指挥棒”。⑧ 山东省编办课题组建议在山东省首批选择5个远离中心城市、处于若干行政区域结合部、人口较多、产业基础较好、经济实力较强，能够发展成为中等城市或区域性中心城市的县（市）开展行政“省直管县”试点，具

① 参见张丽华等：《西部“省直管县”财政体制改革风险因素分析：“过度依赖财政型”发展模式》，载《财政研究》，2013（4）。

② 参见谭兰英：《“省管县”：体制改革进程中的问题与对策》，载《中国政法大学学报》，2013（5）。

③ 参见高传勇：《省直管县（市）体制改革的内在逻辑与当下操作》，载《改革》，2013（11）。

④ 参见庞明礼等：《省直管县体制改革的制度设计研究》，载《北京行政学院学报》，2013（1）。

⑤ 参见孙远太：《当前省管县改革的基本态势与走向》，载《郑州大学学报》，2013（1）。

⑥ 参见吴金群：《基于省管县改革的行政区划调整》，载《中共浙江省委党校学报》，2013（5）。

⑦ 参见丁冰：《省直管县改革僵局亟待破解》，载《中国证券报》，2013-09-25。

⑧ 参见刘学群：《省直管县背景下县级政府职责体系建设要考虑的几个关键问题》，载《中国机构改革与管理》，2013（10）。

体改革内容包括：调整行政管理体制，扩大经济社会管理权限，在干部管理、财政、统计、考核等重要方面制定相关配套政策。①

第五，西部地区“省直管县”问题的专门研究。

2013 年“省直管县”问题研究的一个突出特点是，对西部地区“省直管县”问题研究的关注度明显增加。张建君等对甘肃省推进“省直管县”改革提出了具体思路，认为甘肃省可以分两个阶段进行改革，即“先普通县，后民族县”。改革的思路是，财政省直管和行政省直管同步进行。② 武永义等结合陕西省“省直管县”改革试点工作中遭遇的问题，提出要立足省情，采取财政省直管县、财政＋行政省直管县、市管县三种形式并存的复合改革模式。③ 邓大洪认为四川省从经济发展基础、县域规模等方面已经具备行政“省直管县”改革试点的条件。④ 韩立雄等通过对宁夏“省直管县”改革情况的系统分析，认为宁夏“省直管县”改革的经验可以概括为“制度是基础、基础设施是保障、政府支持是关键、渐进式改革是方法”，同时指出在改革中也存在诸如干部人事制度改革压力和行政成本过高等困境。⑤

2. 研究方法多样化

在研究方法上，随着“省直管县”改革进程的深入和试点省份的增多，样本数据的增加使得定量和实证分析成为可能。2013 年，对“省直管县”问题采用的研究方法，已经突破了初期主要依托规范研究、定性研究和文献研究的局限，基于实证研究、比较研究和定量研究的成果开始出现。⑥ 比如，李丹利用 2001—2011 年我国市、县两级数据，通过系统 GMM 估计对“省直管县”改革效果进行实证分析。从实证结果来看，财政上“省直管县”和“强县扩权”极大地促进县域经济的发展，提高了县级政府的财政收入和财政支出，但在一定程度上抑制了市本级的经济发展。⑦ 庞明礼等通过对 H 省 174 位财政局长的问卷调查和深入访谈，总结出 H 省的“省直管县”财政体制改革面临的改革困境，包括体制衔接困境、权责匹配困境、定位困境、合作困境和监督困境，并据此提出有针对

① 参见山东省编办课题组：《山东省省直管县体制改革探析》，载《中国行政管理》，2013（4）。

② 参见张建君等：《甘肃省省直管县的改革建议》，载《天水行政学院学报》，2013（3）。

③ 参见武永义等：《深化省以下财政体制改革的思考——基于陕西省“省管县”改革为视角》，载《西部财会》，2013（9）。

④ 参见邓大洪：《四川探路“省直管县”》，载《西部大开发》，2013（12）。

⑤ 参见韩立雄等：《宁夏“省管县”改革的推进及经验启示》，载《中共银川市委党校学报》，2013（5）。

⑥ 参见孙涛等：《近年来省直管县财政管理体制研究述评》，载《理论探讨》，2013（2）。

⑦ 参见李丹：《“省直管县”改革对市、县经济利益格局分配的研究》，载《财经论丛》，2013（5）。

性的对策建议。[①] 曹建辉等以湖南省为个案，对省直管县财政体制下的财政内部监督问题进行了系统探讨。[②]

三、“省直管县”改革展望与建议

当前，深化“省直管县”改革，需要从理论和实践两个层面共同推进。在理论层面，要明确未来“省直管县”问题研究的重点与需要突破的主要问题；在实践层面，主要是要澄清有关“省直管县”改革的一些认识误区。

（一）理论研究的重点与需要突破的主要问题

随着“省直管县”改革逐渐步入“深水区”，今后有关“省直管县”问题的研究应该重点探讨如下几个方面的问题：

1. 明确“省直管县”改革的终极目标

任何一项改革都要清楚改革的最终目的是什么。唯有如此，才能有的放矢、对症下药，进而实现制度变迁的正向收益。否则，难免会出现“偏差”，甚至出现对改革初衷的“背离”。“省直管县”改革启动的一个直接促发原因就是要解决“市管县”体制下的各种弊端。当前，对于“市管县”体制弊端的认识主要集中在两个方面：其一，把地级市看作掠夺县级资源、制约县域经济发展的罪魁祸首；其二，行政层级过多，导致行政成本过高，行政效率低下。然而，实行“省直管县”后，上述问题也并未完全消解。首先，上级政府侵占下级政府资源的问题并不是“市管县”体制的固有产物，如果不能够切实转变政府职能，理顺纵向政府间的事权关系，“省直管县”体制下，虽然没有了“市刮县”，但仍然存在“省刮县”的潜在可能，县域经济的发展同样会受到来自省一级政府的掣肘。其次，实行“省直管县”后，固然压缩了行政层级，但管理幅度扩大了，省级政府一下子面对众多市县政府，在监管和协调方面都将面临严峻挑战，行政效率在短时间内也未必能够有效提高。最后，受长期形成的行政级别与政府规模一一对应的惯例的影响，“省直管县”后，不排除一部分县为了谋求市县同级，而效仿市政府的框架搭建班子的可能性，这很有可能引发县级政府机构的膨胀问题，降低行政成本的改革愿望也有可能落空。从这个意义上来说，当前推动的“省直管县”改革只能看作解决“市管县”体制弊端的一种路径选择，而非此轮改革本身

---

① 参见庞明礼等：《省直管县财政体制改革的困境与出路——基于对 H 省 174 位财政局长的调查》，载《财政研究》，2013（4）。

② 参见曹建辉等：《省直管县财政体制下财政内部监督工作探析——以湖南省调研为例》，载《财政监督》，2013（12）。

要实现的最终目标。因此，深入探讨“省直管县”改革的终极目标对于此轮改革成功与否是至关重要的一个理论问题。

2. 系统研究“省直管县”改革的适用条件与改革分类推进的划分标准

当前理论界对“省直管县”改革条件的研究仍然处在初期阶段，局限性主要表现在三个方面：其一，在指标选取方面，随意性较大，且从经济因素方面考虑比较多，政治、社会、文化等因素考虑较少，缺乏对指标选取标准的系统论证；其二，数据采集不够全面，往往是单一年份的简单数据比对，缺乏历史的纵向比较；其三，目前的指标设置标准比较零散，尚未形成一个全面、系统、科学的指标测度体系。今后，应进一步加强对“省直管县”改革条件的系统研究，包括测量指标的选取、指标体系的构建等，以期为“省直管县”改革的分类推进提供理论依据。

3. “省直管县”改革后相关的制度建设和制度融合问题①

当前，理论界的一个普遍性观点是：“省直管县”改革最终要由财政“省直管县”过渡到行政“省直管县”。然而，在财政“省直管县”实现之后，如何理顺省、市、县之间的职责关系，如何实现财政与行政之间的融合，如何确定县级的合理规模和控制机构编制规模增加的问题，如何处理市级政府的管理权限，从而理顺市县关系，实现市县共赢发展，对这些问题的回应和解决，都需要我们加强对“省直管县”改革的配套改革的研究，包括加快转变地方政府职能、理顺纵向政府间职责关系、推动省以下财税体制改革、改革市制、推进地方政府机构改革等。

（二）实践层面需要澄清的几点认识

当前，在“省直管县”改革实践中存在一些认识误区，如果不能够及时澄清，势必会将改革引向歧途。

1. “省直管县”改革不是简单的权力下放

当前，有相当一部分人认为，“省直管县”改革就是要向县级政府下放更多的权力，以此激发县域发展活力。这种认识与两个方面的因素有关。其一，各界对“省直管县”、“强县扩权”、“扩权强县”等概念不加区分地随意使用，造成了对“省直管县”与“权力下放”之间关系的误读。其二，分税制改革以来，“改革就是放权”的思想在很多地方官员头脑中根深蒂固，受这种认识的影响，作为纵向政府间关系的一次重新调整，“省直管县”改革必然会被赋予更多的“权力下放”色彩。

在推进“省直管县”改革的过程中，要首先摒弃“改革就是放权”的错误认识，改革应该是合理分配不同层级政府的权力，是“分权”而不是“放权”。应

---

① 参见孙涛等：《近年来省直管县财政管理体制研究述评》，载《理论探讨》，2013（2）。

该根据市场经济条件下不同层级政府间的实际治理需要和不同行政建制单位的基本属性，重新设计和规范地方政府职责体系。省级政府及其所属职能部门应该把履职重点放在制定地区发展政策、统筹区域规划、监管下级政府等方面；而市、县政府由于与民众比较接近，其履职重点应该是为辖区内居民提供必要的基本公共产品和公共服务。与此同时，要特别注意，在省与市、县政府的交叉职能领域，比如社会保障，要在明确省与市、县政府各自具体分工的基础上，进一步建立健全上下联动、横向互助、职能有机衔接的工作运行机制。在此基础上，做好权力的下放，尤其是权力下放的幅度，做到“该放则放，该收则收”，不需下放的权力，应由省级政府统筹。此外，要及时将职责体系配置的成果以法律形式固定下来，防止出现权力在不同政府间反复转移的问题。

2. 财政“省直管县”与行政“省直管县”宜同步推进

近几年，中央有关“省直管县”改革的系列文件中多次提及财政“省直管县”改革的时间表，这暗含着各地应该先着力推进财政“省直管县”，然后再根据条件逐步过渡到行政“省直管县”的改革思路。据此，当前各界普遍认可的改革推进路径是：从财政体制上的“省直管县”逐步过渡到行政体制上的“省直管县”，并把财政“省直管县”作为行政“省直管县”的一个前置条件。

诚然，“省直管县”改革是从财政领域率先开始的，但以财政层级改革推动行政“省直管县”改革，可能会陷入体制不顺的困境。在财政“省直管县”和人事、行政仍实行市管的情况下，县级政府需要同时面对省和市“两个婆婆”，这会不可避免地产生诸多问题。当前改革实践中，地方政府的探索已经涉及核心领域，即合理分权，正如一些学者指出的那样，这需要顶层设计和规划①，“省直管县”体制改革也已经到了必须要从财政、行政多个层面全面做文章的阶段了。为此，财政“省直管县”的财权和事权改革不宜单兵作战，而应该在做好政府职责分工的基础上，财政改革同行政体制改革一起做整体上的推进。

3. 谨慎调整县的行政级别

“省直管县”后，作为直接隶属于省级政府的下级行政单位，县级政府适度增加县级人员编制，解决权力下放后县级政府事务增多、责任加大而人员编制不足问题的提法，本身是有一定道理的。② 但在改革过程中，受“以级别定职权”的地方政府权力配置体制的影响，县级政权一味向地级市标准看齐，片面追求行政级别的提高和机构规模的扩大，似乎并无必要。这在客观上也会增加改革的经

① 参见张占斌：《加强省直管县改革的顶层设计和规划》，载《行政管理改革》，2011（6）。

② 参见肖若海等：《基于海南实践的省直管县（市）体制改革探索》，载《中国党政干部论坛》，2010（2）。

济成本，甚至引发机构的再次膨胀，冲击既有的机构改革成果。

地方政府以“升级”为手段，竭尽所能争取权力的背后，折射出的是既有制度安排的不足。省直管县、市，是由省分别对两种不同的行政建制进行的直接管理。客观地说，“是否直管”与“政府行政级别是否需要提高”之间并没有必然联系。国外大大小小的市和县都直接对应省级政府或州政府，不存在级别问题，这一点是值得我们反思的。在改革推进过程中，需要淡化行政级别色彩，突破“官本位”理念束缚，重新审视“行政级别”和“职权设置”之间的对等关系，不宜盲目提升县级政权的行政级别。

4. 审慎调整行政区划

随着“省直管县”改革日益向纵深推进，省级政府管理幅度过大的问题被视为改革继续前行的重要障碍之一。对此，理论界和实务界普遍寄希望于通过“缩省”、“并县”等行政区划手段解决问题。然而，自古以来，调整行政区划都是一个非常谨慎的问题。这不仅是因为调整区划会遭遇区域文化认同危机等问题的挑战，更是因为行政区划调整本身就意味着对利益和资源的重新分配，是一个关系政治稳定的重大政治问题。历史的经验反复证明，不合理、不规范的行政区划调整，可能给整个国家的政治稳定带来严重的负面影响。因此，除非万不得已，任何改革都要尽量避免在较短的时期内对行政区划进行大规模的调整。实际上，“省直管县”改革推进中面临的省级政府管理幅度大、对市县政府监管难等问题，并不一定非要通过区划调整手段来解决，完全可以通过完善体制内外监督机制等方式妥善处理。因此，从保持稳定发展大局的角度来看，“省直管县”改革宜在既有的省区格局框架下推行，这样不仅会减少改革阻力和成本，也可以规避大规模行政区划调整对国家政治稳定产生的负面作用。

5. 客观评价改革试点经验

“省直管县”体制本身并不是一个无可挑剔的制度，而是利弊权衡之后的现实选择，并不意味着问题的终结。从目前各地改革试点的实际运行情况看，各地改革的切入点和改革内容都不尽相同，没有一个统一的标准和模式。可以说，“省直管县”改革仍然处在一个“摸着石头过河”的试验状态。在改革推进过程中，不仅不会一番坦途，还可能遭遇种种困境，甚至会出现一些意料之外的问题。如果不能跳出“行政区经济”思维的惯性作用，不在政府职能转变、理顺纵向政府间职责关系等方面有所突破，“省直管县”改革也存在失败的可能。因此，必须客观区分“省直管县”改革试点与作为一个系统工程的“省直管县”改革本身的关系。实际上，任何改革成果都要在一个较大的时间跨度内经历实践的检验。20 世纪 80 年代启动的“市管县”体制在 20 年左右的时间里，迅速地从改革的目标“沦落”为今天被改革的对象，其中的深刻教训不能不认真总结。正如魏光奇所指出的那样："'省直管县'体制改革能否跳出地方行政分层的历史周期率，将是一个有待实践检验和时间印证的问题。"① 因此，当前阶段暂时不宜过早、过高地评价"省直管县"改革试点经验。

6. 避免设定"时间表"

2009年6月发布的《财政部关于推进省直接管理县财政改革的意见》明确提出："省直接管理县财政改革的总体目标是，2012年底前，力争全国除民族自治地区外全面推进省直管县财政体制改革。"然而，截至2013年底，西部绝大多数省（区）并没有完成改革任务。历史的经验告诉我们，搞一刀切的改革很少能够成功，或者即使成功，实际效果也要大打折扣。中国地域广阔，地区差异巨大，试图通过确定统一的时间表推动"省直管县"改革，既不现实，也不可能。因此，"省直管县"体制只有在具备基础和条件的地方推行，才能取得预期的改革效果。如果不顾现实条件盲目推进改革，其结果只能是事与愿违，甚至可能重蹈"市管县"体制改革失败的覆辙。"省直管县"改革不宜确定统一的时间表，应该"以时间换空间"，在有条件的地方先行探索，没有条件的地方积极创造条件，并逐步以渐进的方法实施增量改革。

7. "省直管县"与"市管县"不是简单的替代关系

从某种程度上来说，只要有利于区域经济社会发展，究竟选择哪种地方政府组织形式并不是最重要的。从浙江的经验来看，"省直管县"体制只有在那些县域经济发展潜力大，而在发展上又受制于地级市的"市弱县强"地区才有生命力，而在"市强县弱"的"大马拉小车"地区，"市管县"体制完全可以承担起促进区域经济快速增长的责任。杭州和宁波就是浙江"市管县"体制比较成功的两个例子，在这两个地区，不仅没有出现所谓的"市刮县"和"市压县"等问题，而且两个城市对周边辖县的经济辐射带动作用非常显著。当前的"省直管县"改革并不是要将所有的县（市）都直接交由省级政府管理，"市管县"体制和"省直管县"体制完全可以在空间上并存。究竟选择"市管县"体制，还是"省直管县"体制，关键还是要看是否有利于区域经济的发展和公共服务供给，是否能够满足区域公共治理的实际需要。

四、报告要点

本报告对2013年度全国各地"省直管县"改革的最新进展情况和理论研究

① 魏光奇：《从我国历史上地方行政分层的反复变更看"省管县"改革》，载《领导之友》，2006（4）。

成果进行了初步的归纳总结，并在此基础上，从理论和实践两个层面对加快推进“省直管县”改革提出了几个需要重点关注的问题。本报告要点总结如下：

（1）进入2013年以来，“省直管县”改革有加快向纵深推进的趋势。继2010年中编办选取的8个试点省（区）以来，吉林和四川两省明确宣布将启动行政“省直管县”改革试点工作。与此同时，贵州等西部省区也相继出台政策推动财政“省直管县”向行政“省直管县”迈进。截至2013年底，全国除港澳台地区、4个直辖市、新疆（不含新疆建设兵团）、西藏、内蒙古3个自治区外，各省级单位基本上都开始了程度不同的“省直管县”改革试点工作。

（2）从改革内容和改革程度两个方面，可以将各地开展的“省直管县”改革区分为财政省市共管型、财政“省直管县”、财政省直管＋部分经济社会管理权限下放、准行政“省直管县”、行政“省直管县”五种典型模式。

（3）2013年共出版有关“省直管县”问题的学术专著5部，公开发表学术论文114篇。总体来看，2013年理论界对“省直管县”问题的研究内容显得更加务实，一方面，对“省直管县”改革目标、改革条件以及制度绩效等相关理论研究进一步深化；另一方面，研究开始更多地关注“省直管县”改革实践领域的经验总结和问题解析。随着“省直管县”改革进程的深入和试点省份的增多，研究方法更趋多样化，基于实证研究、比较研究和定量研究的理论成果明显增多。

（4）未来几年，“省直管县”改革相关理论研究的重点与需要突破的主要问题包括：“省直管县”改革的终极目标，“省直管县”改革的适用条件与改革分类推进的划分标准，“省直管县”改革后相关的制度建设和制度融合问题等。

（5）在推进“省直管县”改革实践过程中，需要明确如下几点认识：“省直管县”改革不等同于“权力下放”；财政“省直管县”与行政“省直管县”宜同步推进；省直管县后，要谨慎调整县的行政级别，规避地方政府“升级锦标赛”；“省直管县”改革宜在既有的省区格局下推行，不宜对行政区划做大规模调整；要客观评价“省直管县”改革试点经验；“省直管县”改革不宜确定“时间表”；“省直管县”与“市管县”可以并存。

（作者单位：天津商业大学公共管理学院行政管理系）

政府间横向关系发展报告

薛立强

在中国单一制的国家结构下，政府间关系的架构可以分为两个维度：纵向关系维度和横向关系维度。二者的关键区别在于有没有行政隶属关系：前者各主体之间基于行政隶属关系，后者各主体之间没有行政隶属关系。正如国内较早开展这方面研究的张紧跟博士所言，所谓地方政府间横向关系，是指“没有行政隶属关系的地方政府间关系”。① 本报告认为，从更广泛的视角来看，政府间横向关系既包括没有行政隶属关系的一级政府之间的关系，又包括一级政府内部没有行政隶属关系的部门之间的关系。在改革开放之前的计划经济体制下，政府间关系主要表现为纵向关系。改革开放以来，随着经济体制改革的开展，市场经济体制的建立健全，各类市场主体、社会主体的成长成熟，以及跨域治理事务的日益突出复杂，政府间横向竞争、冲突、沟通、合作日益增多，横向关系及其治理的重要性与迫切性日益显著。在之前发展的基础上，政府间横向关系的实践在2013年又获得了进一步推进。与此同时，相关的理论研究也取得了一些新成果。本研究报告旨在对这两个方面进行总结和分析。

一、政府间横向关系发展现状综述

一国内部的政府间关系是该国政治、行政、经济、社会、文化等的综合状况的反映，既受到这些方面的深刻制约，又随着这些方面的发展而发展。改革开放以来政府间横向关系的发展，基本上可以分为三个阶段：党的十一届三中全会到十四大、党的十四大到十六大、党的十六大至今。在第一阶段，中国开始了以市

① 参见张紧跟：《当代中国地方政府间横向关系协调研究》，8页，北京，中国社会科学出版社，2006。

场为导向的改革，计划经济体制开始松动，政府间横向联系和互动开始多了起来，但横向关系问题及其治理总体上还没有提上日程。在第二阶段，随着社会主义市场经济体制被确立为经济体制改革的目标、分税制的实施、国企改革的深入进行、各类私人企业的迅猛发展，政府间关系的面貌发生了深刻变化。在横向关系方面，受到以 GDP 为标尺的“地方官员晋升锦标赛”的作用，不同政府之间的竞争（包括无序竞争）日趋激烈，矛盾时有爆发，横向关系进入了“混乱期”。这一阶段严重的地区保护、重复建设、各类“商品大战”等即是明证。进入第三阶段以来，随着国资委的成立与政企关系的进一步厘清、服务型政府建设、社会保障面的扩大与保障体系的健全、私人企业的发展壮大、社会组织的发展与社会力量的活跃，以及跨域治理问题的日益突出，一方面，横向政府间的冲突和矛盾进一步增多，另一方面，府际协调与合作也发展起来，地方政府开始自发或自觉地运用府际合作的方式处理共同面临的问题，政府间横向关系步入了深度调整和规则构建的新阶段。

在上述背景下，2013 年政府间横向关系又有了新的发展，这体现在下述几大方面：

（一）政府机构改革与政府内部横向部门间关系调整

2013 年是新一届政府履新执政的第一年，也是改革开放以来第 7 轮政府机构改革的开局之年。这一年，根据党的十八大和十八届二中全会精神，重点进行了国务院机构改革。这次改革重点围绕转变职能和理顺职责关系，稳步推进大部门制改革展开，实行了铁路政企分开，整合加强了卫生和计划生育、食品药品、新闻出版和广播电影电视、海洋、能源管理等机构。在政府间横向关系方面，涉及的改革内容主要有以下几个方面。

1. 拆分铁道部，组建大“交通部”

这次国务院机构改革的第一项内容就是实行铁路政企分开，完善综合交通运输体系，其直接表现即拆分铁道部，组建大“交通部”。具体而言，第一，将铁道部拟订铁路发展规划和政策的行政职责划入交通运输部，交通运输部统筹规划铁路、公路、水路、民航发展，加快推进综合交通运输体系建设；第二，组建国家铁路局，由交通运输部管理，承担铁道部的其他行政职责，负责拟订铁路技术标准，监督管理铁路安全生产、运输服务质量和铁路工程质量等；第三，组建中国铁路总公司，承担铁道部的企业职责，负责铁路运输统一调度指挥，经营铁路客货运输业务，承担专运、特运任务，负责铁路建设，承担铁路安全生产主体责任等；第四，不再保留铁道部。

2. 组建国家卫生和计划生育委员会

为更好地坚持计划生育的基本国策，加强医疗卫生工作，深化医药卫生体制改革，优化配置医疗卫生和计划生育服务资源，提高出生人口素质和人民健康水平，这次机构改革的重要内容之一是组建国家卫生和计划生育委员会。其主要举措是：第一，将卫生部的职责、人口计生委的计划生育管理和服务职责整合，组建国家卫生和计划生育委员会。其主要职责是统筹规划医疗卫生和计划生育服务资源配置，组织制定国家基本药物制度，拟订计划生育政策，监督管理公共卫生和医疗服务，负责计划生育管理和服务工作等。第二，将人口计生委研究拟订人口发展战略、规划及人口政策的职责划入发展改革委。第三，国家中医药管理局由国家卫生和计划生育委员会管理。第四，不再保留卫生部、人口计生委。

3．组建国家食品药品监督管理总局

为进一步提高食品药品监管水平，消除食品药品监管体制中存在的既有重复监管，又有监管“盲点”，不利于责任落实等问题，这次改革着力加强了对食品药品统一监管改革。主要措施是：第一，将食品安全办的职责、食品药品监管局的职责、质检总局的生产环节食品安全监督管理职责、工商总局的流通环节食品安全监督管理职责整合，组建国家食品药品监督管理总局，主要职责是对生产、流通、消费环节的食品安全和药品的安全性、有效性实施统一监督管理等；第二，将工商行政管理、质量技术监督部门相应的食品安全监督管理队伍和检验检测机构划转食品药品监督管理部门；第三，保留国务院食品安全委员会，具体工作由食品药品监督管理总局承担，食品药品监督管理总局加挂国务院食品安全委员会办公室牌子；第四，不再保留食品药品监管局和单设的食品安全办；第五，新组建的国家卫生和计划生育委员会负责食品安全风险评估和食品安全标准制定，农业部负责农产品质量安全监督管理，将商务部的生猪定点屠宰监督管理职责划入农业部。

4．组建国家新闻出版广播电影电视总局

为进一步推进文化体制改革，统筹新闻出版广播影视资源，这次改革将新闻出版总署、广电总局的职责整合，组建国家新闻出版广播电影电视总局。其主要职责是：统筹规划新闻出版广播电影电视事业产业发展，监督管理新闻出版广播影视机构和业务以及出版物、广播影视节目的内容和质量，负责著作权管理等。国家新闻出版广播电影电视总局加挂国家版权局牌子。不再保留广电总局、新闻出版总署。

5．重新组建国家海洋局

为推进海上统一执法，解决海上执法力量分散，重复检查、重复建设、执法效能不高、维权能力不足等问题，这次改革将原国家海洋局及其中国海监、公安部边防海警、农业部中国渔政、海关总署海上缉私警察的队伍和职责整合，重新组建国家海洋局，由国土资源部管理。其主要职责是：拟订海洋发展规划，实施海上维权执法，监督管理海域使用、海洋环境保护等。国家海洋局以中国海警局名义开展海上维权执法，接受公安部业务指导。同时，为加强海洋事务的统筹规划和综合协调，这次改革还设立了高层次议事协调机构——国家海洋委员会，负责研究制定国家海洋发展战略，统筹协调海洋重大事项。国家海洋委员会的具体工作由国家海洋局承担。

6. 重新组建国家能源局

为统筹推进能源发展和改革，加强能源监督管理，这次改革将国家能源局、电监会的职责整合，重新组建国家能源局。其主要职责是：拟订并组织实施能源发展战略、规划和政策，研究提出能源体制改革建议，负责能源监督管理等。改革后，国家能源局继续由发展改革委管理，不再保留电监会。发展改革委主要负责做好国民经济和社会发展规划与能源规划的协调衔接。

7. 在优化职能配置中进一步理顺部门职责关系

在推进前述重大机构调整的同时，这次改革还特别强调在优化职能配置中理顺部门职责关系，实现资源共享，最大限度地整合分散在不同部门相同或相似的职责。具体而言，这次改革重点进行了三个方面的整合：一是按照同一件事由一个部门负责的原则，整合房屋登记、林地登记、草原登记、土地登记的职责，整合城镇职工基本医疗保险、城镇居民基本医疗保险、新型农村合作医疗的职责等，分别由一个部门承担。二是整合业务相同或相近的检验、检测、认证机构，解决这些机构过于分散、活力不强的问题。三是整合建立统一规范的公共资源交易平台、信用信息平台，推动资源共享、提高效能。同时，这次改革提出，对其他职责交叉、分散问题，也要按照上述原则整合解决。

这次改革，国务院正部级机构减少 4 个，其中组成部门减少 2 个，副部级机构增减相抵数量不变。改革后，除国务院办公厅外，国务院设置组成部门 25 个。[①] 国务院机构改革中的职能转变、职责调整、机构重组是政府间横向关系发展的重要内容。首先，国务院组成部门的职责调整和机构重组，是中央政府内部横向部门间关系的调整和发展。通过这样的调整，加强特定方面的管理和服务，推动政府职能转变。例如，按照构建大部门体制的改革思路和要求，经过两届政府的努力，着力加强和改善了政府宏观调控、市场监管、社会管理和公共服务职能。[②] 其次，国务院机构改革对地方政府横向部门间关系的调整和发展有指导和示范作用。中国的地方政府是行政体地方政府，具有“职责同构”的特点。因

① 参见马凯：《关于国务院机构改革和职能转变方案的说明——2013 年 3 月 10 日在第十二届全国人民代表大会第一次会议上》，见中国政府网，2013-03-10。

② 2008 年国务院机构改革的重点有三：一是加强和改善宏观调控，促进科学发展；二是着眼于保障和改善民生，加强社会管理和公共服务；三是按照探索职能有机统一的大部门体制要求，对一些职能相近的部门进行整合，实行综合设置，理顺部门职责关系。参见《2008 年国务院机构改革》，见中国政府网，2009-01-16。

此，在自上而下的政府机构改革中，国务院机构改革对地方政府的机构改革具有指导和示范作用。一般而言，地方各级政府主要职能的配置和主要机构的设置与上级政府直至中央政府具有一定的“对口性”。可以预见，随着这一轮机构改革的推进，各级地方政府根据其职能定位，也将进行相应的横向部门间职责和机构调整，尤其是加强市场监管、社会管理、公共服务等机构和职责。

（二）京津冀协同发展与区域合作

在中国的政府体制下，区域合作是政府间横向关系的一种重要形态，而区域协同发展又是区域合作的一种较为高级的形态。概括而言，区域协同发展是一种将若干行政区域作为一个整体，打破区划、体制、机制、政策障碍，统筹规划、协调发展，实现共赢的一种政府间合作发展模式。2013 年，这方面最为引人注目的是京津冀一体化协同发展。

京津冀是指北京市、天津市、河北省两市一省。三地人口加起来有 1 亿多，土地面积有 21.6 万平方公里，地缘相接、人缘相亲，地域一体、文化一脉，历史渊源深厚、交往半径相宜，具有协同发展的天然优势。新中国成立以来，河北省为保障两大直辖市作出了重大贡献。近年来，三地受行政区划阻隔和区域利益制约，面临着区域经济结构和城市群布局不合理、生态文明建设和环境保护任务迫切、人口经济资源环境发展不协调等问题，急需突破行政区划障碍，实行区域一体化协同发展。

在此背景下，2013 年京津冀三地加强了政府间合作，相继签署了合作协议。2013 年 3 月，北京市和天津市签署了《北京市天津市关于加强经济与社会发展合作协议》；5 月，天津市和河北省签署了《天津市河北省深化经济与社会发展合作框架协议》；北京市和河北省签署了《北京市河北省 2013 至 2015 年合作框架协议》及 11 个专项协议，这些协议确定了两市一省深化合作的基本框架和主要内容。

具体而言，《北京市天津市关于加强经济与社会发展合作协议》的内容包括：推动区域发展战略规划编制、完善交通基础设施体系、开展产业转移和对接合作、打造教育和科技研发高地、深化陆海空航运物流合作、加强人才共享互通合作、推进文化旅游会展融合发展、加快金融一体化进程、改善京津地区环境质量、建立合作长效工作机制 10 大方面、24 项具体合作内容。《天津市河北省深化经济与社会发展合作框架协议》的内容包括：推进区域一体化进程、完善交通网络体系、深化港口物流合作、提高水资源保障能力、推动产业转移升级、加强科技研发合作、加强农副产品对接、加快旅游会展融合、拓宽金融合作领域、建立合作协调机制 10 个方面、30 项具体合作内容。《北京市河北省 2013 至 2015 年合作框架协议》的内容包括：着力打造首都经济圈、共同推进北京新机场建设、共同促进首钢在唐山做大做强、全面开展科技创新和成果转化合作、共同创建区域优美环境、共同深化服务业合作、支持张承地区产业发展 7 大方面、27 项具体合作内容。

在政府间横向合作机制建设上，三地的合作协议都提出，要建立合作长效工作机制，切实推进合作协议和合作项目的贯彻落实。例如，《北京市天津市关于加强经济与社会发展合作协议》提出，双方建立两市领导高层协商机制，成立京津合作领导小组，组长由两市市长担任，每年召开一次会议，研究合作中的重大战略问题。成立京津合作协调小组，由分管副市长任组长，定期就双方合作问题进行研究推动。协调小组下设办公室，组织两市相关部门对口衔接，具体推动各项合作任务的实施。办公室分别设在北京市支援合作办、天津市合作交流办。

三个合作协议的签署和三地合作内容的明确，有利于实现京津冀协同发展、打造新的首都经济圈、推进区域发展体制机制创新；有利于探索完善城市群布局和形态，探索生态文明建设的有效路径，促进人口经济资源环境相协调；有利于实现京津冀优势互补，促进环渤海经济区发展，带动北方腹地发展。

值得一提的是，在三地签订合作协议，加快协同发展的基础上，2014 年 2 月，习近平同志在北京主持召开座谈会，专题听取京津冀协同发展工作汇报，并指出了京津冀协同发展的 7 个着力点①，将京津冀协同发展提升到国家战略层面。

（三）异地高考与政府间政策协同

所谓政府间政策协同，是指地方政府间为解决共同面临的问题、应对挑战、推进发展，而以协调一致的方式来制定并执行政策的一种政府间合作机制。改革开放以来，一些地方政府为了推进共同发展、应对共同挑战，在自觉或不自觉地实行一定的政策协同。2013 年，这方面最为突出的一个表现是异地高考政策的实施。

异地高考政策的出台，主要是为了解决非户籍随迁子女的高考问题。高考是当代中国最为重要的一次考试，在很大程度上影响到公民一生的命运。在中国特大型国家的背景下，每年都有数百万，甚至上千万的高中毕业生参加高考（见图 1、图 2）。为了保证高考的权威性和安全性，中国的高考一直实行“分省＋户籍地”原则，即由各省分别组织本省的高考，考生在其户籍地所在省份参加高考。然而，由于优质高等教育资源、人口资源分布的不均衡，这样的高考政策存在着一定的“不公平性”。例如，同样智力水平、同样努力程度的学生，在河南、山东、四川这样的人口大省，与在北京、上海、天津这样优质高等教育资源相对集

① 习近平同志就推进京津冀协同发展提出的 7 个着力点为：一是要着力加强顶层设计，抓紧编制首都经济圈一体化发展的相关规划。二是要着力加大对协同发展的推动，充分发挥环渤海地区经济合作发展协调机制的作用。三是要着力加快推进产业对接协作。四是要着力调整优化城市布局和空间结构。五是要着力扩大环境容量生态空间，加强生态环境保护合作。六是要着力构建现代化交通网络系统，把交通一体化作为先行领域。七是要着力加快推进市场一体化进程。参见《习近平在京主持召开座谈会 专题听取京津冀协同发展工作汇报》，见新华网，2014-02-27。

中的直辖市，考上大学，特别是考上好大学的概率，就有很大的差距。此外，改革开放以来，随着人口在不同地域间横向流动的迅速增长，出现了以农民工子女群体为代表的一定规模的非户籍随迁子女群体。很多随迁子女长期在居住地（非户籍地）接受义务教育和高中教育，但却没有资格参加居住地的高考，而是必须回户籍地参加高考，这显然不合理。再加上不同省份使用的教材可能有所差别，在很大程度上增加了这一群体高考的成本，加大了这一群体高考的难度。在这一背景下，为了解决非户籍随迁子女的高考问题，教育部自 2010 年起开始推行异地高考试点，并在 2013 年开始全面实施这项改革。

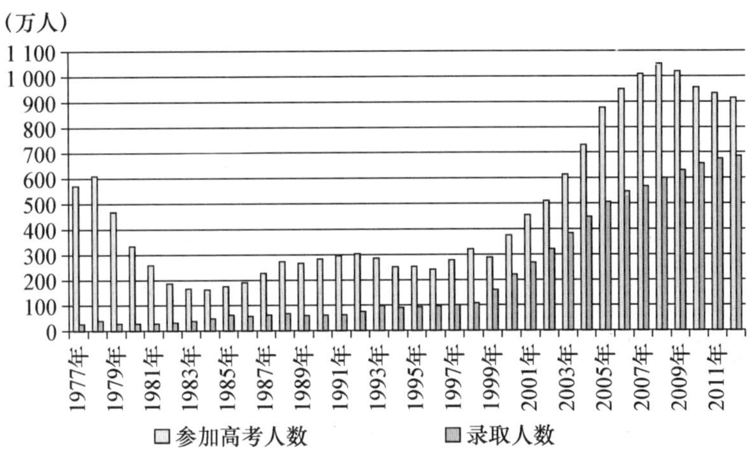

图 1　全国历年参加高考人数和录取人数统计（1977—2012）

资料来源：根据教育部相关年份的《全国教育事业发展统计公报》整理而成。

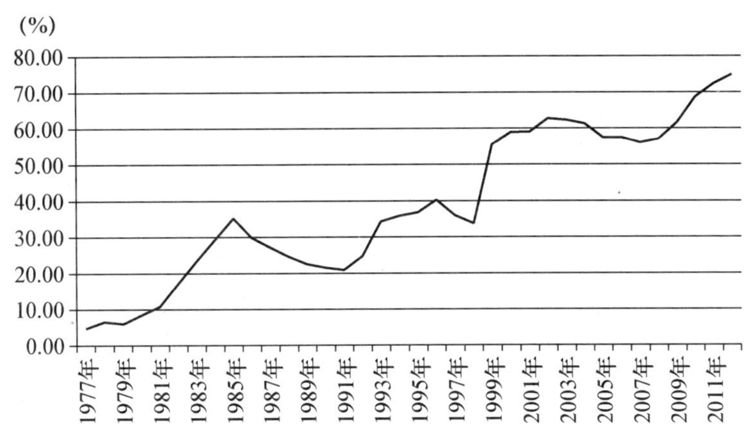

图 2　全国历年高考录取率（1977—2012）

资料来源：根据教育部相关年份的《全国教育事业发展统计公报》计算。

在2010年12月启动的国家教改试点中，教育部首先在山东、湖南、重庆三地开始异地高考试点。在试点的基础上，2012年8月，国务院办公厅转发了教育部、发展改革委、公安部、人力资源和社会保障部4部门《关于做好进城务工人员随迁子女接受义务教育后在当地参加升学考试工作的意见》（简称《意见》）。《意见》要求，各省、自治区、直辖市政府要根据城市功能定位、产业结构布局和城市资源承载能力，根据进城务工人员在当地的合法稳定职业、合法稳定住所（含租赁）和按照国家规定参加社会保险年限，以及随迁子女在当地连续就学年限等情况，确定随迁子女在当地参加升学考试的具体条件，制定具体办法。各省、自治区、直辖市有关随迁子女升学考试的方案原则上应于2012年底前出台。

《意见》特别提出，要加强相关工作的组织领导和政府间协调配合。第一，各地招生考试委员会要统筹做好随迁子女升学考试工作，教育部门会同有关部门依据随迁子女升学考试人数合理调配资源，做好招生计划编制、考生报名组织、考试实施以及招生录取等工作。第二，发展改革部门要将进城务工人员随迁子女教育纳入当地经济社会发展规划。第三，公安部门要加强对流动人口的服务管理，及时提供进城务工人员及其随迁子女的居住地等相关信息。第四，人力资源和社会保障部门要及时提供进城务工人员的就业和社保信息。第五，各地区、各有关部门要及时研究解决工作中出现的新情况新问题，认真总结和推广成功经验。

根据中央部署，到2012年底，各省、市、自治区陆续出台了异地高考方案。由于异地高考受到高等教育资源、原户籍考生数量、申请异地高考考生数量、对人口输入地和输出地的影响等多种因素的制约，各省、市、自治区在总体执行中央政策的前提下制定的具体政策有所不同。总体而言，各地的异地高考政策限制程序与人口输入程度成正比，越是人口输入地，参加异地高考的“门槛”越高，反之则“门槛”越低。例如，外地生源2014年参加北京异地高考需要符合的条件是：学生父母有北京市的暂住证或工作居住证、有合法稳定住所、有合法稳定职业已满6年、在京连续缴纳社会保险已满6年（不含补缴）的，且仅限参加高职考试。① 而如果外地生源参加贵州省异地高考的话，则仅需要取得贵州省初中毕业证书，高中阶段在贵州省连续就读三年，考生高考报名前，其父亲或母亲在贵州省居住，有合法稳定住所、合法稳定职业，持有贵州省居住证（或暂住证）和在贵州省连续缴纳社会保险三年以上（含三年）。②

① 参见《进城务工人员随迁子女接受义务教育后在京参加升学考试工作方案》，见中华人民共和国中央人民政府网，2013-01-05。

② 参见《贵州省外来人员随迁子女报考普通高等学校暂行规定》，见中国网，2013-03-21。

异地高考涉及中国教育制度、人才选拔制度、户籍制度、社会保障制度、区域发展规划等多个方面，其复杂性不言而喻。正如一篇报道所言，在异地高考政策上，形成中央、地方、高校、新移民、户籍人口的多方博弈，同时还涉及中国的户籍改革、东西部发展不均、人口结构、用工荒、社保资金筹集、高等教育跃进式发展等大问题，可谓“牵一发而动全局”。① 然而，不管怎样，2012 年、2013 年经过多方努力，各省、市、自治区毕竟出台了异地高考方案，这项改革正式拉开了大幕，在政府间关系的意义上，写下了政府间政策协同的重要一笔。在未来的几年，这项改革的效果及其发展，都还有待进一步的观察。

（四）重大基础设施建设与政府间横向关系发展

除了上述发展外，2013 年，随着中国整体改革发展的推进，以及受到一些重大基础设施建设影响，政府间横向关系还获得了一定的发展。例如，2002 年开工以来，经过各方面的共同努力，2013 年 6 月，南水北调工程东线一期穿越黄河工程北岸出口闸开启，长江水历史性穿越黄河，标志着该工程东段进入全线试通水阶段。南水北调工程是优化中国水资源配置、促进经济社会可持续发展的重大战略性基础工程，关系国计民生和中华民族长远发展。该工程在设计、施工过程中，得到国务院有关部委，东、中、西线有关各省市区的大力协调配合。② 2013 年，东线工程试通水后，为加强其供用水管理，国务院开始研究制定《南水北调工程供用水管理条例》，就水量调度、用水管理、水质保障、工程设施管理与保护征求各方面的意见。可以预见，随着该工程的进一步建设与通水，必将有利于缓解北方相关缺水地区的用水紧张状况，从而有利于缓解区域矛盾，促进政府间合作。2013 年，除了南水北调工程外，一些对政府间横向关系产生以及即将产生较好影响的重大项目还有：“川气东送”工程由四川向长江三角洲地区输气突破 173 亿立方米③，“三北防护林体系”建设五期工程进展顺利④。这些重大基础设施的建设和投入使用，能够有效缓解横向政府间的利益争夺和矛盾冲突，促进政府间横向关系的协调发展。

---

① 参见《“异地高考”破冰的复杂性》，载《东方早报》，2012-07-09。

② 根据设计，南水北调工程共包括东线、中线和西线三条调水线路。东线调水工程从长江下游扬州附近抽引长江水，利用和扩建京杭大运河逐级提水北送，经洪泽湖、骆马湖、南四湖和东平湖，在位山附近穿过黄河后可自流，经位临运河、南运河到天津。中线调水工程从汉江丹江口水库引水，输水总干渠自陶岔渠首闸起，沿伏牛山和太行山山前平原，京广铁路西侧，跨江、淮、黄、海四大流域，自流输水到北京、天津。西线调水工程从长江上游干支流调水入黄河上游，引水工程拟在通天河、雅砻江、大渡河上游筑坝建库，采用引水隧洞穿过长江与黄河的分水岭巴颜喀拉山入黄河。

③ 参见《中国“川气东送”工程输气突破 173 亿立方米》，见新华网，2013-01-23。

④ 参见《三北防护林体系建设工程大事记》，见新华网，2013-08-11。

（五）地方政府间横向关系中的“顽疾”

作为政府间关系的重要一维，政府间横向关系的改革和发展是随着中国改革发展的进程而进行的，同时，也受到中国特定的政府体制和经济社会发展阶段的制约。2013 年，政府间横向关系在获得一定发展的同时，仍然表现出一些“顽疾”，主要是区域利益矛盾、部门间政策不协调、政策执行中部门间权责不清等。本报告在这里以报道时间为序摘编出一些体现这些“顽疾”的典型事件，希望能引起读者的深思。

1. 广州十余名城管与五六名巡警对峙互拍照

据《南方都市报》2013 年 6 月 4 日报道，6 月 3 日下午 3 点半，在广州市天河区体育西路人行道上，十余名城管与五六名巡逻的辅警发生争执。双方各自站队，两方都有人手持手机拍照。

2. “生态炸弹”岂能乱投？——异地倾倒危废事件透视

据新华网合肥 6 月 12 日电，动辄上百吨的危险化工废物，悄无声息地倾倒在千里之外的农村；谋取私利的黑色产业链下，生产、转运、倾倒等环环相扣，戕害着生态环境和身体健康。环保专家和基层官员认为，危废倾倒有明显的区域性特征，一般从发达地区向不发达地区转移，最后倾倒在农村。有的距离达数百公里，需经过生产、转运和倾倒等环节，只要一个环节把好，此类事件或将被制止。遗憾的是，一些地方不仅没把好关，有的甚至存在“只要不污染我就行”，“你污染我、我也污染你”的心态。

3. 12 部门管“一支烟”：不靠谱！

据《羊城晚报》2013 年 6 月 27 日报道，备受关注的《深圳经济特区控制吸烟条例》再起风波，12 个部门共同管理“一支烟”不被看好，违法吸烟如何处罚成为难事。此次深圳重新修订《控烟条例》，“创造性地”提出由卫生、城管、公安、文化等 12 个部门共管“一支烟”，但经过调查发现，这种多部门处罚模式仅得到 20%的支持率。绝大多数人认为多部门处罚不合理，一是因为不同的执法主体难以得到群众的认可，二是多部门处罚模式易造成责权不清和效率低下。

4. 卫生部门与药监部门就胎盘能否买卖说法相反

据《扬子晚报》2013 年 11 月 18 日报道，关于人体胎盘能否买卖，卫生部门与药监部门的说法相反。卫生部门明令禁止胎盘买卖，而药监部门则表示，如果所售药品有证照，购进售出渠道合法就可以销售。

上述典型事件说明，在政府间横向关系中，还应进一步理顺地方之间、部门之间的利益关系，明确责任主体的职责界限和管制责任，在制定政策时就要设定好执行主体之间的关系，防止执行扯皮、执行不力。

二、政府间横向关系研究现状综述

2013年，学界关于政府间横向关系的研究也取得了一定的进展。本报告根据中国知网的数据，分两个部分分析2013年政府间横向关系研究的进展。

（一）研究的一般状况

本报告的分析对象是2013年发表在学术期刊上的以“政府间横向关系”为研究主题的学术论文，以及相同主题的博士、硕士学位论文。

经过查找和筛选，共确定相关文献74篇，其中49篇在文献名中使用“政府间关系”一词，25篇使用“府际关系”一词。① 在这些文献中，有2篇博士论文，10篇硕士论文，62篇期刊论文。2篇博士论文分布于山东大学和苏州大学，研究主题都是地方政府间税收竞争问题。10篇硕士论文分布于9所大学，研究主题涉及政府间协调合作（府际合作）、政府间博弈、政府间税收竞争等多个方面，其中政府间协调合作（府际合作）是最受关注的一个研究主题，共有7篇相关论文（见表1）。62篇期刊论文分布于55种学术期刊上，其中CSSCI（2012—2013年）期刊论文18篇。CSSCI期刊论文的研究内容包括政府间横向关系的基本理论研究、实证研究、横向税收竞争问题研究、促进这一关系协调发展的对策研究、政府间横向关系法治化研究等多个方面（见表2）。可以看出，当前学界关于政府间横向关系问题的研究涉及面较广、具体研究主题较多、受到较多学术期刊的重视，是当前学界研究的热点问题之一。

表1　2013年以“政府间横向关系”为研究主题的博士论文和硕士论文

序号	论文名称	作者	单位	学位
1	地方政府间税收竞争：问题、效应及治理	钱信松	苏州大学	博士
2	中国地方政府间税收竞争机理及效应研究	刘洁	山东大学	博士
3	长三角区域政府间横向协调机制研究	陈逸轩	上海师范大学	硕士
4	城市群内政府间合作困境研究	陆瑞国	山东大学	硕士
5	跨区域流域生态补偿中府际间博弈关系研究	涂少云	大连理工大学	硕士
6	区域经济一体化中的府际关系探析	刘光坤	山东师范大学	硕士
7	区域同城化下地方政府间合作机制构建	林秀烟	福建师范大学	硕士
8	区域协调发展中我国地方政府间合作的研究	梁文富	陕西师范大学	硕士
9	区域政府间合作协议研究	胡艳	苏州大学	硕士
10	省级政府间经济合作机制的研究	姚腾	南京理工大学	硕士

① 文献名中包含“政府间”或“府际”的全部文献要多于此数，本报告的数据是筛选后的、确实以政府间横向关系为研究主题的文献数。

续前表

序号	论文名称	作者	单位	学位
11	我国地方政府间税收竞争分析	潘磊	山东大学	硕士
12	西部地方政府间合作治理的利益模型研究	宋丽君	电子科技大学	硕士

注：1. 以每类论文的论文名称汉语拼音为序。2. 学位论文的公布有一定的滞后期，本报告以公布日期为准。

表 2　2013 年发表在 CSSCI（2102—2013 年）来源期刊上的政府间横向关系研究论文

序号	论文名称	作者	期刊及发表时间
1	当前我国政府间关系的研究：概念与视角	申斌	《思想战线》，2013（2）
2	地方政府间横向税收竞争工具的选择研究——兼论地方税体系的完善	刘大帅等	《河北经贸大学学报》，2013（6）
3	府际关系视角下我国基层政府环境政策的执行异化——基于江苏省 S 镇的实证研究	姚荣	《经济体制改革》，2013（4）
4	府际协调低效率与整体性治理策略研究	曾凡军	《学术论坛》，2013（1）
5	府际治理：当代中国府际关系研究的新趋向	张紧跟	《学术研究》，2013（2）
6	基于案例推理方法的政府间决策协商模型	李筱青等	《系统工程》，2013（5）
7	基于府际关系视角的区域一体化模式分析	许焰妮等	《北京行政学院学报》，2013（4）
8	空气污染治理中的政府间关系——以美国加利福尼亚州为例	蔡岚	《中国行政管理》，2013（10）
9	跨域治理视角下地方政府间关系及其协调路径研究	王鹏	《贵州社会科学》，2013（1）
10	论区域府际合作治理与公法变革	石佑启等	《江海学刊》，2013（1）
11	区域发展中地方政府间关系的类型与重构模式	胡宁生	《江苏行政学院学报》，2013（5）
12	区域经济一体化进程中政府间合作模式研究	董姝娜等	《经济纵横》，2013（7）
13	我国地方政府间恶性税收竞争的规制	姜孟亚	《中共中央党校学报》，2013（6）
14	我国地方政府间公共服务合作中的承诺与兑现——面向长三角地区的探索性研究	尹艳红	《国家行政学院学报》，2013（1）

续前表

序号	论文名称	作者	期刊及发表时间
15	优化法治环境，促进地方政府间竞争有序化	杨临宏等	《云南社会科学》，2013（5）
16	政府间横向税收分配的理论基础：内涵与原则	王蓓等	《经济体制改革》，2013（6）
17	政府间伙伴关系：合作治理之路	蔡英辉	《经济体制改革》，2013（5）
18	整体性治理分析框架下的府际关系建构研究	韦彬	《学术论坛》，2013（6）

注：以论文名称汉语拼音为序。

（二）主要观点概述

本报告主要基于2篇博士论文和18篇CSSCI文献，概述2013年学界关于“政府间横向关系”问题的研究重点和主要观点。经过总结，学界的研究重点大体上可以分为下述五类。在每一类中，学者们都提出了相应的理论观点。

1. 关于政府间横向关系基本理论的研究

2013年，有学者进一步讨论了政府间横向关系研究中的基本概念，认为国内学者常用的几个概念——政府间关系、府际关系、政府关系——尽管在研究对象和内容上大致相同，但不同的概念表述也体现了研究者在研究视角、研究内容上的偏好和差异。①“政府间关系”概念着眼于把一级政府——以行政机关为代表——作为一个完整的行为主体来进行分析。“府际关系”则内涵较广，不仅包括作为整体的一级政府（行政机关），还包括其下设的组成部门，甚至还有主权国家之间的关系。“政府关系”的内涵则更加宽泛，不仅包括了行政机关之间的纵向和横向关系，还包括党委、人大、政协之间的关系，以及政府同公民、社会之间的关系。

在研究视角上，有学者认为，改革开放以来，以政府为基本行动者的府际关系研究面临着诸多挑战。其在政府间横向关系研究中的表现主要是：忽视了对地方政府的职能重塑与制约，忽视了地方政府间合作与竞争对公共利益的背离。当前，应该拓宽既有政府间关系研究的视野，走向府际治理，即一种政府间、公私部门与公民共同构建的政策网络，强调通过多元行为主体间的互动与合作来实现和增进公共利益，包括政府间协作、跨部门伙伴关系以及公民参与。② 所以，府际治理代表着府际关系研究的新方向，强调的是通过多元主体之间的协作，以解

① 参见申斌：《当前我国政府间关系的研究：概念与视角》，载《思想战线》，2013（2）。

② 参见张紧跟：《府际治理：当代中国府际关系研究的新趋向》，载《学术研究》，2013（2）。

决政府间的公共议题。

在研究方法上，有学者提出了一种基于案例推理方法的政府间决策协商模型。政府间横向关系在很多情况下是通过政府间的协商活动来完成的，因此如何提高政府间协商效率和协商成功率是一个重要的研究课题。在政府间协商问题上，可以借用案例推理的基本方法。案例推理是一种重要的机器学习方法，它是由目标案例的提示而得到历史记忆中的源案例，并由源案例来指导目标案例求解的一种策略。① 基于这一方法的政府间协商决策逻辑框架模型共包括 9 个步骤：案例收集与案例库构建、案例定义与适用条件分析、案例检索、案例适用、案例修正、案例维护、政府间协商问题分析、协商案例请求、协商方案提供。

2. 政府间横向关系实证研究

2013 年，一些学者较为关注环境治理中的政府间横向关系问题，并进行了相应的实证研究。主要的研究成果认为，中国基层政府环境政策执行异化现象普遍存在。中国特色的财政联邦主义、官员晋升的政治锦标赛模式、压力型体制、环境政策的“可度量性”较低等诸多因素，透过府际关系，影响基层政府的环境政策执行。环境保护政策执行过程中存在多方力量的复杂博弈，府际关系是理解我国基层政府环境政策执行异化的关键。② 在环境治理方面，美国加利福尼亚州空气污染控制的政策提供了较好的经验。具体而言，该州创新性地制定空气污染控制的政策过程中包含了大量的横向和纵向政府间合作的实践。③ 这些实践启示我们，空气污染治理的治本之策，既在于中央政府和地方政府在标准控制、法规制定、监督管理等方面的有效互动，又在于区域内横向政府间在构建合作平台、丰富合作方式、调动参与者积极性等方面的通力合作。

除了环境治理问题外，在实证研究方面，一些学者还关注地方政府间公共服务合作问题，认为合作供给公共服务已经成为地方政府间合作的重要组成部分。④ 在实践中，各区域通过协商签订了大量的合作承诺，这些承诺的实现与否直接影响地方政府间合作的质量与持续进展。

3. 政府间横向税收竞争问题研究

竞争关系是中国政府间横向关系的一个重要方面。在这方面，2013 年学者

---

① 参见李筱青等：《基于案例推理方法的政府间决策协商模型》，载《系统工程》，2013 (5)。

② 参见姚荣：《府际关系视角下我国基层政府环境政策的执行异化——基于江苏省 S 镇的实证研究》，载《经济体制改革》，2013 (4)。

③ 参见蔡岚：《空气污染治理中的政府间关系——以美国加利福尼亚州为例》，载《中国行政管理》，2013 (10)。

④ 参见尹艳红：《我国地方政府间公共服务合作中的承诺与兑现——面向长三角地区的探索性研究》，载《国家行政学院学报》，2013 (1)。

们关注的一个焦点问题是政府间横向税收竞争问题，共发表了2篇博士论文、3篇CSSCI论文。具体而言，政府间税收竞争主要是指地方政府之间围绕税收资源展开的竞争。1994年分税制财政体制的实施明确了地方的财权，为地方政府间税收竞争提供了制度驱动力。在这一情况下，地方政府为增加辖区内经济资源和福利，开始展开了以税收收入为核心的横向竞争。地方政府间税收竞争的发展，主要经过了争取外商直接投资的竞争和争取优质劳动力的竞争两个阶段。① 竞争的形式多种多样，如区域税收优惠、财政返还、税收折扣、对纳税大户给予物质奖励、降低土地出让价格、包揽基础设施建设、提供银行贷款补贴，还有一些地区甚至擅自扩大减免税优惠范围、自行制定税收优惠政策、放松税收征管力度、放任企业偷税漏税、执行不规范的财政补贴等。② 政府间税收竞争有一定的正效应，可以促进地方经济的数量型增长。但是，恶性税收竞争不利于转变经济发展方式，有碍于缩小地区间差异，会降低公共服务质量、损害正常的市场竞争秩序。地方政府间税收竞争不是中国特有的现象，可以说，所有实行分税制的国家，几乎无一例外地有税收竞争。规制地方政府间恶性税收竞争，应改革和完善地方税体系，确立法治意义上的财政分权制度③；明确各级地方政府的权责范围，实行均等化的基本公共服务；构建均衡的政府间财政关系；明确政府间税收收益原则，构建不同地区政府间的税收利益协调机制④；强化税收竞争行为的外在约束机制，完善反垄断法对行政垄断的规制，促进地方政府间的税收协调与合作⑤。

4. 促进政府间横向关系协调发展的对策研究

2013年，学者们主要从两大层面对如何促进地方政府间横向关系协调发展的问题，提出了治理对策。

第一，宏观层面的对策。主要建议有：构建政府间伙伴关系与整体性府际关系，政府间伙伴关系的构建需要立足法治环境、整合行政资源、平衡多方利益，力图建构多元政府间超越层级和突破条块的合作网络；尊重多样性与差异性，促成各方平等合作，鼓励区域均衡发展、部门协商交流、城乡兼容协调，实现整体协同创新和多方共存共荣，为政府间合作治理奠定基础。⑥ 良好的府际关系是区

---

① 参见钱信松：《地方政府间税收竞争：问题、效应及治理》，苏州大学博士论文，2013。

② 参见刘洁：《中国地方政府间税收竞争机理及效应研究》，山东大学博士论文，2013。

③ 参见刘大帅等：《地方政府间横向税收竞争工具的选择研究——兼论地方税体系的完善》，载《河北经贸大学学报》，2013（6）。

④ 参见王蓓等：《政府间横向税收分配的理论基础：内涵与原则》，载《经济体制改革》，2013（6）。

⑤ 参见姜孟亚：《我国地方政府间恶性税收竞争的规制》，载《中共中央党校学报》，2013（6）。

⑥ 参见蔡英辉：《政府间伙伴关系：合作治理之路》，载《经济体制改革》，2013（5）。

域经济一体化的关键性因素。解决政府间存在的种种问题，有赖于充分运用整体性治理理论，构建整体性府际关系，使府际关系碎片化走向府际关系整合化，打造整体性府际公共服务供给模式，实现跨域合作、府际共赢和政府整体性治理。①

第二，微观层面的对策。主要体现在机制、政策、技术等方面：建立能够协调和平衡市场竞争的规则；建立行政性协调机构；统筹优化管理基础设施，实现区域经济合作基础设施一体化；正确引导和协调经济互动与产业对接；在平等、相互信赖的基础上建立政府协议；理性选择政府间合作机制②；构建府际合作的上下协力模式，使得政府间关系从冲突走向共识，从而有效推动区域一体化进程③；建立有一定约束力的地方政府间行政协议④；构建基于信息技术的整体政府⑤；等等。

5. 政府间横向关系法治化研究

政府间横向关系的发展，最终还要规范化、法治化。对于这一问题，学者们认为，区域府际合作治理日渐成为区域经济一体化中促进区域合作之治理模式选择，其兴起与发展需要雄厚的公法理论支撑和完善的公法制度保障。应该通过完善核心价值体系、重构变迁路径和公权力配置制度、拓展公法范畴、健全公法规则体系等进行持续不断的回应性制度变革，以实现区域府际合作治理与公法的良性互动。⑥ 除了立法方面的变革外，要使地方政府间走上有序竞争的道路，还需要为地方政府间竞争创造良好的法律环境，从立法、执法及司法等多个层面进行优化。⑦

三、政府间横向关系发展展望

2013 年 11 月，中共中央在北京召开十八届三中全会。这次全会审议通过了《中共中央关于全面深化改革若干重大问题的决定》，系统提出了下一阶段的改革

---

① 参见韦彬：《整体性治理分析框架下的府际关系建构研究》，载《学术论坛》，2013（6）；曾凡军：《府际协调低效率与整体性治理策略研究》，载《学术论坛》，2013（1）。

② 参见董姝娜等：《区域经济一体化进程中政府间合作模式研究》，载《经济纵横》，2013（7）。

③ 参见许焰妮等：《基于府际关系视角的区域一体化模式分析》，载《北京行政学院学报》，2013（4）。

④ 参见胡宁生：《区域发展中地方政府间关系的类型与重构模式》，载《江苏行政学院学报》，2013（5）。

⑤ 参见王鹏：《跨域治理视角下地方政府间关系及其协调路径研究》，载《贵州社会科学》，2013（1）。

⑥ 参见石佑启等：《论区域府际合作治理与公法变革》，载《江海学刊》，2013（1）。

⑦ 参见杨临宏等：《优化法治环境，促进地方政府间竞争有序化》，载《云南社会科学》，2013（5）。

内容。以这次全会为标志，中国的改革开放进入了“全面深化”的新阶段，更加强调改革的系统性、整体性、协同性。可以预见，党的十八届三中全会精神的贯彻落实，必将深刻影响政府间横向关系的发展。本报告认为，从宏观层面来看，随着各方面改革的协同推进，对横向政府间关系的影响主要体现在两个方面：一是必将更为强调区域协同发展与府际合作；二是必将更为强调多主体参与府际合作和府际治理。从微观层面来看，相当多方面的改革会涉及政府间横向关系问题。例如，经济体制改革方面的产权保护制度、混合所有制经济、国企完善现代企业制度、支持非公有制经济健康发展、建立公平开放透明的市场规则、建立城乡统一的建设用地市场、完善金融市场体系等，都需要打破行政区划壁垒，进行深入的府际协调和府际合作。全面正确履行政府职能、优化政府组织结构、建立事权和支出责任相适应的制度等政治和行政体制方面的改革，本身就是政府间横向关系改革，或者包含着重要的政府间横向关系改革。

四、报告要点

政府间横向关系是没有行政隶属关系的地方政府间关系。2013 年，政府间横向关系在实践方面的重要发展表现为：政府机构改革与政府内部横向部门间关系调整、京津冀协同发展与区域合作、异地高考与政府间政策协同、重大基础设施建设与政府间横向关系发展等。同时，政府间横向关系问题仍然是学界研究的热点之一，学者们主要围绕相关的基本理论、实证问题、横向税收竞争问题、促进这一关系协调发展的对策、政府间横向关系法治化等方面展开研究，提出了一系列理论观点。值得注意的是，政府间横向关系的发展在取得重要进展的同时，在区域利益矛盾、部门间政策不协调、政策执行中部门间权责不清等方面仍然存在“顽疾”。可以预见，党的十八届三中全会精神的贯彻落实，必将有力促进政府间横向关系的协调发展。

（作者单位：天津商业大学公共管理学院）

对口支援工作情况分析报告

张传彬

“对口支援”是一个具有明显中国特色的横向府际关系现象。实施 30 多年来，在三峡移民、西部开发、汶川重建等一系列工作中发挥了重要作用，在一定程度上弥补了财政收支的空间分布不均，平衡了区域间的基本公共服务供给，并在调整区域关系和促进民族团结方面发挥了特定的作用。

一、对口支援及其发展阶段

广义上的对口支援泛指某一地区政府、企业和其他组织对另一地区对应组织在特定时间、特定方向上，较为稳定地进行援助和帮助的行为。狭义上的对口支援是指在中央政府或上级政府的主导下，由经济发达地区或实力较强的企业事业单位，对实力相对较弱的地区、灾区或对应单位实施援助的一种政策性行为。

对口支援制度的发展大致经历了以下几个阶段：

（一）对口支援制度的初建阶段（1979—1991 年）

中国第一次明确提出“对口支援”概念是在 1979 年 4 月的全国边防工作会议上。时任中共中央统战部长乌兰夫在《全国人民团结起来，为建设繁荣的边疆，巩固的边防而奋斗》的报告中指出，国家为了加强边境地区和少数民族地区的建设，将组织内地省、市对口支援边境地区和少数民族地区。同年 5 月，中央政治局讨论通过了该报告，并将其转发全国。① 报告要求组织内地发达省、市对口支援边境地区和少数民族地区，即北京支援内蒙古，河北支援贵州，江苏支援广西和新疆，山东支援青海，上海支援云南和宁夏，全国支援西藏，从而在全国

① 参见赵志研：《机构重建，民族工作重新步入正轨》，载《中国民族报》，2008-07-07。

初步比较正式地确立了国家对口支援体制。

1983年初，国务院召开了经济发达省、市同少数民族地区对口支援和经济技术协作工作座谈会，明确了对口支援工作由当时的国家经济委员会、国家计划委员会和国家民族委员会等中央政府部门共同实行归口管理，由国家经济委员会牵头。此次座谈会第一次落实了对口支援制度实施的政府主管部门，标志着这一制度以及相关工作正式列入政府职责范围。① 1984年9月，全国经济技术协作和对口支援会议在天津召开。会议提出，经济发达地区与少数民族地区的对口支援是社会主义制度优越性的体现，也是发达省市应尽的义务，要进一步加强对口支援工作。

上述三次会议的举行对于对口支援制度的确立有着重要意义：首次明确提出对口支援的概念，并从总体上指出了工作主体、范围、形式和所要达到的目的；首次将对口支援制度上升到国家层面，尝试用中央政府的力量来推动该制度的落实；提出要把推动重点企业的改造、整顿，改善经营管理和提高经济效益作为对口支援制度的主要内容。

（二）重点对口支援三峡库区阶段（1992—1999年）

1992年3月，国务院办公厅发出《关于开展对三峡库区移民工作对口支援的通知》，提出对三峡库区移民进行对口支援②，并设立国务院三峡工程建设委员会办公室具体负责该项工作。该文件的主要内容是要求各地根据优势互补、互惠互利、各方支援、共同发展的原则，不断探索与库区在合作兴办项目、技术支援、信息交流、市场拓展、劳务输出等方面的结合点，多下功夫，帮助受援方增强自我发展能力，不断提高移民安置效益。③ 在整个三峡移民对口支援过程中，全国20个省区市和中央政府50多个有关部门，共为库区提供对口支援资金277亿元，帮助和接纳移民130多万人，实施对口支援项目2 110个。④ 可以说，对口支援三峡库区工作的顺利实施是三峡工程建设稳步推进的一个重要条件。

这一时期的对口支援主要是围绕三峡移民和三峡工程展开的，并具有以下特点：第一，设立了对口支援的常设机构，即国务院三峡工程建设委员会办公室，由该机构来具体负责政策制定和实施。设置常设机构不但保证了援助工作的效率，而且可以有效协调各省市的援助工作。第二，支援对象更具有针对性。从

① 参见《国务院批转关于经济发达省、市同少数民族地区对口支援和经济技术协作工作座谈会纪要的通知》，1983。

② 参见《国务院办公厅关于开展对三峡工程库区移民工作对口支援的通知》，1992。

③ 参见《关于深入开展对口支援三峡工程库区移民工作意见的报告》，1994。

④ 参见姚润丰等：《对口支援书写三峡变迁史》，载《中国三峡工程报》，2006-12-08。

20 世纪 70 年代末的普遍性援助，到后来利用有限资源针对某一项工程的具体援助，充分显示了中国共产党和中国政府“集中力量办大事”这一重要的施政思路。

（三）对口支援西部贫困、民族地区阶段（2000—2007 年）

2000 年，国务院发布《国务院关于实施西部大开发若干政策措施的通知》，随后发布了《国务院关于西部大开发若干政策措施实施意见的通知》，明确提出，要在中央和地方政府指导下，动员社会各方面力量加强东西部对口支援，进一步加大对西部贫困地区、少数民族地区的支援力度，继续推进“兴边富民”行动。围绕西部开发的重点区域，发展多种形式的区域经济合作。①

在这一阶段，西部地区的发展成就有目共睹：西部地区国内生产总值由 1998 年的 14 647.38 亿元增加到了 2008 年的 58 256.58 亿元，年均增长率 11.42%，高于全国 9.64%的年均水平，2000—2007 年是新中国成立以来增长最快的 10 年。其中，内蒙古自 2002 年起连续 7 年增速居全国第一，10 年间年均增速高达 16%；陕西和西藏以 12.18%紧随其后，增速最低的云南也达到 9.47%；西部地区人均国内生产总值由 1998 年的 4 122.6 元增加到 2008 年的 15 857.18元，年均增长率 14.42%，高于全国 13.48%的平均水平。②

值得注意的是，在西部大开发的对口支援中，不仅成立了以时任总理朱镕基为组长的西部地区开发领导小组，而且还设立了国务院扶贫开发领导小组办公室具体负责全国东西扶贫协作工作，将西部大开发与扶贫工作联系起来，让东部省市与西部地区“一对一”地结对帮扶，使西部地区在教育、医疗、基础设施等方面均得到了显著改善。

西部大开发中的对口支援工作表现出以下特点：第一，将地方政府的对口援助与中央各直属机构的系统支援相结合，充分发挥各方优势。比较典型的是，过去的对口支援虽然由中央政府主导，但具体的援助项目往往是由各地政府自主决定，从而导致了一定程度上的重复建设，而在西部大开发中，由中央直属系统在对口支援中加以协调，可以充分发挥部门机构的领域优势，减少重复建设，并易于形成集中优势。第二，开始强调可以用市场的方式实现对口援助。比如规定支持东部、中部地区企业到西部地区以投资设厂、参股入股、收购兼并、技术转让等多种方式进行合作。资金来源也由政府、企业和社会多方投资代替了之前单纯政府预算性投资，实现了援助资金和援助收益的市场化。

---

① 参见《国务院关于实施西部大开发若干政策措施的通知》，2000。

② 参见姚慧琴、任宗哲：《中国西部经济发展报告（2009）》，23 页，北京，社会科学文献出版社，2009。

（四）对口支援汶川阶段（2008—2009年）

自西部大开发对口支援政策出台以来，对口支援制度进入了充实和调整阶段。2008年汶川发生里氏8级地震，造成重大人员伤亡和财产损失，国务院随即发布了《汶川地震灾后恢复重建对口支援方案》，要求举全国之力，加快地震灾区灾后恢复，将对口支援作为灾区重建的主要途径。仅地震发生一年后，20个对口支援省市就确定了2 400多个对口支援项目，已经确定的对口支援资金总额有560多亿元，从根本上提供了震区恢复所需的物质条件。截至2009年4月底，已有1 200多个项目相继开工建设，其中有200多个项目已投入使用。[①] 这一阶段对口支援工作表现出的主要特点是：把对口支援与重大突发事件的处理工作相结合，举全国之力来消除重大灾难带来的负面影响。对口支援能够在较短的时间内有效组织起较多的资源，从而能够充分发挥体制优势来应对突发事件的影响，也正是由于这个原因，中国在重大灾难面前有较强的抗风险能力和较快的恢复能力。

（五）对口支援新疆阶段启动（2010年）

新中国成立后，新疆经济和社会快速发展，综合实力明显增强，但由于历史和自然条件的限制，新疆的发展仍然面临许多困难。主要表现为：经济发展速度落后于相似地区的其他省份、居民收入较低、社会事业发展较慢，以及公共服务体系建设滞后于全国平均水平（见表1）。这些严重影响了新疆的进一步发展，同时也给民族地区的繁荣稳定带来了不利影响。

表1　　　　2009年西部三省主要经济社会统计数据比较

	新疆	内蒙古	宁夏
GDP增速	8.1%	16.9%	11.6%
人均生产总值增速	6.5%	16.5%	10.3%
社保和就业投入增速	62.1%	43.4%	22.4%
医疗卫生投入增速	44.6%	70.7%	24.8%

资料来源：2009年新疆、内蒙古、宁夏国民经济与社会发展统计公报。

从20世纪50年代起，在中央政府的统一要求下，内地省市对口支援新疆工作相继展开。到20世纪90年代末，几个发达省市相继与新疆结成了帮扶“对子”。以新疆和田地区为例，从1997年至2010年，相继得到了北京、浙江、山东等省市的对口支援。这些支援多数集中在教育和医疗领域的人员交流和培训方面，仅在和田二中，近几年就有100多名内地教师到这里支教，学校教学质量实

① 参见杜宇：《到4月底20个对口支援省市确定对口支援资金560多亿元》，见新华网，2009-05-12。

现了大跨越，高考上线率从27%提高到86%。①

2010年3月，全国对口支援新疆工作会议在北京召开，确定北京、天津、上海、广东、辽宁、深圳等19个省市承担对口支援新疆的任务。根据会议精神，19个援疆省区市将建立起人才、技术、管理、资金等全方位对口援疆的有效机制，把保障和改善民生置于优先位置，着力帮助各族群众解决就业、教育、住房等基本民生问题，支持新疆特色优势产业发展（见表2)。

表2　　　　对口支援新疆地区一览表

省市	对口支援地区	援助计划
北京	和田地区的和田市、和田县、墨玉县、洛浦县及新疆生产建设兵团农十四师团场	5大示范项目，包括和田市棚户区改造一期工程，和田县抗震安居房暨新农村建设工程计划，墨玉县设施农业建设工程，洛浦县人民医院病房楼建设工程以及兵团农十四师红枣加工基地建设工程
广东	喀什地区疏附县、伽师县、兵团农三师图木舒克市	年底前完成对口支援总体规划及各专项规划的编制工作
深圳	喀什市、塔什库尔干县	年底前完成对口支援总体规划及各专项规划的编制工作
江苏	克孜勒苏柯尔克孜自治州的阿图什市、阿合奇县、乌恰县，伊犁哈萨克自治州10个县（市），以及新疆生产建设兵团农四师、农七师	把保障和改善民生作为对口支援工作的重中之重，大力支持受援地教育事业发展，与受援地共同努力，办好各级各类教育特别是职业技术学校、寄宿学校，向受援地输送优秀中小学教师，并安排受援地一定数量的学生到江苏读高中、大学，接受职业技术培训等
上海	喀什地区巴楚县、莎车县、泽普县、叶城县	把支援重点放在各族群众最为关注的民生问题与可持续发展问题上来，加强组织领导，搞好统筹规划，密切沟通协调，狠抓工作落实
山东	喀什地区疏勒县、英吉沙县、麦盖提县、岳普湖县	要以改善群众生产生活条件为根本，着力支持民生保障项目建设；以增强自我发展能力为目的，着力培育特色优势产业；以智力帮扶为重点，着力强化人才援疆工作；以夯实基层基础工作为保障，着力推进农村基层政权和基层组织建设
浙江	阿克苏地区的1市8县和新疆生产建设兵团农一师的阿拉尔市	突出改善民生，增加农牧民收入，着力解决各族群众迫切需要解决的困难和问题；突出干部、人才支援，为对口支援工作提供组织保证和智力支持；突出项目支援，全力推动阿克苏地区加快全面建设小康社会进程；突出产业培育和资源开发利用，通过经贸交流与合作培育阿克苏地区的自我发展能力

① 参见杨树赛：《对口援疆涌春潮：新疆明天会更好》，见天山网，2010-05-13。

续前表

省市	对口支援地区	援助计划
辽宁	塔城地区	把群众最为关注的民生问题作为对口支援的工作重点。一定要在今年入冬前帮助受灾群众把住房建起来，不让一户受灾群众受冻
河南	哈密地区、兵团农十三师	一是立足全局、负起责任，对口支援、互助互学；二是深入调研、统筹规划，拓展思路、求实求效；三是雪中送炭、突出重点，注重“造血”、着力民生；四是先行启动、重在持续，项目带动、凝聚合力；五是领导到位、组织到位，干部到位、工作到位；六是优势互补、互利共赢，交流合作、共同发展
河北	巴音郭楞蒙古自治州、兵团农二师	把保障和改善民生放在对口支援工作的优先位置，把资金、人才、技术、智力等更多投向民生项目，让广大群众切身感受到对口支援的成果
山西	农六师五家渠市、昌吉回族自治州阜康市	以企业为骨干与新疆实现互利共赢。将在民生、教育等方面创新对口支援工作机制和方式方法，尽快缩小受援地区与内地发达省市的差距，尽最大努力改善当地各族群众生产生活条件
福建	昌吉回族自治州的昌吉市、玛纳斯县、呼图壁县、奇台县、吉木萨尔县、木垒县6个县市	着力解决受援地区群众最直接、最现实的困难和问题，大力帮助各族群众解决就业、教育、住房等基本民生问题
湖南	吐鲁番地区	——
湖北	博尔塔拉蒙古自治州博乐市、精河县、温泉县与兵团农五师	——
安徽	和田地区皮山县	突出重点，坚持当前与长远相结合、输血与造血相结合、硬件与软件相结合、政府与市场相结合，形成经济援疆、干部援疆、人才援疆、教育援疆协同推进的良好局面，为皮山经济社会长期又好又快发展提供强力支撑
天津	和田地区的民丰、策勒和于田3个县	采取10项措施做好新一轮对口支援工作，把保障和改善民生放在优先位置，切实做好住房建设、扩大就业、基础设施、公共服务、环境整治等工作；选派得力干部，抽调各类专业技术人才，搞好教育培训
黑龙江	阿尔泰地区福海县、富蕴县、青河县和新疆生产建设兵团十师	将围绕农业产业化、矿产资源开发、地质勘探等领域，通过技术支援、资本输出、人才共享、合作开发。把当前与长远、“输血”与“造血”、“硬件”建设与“软件”建设相结合，统筹推进经济、干部、人才、教育援疆，提高受援地区自我发展能力

续前表

省市	对口支援地区	援助计划
江西	克孜勒苏柯尔克孜自治州阿克陶县	通过前5年对口援建，力争使阿克陶县经济总量、财政收入、县城规模实现三个翻番，经济发展综合水平达到江西省县（市）的平均水平
吉林	阿尔泰地区阿尔泰市、哈巴河县、布尔津县和吉木乃县	以支援促合作、以合作促发展。充分尊重受援地区人民群众的意愿和要求，坚持统筹兼顾、突出重点，全面支持、民生优先，科学规划、有序推进，促进受援地区经济社会走上又好又快的发展轨道

资料来源：《各地对口支援新疆情况一览（19省市）》，见人民网，2010-03-30。

所确定的对口支援省市在援疆过程中不遗余力，无论是在社会建设，还是经济发展方面都为新疆作出了巨大的贡献。以天津市对口支援和田地区的策勒县、于田县和民丰县为例，2010年全国对口支援新疆工作会议刚结束，天津市就迅速安排有关人员赴和田联系对接。时任天津市副市长李文喜率领先遣组到和田，分3个组深入到东三县调研，并签订了《天津市与和田地区对口支援与合作（2010—2020年）框架协议》。随后，时任天津市委书记张高丽、市长黄兴国亲自率领高规格党政代表团到和田实地调查研究，谋划和确定援疆工作的思路、项目和具体措施。此外，天津市还派出专家组到和田开展调研，推动多方面对接交流。在天津市、和田地委、行署以及支援县四方的良好协作下，6月，天津市对口援疆前方指挥部正式成立，对口支援工作迅速走上了常态化、正规化的道路。在此后短短半年的时间里，天津市在东三县相继启动了25个试点示范项目，总投资约3.6亿元。这25个示范项目主要包括：建设安居富民工程、建设中心农贸市场、培训手工艺品编织、选派新疆学生赴天津市就读、建设医院供热项目、改造棚户区、建设循环农业产业园、建设设施农业和果品基地等。仅用时1年多，天津援建的各个示范项目都已取得令人欣喜的成绩：382户安居富民工程已全部完工并入住；于田县天津中心农贸市场已成为南疆最大的农副产品交易市场；230余名和田妇女已接受手工艺品编织培训；120名学生赴天津市就读；策勒县和于田县两所医院的供热项目完工；策勒县循环农业产业园3个食用菌生产大棚投入使用，此外东三县共新建果品大棚320个，改造开发果园5 000亩。这些项目均做到了高起点、高水平、高效益。尤其是安居房项目极大地改善了当地群众的居住环境，成为和田地区新农村建设的亮点，深受各族群众的欢迎。①

除此之外，各大央企也响应对口支援新疆的号召，相继在产业方面提供支援。据新疆维吾尔自治区国资委统计，截至2010年底，有44家中央企业参与新

① 参见《19省市援疆总指挥系列访谈》，见天山网，2011-03-22。

疆石油石化、煤炭、电力、冶金、建材等行业的投资开发，资产总额达到 5 739 亿元。目前，中央企业对新疆工业增加值的贡献率超过 70%，在当地经济发展格局中发挥着“顶梁柱”的作用。与此同时，在中央企业产业援疆推介会上，时任国务院国资委主任王勇宣布“十二五”期间，中央企业在新疆的投资规模将超过 1 万亿元，是“十一五”期间的两倍多。①

二、2013 年对口支援工作发展现状综述

对口支援工作是一项长期性和持续性的政策选择。一方面，它有着较丰富的内容，从教育到医疗，从基础设施建设到发展重点企业等都可以成为对口支援的作用领域；另一方面，据统计，全国各省、直辖市和自治区基本都参与了对口支援工作，该政策过程有着较广泛的影响。因此，对于这样一个重大而影响深远的公共政策，我们有必要深入而全面地总结其发展现状。

（一）对口支援成为横向间财政均衡化的重要制度选择

所谓的财政均衡化不是指税源和税率的平均，而是指纵向政府间及横向政府间在财政上的相对平衡。在市场经济不断深化发展的条件下，经济发达的区域享有更多税收收入，能为辖区内的居民提供更多的公共服务。在没有转移支付的情况下，低收入地区的居民要么增加税负以维持同样的公共服务水平，要么只能在税负不变的情况下获得较少的政府公共服务。在我国单一制的国家结构下，地方政府的税收裁量权相对较小，财力不同的地区之间无法实现真正的公平和均衡，因此，低收入地区的地方政府无法通过加税来提高财政收入，只能转而减少公共服务的供给。为此，需要通过税收收入在地区间进行转移支付以维持横向财政均衡。转移支付的目标不是对各地的财政收入进行平均，而是使居民虽在不同的居住地，却能享受到水平大致相当的基本公共服务。由于财政均衡机制尚不健全，我国区域经济发展水平及基本公共服务非均等化程度不断提高和深化，既制约了经济可持续发展，又影响了国家的长治久安，这是中央政府实施对口支援政策的重要原因。人均财政收入水平体现着不同地区财政水平和基本公共服务供给能力。

中国纵向政府的财政能力不均衡也是中央政府大力推行对口支援政策的重要原因（见图 1、图 2）。以 1978 年为例，中央政府财政收入仅占全部财政收入的 15.5%，但支出却占到全部财政支出的一半以上，财力困顿程度可见一斑。即使到了 1993 年，中央财政收入也仅占全部财政收入的 22%，财政支出仍占 28.3%。在财政纵向不平衡的背景下，中央政府有现实压力与较大动机通过对口

① 参见何宗渝：《“十二五”期间中央企业在新疆投资将超过 1 万亿元》，见新华网，2011-08-22。

支援的形式，借助地方资源，推动全国性战略目标和重大工程的实现和实施。

然而，随着1994年分税制财政体制改革的推行，中央财政收入所占份额已经超过地方财政收入，如图1所示，1994年至2013年，除近两年中央财政收入所占份额略低于50%外，其余年份均超过地方。与此同时，中央财政支出所占份额却呈现不断下降的趋势。如图2所示，中央财政支出所占份额从1994年的30.3%持续下降到2010年的17.8%。可以说中央政府的财力因分税制改革得到了极大的增强。

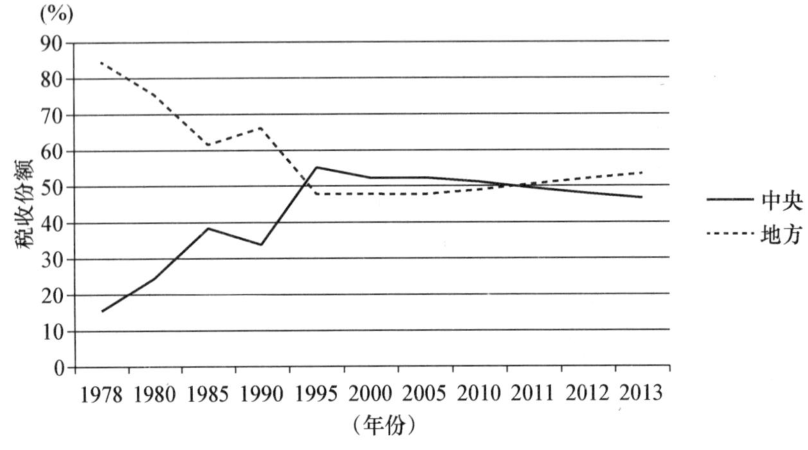

图1　中央和地方的财政收入

资料来源：《中国统计年鉴（2013）》，北京，中国统计出版社，2013；《关于2013年中央和地方预算执行情况与2014年中央和地方预算草案的报告》，见人民网，2014-03-16。

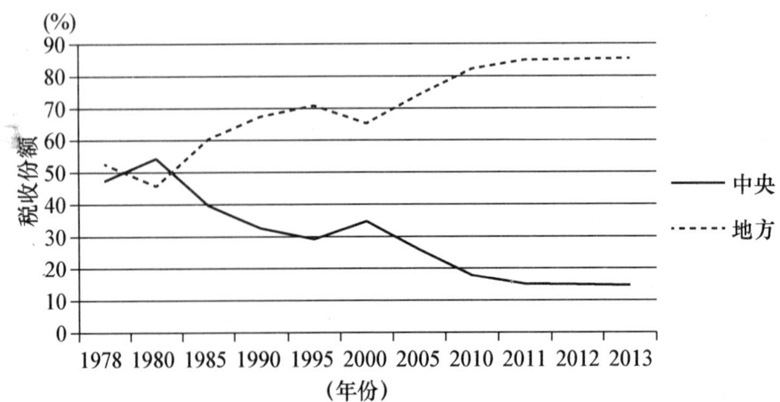

图2　中央和地方的财政支出

资料来源：《中国统计年鉴（2013）》，北京，中国统计出版社，2013；《关于2013年中央和地方预算执行情况与2014年中央和地方预算草案的报告》，见人民网，2014-03-16。

（二）对口支援资金来源制度化

对口支援政策能够有效实施的前提是对口支援资金来源的持续和稳定。实际上，对口支援政策设立初期，其目的还仅限于一种扶助和扶持，具有临时性的特点。但是随着该政策的推广和完善，对口资金的来源问题成为该工作是否成熟的重要标志。

财政支出是对口支援资金的主要来源。一般来说，对口支援关系中的支援方需要具有较强的财政实力，才能通过财政资金开展有效的援助；受援方一般是财政能力较弱的省区，需要通过支援方的支援和帮助，以积累经济和社会发展的动力，维持一定的基本公共服务和公共产品供给水平。如表3所示，以2012年为例，东部发达省市成为对口资金提供的绝对主力，其用于对口支援的支出占到了所有对口支援资金的90%以上。

表3　　2012年各地区援助其他地区财政支出　　单位：亿元

地区	公共财政支出	援助支出	地区	公共财政支出	援助支出
北京	3 685.31	14.99	河南	5 006.40	—
天津	2 143.21	4.83	湖北	3 759.79	4.37
河北	4 079.44	3.41	湖南	4 119.00	0.15
山西	2 759.46	2.16	广东	7 387.86	22.98
内蒙古	3 425.99	3.11	广西	2 985.23	0.05
辽宁	4 558.59	2.21	海南	911.67	—
吉林	2 471.20	1.71	重庆	3 046.36	4.67
黑龙江	3 171.52	—	四川	5 450.99	1.59
上海	4 184.02	25.62	贵州	2 755.68	—
云南	3 572.66	0.05	西藏	905.34	—
江苏	7 027.67	14.66	陕西	3 323.80	0.55
浙江	4 161.88	10.89	甘肃	2 059.56	—
安徽	3 961.01	2.740	青海	1 159.05	—
福建	2 607.50	0.09	宁夏	864.36	—
江西	3 019.22	—	新疆	2 720.07	—
山东	5 904.52	5.74	—	—	—

注：此支出并不完全等同于对口支援支出，内容还包括部分一般性的援助支出。

资料来源：《中国统计年鉴（2013）》，北京，中国统计出版社，2013。

除此之外，为了达到对口资金的持续和稳定状态，中央政府还从制度上作出了规定。如 2008 年 6 月，国务院办公厅关于印发《汶川地震灾后恢复重建对口支援方案》，明确规定："各支援省市每年对口支援实物工作量按不低于本省市上年地方财政收入的 1% 考虑。"这个规定在中国对口支援政策实施过程中具有里程碑意义，它首次明确规定了对口资金的来源和数额。此后历次对口支援项目的规划和实施都在很大程度上参考了此项规定。

（三）对口支援的效果进一步显现

对口支援政策实施 30 多年来，其效果逐步显现。这些效果既包括对突发事件地区的对口支援效果，也包括对非突发事件地区的常态化对口支援效果。

在突发事件地区的对口支援效果方面，对口支援所投入资金成为震后恢复仅次于中央资金安排的资金投入。不仅资金投入的数量较大，而且资金投入的稳定性和持续性较好。以汶川地震后重建为例，国务院认定中央财政在地震灾后恢复重建的资金大约为 2 203 亿元，而震后对口支援的资金大约是中央资金的 1/3。①

在对非突发事件地区的常态化对口支援效果方面，对口支援也取得了明显的效果。由于对口支援地和对口受援地往往在财政收入和居民收入方面有着相当大的差距，其直接后果就是，受援地可供用于为居民提供公共产品的资金较少。同时，支援地和受援地财政收入的增长速度也相对不平衡，这造成了二者在远期的公共服务供给方面进一步的失衡。然而，对口支援项目的落地和资金的引入在一定程度上缓解了这种公共服务供给的失衡趋势。以北京和新疆地区为例，我们深入考察双方的财政实力情况，可以发现二者之间的财政差距呈现不断扩大的趋势。1990—2012 年，北京与新疆地区人均财政收入差距不断扩大。从绝对值看，二者的人均财政收入差距从 1979 年的 559.1 元扩大到 2012 年的 11 951.9元；从相对值看，1979 年北京人均财政收入是新疆的 4.9 倍，2007 年增大到 6.7 倍，这充分反映了我国东西部地区间政府财力差距和政府公共服务供给能力差距不断扩大的趋势。然而，从 2010 年开始，这一趋势有所变化。以全国对口支援新疆工作会议为标志，中央政府组织和启动了新一轮的对口支援新疆工作，其主要目标是经过 10 年努力，确保新疆与内地其他地区间的公共服务供给水平差距缩小。自 2010 年起，新疆地区的人均财政收入增长速度明显提升，财政能力有显著好转。北京和新疆的人均财政收入差距，从 2007

① 参见倪锋等：《汶川大地震对口支援初步研究》，载《经济与管理研究》，2009 (7)。

年的 6.7 倍的峰值，降到了 2012 年的 3.9 倍。因此，实施东西部地区之间的对口支援，一定程度缩小了地区间财力的差异，促进地区间财政能力的平衡发展。

（四）对口支援内容更加丰富

对口支援的内容越来越广泛，从最初的援建工厂建设，到现在的多元领域支援。从现有的对口支援内容来看，几乎涵盖了社会经济发展的方方面面。大体上来说，可以将对口支援内容做以下分类：第一类，棚户区改造工程及安居房建设。在很多受援地，由于历史原因，城市建设和百姓居住条件相对较差，仍有大量居民居住在棚户区，因此这类对口支援建设显得尤为必要和紧迫。第二类，新农村建设工程。受援地的落后实际上主要表现为其城市化的速度和进程落后于东部发达地区。在推进受援地城市化进程中，一般来说有两条主要路径可供选择，其一是使其像东部发达地区一样开展城市化建设；其二是因地制宜地开展新农村和新型城镇化建设。而后者往往成为更加符合实际的政策选择，尤其是对受援地农业设施建设工程的推进可以显著提高该地的收入水平和增加就业数量。第三类，民生类基础设施的建设，主要是指对各地医院和病房等的建设工程。第四类，工业设施的援助建设。对口支援不但是一种“输血”，近几年，更加注重帮助提高受援地的“造血”能力，其中，最主要的是由援助地对受援地进行工业方面的援助，比如，许多地方将产品的加工基地放在受援地，大大发挥了对当地经济的带动作用。第五类，人才等软件的援助，主要是指干部和企业骨干参与受援地建设。

（五）对口支援主体更加多元

对口支援的主导者是中央政府。这主要表现在：首先，中央政府是援助的发起人，由它来评估和决定在何时、何种范围内发起援助活动。其次，中央政府确定援助方和受援方。由于对口支援是一种政策性行为，在援助方和受援方的选取上相对慎重，更加着眼于区域间的协调发展。再次，中央政府决定援助的形式。对口支援的形式是多样的，但大多强调提升“造血”能力，强调受援方的可持续发展。一般来说，对口支援的主体是地方政府，无论是对口的项目，还是资金，大多都是由中央指定的地方政府来安排。2000 年之后，在该制度的具体落实过程中，许多行业协会和国有大型企业事业单位也开始发挥重要作用。对口支援的形式主要包括：基础设施援建、民生工程建设、人员安置和企业事业单位共建。值得注意的是，援助往往不采用直接资金支持的形式，而多是采取项目援助的形式，这一方面便于充分发挥援助方的领域优势，另一方面也利于提升受援地的发展能力。

值得注意的是，除了有支付能力的地区和企业外，中央国家机关也被纳入对口支援政策项目中来。比如为了推动赣南等原中央苏区加快振兴发展，国务院办公厅下发了《中央国家机关及有关单位对口支援赣南等原中央苏区实施方案》，要求充分调动各中央机关积极性，形成整体合力，各机关分别与赣南各区县形成对口支援的“对子”，并制定2013—2020年对口支援计划（见表4）。到2020年，要通过支援单位、江西省政府、相关设区市和受援地的共同努力，使受援地有效解决突出的民生问题和改善制约发展的薄弱环节，干部人才队伍素质全面提升，基本生产生活条件明显改善，公共文化服务体系切实加强，特色优势产业加快发展，自我发展能力和可持续能力显著增强，为实现赣南等原中央苏区与全国同步全面建成小康社会目标提供了重要支撑。

表4　　中央国家机关对口支援赣南

国家机关	支援地	国家机关	支援地	国家机关	支援地
财政部、银监会	瑞金市	保监会、台办	定南县	住房城乡建设部	吉安县
工业和信息化部、公安部、国资委	章贡区	商务部、开发银行	全南县	国防科工局	吉水县
证监会、民航局	南康市	人力资源和社会保障部、水利部	宁都县	人民银行	新干县
科技部、国土资源部	赣县	卫生计生委、粮食局	于都县	铁路局	永丰县
农业部、能源局	信丰县	民政部、烟草局	兴国县	工商总局	泰和县
新闻出版广电总局、安全监管总局	大余县	审计署、质检总局	会昌县	林业局	万安县
教育部、法制办	上犹县	中央宣传部、统计局	寻乌县	文化部	黎川县
环境保护部、体育总局	崇义县	司法部、扶贫办	石城县	农业发展银行	南丰县
交通运输部、供销合作总社	安远县	税务总局	吉州区	国家民委	乐安县
海关总署、食品药品监管总局	龙南县	旅游局	青原区	文物局	宜黄县
中央统战部	广昌县				

资料来源：《中央国家机关及有关单位对口支援赣南等原中央苏区实施方案》，见人民网，2013-08-30。

（六）对口支援成为救灾和灾后重建的重要资金来源

救灾及灾后重建类对口支援是具有中国特色的风险共担机制，这一领域的对口支援最早开始于2008年汶川地震后的救灾和灾后重建。这里以汶川震后的对口支援为例，来说明对口支援成为救灾和灾后重建的重要资金来源。

2008年6月，国务院发布的《汶川地震灾后恢复重建条例》规定："非地震灾区的县级以上地方人民政府及其有关部门应当按照国务院和当地人民政府的安排，采取对口支援等多种形式支持地震灾区恢复重建。"该条例发布后，国务院随后发布《汶川地震灾后恢复重建对口支援方案》，其中明确规定了各支援省市每年对口支援实物工作量按不低于本省市上年度地方财政收入的1%考虑，连续支援三年。这一对口支援政策的出台，一方面保证了震后救灾和重建工作的资金来源，另一方面也保证了后续资金的稳定性。国务院认定中央财政在地震灾后恢复重建的资金大约为2 203亿元，如果把四川省各级政府投入的震后恢复资金算上的话，对口支援的资金总量占到总资金量的20%左右。①

如表5所示，各对口支援地积极从财政上保证汶川重建所需要的对口资金，仅2008年各省份用于对口支援汶川救灾重建的财政资金就达到735.87亿元之多，成为救灾重建的主体资金。除此之外，我们还可以看出，这一对口资金投入不但数量巨大，而且持续性较好，从2009年至2011年，资金数量逐年增加，分别为1 043.85亿元、1 094.64亿元和1 289.74亿元。

表5 **各省份对口支援汶川救灾重建的资金** 单位：亿元

省份	2008年	2009年	2010年	2011年	2012年
北京	11.25	18.10	14.22	9.88	0.31
天津	7.29	6.83	8.14	25.31	—
河北	0.68	0.13	0.00	73.68	—
山西	1.00	6.40	5.61	134.76	—
内蒙古	—	—	—	70.25	—
辽宁	—	0.15	0.05	74.04	0.01
吉林	0.39	3.32	4.33	24.97	—
黑龙江	0.52	—	0.58	34.41	—

① 参见倪锋等：《汶川大地震对口支援初步研究》，载《经济与管理研究》，2009（7）。

续前表

省份	2008 年	2009 年	2010 年	2011 年	2012 年
上海	18.00	21.66	22.10	11.86	—
江苏	11.84	24.76	21.23	48.16	—
浙江	12.62	17.80	18.68	30.43	—
安徽	2.04	11.50	—	40.87	—
福建	4.92	3.13	4.06	25.25	—
江西	2.00	4.00	0.18	28.51	—
山东	3.37	25.11	26.14	68.15	—
河南	—	6.07	3.10	63.54	—
湖北	2.34	6.95	4.93	45.39	—
湖南	—	—	—	49.88	—
广东	7.39	15.84	24.99	53.77	0.12
广西	—	—	—	39.49	—
海南	0.50	—	—	11.29	—
重庆	0.98	3.71	4.52	44.02	—
四川	56.01	684.32	808.82	57.28	82.91
贵州	—	—	—	32.72	—
云南	0.73	0.42	0.04	41.60	0.01
西藏	—	—	—	6.21	—
陕西	2.07	68.25	17.78	44.67	3.31
甘肃	67.19	115.39	94.15	41.06	17.02
青海	0.005	—	0.12	16.12	0.06
宁夏	—	—	—	7.11	—
新疆	—	—	10.86	35.06	0.06
总计	735.87	1 043.85	1 094.64	1 289.74	103.81

资料来源：相关年份的《中国统计年鉴》。

（七）教育类对口支援成为平衡区域间公共服务水平的重要突破口

改革开放以来，西部地区的人民生活水平不断提高，各项事业繁荣发展，然而东西部地区之间仍然存在着较大的发展差距。从公共管理的角度来说，这种差距主要体现为基本公共产品供给水平和范围的差距，其中以教育为代表的基本公共服务水平较低，急需加快发展。① 基于此，在对口支援的过程中，中央政府着

① 参见樊继达：《东西部基本公共服务差距收敛：基于实证调查的分析》，载《新视野》，2010（4）。

眼于西部地区的现实，着力提升受援地的“造血”能力，通过东部高校的对口支援来推动西部地区的高校的快速发展（见表6）。

表6　　教育部对口支援西部地区本科高等学校名单

受援地区	受援高校	支援高校
新疆维吾尔自治区及新疆生产建设兵团	新疆大学	组长单位：清华大学；副组长单位：西安交通大学、武汉大学、中南大学；成员单位：北京师范大学、北京外国语大学、大连理工大学、中国矿业大学、同济大学、东华大学
	石河子大学	组长单位：北京大学；副组长单位：华中科技大学、华东理工大学、华中农业大学；成员单位：重庆大学、江南大学、对外经济贸易大学、南京师范大学、华南农业大学
	塔里木大学	组长单位：中国农业大学；副组长单位：浙江大学、华中农业大学；成员单位：北京化工大学、东华大学
	新疆师范大学	中国科学技术大学、华东师范大学
	喀什师范学院	南开大学、华中师范大学
	伊利师范学院	南京大学、东北师范大学
	新疆农业大学	南京农业大学、北京林业大学、河海大学
	新疆医科大学	中南大学、吉林大学、北京中医药大学
	新疆财经大学	中国人民大学、中央财经大学
	新疆艺术学院	中国传媒大学、中央美术学院、中央音乐学院
	昌吉学院	山东大学、陕西师范大学
	和田师范专科学校	西南大学
西藏自治区	西藏大学	组长单位：北京大学；副组长单位：武汉大学、中国农业大学、西南交通大学；成员单位：中央财经大学、河海大学、华南师范大学
	西藏民族学院	组长单位：中国人民大学；成员单位：中山大学、厦门大学、华东师范大学、东南大学、北京外国语大学
	西藏藏医学院	组长单位：北京中医药大学；成员单位：哈尔滨医科大学、江西中医学院
	西藏警官高等专科学校	组长单位：中国人民公安大学；成员单位：中国政法大学、中国刑事警察学院
	拉萨师范高等专科学校	组长单位：东北师范大学；成员单位：苏州大学、首都师范大学、南京师范大学
	西藏职业技术学院	组长单位：西北农林科技大学；成员单位：天津职业技术师范大学、北京电子科技职业学院、深圳职业技术学院

续前表

受援地区	受援高校	支援高校
贵州省	贵州大学	浙江大学
	贵州师范大学	厦门大学
	贵州师范学院	华中师范大学
	贵阳医学院	苏州大学
	贵州民族学院	华南理工大学
	毕节学院	西南大学
	贵州财经学院	中央财经大学
	毕节职业技术学院	广州番禺职业技术学院
青海省	青海大学	清华大学、西北农林科技大学、中国地质大学、华东理工大学
	青海师范大学	陕西师范大学
重庆市	重庆医科大学	华中科技大学
	三峡学院	东南大学
陕西省	西北大学	南京大学
	延安大学	北京理工大学
内蒙古自治区	内蒙古农业大学	中国农业大学
甘肃省	西北师范大学	北京师范大学
	西北民族大学	四川大学
云南省	云南大学	复旦大学
宁夏回族自治区	宁夏大学	上海交通大学
	宁夏医科大学	山东大学
	北方民族大学	合肥工业大学
四川省	西南科技大学	中国科学技术大学
	西南民族大学	湖南大学
	乐山师范学院	武汉大学
广西壮族自治区	广西大学	华南理工大学
吉林省	延边大学	南开大学
湖南省	吉首大学	中山大学
	中南民族大学	重庆大学
江西省	井冈山大学	同济大学
湖北省	湖北民族学院	四川大学
海南省	海南大学	天津大学
辽宁省	大连民族学院	大连理工大学

资料来源：教育部高教司：《教育部对口支援西部地区本科高等学校名单》，见教育部网站，2013-05-15。

三、对口支援工作的成就与发展建议

（一）对口支援工作的成就

30 多年来，对口支援在区域发展和社会和谐方面所发挥的作用是不可替代的，主要表现在以下几个方面：

第一，对口支援充分显示了"集中力量办大事"施政思路的优势。这一工作能够顺利开展，有赖于这样几个前提：中央政府有较强且行之有效的社会动员能力，可以在较短的时间内聚集起较多的社会资源和经济资源，从而集中解决某一时间内存在的突出问题，或用于建设某一重大项目。同时，相对发达地区的政府有较强的资源汲取和分配能力。一般来说，对口支援的资金要列入本级政府预算，援助地没有较为充足的财政能力是不可能的。另外，这也适应了中央政府推出的适度梯度式发展战略的需要，可以充分利用有限的社会资源，在援助地和受援地都缺乏管理经验的情况下，在现有要素禀赋条件的基础上实现国家适度梯度发展战略，并在较短时间内在某些局部取得突破性进展。

第二，增强社会和政府的抗风险能力。在汶川地震重建中，多个受灾市县面临繁重的重建任务，资金缺口巨大，仅靠本省力量是远远不够的。此时启动对口支援计划，可以在最短时间内启动和完成重建工作，使灾害的负面影响降到最小。这实际上是一种政府组织弹性的集中体现，实现了将外部事件对某一区域的压力分散化，并逐步将其消化掉。

第三，弥补财政收支的空间分布不均，在一定程度上平衡区域间的基本公共服务供给，推动区域间的协调与可持续发展。由于中国区域间地理环境、经济基础和产业布局等诸多方面的差异，东西部之间存在着较大的经济落差。这必然导致西部地区地方政府的财政收入不足，从而造成经济建设资金不足和基本公共服务供给短缺。比如在西部大开发之前的 1999 年，西部 12 省的总收入仅为 1 029.93亿元，基本建设支出占财政支出比重持续下滑，1989—1999 年这一比例仅为8%～9%。[①] 这样一种对西部贫困和民族地区的特别支援，多少可以缓解受援地政府的财政压力，提高其在基本公共服务方面的供给能力。

第四，促进了民族团结。中国的地理条件、资源分布和人口布局状况，使得区域发展与民族问题很容易纠结在一起，因此，对口支援制度肩负着推进区域协调发展和促进民族团结的双重任务。一方面，对口支援使得受援地的基础设施条

① 参见李含琳、魏奋子等：《中国西部财政供养人口适度比例问题研究》，载《甘肃理论学刊》，2002（2）。

件得到显著改善，为当地的后续发展提供了条件；将大量资金投入教育和医疗等民生领域，使得当地居民所享受的基本公共服务水平得到改进。比如，2009 年卫生部一次就推动相对发达地区的 900 个三级医院与受援地的 2 000 个县级医院建立了长期对口支援关系。① 另一方面，对口支援在项目导向下，鼓励国有企业到受援地开发投资，还选派国企骨干人员直接参与受援地企业的管理。对口支援制度下的企业行为，不但有利于援助方企业扩大市场，同时也更有利于受援地的经济发展和财政收入能力的提高。这对于增进民族间的感情交流，促进团结，都具有正面价值。

（二）进一步完善对口支援工作的几点建议

对口支援由于其在现实中的重要作用，会是我们长期坚持的一项重要工作。因此，在未来的工作中，我们有必要逐步对其加以完善。

1. 有必要明确对口支援制度的性质

这需要注意以下两点：首先，对口支援是一种横向政府间关系，在本质上是一种“块块间的互动”，但是，由于中央掌握地方主要领导的考核和升迁，将对口支援会作为中央考核领导干部的依据之一，这就在一定程度上扭曲了对口支援制度的设计初衷，成为中央“条条主导”下的纵向政府间关系。因此，有必要更加明确对口支援的横向政府间关系定位，调整中央政府在对口支援制度中的作用方式。其次，对口支援制度要能够保证各生产要素在区域间自由流动。传统的对口支援制度强调发达地区资源向落后地区的流动，这本质上是一种生产要素的单向流动，较难调动发达地区的积极性。实际上，许多受援助地区也拥有丰富的生产要素，如资源要素、劳动力要素和旅游资源等。这些生产要素在两种地区之间，实际也有着互补性。使生产要素在发达地区和被援助地区之间双向自由流动，有利于对口援助制度的良性发展。同时，要建立对口支援制度实施效果的评价指标体系，通过法律和行政手段约束对口支援项目建设的实际效果。

2. 有必要把对口支援的资金安排纳入统一的中央财政体系

首先，要将对口支援与中央的转移支付等财政政策相结合，更多地通过财政手段来安排对口支援资金，并对其加以引导。一方面，中央政府要建立对贫困地区稳定而可靠的财政供给机制，为受援地区的未来发展提供相对持续的资金；另一方面，有必要在中央和地方政府之间共同建立某些灾害处理和重建基金，并将其纳入年度预算，以保证对口支援工作的良性开展。其次，要科学区分中央政府、地方各级政府的不同职责和功能，该中央政府负责的工作要由中央政府出资来承担。今后，对口支援的重点应当加快转移到增强受援地方的基本公共服务能

① 参见陈竺：《切实推进城乡医院对口支援工作》，见全民健康网，2009-08-13。

力方面来。

3. 有必要实现对口支援从单纯的行政主导到兼顾任务与义务两个方面的转变

从总体上来说，现行的对口支援制度对于各地方政府来说还是一种中央政府下达的工作任务，对口支援的启动也多是靠中央政府发布文件来实现的，缺少法律程序上的规定。考虑到对口支援工作涉及省份如此之多、动用的经费数额如此之大的客观情况，完全有必要从法律层面进行制度设计，主要应包括：明确哪些条件下可以启动对口支援，哪些层级政府和部门有权力启动对口支援；对口支援的程序有哪些，援助方和被援助方各自有哪些权利和义务；对口支援的标准、范围和时效性；等等。也就是说，对于各个地方来说，参与对口支援，既是完成一项重要的工作任务，也是在履行法律义务，并且在主要的工作环节中有章可循。

4. 对口支援工作应把受援地区的公共服务体系建设放在突出地位

今后，对口支援工作中，要把受援地区公共服务体系建设作为突出任务，并把对口支援与基本公共服务均等化、区域间产业的合理布局等有机结合。基本公共服务均等化是对口支援制度的目的之一，这就决定了对口支援资金的主要使用方向应该是满足公众需求的基本公共服务领域。具体可以采取政府统筹下的“项目导向”形式，将对口资金分阶段、分层次用于某些专项公共服务领域，在特定时间段内集中以具体项目的形式突出解决几项基本公共服务问题。

5. 对口支援工作的重点应是帮助受援地区推动产业结构调整，同时进一步丰富对口支援的形式和内容

区域间产业布局不合理是产生区域发展差距的根本原因之一。对口支援制度要想充分发挥其“造血”功能，需要与区域间产业结构调整结合起来。一方面，发达地区要科学明确本地区的产业发展定位，把握科学发展与产业转型升级的契机，将不适合本地区发展的产业或某些产业链优先转移到受援助地区，形成区域间的产业链优化组合。另一方面，受援地要牢牢抓住发达地区产业转型的机遇，结合自身优势，争取加入区域发展的产业链中，形成区域间产业的互补和良性互动。

经过30多年的发展，对口支援政策已经成为地方政府横向间关系的重要内容。30多年来，中国经济总量的快速增加与区域间发展的差距并存，各种重特大灾难频发。在这种背景下，对口支援成为中央政府解决上述问题的重要途径。通过这一途径，不但可以在短时间内集中力量解决突出问题，增强了政府抵御风险的能力，而且弥补了财政收入的空间分布不足，平衡了区域间的基本公共服务供给，并在促进民族团结、区域合作方面也有较大贡献。与此同时，诸如对口支援的性质还不明确、使用行政的手段多于市场的手段、对口支援与现有财政体系

的融合问题、对口支援面临着从政治任务向法律义务的转变、如何协调支援方与受援方两个积极性、如何定位对口支援政策下的地方政府间关系等一系列问题也比较突出。展望未来，我们有必要站在新的高度，对这项工作进行更加深入的研究。只有这样，才能在实践中不断总结和发展这一具有显著中国特色的政策创新形式。

四、报告要点

本报告系统总结了对口支援工作发展阶段及主要发展情况，在此基础上，从横向间政府关系的角度分析了中国对口支援工作的成就与未来发展问题。本报告要点总结如下：

（1）对口支援是指在中央政府或上级政府的主导下，由经济发达地区或实力较强的企业事业单位，对实力相对较弱的地区、灾区或对应单位实施援助的一种政策性行为。中国第一次明确提出“对口支援”概念是在1979年4月的全国边防工作会议上。30多年来，中国的对口支援工作经历了初建阶段（1979—1991年）、重点对口支援三峡库区阶段（1992—1999年）、对口支援西部贫困、民族地区阶段（2000—2007年）、对口支援汶川震区阶段（2008—2009年）和对口支援新疆阶段启动（2010年至今）几个阶段。

（2）进入2013年以来，对口支援工作的定位更加明确，即横向间财政和公共服务均等化的重要制度选择。这既体现在对口支援资金来源的制度化，也体现在对口支援的主体和领域等方面。

（3）对口支援工作的成就主要包括：充分显示了“集中力量办大事”施政思路的优势；增强社会和政府的抗风险能力；弥补财政收支的空间分布不均，在一定程度上平衡区域间的基本公共服务供给，推动区域间的协调与可持续发展；对于增进民族间的感情交流，促进团结，都具有正面价值。

（4）未来对口支援工作需要关注的问题主要包括：要将对口支援与中央的转移支付等财政政策相结合，更多地通过财政手段来安排对口支援资金，并对其加以引导；有必要将对口支援的资金安排纳入统一的中央财政体系；有必实现对口支援从单纯的行政主导到兼顾任务与义务两个方面的转变；今后，对口支援工作应把受援地区的公共服务体系建设放在突出地位，并重点关注如何帮助受援地区推动产业结构调整，同时进一步丰富对口支援的形式和内容。

（作者单位：中国民航大学安全科学与工程学院）

第三部分

政府治理方式变革与政府机制建设

滨海新区行政体制改革研究报告

张志红　于　丹

新区是改革创新的重要载体，不仅在经济领域发挥着引擎和驱动作用，更承载着政治与行政探索的责任。它既要保障基本制度的有效“遗传”，又要适应新的历史条件和未来发展环境适度“变异”。改革是新区快速发展的关键性因素，它可以较好地调整层级权利关系、较好地处理政府与市场的边界、较好地释放社会活力、较好地提供公共管理和公共服务。从某种意义上说，新区管理体制的改革是经济、政治、社会渐进变革的重要试验场。天津滨海新区作为中国目前面积最大的新区，在2013年9月新一轮的行政体制改革后，成为一个全建制的行政区，研究其发展变化具有较强的实践意义。

一、滨海新区发展现状综述

（一）滨海新区概况及其现实意义

从形态上看，所有的新区（开发区）实际上可以分成两大类，一类是功能区意义上的新区，一类是作为一级政府的新区。第一，宏观意义上的开发区都可以称之为新区。一般在建立开发区的时候往往冠以某某新区之名，例如无锡新区、曹妃甸新区、渤海新区等。第二，特指6个国家级新区。国家级新区，是指新区的成立乃至于开发建设上升为国家战略，总体发展目标、发展定位等由国务院统一进行规划和审批，相关特殊优惠政策和权限由国务院直接批复，在辖区内实行更加开放和优惠的特殊政策，鼓励新区进行各项制度改革与创新的探索工作。2013年之前，设有6个国家级新区：上海浦东新区、天津滨海新区、重庆两江新区、浙江舟山群岛新区、甘肃兰州新区、广东南沙新区。2014

年，又新增加 4 个国家级新区，即陕西西咸新区、贵州贵安新区，青岛西海岸新区和大连金普新区。新区成为中国新一轮区域经济协调发展的新引擎。作为社会综合配套改革的试验田，这 10 个新区被赋予了更多的经济和社会改革的重任。

新区通常都具有相对独立的地理空间，有相应的产业集成，也有相应的管理机构。在公共管理协调机制等微观环节并不十分顺畅的情况下，其公共服务的配套模式也不尽相同。从新区的实践来看，新区内部之所以能够保持较高的效率和创新活力，是因为其能够获得充分的授权和明确的责任范围，各个主体能够各司其职，可以自主地动用相应的财政、人事等资源，从而有所作为地推进公共管理和公共服务水平的提升。这就需要突破原有“职责同构”等桎梏，形成一种全新的螺旋式结构，在分工管区、合作管区等方面都形成有效的权力分配、资源匹配和责任规划，从而使新区能够保持足够的独立性和能动性。

（二）滨海新区建设的基本情况

作为中国第二个国家级新区、国家综合配套改革试验区、“中国经济第三增长极”，滨海新区在建立初期就承担了依托京津冀、服务环渤海、辐射“三北”的战略定位，树立了北方国际航运中心和国际物流中心的建设目标。探讨滨海新区在地理区位、资源配备以及制度设置中的特殊性，对滨海新区下一步体制完善和优势积累有较强的借鉴意义。

1. 滨海新区地理位置特殊

滨海新区位于欧亚大陆桥之东端，是中亚多个内陆国的出海口，加之以港口为主导的交通优势，海、空、铁路和公路综合网络发达，使得滨海新区具备北方航运与物流中心的地理属性。滨海新区的另一大区位优势是京津双核的辐射效应。京津的互补优势主要体现在天津的能源和土地资源优势与北京的科技文化与行政整合优势间的互补。

滨海新区规划面积 2 270 平方公里，远远超过中心城区的面积，市内 6 区面积为 177.1 平方公里，中心城区（外环线以内）334 平方公里。行政区划整合之后，滨海新区常住人口占总人口的 1/5，经济总量占天津市 GDP 的 1/2，尽管滨海新区在行政区划上仍然属于市辖区的建制，单位面积的城市化率也尚待提高，然而从表 1 可以看出，滨海新区在常住人口、城市化率、经济总量方面都大大超过全国平均水平，也显著超过天津的其他区县，作为一个超大规模的市辖区，如何处理好管理幅度和管理层次的关系，是滨海新区管理体制改革需要面对的挑战。

表 1　　2011 年滨海新区内部各城区之间的经济发展差异

	常住人口（万人）	城市化率（%）	经济总量（亿元）
塘沽	85.09	93.3	471.12
汉沽	21.71	76.2	90.20
大港	52.31	75.3	241.67
开发区	15.27	—	1884.63
保税区	2.64	—	877.80
高新区	2.46	—	364.74

注：（1）“—”表示未给出该统计数据；（2）城市化率基于户籍人口计算。
资料来源：《天津统计年鉴（2012）》，北京，中国统计出版社，2012。

2. 滨海新区行政层级复杂

滨海新区拥有国家级开发区、保税区、海洋高新区、出口加工区等一批功能经济区，已经建立了适应经济快速发展的政府管理体制和与世界经济接轨的市场经济运行机制，行政层级和管理体制上，在经历了数次调整之后，2013 年 9 月，天津市宣布撤销塘沽、汉沽、大港三区工委和管委会，由天津滨海新区区委、区政府统一领导街镇。根据目前街镇区域大小、人口数量、发展水平和历史沿革等，按照“大街镇”的发展思路，科学划分街镇辖区，将现有 27 个街镇分步整合，减少数量，授权扩权，赋予其更多的经济社会管理职能，实现“强街强镇”；根据区域位置、经济基础、产业结构、发展空间等情况，对 12 个功能区归并整合。滨海新区行政管理体制从此将减少一个层级，更加精简、扁平。

目前，在天津滨海新区，既有全建制的新区政府，又有国家级功能区，还有街镇，原有功能区管委会也基本保持行政区划调整前的管理体制。滨海新区与其下辖的几个国家级功能区并不是严格的上下级关系：滨海新区辖区内的经济开发区、天津港保税区、滨海高新区均为国家级功能区，具有部分超越滨海新区的经济管理权；中新天津生态城作为中国和新加坡合作的项目，也是国家级功能区，有部分管理事项需由两国总理级别的工作会议决定。

在管委会层面，滨海新区实行社会管理职能和经济管理职能分开的管理模式，但是各功能区管委会和街镇之间仍存在权责不清和职能交叉等具体问题。名义上，各功能区管委会主要负责本地经济发展，但仍要承担水电、环保、交通等公共基础设施建设任务；各街镇主要负责社会管理，但仍承担发展街镇经济的职能。各功能区的重复建设也值得关注，如辖区内的中新天津生态城、渤龙湖总部经济区、北塘经济区、中心商务区都提出发展总部经济，但相互之间缺乏有效的合作与沟通，甚至难以避免互相争夺项目、争夺资金的局面。

特别值得注意的是，在这种“分离与交叉”的改革进程中，滨海新区的行政效能受到了严峻挑战。新区与下属管委会关系复杂、管委会与街镇之间协调困难等一系列因素促成了滨海新区管理体制不顺的问题。伴随着这种不顺，新区的整体行政效能无法得到充分发挥，特别在需要不同部门进行合作的时候，无法发挥“1+1>2”的效果，甚至出现“1+1<2”的情况。

3. 滨海新区与原有市区之间具有特殊的“双城关系”

滨海新区近年来经济高速增长，过去几年增速都在20%以上，远远超过全国水平，这在金融危机的背景下尤其难能可贵。从产业结构上看，第二产业为主体、以外向型经济为主导的结构格局已经确定，所占比重超过天津市和全国平均水平，更是大大超过浦东新区的水平（见表2）。由表3可以看出，滨海新区国民生产总值占天津市国民生产总值的比例与浦东新区国民生产总值占上海市国民生产总值的比例的相对地位是不同的，滨海新区国民生产总值占天津市的一半以上，合同外资额占天津市的比重达72%。此外，距离因素也需要考虑。滨海新区与天津市中心的距离远远超过浦东新区与上海市中心的距离。在这些因素的综合作用下，“滨海新区—天津市”与“浦东新区—上海市”这两对关系之间必将存在重大不同，而这种不同对于新区的改革和发展会起到重要作用。

表2　滨海新区的产业结构及其与天津、浦东新区和全国的对比情况（2011年）

	滨海新区	天津	浦东新区	全国
第一产业	0.1%	1.4%	0.0%	10.0%
第二产业	68.9%	52.4%	42.1%	46.6%
第三产业	31.0%	46.2%	57.3%	43.4%

资料来源：《天津统计年鉴（2012）》，北京，中国统计出版社，2012；《中国统计年鉴（2012）》，北京，中国统计出版社，2012；《2011年上海市国民经济和社会发展统计公报》，见上海统计网，2012-02-24。

表3　2010年滨海新区与浦东新区面积和国民生产总值的比较

	面积（平方公里）	占全市比例	国民生产总值（亿元）	占全市比例
滨海新区	2 270	19.04%	5 030.11	54.56%
浦东新区	1 210.41	19.09%	4 707.52	27.42%

资料来源：《天津统计年鉴（2011）》，北京，中国统计出版社，2011。

二、滨海新区行政管理体制变革历程

（一）第一轮改革存在的问题

2009年10月，国务院批复了天津市报送的《关于调整天津市部分行政区划的请示》，同年 11 月 9 日，天津市召开滨海新区管理体制改革动员大会。改革近 4 年来，滨海新区管理体制带来的红利显著，经济增长迅速，年均增速 20%。但是，原有体制带来的层级较多、环节不顺等问题逐渐成为制约滨海新区进一步发展的瓶颈。具体来看，主要存在 6 个方面的问题。

1. 对改革思路缺乏清晰认定

第一，新区行政管理体制改革的目标是统一、协调、精简、高效，这个目标符合提高行政管理效率的原则，但是与浦东新区“全国能借鉴，上海能推广，浦东能突破”的理念相比，明显缺乏特色，也未能体现作为国家下一步改革示范的高度。第二，新区行政管理体制改革尚未凸显滨海新区作为超大规模市辖区的特点。市、区、功能区等层次的干部在新区的上述特殊性上还没有达成共识。

2. 体制定位和政府职能定位不清

第一，对滨海新区管理体制的模式缺乏一致的认识。不同层次对滨海新区管理体制的模式认识模糊，对自身在新区管理体制中的定位不清，对滨海新区管理体制的未来发展方向也未完全达成共识。第二，新区的政府功能不全。新区虽然名义上已经成为一级政府，但多数事权还留在管委会，新区政府的实际功能更接近于协调机构。这种尴尬局面既削弱了新区政府的实际运作效能，又在无形中促成了管委会的实体化。

3. 新区内层级关系错综复杂

第一，一度出现“派出机构管理派出机构”的现象。从法理上讲，这种关系格局不但缺乏法律依据，而且容易导致城区管委会的实体化，从而形成一个所谓的“半层级”。第二，滨海新区与下辖的城区管委会之间的执法委托关系容易造成纠纷。滨海新区下辖的各管委会是作为派出机构而存在的，不具备独立的执法权，只能以新区政府的名义进行工作。但是，当这种委托关系逐步演变成常态时，就可能产生权责脱节现象。第三，无力应对区内复杂的多重行政关系。在滨海新区成立之前，天津市就已经将很多管理权限下放到老的功能区和原塘沽、原汉沽、原大港三个行政区。新区成立之后，这部分管理权限并没有重新进行整合，这就导致在不少事关经济发展的审批权限上，城区和功能区可以绕过新区，直接报送天津市。这种既有领导又有协调、既有属地管理又有垂直管理的多重行政关系是对新区的一大考验。

4. 城区与功能区间矛盾显著

第一，功能区出现实体化倾向。在滨海新区，除了开发区、保税区、高新区及中新生态城已经有了社会管理机构之外，新设的功能区中，中心商务区、北塘经济区与临港经济区已经设立了社会管理机构。调研发现，在路灯、排水、路政等方面已经出现功能区分割现象，降低了管理效率。这种功能区实体化倾向实际上背离了管理体制设计的初衷。

第二，原城区与功能区之间竞争激烈、衔接不畅。由于新区缺乏对原城区和功能区的统合能力，原城区和功能区之间产生激烈竞争。如在发展定位上，中新天津生态城、渤龙湖总部经济区、北塘经济区、中心商务区均提出发展总部经济，但彼此之间缺乏有效的沟通与合作，甚至出现抢夺项目、资金等现象。这种竞争无疑加剧了原城区和功能区之间的矛盾。

5. 财权、事权和任命权不对应

第一，人员调配机制。人员调配机制运行不畅集中表现在新区难以对原城区和功能区行使统一的人事管理权。首先，对原城区和功能区的领导任免权依旧归属天津市；其次，普通公务员的招考也由各城区和功能区自行负责。同时，新区内部“同岗不同酬”的现象较为严重，这一问题严重阻碍了新区工作人员的积极性，容易引发矛盾。

第二，事权财权机制。滨海新区内部的财政机制尚未完全理顺，支付责任也有待明确。有些原城区管委会不支付社会事业发展投入费用，不愿意承担原有的债务负担，它们认为这些支出应该由区财政承担；而滨海新区的财政收入绝大部分依然留在各个原城区和功能区，滨海新区的财政支付能力受到很大制约，难以满足各项支出的需要。同时，在实施“强街强镇”战略的过程中，新区将不少管理事务和管理权限下沉至街镇，但却没有将相应的财权下放，特别在市容、绿化、城管执法等方面，导致事权财权不匹配的问题。

第三，行政审批机制。滨海新区管理体制改革虽然着力推动审批权下放、以便形成“新区的事在新区办”的运行机制，但从实际来看，关键性的审批权仍然保留在天津市；有些则仅将初审权下放，导致在行政审批链条上多了个“半层级”，反而增加了下级单位的负担，降低了行政审批效率。

6. 行政效能建设有待推进

从总体上看，滨海新区管理体制不顺的迹象较为显著：新区与下属管委会的关系复杂、城区与功能区之间协调困难、管委会与街镇之间存在冲突。这种管理体制上的不顺必定导致行政效能难以优化的困境。新区功能的发挥程度决定于上述主体之间的协调配合程度，而管理体制上的不顺恰恰就是这些主体之间的协调配合陷入困境的外在表现。

（二）第二轮改革的突破

2013 年 9 月，天津市召开了深化滨海新区管理体制改革动员大会，揭开了滨海新区第二轮管理体制改革的序幕。此次改革结合滨海新区发展的实际和管理体制存在的问题，有针对性地提出了改革方案，如撤销塘汉大工委管委会建制、整合提升街镇、功能区整合、优化行政审批制度改革、修订滨海新区条例等，在以下方面实现了突破：

1. 拥有较明确的改革思路

滨海新区第二轮管理体制改革有清晰的改革思路。按照《深化滨海新区管理体制改革总体方案》，2013 年 9 月宣布撤销塘沽、汉沽、大港三区工委、管委会建制，发展“大街镇”，新区区委、区政府领导街镇工作。这次改革以转变政府职能为核心，以行政审批制度改革为突破口，按照大部门制、扁平化、强基层的思路，构建行政区统领、功能区支撑、街镇整合提升的管理体制框架，建立起充满活力、富有效率、更加开放、有利于科学发展的体制机制。

特别值得一提的是，此次改革明确了修订滨海新区条例的目标。目前，滨海新区尚未修订符合滨海新区特色的条例。此次改革方案明确提出修订滨海新区条例的目标，有助于从法律角度规范滨海新区的管理行为，为滨海新区的进一步发展提供制度上的保证。

2. 解决了层级过多的问题

滨海新区第二轮管理体制改革进一步精简机构，实行大部门制管理；撤销了塘沽、汉沽、大港三区工委、管委会建制，新区区委、区政府分别设立街镇工作委员会和街镇委员会，协调街镇工作。这一举措解决了滨海新区层级过多的问题，进一步理顺了管理体制。

在此次改革之前，滨海新区实行的是由城区管委会代管街道办事处的管理模式，实际上形成了“派出机构管理派出机构”的格局。这种格局不但缺乏法律依据，而且容易造成城区管委会的实体化。撤销塘沽、汉沽、大港三区工委、管委会建制之后，就从根本上解决了这一问题。与此同时，还有一系列与城区管委会相关的问题，例如城区与功能区之间的矛盾、新区与城区之间的矛盾等也随着三个城区管委会的撤销而消除。

3. 实现了街镇的整合提升

在此次滨海新区管理体制改革中，滨海新区区委设立街镇工作委员会，区政府设立街镇委员会，两个机构合署办公，指导协调街镇工作。新区根据目前街镇区域大小、人口数量、发展水平和历史沿革等情况，按照“大街镇”的发展思路，科学划分街镇辖区，将现有 27 个街镇分步整合，减少数量、授权扩权，赋予其更多的经济社会管理职能，实现“强街强镇”。

早在 2010 年初，滨海新区在新港街、寨上街、解放路街、新北街、迎宾街 5 个街道试行了“扩权强街强镇”。从这几年的发展成效看，街镇社会管理和公共服务能力迅速增强，为新区经济社会协调快速发展提供了扎实的保障。此次改革着意深化“强街强镇”，按照“大街镇”的发展思路对现有街镇进行整合，有助于进一步提升街镇的社会管理和公共服务能力，促进滨海新区又好又快发展。

4. 实现了功能区整合提升

目前，滨海新区有天津经济技术开发区、天津港保税区、天津港（集团）有限公司、滨海高新区、东疆保税区、中新天津生态城、滨海旅游区、中心商务区、临港经济区、北塘经济区、中心渔港经济区、轻纺经济区 12 个功能区。此次管理体制改革针对功能区数量较多、产业相近、发展不平衡、相互竞争等实际问题，结合区域位置、经济基础、产业结构、发展空间等情况，对 12 个功能区进行归并整合。

对功能区的归并整合，有助于形成产业集聚和优势互补，避免功能区之间的不良竞争，加速了滨海新区的经济增长。功能区整合后，通过设立工委、管委会，在区委、区政府领导下履行辖区管理职责；精简内设机构，进一步下放管理权限，充实社会管理职能，扩大其发展自主权。

5. 集中了行政审批的权限

针对新区行政审批权限不足、新区与功能区审批权限矛盾等问题，2014 年 5 月，天津滨海新区行政审批局成立，探索行政审批制度改革的新路子。此次改革梳理规范了各类行政审批事项，强化过程服务和事后监管，将与招商引资、项目投资建设、企业生产经营等密切相关的行政审批职能，连同相关编制、人员整体划转到审批局，实行集中审批，将 18 个部门的 216 项审批职责，全部划转到行政审批局，由行政审批局直接实施审批事项，启用行政审批专用章，从而实现了滨海新区“一颗印章管审批”；将与居民日常生产生活密切相关的社会管理和服务事项，下放到街镇办理。这种改革有助于进一步理顺新区与市垂直管理部门的职责关系，完善新区的事权，满足“新区的事新区办”的发展需要。

三、滨海新区行政管理体制未来改革的方向

新区，尤其是国家级新区的开发建设与国家发展战略密切相关，它的建设思路反映了中国现代化进程中的整体特征与改革方向。在新的发展阶段中，新区在发挥地区经济发展引擎作用的基础上，也肩负着探索行政管理体制和社会管理方式改革的任务。从某种意义上说，新区的发展以及相关管理体制的不断完善，与转变政府职能、城镇化建设等重要历史进程相契合，并将更加深入服务于经济社会的全面改革，因此它的功能定位和改革方向需要在新的发展起点和历史契机上重新思考。

（一）符合现代政府的功能与定位

1. 新区改革应当继续努力体现“有为政府”的基本特征

新区是在特定的历史时期，通过国家政策与体制创新的方式，推动经济增长、带动地区繁荣发展的产物。新区与国家发展战略目标密切联系，是发展中国家实现摆脱落后状态、实施赶超战略的创新性措施。

作为外源型现代化国家，中国的发展必然包含很强的计划性和政府主导色彩，尤其是在现代化的起点和推动现代化的动力等方面，政府的作用尤为突出。在外源型现代化国家中，“现代化不是内部现代性积累的结果，而是强行从外部引进的变迁过程。由于自身现代性的缺乏，现代化往往缺乏民间力量的支持，相反，强大的传统力量往往成为现代化的障碍。在这种情况下，只有运用国家机器的强大力量来推进现代化，现代化才有可能启动和成功。由此可见……能不能通过政治变革为现代化创造必不可少的政治上的先决条件，就成为这些国家能否成功进行现代化的关键”①。政府在引领经济发展和社会进步中所起的突出作用，使得围绕政府的行为、机构、职能、过程等方面的研究尤为迫切而有价值。

强调政府有所作为，不意味着赋予政府无限度、不受制约的权力，政府有为与权力制约是不同视角的两个问题。“有为政府”概念的提出在某种程度上可以较为妥帖地阐述现代政府角色与定位的问题，“它超越了传统对政府职能、政府规模等方面的纠结，重点关注政府行为的实际效果。事实上，单纯从‘大’或‘小’、‘强’或‘弱’的角度，确实已很难准确对政府做综合定位，更难以分析和表述相对理想化的政府模式应为如何等问题。经验证明，自由放任的‘小政府’和全能型的‘大政府’都不一定是有效的。只有将政府的体制、结构和机制，政府的职能、职责和运行等因素综合起来，从有效性的角度来考量和设计，才可能对现代政府做出恰当、合理的综合定位”②。在政治发展中没有什么东西是超越历史、“天然正确”的，不论有为政府是否是理想的政府模式，它都是今天中国进行社会主义现代化建设所必需的。

应当打破对于“小政府，大社会”状态的迷信，切实把关乎政府的各项改革工作的着眼点，放到增强政府效能上来。一个有为政府是发展中国家成功实现现代化所不可或缺的条件，也是中国30多年改革卓有成效和继续需要坚持的基本经验。新区的设立本身就集中体现了中国政府在现代化建设中发挥主导作用、意图有所作为的特征。新区的发展，体现了有为政府的基本特征，也肩负着在新时

① 孙立平：《现代化与社会转型》，27页，北京，北京大学出版社，2005。

② 朱光磊等：《服务型政府建设规律研究》，76~77页，北京，经济科学出版社，2013。

期探索有为政府的职责定位与配置的任务。

2. 新区政府要实现改革与政府职能转变的互促机制

建设服务型政府，是对中国政府发展方向的新定位，是对 20 多年转变政府职能工作的一个总结。强化公共服务体系建设，是中国政府为适应社会主义市场经济发展的要求，继续深入推进政府职能转变的新阶段。

新区的改革与发展同样也是对新区政府自身的一个重新定位的过程，相关的工作，职责的定分、机构的调整、人员的配置、过程的优化都应当符合服务型政府的一般要求。新区之新，不仅体现在经济发展和产业结构的升级方面冲出一条新路，更是在提供公共服务的方式途径上有所创新，为其他地区树立榜样、积累经验。以经济增长保障优质服务，以优质服务促进经济持续、健康增长，将成为新区未来重要的发展方向。

以转变政府职能为重要内容的行政管理体制改革是新区进行全面性改革探索的重要着力点。当前国家级新区的真正优势，并非是单纯的税费减免等政策优惠，而是厘清政府与市场的行权边界，缓解公权力“越位”“缺位”“错位”等问题，促进政府职能的公共服务化转型。从源头上看，创立新区天然地与转变政府职能相联系，主政者希望通过新区的设立、相关优惠政策的实施，带动地区整体的发展，其中转变政府管理经济和治理社会的方式也是题中应有之义。新区的改革应当致力于通过社会管理体制创新，消化发展带来的问题，同时也消除进一步改革的体制机制障碍。新区不仅能在经济发展上“杀出一条血路”，也应当在新世纪的政治体制改革和社会发展中，勇闯禁区、有所突破。在经济领域与社会领域的改革都取得成效的情况下，新区的发展才能称得上是全方位的，新区与自由贸易区在经济与社会方面的全方位“无缝连接”才是水到渠成的。

（二）服务区域平衡发展与新型城镇化的国家战略

近年来，新区，尤其是国家级新区的设立和发展越来越着眼于整体的经济布局，力图让新区成为平衡区域、地方经济发展的突破口。中央层面对新区建设的考量往往是放在地区发展乃至区域经济社会发展的战略中来进行的。因此，新区本身承担的不仅是自身的发展任务，作为经济引擎与全面改革的排头兵，“以点带面”的作用是中央政府非常看重并越来越作为评价重点的指标。

中央对新区的规划与建设，新一届政府战略会更加倾向于配合新一轮城镇化的热潮，新区也同时肩负着城镇化发展的探索使命。新型城镇化的发展路径，会在新区建设尤其是其体制的创新中进行预演。新区在自身建设中，如果能够探索出有效吸引、安置外来人口的体制机制，以及产业结构与社会服务密切结合的有效路径，对于国家层面的新型城镇化战略是意义深远的，这也是国家级新区对自身价值的良好诠释。

（三）延续中国改革开放的基本策略

中国改革开放实行的是渐进改革，在改革的内容次序安排上具有鲜明的“迂回策略”特征。在改革策略上，中国是在通盘考虑改革阻力和动力的情况下，以谨慎的态度，逐步推进，最大限度地减弱改革阻力，扩大推动改革的同盟。改革，不是简单的替换式发展，而是培育与旧体制相反相成的力量，为新生事物“造势”，赢得发展的时间和空间，奠定进一步改革的社会基础。这种“迂回策略”是非常有效的，减少了改革的成本和阻力，保障了改革的平稳顺利进行。

新区作为一个新生事物，得益于中国特色的改革策略，同样，新区自身的发展和改革也要延续这一策略。新区作为新生事物的重要特色在于体制创新，以既有体制外的新生力量的生长，倒逼旧体制自身的改革。“体制创新就是在既得利益之外培育新的利益。尽管这样做，也会遇到既得利益的阻碍，尤其是官僚体制的阻碍，但这种阻碍远较直接触动既得利益为低，是可以加以克服的。”① 对于新区自身来说，需要更多改革的魄力，真正通过体制创新而蜕变成为“新区”，不能简单守成、求稳。高层领导对新区的发展需要一定高度的统筹考虑，有计划周详和立意高远的顶层设计，并破除各方阻力和既得利益坚决贯彻实行。

（四）着意处理好“四对关系”

滨海新区的改革与发展实际上并不是简单的新区内部发展问题，更重要的是如何在立足本地发展的同时，处理好市政府与新区政府之间的关系，新区政府与功能区、街镇之间的关系，尤其涉及发展路径方面，要慎重处理好滨海新区与先进区域之间的关系，处理好新区发展与港口建设之间的关系。这些复杂的府际关系网络影响着新区改革发展的路径选择，也影响着新区发展的制度环境。

1. 要处理好天津市与滨海新区的关系

处理天津市与滨海新区的关系可以从两个方面着手：第一，就天津市而言，要以更大的勇气推进新区改革，要给予新区更多的自主权，不能将滨海新区简单地视为一个普通的“市辖区”。要突出强调滨海新区的政策地位，在各个领域“突出制度先行先试”的改革型发展导向。第二，就滨海新区而言，要突出强调市委市政府在资源调配方面的领导地位，要尽量减少使用“滨海的事滨海办”之类的提法，实现“新区的事在新区办”，突出属地管理。应充分提升市政府在滨海新区发展改革中的领导作用，避免简单的“切块”思维，避免使用“出现一个新的城市”和所谓“以深圳体制为样本”等简单化的提法。

---

① 郑永年：《以开放促改革：中国的特区》，载《联合早报》，2013-10-22。

2. 要处理好滨海新区、功能区与街道之间的关系

目前滨海新区亟待解决的问题是，进一步明确街道和新区原有的功能区之间的关系。

结合滨海目前的发展情况，应当采取分类别、分阶段地处理功能区与街道间关系的策略。由于滨海新区内部各个街镇的发展水平不一，既有功能区的发展阶段也各不相同。因此，功能区与街镇之间的管理体制应当有所区别。一方面，在人口集聚、城市化功能比较集中的街道，应当采取社会管理职能优化的策略，可以保留招商体制，但是对于招商，一不鼓励，二不考核。街道与功能区有权力重叠部分，但功能区的社会管理职责比较少。另一方面，常住人口较少、面积较大的街道，应当采取功能区代管模式，统一招商引资，强调开发模式。

在滨海新区未来的发展中，应当着意构建街道与功能区的“伙伴关系”。这种“伙伴关系”的建构关键在于街道和功能区的职能划分和有效互补。未来应当考虑将街道招商引资的职能“剥离”出来划归功能区，使其专注于基础设施建设和公共服务供给。相应地，将功能区社会管理的职能“剥离”出来划归街道，使其专注于经济开发。这样，功能区做好“招商”的工作，街道做好“安商”和“稳商”的工作，二者划定职能边界并实现有效互补。

3. 要处理好滨海新区与先进地区的关系

虽然滨海新区本身已经成为“先进地区”，并成为其他新区学习的样板，但放到全国、甚至全球背景下看，仍然有不少地区走在滨海新区之前。如何处理好滨海新区与这些先进地区的关系，是新区未来发展中必须直面的问题之一。有一个核心原则应当把握，那就是，放眼先进，立足自身，扎实推进，有效落实。具体而言，首先，新区要充分学习先进地区的经验教训。其次，这种学习并不是盲目的“照搬”，而是结合滨海新区实际的再发展、再创新。最后，要将这种学习融入新区发展的总体框架，实现滨海新区的有序、高效、持久发展。

4. 要处理好滨海新区与天津港之间的关系

经济全球化的经验和我国长三角、珠三角开发开放的历程表明，港口是带动区域经济发展的核心战略资源，港口不仅对其所在城市的经济发展具有巨大的促进和推动作用，而且能带动周围地区和腹地经济的发展，因此处理好滨海新区与天津港的关系、推进天津港与滨海新区协调发展具有重大的现实意义。

首先，优化港区关系，实现以港兴区。天津港是中国北方最大的综合性港口，是天津市的核心战略资源和最大比较优势，形成了促进滨海新区经济发展的独特优势，极大地拉动了滨海新区的经济发展。从发达国家港城关系发展的规律来看，城市发展到一定阶段后，港口产业和临港工业产业结构的升级、高端服务业的发展、新兴产业的出现、临港区域的有效开发等将对提升城市功能和聚集经

济要素发挥越来越重要的作用。因此，要着力优化港区关系，塑造港区相融、繁荣共济的统一体，创造促进区域经济发展的独特优势，实现以港兴区。

其次，建设国际一流口岸，实现产业环境优化。国际一流口岸是以现代化口岸设施为载体，以庞大的临港产业群为支撑，以高度开放的政策体系和完善的配套环境为保障，为口岸城市及腹地的物流、商流、资金流、信息流和人流提供便捷服务和先进管理，以及具有强大国际影响力的口岸系统。滨海新区应充分挖掘口岸资源，积极建设国际一流口岸，将口岸优势转化为要素集聚优势和经济辐射优势。只有这样才能真正实现中央赋予滨海新区的“北方国际航运中心和国际物流中心”的定位。

四、滨海新区行政管理体制改革建议

（一）新区管理体制改革应突出机制创新

新区不是“区”，必要时可以将它作为一个“市”，推动整体改革。要以新区为试点，解放思想，推动一些先行性的行政管理体制改革。相应地，市委、市政府在明确滨海新区地位和发展前景的基础上，要向它下放一些市内其他区所没有的财权、事权。既保证市政府的统一领导，使新区紧紧依靠市区发展，也发挥新区各级政府改革创新的积极性，为其充分发展提供有利条件。

滨海新区在改革和发展的过程中，在某些方面出现了向传统体制复归的现象，这是需要以对新区明确定位，尤其是以立法保障“先行先试”权力来应对的问题。设立功能区的目的是发展经济、引领改革、推动体制创新。功能区越是发展壮大，越是需要应对产城融合的问题，这就有可能使功能区向行政区转化。要做大，将来必然成为行政区，有了功能就要有结构，有结构就要设机构。如果这是一个必然的趋势，那么相关的规划就应该提早考虑对策，避免走回头路。旧体制的顽固源于体制创新不足，体制创新不足来自相关方面的改革缺乏法律依据。将新体制、新机制以法律形式固定下来，可以有效避免在实际工作中向旧体制的惯性复归。

（二）打造可持续的财政支撑能力

在滨海新区未来的改革中，应当着力打造可持续的财政支撑能力。首先，新区作为一级政府，应当对财政进行统筹。统筹财政的关键在于统筹功能区与街道的发展。可以考虑参考浦东模式，使街道从招商引资的任务中逐渐脱离出来，其专注于基础设施建设和公共服务供给，在新区层面，应当以新区财政给予街道有力的支持。其次，对现有产业结构进行调整，改变对“土地财政”的过度依赖。再次，要重塑政府与市场的关系。要合理划分政府与市场的边界，管好政府该管的；充分发挥市场要素的作用，激发市场活力，加强政府与市场的合作，推动政府与市场关系的重塑。最后，要改革新区财政体制，完善财政体制机制，要按照财权与事权相一致的原则，建立滨海新区总体统一的税收、财政、预算体系。

在打造可持续的财政支撑能力的过程中，还应当注意以下几点：其一，要促进功能区与街道的关系走向协调。要改变过去那种“锦标赛”式的发展模式，形成功能区与街道的职能有效分工和互补。其二，对功能区和街道要采用不同的考评模式。功能区与街道所承担的职能应当有所区别，可以考虑设置不同的考评指标，以评促管、以评促建，促进新区的良性发展。其三，要注意改革的阶段性。未来新区的改革应当考虑在适宜的“临界点”上推动改革。

（三）合理定位功能区，理顺功能区的政府间关系

新区要统筹考虑机构设置问题，特别是要防止多山头现象，避免总是在“另起炉灶”。避免一大批功能区把整个新区肢解成碎片，失去整体发展优势。

当前，新区政府之下，存在不同等级的管委会，情况复杂，需要慎重对待。大的方向是逐渐废除这些等级，精简层级，提高效率。对于成熟的功能区，采取开发区与街道的并行双轨制。对于一些新的“准功能区”，可以采取开发公司与街镇重叠的形式。

滨海新区管理体制下一步的改革应当以功能区为突破口，以功能区的改革实现有效的政企分离。功能区是为特殊目的设立和发展的，改革的趋势是弱化它，缩减条条的权力。应当逐步改变滨海新区招商发展模式，把招商权力统上来，统一对外。将土地、财政、税收、城市规划、经济发展等管理权逐步上收到新区政府，加强区政府职能部门垂直管理。功能区不设行政级别，原则上逐步向开发公司转变。功能区干部原则上不定为公务员编制，不能直接交流进入公务员序列。

“强街”的本质在于强化街道的社会管理和公共服务职能，经济发展职能不宜过多交给街道来做。街镇在经济事务方面的主要任务是安商稳商，招商的权力统一于上级政府部门。浦东的经验是：街道实行部门预算，某一街道申请到预算5.5亿元，其中3亿多元直接用于民生。在这个问题上，可以借鉴浦东的经验。

（四）合理配置区街资源，以服务强街镇

《关于整合滨海新区功能区的方案》中规定，在功能区整合之后，开发区与北塘街，滨海高新区与新河街、新北街，中新天津生态城与寨上街，中心商务区与塘沽街、大沽街形成融合发展的新机制。滨海新区第二轮管理体制改革明确了“大街镇”的改革思路，在具体的操作上，应当注意以下几个方面的问题：

第一，合理配置区街之间的政府职责，使公共服务职能下沉到街道。依靠街镇一级政权来行使公共服务职能，使得相应部门的事权与财权相匹配，获得相应的财权才能有执行能力，这是保证优质公共服务的基础。街镇要将民生工作作为头等大事来抓，要将保障和改善民生作为推动经济发展的动力源泉和推动社会进步的牢固根基。

第二，要解决好地区历史遗存和地域认同问题。地域认同是正常现象，要因势利导，防止模糊不清。新的区镇一定要解决好新旧名称的协调问题。在经历一定的历史时期后，对新区的认同会得到加强，关键是不要人为地对认同缺失的现状过度妥协，不让今天的妥协为将来的认同埋下隐患。

第三，取消塘沽、汉沽、大港三城区管委会之后，建议设立地方行政服务中心，包括市民之家和经济服务处两个部分，以解决群众和企业办事情路途远的问题。行政服务中心主要职责是两部分，一个是行政许可和行政管理服务窗口，一个负责地区联络事宜，将来过渡完成后，其中一部分职责转为为社会组织提供支持和服务。在偏远地区也可以考虑设立流动式的行政服务站，定期派遣人员到当地办公，最大限度方便群众办事。

第四，街镇要承担起履行社会管理、维护社会稳定的职责。街镇应该更多地将重心放到社会管理上来，通过推进有效的社会管理来维护社会的稳定运行。首先，要抓措施落实。实行动态的社会治安防控，健全舆情引导和应急管理，确保社会政治稳定和社会全面的平稳。其次，要抓源头预防。学会用群众力量做群众工作，加强重大事项风险评估，不断深化“大调解”体系建设，大力加强对流动人口的服务管理。

第五，要处理好街道经济发展与公共服务之间的职责平衡问题。由于滨海新区目前尚处于开发建设时期，经济发展的职能更为突出，这是一个不容忽视的客观事实。城区管委会被撤销之后，社会管理和公共服务的职责也会随之集中到街镇层面，以此确保公共服务的便利化和集约化发展。因此，不能将经济发展功利化，应努力做到稳增长和快发展，这本身就是有利于解决新区居民就业、提高居民生活水平、提升公共服务水平的。同时，公共服务水平的提升也有利于吸引更加优秀的人才集聚，反过来也会促进经济的可持续发展。

五、报告要点

本报告要点如下：

(1) 滨海新区规划面积 2 270 平方公里。行政区划整合之后，滨海新区常住人口占天津市总人口的 1/5，经济总量占天津市 GDP 的 1/2。尽管滨海新区在行政区划上仍然属于市辖区的建制，单位面积的城市化率也尚待提高，然而滨海新区在常住人口、城市化率、经济总量等方面都大大超过市辖区的全国平均水平，也显著超过天津的其他区县。

(2) 2013 年 9 月，天津市宣布撤销塘沽、汉沽、大港三区工委和管委会，由天津滨海新区区委、区政府统一领导街镇。根据目前街镇区域大小、人口数量、发展水平和历史沿革等，按照“大街镇”的发展思路，科学划分街镇辖区，将现有 27 个街镇分步整合，减少数量，授权扩权，赋予更多的经济社会管理职能，实现“强街强镇”；根据区域位置、经济基础、产业结构、发展空间等情况，对 12 个功能区归并整合。

(3) 滨海新区管理体制未来改革应当继续努力体现“有为政府”的基本特征，要实现改革与政府职能转变的互促机制，要服务于区域平衡发展与新型城镇化的国家战略，要延续中国改革开放的基本策略，要着意处理好市政府与滨海新区政府之间的关系，新区政府与功能区、街镇之间的关系，处理好滨海新区与先进区域之间的关系，处理好滨海新区发展与港口建设之间的关系。

(4) 滨海新区管理体制改革建议包括：新区管理体制改革应突出机制创新；打造可持续的财政支撑能力；合理定位功能区，理顺功能区的政府间关系；合理配置区街资源，以服务强街镇。

（作者单位：南开大学周恩来政府管理学院；南开大学马克思主义教育学院）

政府购买服务发展情况报告

盛 林

政府购买服务，即“政府向社会力量购买服务”，就是“通过发挥市场机制作用，把政府直接向社会公众提供的一部分公共服务事项，按照一定的方式和程序，交由具备条件的社会力量承担，并由政府根据服务数量和质量向其支付费用”①。

推广政府购买服务，是当前全面深化政府管理体制改革、创新政府管理理念的一项重要举措。政府购买服务，有利于引导社会力量进入公共事业领域，改变政府大包大揽的传统做法，使政府集中力量做好应提供的公共服务，从而形成政府、市场、社会等多元主体之间的合理定位和良性互动。推进政府向社会购买服务的改革，是公共服务供给模式的重要制度创新，对于加快转变政府职能，促进政府自身运作方式的改革，提高公共服务供给水平和效率，加快现代服务业的发展，扩大国内市场有效需求，促进社会就业均具有重要意义。

一、2013年政府购买服务发展现状综述

近年来，随着政府职能转变的步伐不断加速，公共服务供给体系发生了较大变化。一方面，原来由政府承担的一部分公共服务事项，已转交社会力量承担；另一方面，政府直接以购买服务的方式，推动社会组织参与公共服务供给。在这一转变过程中，我国公共服务体系和制度建设得到不断推进，公共服务提供主体和提供方式逐步多样化发展，初步形成了政府主导、社会参与、公办民办并

① 《国务院办公厅关于政府向社会力量购买服务的指导意见》，见国务院办公厅网，2013-09-26。

举的公共服务供给模式。2013 年，各级政府购买社会组织的服务达 150 多亿元。①

（一）中央政府推进政府购买服务的主要实践

2013 年，中央政府着眼建立高效合理的公共服务资源配置体系和供给体系，明确提出：要建立比较完善的政府向社会力量购买服务体系，并逐步细化和规范政府购买服务事项，将政府购买社会服务纳入法治化、制度化轨道。其具体实践主要有：

1. 国务院常务会议研究推进政府向社会力量购买公共服务

2013 年 7 月 31 日，国务院总理李克强主持召开国务院常务会议，研究推进政府向社会力量购买公共服务。会议指出，“创新方式，提供更好的公共服务，是惠及人民群众、深化社会领域改革的重大措施，又是加快服务业发展、扩大服务业开放、引导有效需求的关键之举，也是推动政府职能转变，推进政事、政社分开，建设服务型政府的必然要求”，要“放开市场准入，释放改革红利，凡社会能办好的，尽可能交给社会力量承担，加快形成改善公共服务的合力，有效解决一些领域公共服务产品短缺、质量和效率不高等问题，使群众得到更多便利和实惠”。②

会议提出了下一步推进政府向社会力量购买公共服务的工作思路，明确要“将适合市场化方式提供的公共服务事项，交由具备条件、信誉良好的社会组织、机构和企业等承担”。会议提出了五项具体要求：一是各地要在准确把握公众需求的基础上，制定政府购买服务指导性目录，明确政府购买服务的种类、性质和内容，并试点推广。二是政府可通过委托、承包、采购等方式购买公共服务。要按照公开、公平、公正原则，严格程序，竞争择优，确定承接主体，并严禁转包。三是严格政府购买服务资金管理，在既有预算中统筹安排，以事定费，规范透明，强化审计，把有限的资金用到群众最需要的地方，用到刀刃上。四是建立严格的监督评价机制，全面公开购买服务的信息，建立由购买主体、服务对象及第三方组成的评审机制，评价结果向社会公布。五是对购买服务项目进行动态调整，对承接主体实行优胜劣汰机制，使群众享受到丰富优质高效的公共服务。③

2. 国务院颁布《国务院办公厅关于政府向社会力量购买服务的指导意见》

2013 年 9 月，国务院办公厅印发《国务院办公厅关于政府向社会力量购买

① 参见《中国慈善发展报告：2013 年政府购买社会组织服务 150 多亿元》，见新华网，2014-05-16。

②③ 参见《国务院常务会研究推进政府向社会力量购买公共服务》，见新华网，2013-07-31。

服务的指导意见》（简称《指导意见》），明确提出，“在公共服务领域更多利用社会力量，加大政府购买服务力度”，“地方各级人民政府要结合当地经济社会发展状况和人民群众的实际需求，因地制宜、积极稳妥地推进政府向社会力量购买服务工作，不断创新和完善公共服务供给模式，加快建设服务型政府”。《指导意见》明确了政府购买服务体系建设的目标任务，即“到2020年，在全国基本建立比较完善的政府向社会力量购买服务制度，形成与经济社会发展相适应、高效合理的公共服务资源配置体系和供给体系”。

《指导意见》指出，政府购买服务应遵循四个基本原则：其一，“积极稳妥，有序实施”，要“立足社会主义初级阶段基本国情，从各地实际出发，准确把握社会公共服务需求，充分发挥政府主导作用，有序引导社会力量参与服务供给，形成改善公共服务的合力”；其二，“科学安排，注重实效”，要“坚持精打细算，明确权利义务，切实提高财政资金使用效率，把有限的资金用在刀刃上，用到人民群众最需要的地方，确保取得实实在在的成效”；其三，“公开择优，以事定费”，要“按照公开、公平、公正原则，坚持费随事转，通过竞争择优的方式选择承接政府购买服务的社会力量，确保具备条件的社会力量平等参与竞争。加强监督检查和科学评估，建立优胜劣汰的动态调整机制”；其四，“改革创新，完善机制”，要“坚持与事业单位改革相衔接，推进政事分开、政社分开，放开市场准入，释放改革红利，凡社会能办好的，尽可能交给社会力量承担，有效解决一些领域公共服务产品短缺、质量和效率不高等问题”，同时，要“及时总结改革实践经验，借鉴国外有益成果”。

在规范建设方面，《指导意见》从购买主体、承接主体、购买内容、购买机制、资金管理、绩效管理六个方面，对如何有序开展政府向社会力量购买服务工作进行了明确要求。《指导意见》强调，“非基本公共服务领域，要更多更好地发挥社会力量的作用，凡适合社会力量承担的，都可以通过委托、承包、采购等方式交给社会力量承担”。同时，《指导意见》要求，“购买工作应按照政府采购法的有关规定，采用公开招标、邀请招标、竞争性谈判、单一来源、询价等方式确定承接主体，严禁转包行为”。

3. 党的十八届三中全会的战略部署

党的十八届三中全会对全面深化改革若干重大问题进行了重要的战略部署，在政府购买服务方面，强调要“推广政府购买服务，凡属事务性管理服务，原则上都要引入竞争机制，通过合同、委托等方式向社会购买”；要“加快事业单位分类改革，加大政府购买公共服务力度，推动公办事业单位与主管部门理顺关系和去行政化，创造条件，逐步取消学校、科研院所、医院等单位的行政级别。建立事业单位法人治理结构，推进有条件的事业单位转为企业或社会组织”。① 会议还在深化教育领域综合改革方面，提出要健全政府购买服务制度，鼓励社会力量兴办教育。

4. 全国政府采购工作网络视频会议的推进工作

2013 年 11 月，在全国政府采购工作网络视频会议上，财政部副部长刘昆发表讲话。刘昆回顾总结了我国政府采购制度改革取得的成效，十年来，政府采购的范围和规模不断扩大、法规制度体系不断健全、管理体制机制不断完善、政策成效不断显现、开放谈判稳步推进。过去十年间，全国政府采购规模的变化情况详见表 1。②

表 1　　2002 年度与 2012 年度全国政府采购规模的对比

科目 / 年度	全国政府采购总金额（亿元）	占同年财政支出的比重（%）	中小企业占合同份额
2002	1 009	4.6	当年未统计
2012	13 977	11.1	近 80%

会议指出，目前我国政府采购规模小、范围窄，服务项目是主要短板，要着力扩大政府采购管理范围。会议提出了当前和今后一个时期要着力抓好的七个方面工作，其中，在“着力扩大政府采购管理范围”方面，会议要求，“各地财政部门要高度重视，将其作为党组重要工作来抓，要动员财政部门各处室的力量，按照《国务院办公厅关于政府向社会力量购买服务的指导意见》要求，制定工作方案，细化工作措施，及时研究解决试点工作中出现的新情况、新问题，努力推进政府购买服务工作”。③

（二）各地政府推进政府购买服务的主要实践

2013 年，各地政府立足本地实际，积极推进政府购买服务的探索和实践。在探索建立和完善向社会力量购买服务的运行机制方面，取得了良好效果；在购买流程、项目招标、资金管理等方面积累了不少有益经验。2013 年，北京、江苏、广东、上海、山东等省市制定了政府购买服务的有关指南或指导意见，广东、山东、河北等省还陆续出台了政府购买服务指导目录及专项管理规定。地方政府购买公共服务，逐步走向制度化轨道。其中，代表性的地方实践主要有：

① 参见《中共中央关于全面深化改革若干重大问题的决定（二〇一三年十一月十二日中国共产党第十八届中央委员会第三次全体会议通过）》，载《人民日报》，2013-11-16。

②③ 参见《财政部召开 2013 年全国政府采购工作网络视频会议》，见中华人民共和国财政部网站，2013-11-28。

1. 北京市出台政府购买社会组织服务项目指南

2013年1月，北京市社会建设工作领导小组办公室颁布《北京市2013年政府购买社会组织服务项目指南》，该指南对2013年度拟利用社会建设专项资金，向社会组织购买社会公共服务的项目按不同方向进行了分类和具体规定，其中包括社会基本公共服务，社会公益服务，社区便民服务，社会管理服务，社会建设决策研究、信息咨询服务5个方面、45个类别的500个公共服务项目。各社会组织可以于2013年3月20日前，在网上进行项目申报工作。具体申报程序为：市级“枢纽型”社会组织所属社会组织经组织同意、各区县社会组织经各区县社会建设工作领导小组同意，分别向市社会建设工作领导小组办公室提交报送项目。具体项目方向和类别见表2。

表2　北京市2013年政府购买社会组织服务项目方向与类别

序号	项目方向	项目类别
一	社会基本公共服务类	1. 社区基本公共服务推进项目
		2. 扶老助残服务项目
		3. 支教助学服务项目
		4. 扶贫助困服务项目
		5. 公众卫生健康知识普及服务项目
		6. 就业、创业帮扶服务项目
		7. 公共安全教育训练推广项目
二	社会公益服务类	8. “北京精神”宣传践行推进项目
		9. 社会志愿公益服务项目
		10. 高校社团公益服务项目
		11. 绿色生活方式引导项目
		12. “做文明有礼北京人”宣传教育推进项目
		13. 法律咨询与援助服务项目
		14. 人文关怀与社会心理服务项目
		15. 特殊人群服务项目
		16. 网络自组织文明自律引导服务项目
		17. 应急救援综合服务项目
三	社区便民服务类	18. “一刻钟服务圈”便民服务拓展项目
		19. 家政服务提升推广项目
		20. 社区居民出行便民服务项目
		21. 社区“一老一少”照护服务项目
		22. 社区智能化便利服务项目

续前表

序号	项目方向	项目类别
四	社会管理服务类	23. 社会组织“枢纽型”管理服务项目
		24. 社会组织孵化项目
		25. 社会组织服务品牌提升推广项目
		26. 与在京国际组织、国家行业组织交流项目
		27. 社区管理及村庄社区化管理服务试点项目
		28. 国际化社区服务管理试点项目
		29. 社会矛盾调解服务项目
		30. 社区矫正帮教服务项目
		31. 新居民互助服务管理项目
		32. 专业社工管理岗位项目
		33. 专业社工人才培养、评价、使用、激励试点项目
五	社会建设决策研究、信息咨询服务类	34. 网格化社会管理标准体系研究项目
		35. 社会建设指标体系研究项目
		36. 社会舆情监测与分析研究项目
		37. 虚拟社会信息交流及引导机制研究项目
		38. 社会心理服务研究项目
		39. 社会动员机制研究项目
		40. 社会和谐稳定风险评估研究项目
		41. 城乡一体化建设实现路径研究项目
		42. 外来人口公共服务与居住证研究项目
		43. 社会体制改革研究项目
		44. 城市社会服务管理精细化研究项目
		45. 现代社会组织体制研究项目

资料来源：《北京市 2013 年政府购买社会组织服务项目指南》，见北京社会建设网，2013-01-24。

2. 江苏推进政府购买公共服务的制度建设

2013 年，江苏继续推进了以政府采购监管部门为主导的政府购买公共服务改革，政府购买公共服务的制度建设取得了较大进展。截至 2013 年底，江苏省实施省级政府购买服务重点项目 21 项，金额达 15 亿元，涉及教育文化、社保民生、医疗卫生、农业、财务审计、课题规划、房屋维修等方面。①

① 参见《江苏省财政：推进政府购买公共服务工作成效明显》，见 http://www.mof.gov.cn/mof-home/mof/xinwenlianbo/jiangsucaizhengxinxilianbo/201404/t20140417_1068593.html，2014-04-17。

江苏省政府购买公共服务的实践，首先是从省级以下地方政府层面开始的。各市县在推行政府购买公共服务改革方面均进行了积极创新和探索。南京将千年古镇评定、社会组织评估等政府事项交由社会力量完成；无锡通过政府购买服务，帮助2万多户社区老年人家庭获得居家养老援助；徐州由政府出资购买民间创意制定的公益创投项目；等等。①

江苏推进政府购买公共服务工作，立足于以制度建设，而非人为来保障，“凡社会能办好的，尽可能交给社会力量承担”。在深入调研和广泛征求意见的基础上，江苏省财政厅研究制定了《省级政府购买公共服务改革暂行办法》，并于2013年初正式印发。该暂行办法对推进政府购买公共服务工作进行了部署，将教育文化、社保民生、医疗卫生、农业、财务审计、课题规划、房屋维修等21项公共服务项目，列入2013年省级政府购买服务范围，实施政府采购，实现了省级政府购买公共服务工作的重要革新。

2013年10月，江苏省政府印发了《关于推进政府购买公共服务工作的指导意见》。该指导意见在界定政府购买服务拓展范围方面，提出要“围绕政府推进基本公共服务建设的中心任务，紧贴保障和改善民生的财政支出重点，合理界定并积极拓宽政府购买公共服务范围，扩大政府购买公共服务的规模”；在提高采购效益方面，要“科学履行政府在公共服务供给中的管理职能，调动社会力量在公共服务市场中的积极作用，提高社会力量承接公共服务的能力，提高财政资金和公共资源使用效益”。该指导意见就政府购买服务的实施范围，提出了明确要求：“推进政府购买公共服务工作要突出公共性和公益性，重点在基本公共教育、劳动就业服务、社会保险、基本社会服务、基本医疗卫生、人口和计划生育、基本住房保障、公共文化体育、残疾人基本公共服务等领域，逐步加大向社会力量购买服务的力度”；“对由公共财政资金安排、政府部门组织实施、市场主体较为成熟的公益性社会公共服务和管理事项，如基本医疗保险服务和政府出资的商业保险、劳动就业咨询、职业技能教育和培训、基本养老服务、社会困难人员救助、城市规划设计、宣传会展服务、基础设施管护、环卫保洁、绿化养护、生态环境建设、账务管理和审计评估、公共文化体育、残疾人教育医疗和就业服务等适合社会力量承担的项目，优先列入政府购买范围”。

2013年11月6日，为贯彻落实《国务院办公厅关于政府向社会力量购买服务的指导意见》和省政府办公厅《关于推进政府购买公共服务工作指导意见的通

① 参见《“江苏模式”：政府购买服务纳入政府采购管理》，见 http://www.ccgp.gov.cn/dfchannel/jiangsu/201403/t20140307_3329720.shtml，2014-03-07。

知》精神，进一步推动政府购买公共服务工作的开展，江苏省财政厅召开全省财政系统推进政府购买服务工作专题会议。其后，于 11 月 14 日印发了《关于积极推进政府购买公共服务工作的通知》。该通知要求各级财政部门要进一步创新工作思维和方法，深入开展调研，及时出台符合实际、科学规范、操作性强的政府购买公共服务实施办法，完善各项工作推进机制，确保政府购买公共服务的各项政策落到实处。通知要求，要“规范政府购买服务管理，注重购买服务绩效”，并提出了三个具体要求：其一，编制年度实施方案。科学设定集中采购目录和标准，结合下一年度部门预算和政府采购预算编制工作，按照省政府指导意见明确的重点范围，围绕本地政府公共服务的重点领域，在部门预算已确定的财政支出项目中选择金额较大、影响面广、操作性强的项目列为政府购买公共服务重点项目，制定年度实施方案并予以积极推进。其二，提升采购代理机构开展政府购买服务业务能力。政府采购公共服务政策性强，专业度高，涉及领域广，对质量标准、合同履约、后续服务及绩效评价等方面提出了更高的要求。各级财政部门要加强对采购代理机构的培育和指导，提升采购代理机构的适应能力和业务水平。采购代理机构要开展业务学习，加强制度建设，提高业务能力，增强服务力量，拓展实施领域，适应政府购买公共服务改革的需要。其三，加强绩效考评和跟踪问效。对列入年度实施方案的政府购买公共服务项目，各级财政部门要主动会同行业主管部门建立公共服务绩效评价体系，研究细化公共服务验收标准，强化全程绩效管理。要制定公共服务绩效目标，细化考核标准，加强对绩效目标的实现程度、资金使用、服务质量、工作状况等的绩效考核，必要时可引入第三方评价，建立多方参与的长效机制。绩效考核结果要与财政资金支付挂钩，并作为以后财政安排公共服务项目资金的重要依据。该通知要求：“各地要在年底前出台支付购买公共服务的实施办法，并报送上一级财政部门备案。”

二、2013 年政府购买社会服务问题研究综述

2013 年以来，伴随中央和地方层面政府购买服务实践的不断发展，学术界对政府购买社会服务问题的关注度也愈来愈高。本报告将对 2013 年学术界围绕政府购买社会服务问题的相关研究，做一简要梳理和评析。

（一）主要相关研究成果

2013 年，在政府购买社会服务问题领域，学术界从多个角度开展了广泛的研究，主要相关研究成果如下：

1. 对政府购买社会服务与政府职能转变关系的研究

一些学者从政府角色转变、政府职能转变的角度，对政府购买社会服务开展了研究。如於乾英在《试论政府购买服务中存在的问题及完善对策》一文中指出，目前“政府角色转变、政府职能的转变不到位，体制改革缓慢”，而“政府购买服务也就是直接放权，但是放权中却存在诸多问题”，因此，“没有从根本上解决权责问题，政府职能无法做到准确转换”。政府职能转变中存在一种选择性适应现象，即在“抓”的时候集权不集责，而在“放”的时候又放责不放权。这样，会导致权力部门公共责任日益微弱，而进行资源垄断部门的权力日益增大。社会组织作为这一个“大社会”中最重要的力量来源，其主要的权力来源不是自我发展，更多的是政府部分权力的让渡。①

2. 对政府购买社会服务经费问题的研究

一些学者从经费来源角度，对政府购买社会服务开展了研究。如薛无瑕等在《从财政经费视角研究政府购买社会组织服务——基于温州市社会组织参与政府购买服务的能力及意愿的调查》一文提出，“政府购买社会组织服务，是政府将承担的公共服务事项交由社会组织来提供，政府对社会组织所提供的服务数量和质量进行监督与考核，并按照签订的协议支付费用，以承担政府公共服务职能的行为”，而“社会组织，是自发成立的、不以营利为目的的非政府组织”。②

3. 特定领域政府购买社会服务的研究

一些学者从购买内容角度，对特定领域政府购买社会服务开展了研究。如周翠萍所著《政府购买教育服务的政策研究》一书从政府购买教育角度③，牟永福、彭红利所著《政府购买居家养老服务模式与机制创新研究》一书从政府购买居家养老服务角度④，开展了专门性的研究。王飞在《农民工就业培训服务：政府购买服务路径刍议》一文中指出，“作为旨在提升农民工就业能力，解决其就业问题的就业培训服务，政府以往的提供方式是大包大揽，不仅效率低而且效果欠佳”，“在打造服务型政府背景下，政府购买服务路径既可实现政府转变职能的要求，又可实现农民工就业培训服务财政效力最大化”。该文对政府购买服务的内涵、政府购买农民工就业培训服务的状况与存在的问题进行了界

---

① 参见於乾英：《试论政府购买服务中存在的问题及完善对策》，载《社科纵横》，2013（4）。

② 参见薛无瑕等：《从财政经费视角研究政府购买社会组织服务——基于温州市社会组织参与政府购买服务的能力及意愿的调查》，载《经济研究参考》，2013（29）。

③ 参见周翠萍：《政府购买教育服务的政策研究》，上海，上海交通大学出版社，2013。

④ 参见牟永福、彭红利：《政府购买居家养老服务模式与机制创新研究》，石家庄，河北科学技术出版社，2013。

定和分析，并探讨了政府为农民工购买就业培训服务的具体路径及发展方向。①

4. 对政府购买社会服务过程管理的研究

一些学者从政府购买服务的运行过程角度开展了研究。如马俊达、冯君懿提出，做好政府购买服务工作，需要“在深化认识和观念倡导基础上，进行扎实的制度设计和流程再造，增强政府部门尤其是财政部门对购买公共服务的管控能力”，要“加强风险管控和科学管理，尤其要重视从体制机制建设入手，加强政府购买服务的过程管理”，并具体地提出了，要建立健全“购买服务的目录筛选机制、购买服务的需求调查机制、服务购买的招标投标机制、服务购买的动态项目机制、购买服务的绩效评价机制和购买服务的末位淘汰机制”等建设性意见。② 其中，尤其要重视评估环节的作用，因为“绩效评价是鉴别购买服务项目成效的重要方式，是连接项目投入和项目产出的关键环节”，“可尝试对购买服务项目的绩效实行360度评估，尤其重视第三方评估，发挥管理部门、专业机构、行业组织、专家学者、群众代表等各方面作用，对服务机构承担的项目的项目管理、服务成效、经费使用等内容进行综合考评”。③

5. 对政府购买社会服务实效性的研究

一些学者从政府购买社会服务的实效性角度，开展了专门研究。如牟永福、彭红利所著《政府购买居家养老服务模式与机制创新研究》一书通过对宁波、石家庄、南京、上海、杭州等地政府购买居家养老服务进行实证分析，探析了政府购买居家养老服务的动因、模式、方式、范围、运行机制等，并对其经济效益和社会效益进行了评估。该书从需求度、专业度、满意度、独立性、市场性五个方面分析了影响政府购买居家养老服务运行的主要因素，并从运行结构、运行规范和运行质量三个方面，对政府购买居家养老服务的运行困境进行了剖析。该书在对当前政府购买居家养老服务的项目运行效率情况及存在问题分析的基础上，提出了提高政府购买居家养老服务运行效率的五大机制。④

还有学者提出，社会组织发展水平影响政府购买服务发展。“各地政府部门对社会组织认识的偏差，直接影响到发展与生存，使得社会组织出现了‘发育不良’的局面，无法遵循购买主体的竞争性原则”，同时，“很长一段时间

---

① 参见王飞：《农民工就业培训服务：政府购买服务路径刍议》，载《行政与法》，2013（2）。

②③ 参见马俊达等：《试析政府购买服务的过程管理——政府购买服务问题研究（下）》，载《中国政府采购》，2013（4）。

④ 参见牟永福、彭红利：《政府购买居家养老服务模式与机制创新研究》，石家庄，河北科学技术出版社，2013。

内，对于社会组织，国家都采取的是防范发展的战略目标，运用行政控制手段”，“导致社会组织无法拥有独立的地位，故而使得其不可能有独立性的存在”。①

6. 对政府购买社会服务政策的研究

一些学者从政府购买社会服务的政策制定与实现角度，开展了专门研究。如周翠萍所著《政府购买教育服务的政策研究》一书，在研究分析政府购买教育服务的内涵与理论前提的基础上，通过分析国内外政府购买教育服务的典型案例，深入剖析政策的实施背景、实施过程及成效，揭示国内外政府购买教育服务政策“是什么”、“喜好什么”的问题，在此基础上，分析研究我国政府购买教育服务政策的推广实施“是否可能”的问题，回答了我国政府购买教育服务政策“应该是什么”、“应该怎样做”等问题。该书尝试总结了政府购买教育服务的政策体系、实施操作过程以及具体实施策略。②

7. 对地方政府购买社会服务实践探索的研究

一些学者从地方政府购买社会服务实践探索角度，开展了专门性研究。如王刚在《南京政府购买服务试验》一文中，从“管（裁判员）与办（运动员）”实现分离的角度，介绍了南京市鼓楼区政府购买社会服务的实践探索。2003 年 11 月，南京市鼓楼区在全国率先创建“居家养老服务网”，以政府购买服务的方式与社会养老机构合作，免费为孤寡、独居老人和困难老人家庭提供照应起居、买菜做饭、清洗衣被、打扫居室、陪同看病等生活照料服务。经过多年探索，目前运行制度已臻于完善。鼓楼区居家养老已经从试点之初的 100 人，发展到如今每年 2 500 名老人的规模，每年 260 万元的费用，纳入财政预算，全部由政府埋单。③

（二）研究评析

2013 年，政府购买服务成为学术界研究讨论的热点问题。学者们围绕政府购买服务中与“向谁买”、“买什么”、“怎么买”相关的经费、政策、实效性、实践探索等领域问题，展开了大量研究。其在推进政府购买服务实践发展方面的学术贡献，主要体现在以下四个方面：

1. 厘清了推进政府购买服务与政府职能转变的内在关系

学者们科学分析了目前政府认识不到位、政府职能转变进程缓慢，对于推进政府购买服务的阻碍作用。一方面，一些政府对推进政府购买服务发展的认识不

① 参见於乾英：《试论政府购买服务中存在的问题及完善对策》，载《社科纵横》，2013（4）。

② 参见周翠萍：《政府购买教育服务的政策研究》，上海，上海交通大学出版社，2013。

③ 参见王刚：《南京政府购买服务试验》，载《决策》，2013（10）。

充分，不愿交出那些对自己有利的事项；另一方面，对于自己不易办理或不愿办理的事项，则想甩包袱、推责任。学者们还对推进政府职能转变过程中，到底哪些属于公共服务、哪些公共服务应通过政府向社会力量购买等问题给予了积极的关注。

2. 指出了政府购买服务运行机制中存在的主要问题

学者们通过研究认为，目前政府购买服务运行机制仍然很不完善，并分析了政府购买服务存在的主要问题。具体包括在项目范围上的不明确、服务项目选择标准的不统一以及购买环节的随意性等问题。在此基础上，提出要尽快建立招投标信息发布制度和投标方资格审查制度，并从招投标的方式、程序和评估规则等方面对政府购买服务的运行机制进行完善。显然，当前“实践中需要讨论和澄清的已不再是‘要不要实施政府购买服务’的务虚问题，而是‘如何实施政府购买服务’的现实问题”①。

3. 阐释了社会组织发展缓慢对政府购买服务的制约作用

相关学术研究表明，当前社会组织发展水平低，地区之间发展不平衡，是制约政府购买服务工作进一步推进的重要因素。从客观角度看，政府购买服务无疑可以为社会组织带来极佳的发展机遇，但长期以来，政府过度挤压社会组织的发展空间，使其自身发展水平及承接政府转移职能的能力相对较低，必将制约政府购买服务的深入发展。有学者指出，“对于社会组织发展态度，政府部门处于摇摆不定的局面，这对社会组织健康、快速发展产生了阻碍”，“很多部门、党委认为社会组织是一个可有可无的存在；对社会组织存在防范、限制心理”。②

4. 提出了建立健全政府购买服务的绩效评价机制

绩效评价不仅是评价政府购买服务项目成效的重要环节，也是规范政府购买服务运行的保障机制。一些学者从过程管理的角度，指出了地方政府购买服务评价机制缺失的问题，提出要建立健全政府购买服务的绩效评价机制。例如，“当前，一些地方和部门在购买公共服务后难以对合同内容进行全面监督，缺乏系统的评价体系和科学的评价方法”，因此，要“建立健全购买服务绩效评价机制，重点是探索建立多元参与、全方位的评价指标体系”。③

① 马俊达等：《试析政府购买服务的过程管理——政府购买服务问题研究（下）》，载《中国政府采购》，2013（4）。

② 参见於乾英：《试论政府购买服务中存在的问题及完善对策》，载《社科纵横》，2013（4）。

③ 参见马俊达等：《试析政府购买服务的过程管理——政府购买服务问题研究（下）》，载《中国政府采购》，2013（4）。

三、政府购买服务的展望与分析

2013年，各级政府在推进政府购买社会服务方面，均取得了较大发展。但目前依然存在诸多问题，这些问题能否妥善解决，将关系到政府购买社会服务工作的实际成效。

（一）现存主要问题

当前，各级政府购买社会服务的实践探索，主要存在以下五个突出问题：

1. 政府购买社会服务的边界不清晰

当前，无论在理论层面，还是实践层面，政府购买社会服务的概念和边界尚存不同看法，各地政府推进改革的具体做法也不尽相同。尤其是，目前政府向社会力量购买公共服务尚处于无法可依的阶段。政府购买社会公共服务，则政府自身所提供公共服务和政府向社会购买的服务之间必须有明确的界限。如果边界不清晰，政府购买公共服务的行为就有可能变成推卸自身责任、转嫁政府负担的行为。一方面，个别地方政府借购买公共服务之名，向社会甩包袱，一些“无利可图”但本该政府承担的公共服务职责，很快由政府转交给社会力量来提供；另一方面，一些“有利可图”但本该由政府转交社会组织提供的服务项目，个别政府却始终不愿向社会力量转交。当前，雇用大量的“临时工”提供本应由在编人员提供的公共服务，是政府公务员规避自身责任、变相增加财政开支的失范行为，不仅会极大降低政府机关的工作效率，而且极易滋生腐败行为。合理划定政府购买社会服务的边界，将是处理好政府购买社会服务与政府职能转变关系的关键问题。

2. 政府购买社会公共服务的规模偏小

近年来，虽然政府购买社会公共服务的数额呈现逐年增长的基本态势，但总量上依然处于相对低位。在大多数发达国家，政府购买社会公共服务，已经是政府组织提供公共服务的一种重要方式。但在中国，政府购买社会公共服务占政府采购总规模的比重仍很小，主要集中于社区服务等领域。2012年，全国服务类采购共计1 214亿元，约占政府采购总规模的8.7%。从地方政府层面看，2012年，江苏省政府服务类采购占政府采购总规模的4.3%。如果具体到公共服务类，这一比重就更低了，以江苏省无锡市为例，2012年政府购买公共服务的金额占一般预算支出的比重仅为1.9%，占全市政府采购总规模的比重仅为5.8%。①

① 参见戴明辉：《政府购买公共服务对策探讨》，见和讯网，2013-12-23。

3. 社会组织发展薄弱

长期以来，我国社会组织发展相对比较薄弱。其中，一个重要原因就是政府职能设定的不合理，政府承担了很多本应由社会承担的职能，挤压了社会组织应有的发展空间。这样就使得相当一部分社会服务项目难以找到承接的社会组织。此时，如果政府盲目将应转交社会组织提供但目前缺乏相应社会承接力量的职能转出，必然会导致公共利益受损。因此，在推进政府购买社会服务的过程中，需要平衡好政府职能转变和社会力量承接能力的关系。

4. 工作制度和机制不健全

当前，各级政府推进政府购买社会服务工作仍处于探索阶段，尚未形成统一有效的购买服务平台和工作机制。工作制度和机制的不健全，在很大程度上，会大大降低政府购买社会服务的实效。目前，政府购买社会服务的工作制度和机制的不健全主要体现在：其一，政府职能有待进一步厘清，各级政府购买社会服务的目录和分类列表应进一步细化和完善；其二，竞争性评审环节，特别是相关工作职责、程序及管理要求的规定，仍需进一步完善，尤其要考虑如何增强其可操作性的问题；其三，在购买服务流程上，对于服务主体、服务范围、服务程序、经费保障机制等的规定应进一步具体化；其四，缺乏全过程的监督制度，今后应全面建立覆盖预算管理、信息发布、招标、竞标、订立合同、采购、提供服务、服务评价等全部环节的监督制度。

5. 评价标准体系不完善

目前，政府购买社会公共服务项目，从供应商准入门槛、资格评定，到服务评价，均缺乏一套科学、可操作的评审标准和方法。具体而言，由于政府购买社会公共服务的项目种类繁多，因此尚未建立起针对全部购买服务项目的准入门槛和供应商资格条件；在采购环节，由于不同服务项目性质的不同，实践中很难建立统一的采购方式、采购周期等制度规定；在绩效管理和服务评价方面，尚无科学的量化考评标准体系；服务评价的结果，尚未与后续购买活动有效挂钩；等等。

（二）进一步推进政府购买社会服务的重点工作

当前，进一步推进政府购买社会服务工作，应重点做好以下几方面的工作：

1. 以立法规范政府购买社会服务工作

当前，应尽快推进政府购买社会服务地方性立法工作，以完备的法律法规制度体系，保障政府购买公共服务工作的健康发展。具体而言，应结合《中华人民共和国政府采购法》的相关内容，通过深入调研，研究制定政府向社会力量购买公共服务的具体法规和实施细则，对政府购买公共服务的购买主体、承接主体、购买范围、购买内容、购买机制、资金预算管理以及监督评价机制等进行更明确、严格的法律界定，形成规范和保障政府购买公共服务工作的完备法规体系，为政府有效购买服务提供法律依据。

2. 进一步明确政府购买社会服务的边界

政府向社会力量购买服务的范围，应界定在适合采取市场化方式提供且社会力量能够承担的公共服务领域。具体来说，在教育、就业、社保、医疗卫生、住房保障、文化体育及残疾人服务等基本公共服务领域，在继续发挥政府主导作用的前提下，应逐步加大政府向社会力量购买服务的力度；在非基本公共服务领域，凡适合社会力量承担的，均应通过委托、承包、采购等适当方式，逐步转由主要依靠社会力量提供；对应由政府直接提供且不适合社会力量承担的公共服务，以及政府职责以外的服务项目，均不应列入政府购买社会服务范畴。

这里需要明确的是，当前中国社会力量相对薄弱的国情，决定了政府购买社会服务的边界是一个逐步扩大的动态过程。对于目前社会组织尚无力承接而暂由政府继续承担的服务项目，在社会组织发展成熟的条件下，应及时转交社会力量承接。

3. 合理制定政府购买社会服务工作的中长期发展规划

各级政府应根据国办指导意见，由各级财政部门牵头，结合本地政府实际情况，尽快研究制定本级政府购买服务工作的中长期规划，并积极、稳妥地推进这一工作。应明确政府购买社会服务工作的基本功能定位，并建立阶段性推进的目标任务和计划步骤，使短期发展目标与中长期发展目标相互结合。中长期发展规划应将厘清购买主体、承接主体、参与主体、资金规模、涉及领域、覆盖范围等若干重大问题纳入其中，使政府购买公共服务工作逐渐步入有序轨道。

4. 加快培育和支持社会组织发展

在推进政府购买社会服务的过程中，应加快培育和支持社会组织发展。首先，应给予社会组织合理的发展空间，在社会组织具备承接能力的前提下，政府应尽快将本该由社会力量承担的职责，转交具备合格资质的社会组织；其次，应采取必要措施，鼓励社会组织参与政府购买服务申报和竞标活动，积极构建政府与社会组织在公共服务领域的良性合作关系；最后，要保障社会组织的独立性，防止地方政府以购买服务的名义，干预社会组织内部事务，甚至干扰社会组织日常运营。

5. 推进政府购买社会服务项目绩效评价体系建设

建立科学、合理的绩效评价体系，是有效推进政府购买社会服务的重要手段。应针对政府购买社会服务项目的不同性质和类别，有针对性地建立起全过程的预算绩效管理制度，对项目的服务质量、资金节约状况、政策实施效能、运行透明度以及专业化水平等多个方面，进行综合客观评价，以提高对政府购买社会服务项目绩效评价的准确性。同时，应将绩效评价制度与政府购买服务的后续采购结合起来，依据项目绩效评价的结果，来选择或排除某一供应商。在同类服务项目的采购中，同等条件下，应适当优先考虑之前绩效评价结果为优秀的供应商。

四、报告要点

本报告对 2013 年度全国各级政府购买社会服务的实践发展和理论研究成果进行了简要的梳理和归纳总结，对中国政府购买社会服务的现存问题进行了剖析，在此基础上，尝试提出了当前进一步推进政府购买社会服务应做好的五项重点工作。

本报告要点总结如下：

1. 各级政府购买社会服务的实践发展

近年来，随着政府职能转变的步伐不断加速，公共服务供给体系发生了较大变化。一方面，原来由政府承担的一部分公共服务事项，已转交社会力量承担；另一方面，政府直接以购买服务的方式，推动社会组织参与公共服务供给。在这一转变过程中，我国公共服务体系和制度建设得到不断推进，公共服务提供主体和提供方式逐步多样化，初步形成了政府主导、社会参与、公办民办并举的公共服务供给模式。2013 年，各级政府购买社会组织的服务达 150 多亿元。

2013 年，中央政府着眼于建立高效合理的公共服务资源配置体系和供给体系，明确提出要建立比较完善的政府向社会力量购买服务的体系，并逐步细化和规范政府购买服务的行为，将政府购买社会服务纳入法治化、制度化轨道。其具体实践主要有：国务院常务会议研究推进政府向社会力量购买公共服务；国务院颁布《国务院办公厅关于政府向社会力量购买服务的指导意见》；党的十八届三中全会对政府购买服务进行战略部署；全国政府采购工作网络视频会议推进工作。

2013 年，各地政府积极推进政府购买服务的探索和实践，在购买流程、项目招标、资金管理等方面积累了不少有益的做法和经验。2013 年，北京、江苏、广东、上海、山东等省市制定了政府购买服务的有关指南或指导意见；广东、山东、河北等省还陆续出台了政府购买服务指导目录及专项管理规定。

2. 2013 年政府购买社会服务问题研究综述

2013 年，学术界关于政府购买社会服务问题的研究成果主要涉及了以下七个方面：（1）对政府购买社会服务与政府职能转变关系的研究；（2）对政府购买社会服务经费问题的研究；（3）特定领域政府购买社会服务的研究；（4）对政府购买社会服务过程管理的研究；（5）对政府购买社会服务实效性的研究；（6）对政府购买社会服务政策的研究；（7）对地方政府购买社会服务实践探索的研究。其主要学术贡献，主要体现在以下四个方面：其一，厘清了推进政府购买服务与政府职能转变的内在关系；其二，指出了政府购买服务运行机制中存在的主要问题；其三，阐释了社会组织发展缓慢对政府购买服务的制约作用；其四，提出了建立健全政府购买服务的绩效评价机制。

3. 2013年政府购买社会服务中存在的主要问题

2013年，各级政府在政府购买社会服务方面主要存在以下五个突出问题：（1）政府购买社会服务的边界不清晰；（2）政府购买社会公共服务的规模偏小；（3）社会组织发展薄弱；（4）工作制度和机制不健全；（5）评价标准体系不完善。

4. 进一步推进政府购买社会服务的重点工作

当前，进一步推进政府购买社会服务工作，应重点做好以下几方面的工作：（1）以立法规范政府购买社会服务工作；（2）进一步明确政府购买社会服务的边界；（3）合理制定政府购买社会服务工作的中长期发展规划；（4）加快培育和支持社会组织发展；（5）推进政府购买社会服务项目绩效评价体系建设。

（作者单位：南开大学马克思主义教育学院）

地方政府大项目管理的组织模式研究报告

翟 磊

我国与西方国家在地区发展路径方面具有显著差异，西方国家的地方发展总体是基于市场经济主体的自发型发展模式，而从我国的快速城市化与转型发展的实践可以看出，我国地方发展则具有更为典型的政府“项目带动”特征。通过“大项目”的实施，可以有效提升区域基础设施水平与公共服务水平、培育区域新的经济增长点、建设区域品牌与提升地区形象，最终实现区域发展的战略目标。在我国地方政府大项目管理领域，实践与理论均处于快速发展阶段，尚未形成固定的模式与理论框架。本报告将尝试对我国地方政府大项目管理的典型实践与理论观点进行梳理，以期对该领域形成相对系统的认识。

一、地方政府大项目管理组织的发展现状

通过公开资料的检索，我国共有 16 个省级地方政府实施了大项目带动战略①，且各地在项目的选择、规划以及实施过程中，政府的主导作用较为突出。

（一）地方发展的特色路径：“大项目带动战略”

1. 产生与发展：中国特色发展路径的必然选择

从西方自由主义经济学到新自由主义经济学对实践的影响可以看出，崇尚自由化、私有化、市场化和全球化的新自由主义经济学理论使西方国家的经济发展受到了经济危机、发展低迷等问题的影响，而中国发展的实践则证明了政府的适

① 目前实施大项目带动战略的 16 个省级地方政府包括：吉林、陕西、江西、安徽、海南、天津、黑龙江、福建、湖南、山东、山西、广东、青海、内蒙古、西藏、广西。此外，河南、重庆等省市在旅游、农业、文化等产业发展中实施了大项目带动战略。

度干预对经济的稳定与发展具有积极作用。政府干预的主要方式之一即为“项目带动”。福建省于2003年最早提出“项目带动战略”：力争用三年时间，逐步形成富有竞争力的投资环境和富有生机活力的项目带动机制，并将2003年定为福建的“发展项目年”。当年，福建省政府安排了对未来经济发展后劲产生重要影响的重点项目和重大外资利用项目逾百个，总投资超过3 000亿元。[①] 此后，多个省级政府相继提出了各自的“项目带动战略”，并对其作用给予了高度的肯定。吉林省将大项目视为“拉动经济增长的原动力，是发展的生命线，也是拉动经济增长的主抓手”。为促进经济发展，省委、省政府对全省投资任务指标，将任务分解落实到各地区、各县（市），保证全省重大项目建设任务的完成。全省于2012年实施了“推进亿元以上项目新开工百日攻坚”政策，掀起了项目建设新高潮。[②] 江西省则提出“没有重大项目就没有后劲，没有高新技术项目就难以优化结构、提高产业层次和水平。转变经济发展方式，实施重大项目带动战略，促进项目集聚、产业集群，这是深入贯彻落实科学发展观的必然要求；是培植优势、增强后劲的重大举措；是主动对接、乘势而上，实现江西崛起新跨越的必然选择”[③]。

通过对各省实施的重大项目的特征分析，可以将其分为三类：第一类是区域与产业开发项目，其中以各类开发区、园区、基地建设最为典型，以上海市为例，目前上海市仅在工业领域就有国家级开发区9个，市级开发区30个，重点产业基地8家，各类园区96个；第二类是基础设施与民生类项目，例如三峡工程、交通枢纽建设工程等；第三类为大型活动项目，例如上海的世博会、海南省的博鳌亚洲论坛等。

2. 组织变革的压力：任务与组织的双重二元化

在项目带动战略之下，地方政府的工作任务呈现二元化的趋势。以天津滨海新区为例，新区将打好开发开放攻坚战细化为“十大战役”，涵盖功能区开发、产业结构提升、社会事业发展、生态环境改善以及人民生活水平提高等众多领域。[④] 这就要求地方政府应当具备更为丰富的项目管理的经验，并通过主动调整组织结构来适应这种二元化的管理需求。[⑤] 通过对地方政府两种不同类型的任

---

① 参见孙贤迅：《福建实施“项目带动”战略：海纳百川　有容乃大》，见中国新闻网，2003-05-27。

② 参见《吉林省实施项目带动战略，实现省十次党代会提出的今后5年奋斗目标》，见新华网，2012-06-22。

③ 桂榕：《实施重大项目带动战略，推进江西崛起新跨越》，载《江西日报》，2008-01-11。

④ 参见岳月伟：《天津滨海新区“十大战役”建设如火如荼》，载《海南日报》，2012-07-25。

⑤ 参见翟磊等：《面向危机应对的项目导向型组织模式研究》，载《中国管理科学》，2009（10）。

务，即常规性任务与项目之间特征进行比较分析可以看出，项目是有别于地方政府常规性任务的“新”任务。根据两类任务的不同特性可以进一步对其相应的组织特征进行分析。根据分析的结果，可以发现两类不同任务所要求的组织特征具有显著差别。也就是说，地方政府任务的二元化决定了地方政府组织也应当是二元化的，如表1所示。

表1　　地方政府任务与组织的二元化

地方政府任务的二元化			地方政府组织的二元化		
特征	常规性任务	项目	特征	常规工作	项目
持续时间	永续性	临时性	存续时间	永久性	临时性
承担部门	部门分工	多部门合作	集权程度	高	低
不确定性	低	高	组织规模	大	小
相关利益主体数量	少	多	规范程度	高	低
社会关注度	持续关注	阶段性高度关注	工作流程	固定	非固定
举例	行政审批、行政执法	园区建设、大型基础设施建设	举例	工商、税务	园区建设管委会、工程指挥部

由表1可以看出，在传统组织中，地方政府强调的是通过条块间分工的方式履行各种政府职能。然而这种条块分割的组织在执行独特性任务的过程中存在着资源配置壁垒高、权力集中、决策过程缺乏快速响应机制、组织间横向沟通协调困难、人员构成相对单一等问题，从而使得传统政府组织无法很好地管理各种项目。

3. 组织变革现状：项目导向的横向型组织结构初露端倪

各地方政府在对各类项目进行管理的过程中，已逐步开展了对传统条块分割的组织结构的变革工作，使地方政府的项目管理组织初步具备了横向型组织的特征。以各类园区建设为例，其管理与开发多采用“管委会＋投资公司”模式。管委会的机构是根据各类园区的需要设置的，所需人员是通过从各职能部门抽调的方式获取的。管委会作为地方政府的派出机构，对该项目的实施行使管理职能。可见管委会是由传统政府组织机构通过跨部门协同所组成的横向型项目组织。在园区建设过程中，管委会进一步打破政府组织边界，与投资公司开展横向协同，共同完成区域的开发任务。

（二）区域与产业开发项目：“管委会”与“投资公司”组合模式

1. “管委会”与“投资公司”组合的三种模式

区域与产业开发项目主要包括开发区、园区等的建设项目，从目前我国区域与产业开发项目的实践来看，基于管委会与投资公司的职能及相关关系的差异，可以将其归纳为三种具体的组织模式：第一种是政府主导型，特别强调政府在功能区管理过程中的作用。也就是说，功能区所在地的政府或政府委派的职能部门对功能区内的经济、社会等各方面的工作进行直接并且全面的管理，具体体现为单一窗口、一站式服务等形式。第二种是企业化运作型，也被称为“公司型管理体制”。在这一管理体制下，开发公司或者运营公司成为功能区建设管理主体，某种意义上代替了政府主导模式中行政组织的建设和管理职能，全面负责规划、投资、开发和功能区管理。第三种是“政府＋企业”型，即“管委会＋投资公司”模式，是在功能区属地政府或者管委会下设立一个投资公司或者发展总公司，由管委会承担决策和服务职能，投资公司承担经济发展建设的任务。虽然投资公司是经济实体，但管理上仍有较强的行政性质。图 1、图 2、图 3 可以较为直观地反映出“政府主导”、“企业化运作”以及“管委会＋投资公司”三种组织模式的结构。

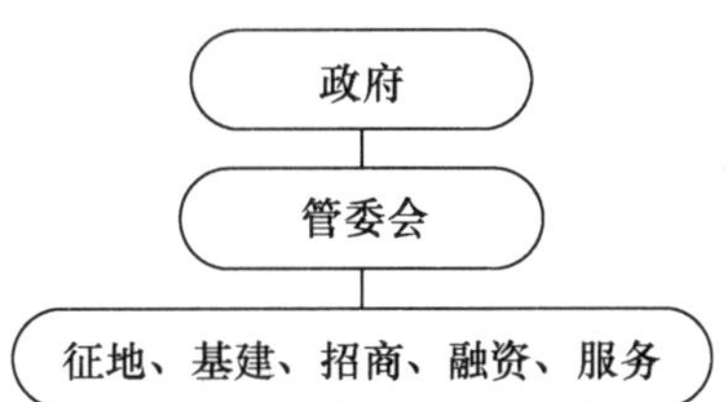

图 1　政府主导型组织模式

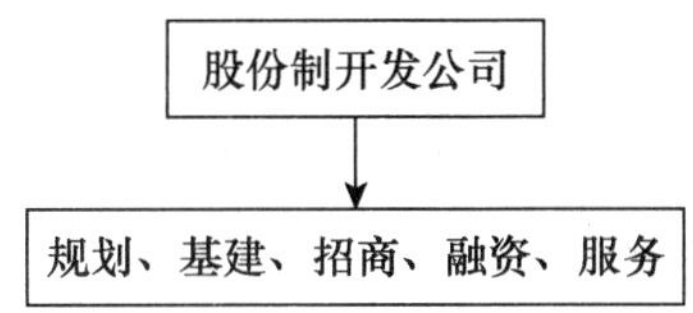

图 2　企业化运作型组织模式

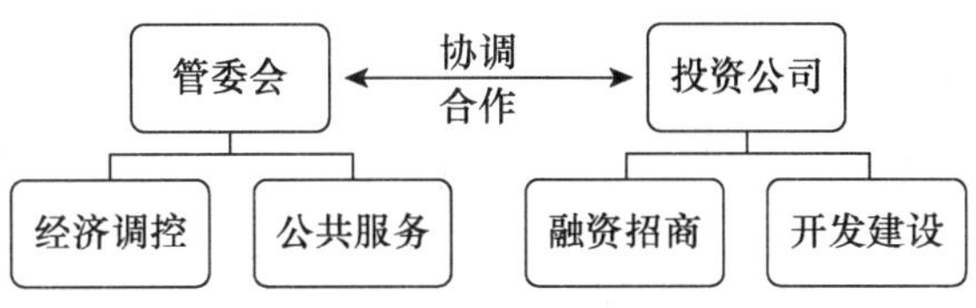

图 3　“管委会＋投资公司”型组织模式

从上图可以看出，图 1 的政府主导型模式具有强大的管理能力，政府扮演了全能的角色，统筹管理与运作，功能区在规划、资金、建设、服务各个方面的发展都依托于政府的计划和投入，发展规模和程度完全由政府保障。但也因此，政府可能需要承担过重的财政压力，事无巨细的管理方式也会增加政府在人力、机构设置和职能转变以及增补方面的负担。依据图 2，企业化运作型模式清晰简洁，管理主体为开发公司，这有利于发挥市场在经济发展中的作用，在招商和融资方面比政府指令有更多的灵活性与活力，更能激发企业的“造血功能”。但不能忽视的是，公司的企业性质必然导致其以营利为目的，这将无法保证功能区基础设施建设和公共服务提供的数目与质量。对比图 3 的“管委会＋投资公司”模式，可以看出该模式可以充分发挥地方政府与投资公司的互补性作用，使“两只手”有机地结合在一起，避免单一主体可能产生的市场失灵或政府失灵问题。这也是最能够充分发挥政府与市场互补作用的方式。因此，从当前我国的区域与产业开发项目实践来看，采用最多的模式即为“管委会＋投资公司”模式。

2.“管委会＋投资公司”模式及其特征

以天津滨海新区临港工业区为例，从 2006 年开始，滨海新区作为国家综合配套改革试验区，承担起一系列国家改革试验的工作任务。经过 2013—2014 年的整合后，滨海新区共设有 7 个经济性功能区。这些经济功能区依托自身地理优势和资源，根据新区整体的发展规划，分别有各自的产业导向。其中临港经济区以装备制造、粮油加工和港口物流为产业支柱，经过 10 年的发展建设，园区产业发展和配套设施已经初具规模，处于功能区发展的中间阶段。

临港管委会由滨海新区管委会派出，属于局级单位，全面负责功能区的规划建设和管理服务工作。其职能部门主要有：办公室、经济发展局、投资促进局、财政局、人力资源和社会保障局、建交局、社会发展局、安全检查与环境保护局、纪检监察局。近几年来，其主要工作涉及招商引资、经济调控、基础开发、公共服务和人才引进。

天津临港投资控股有限公司（简称临港控股）是功能区的经济运营主体，是管委会在经济区的唯一融资平台。临港控股的出资人是滨海新区国有资产监督管理委员会，全资国有。临港经济区管委会只是被授权行使实际出资人职责，与控股公司企业负责人签订《国有企业负责人经营业绩责任书》，对公司经营业绩开展目标考核。临港控股公司的业务范围基本涵盖了功能区产业构成的各个方面，涉及基础设施配套的建设开发及经营、港口设施的建设开发及经营、房地产开发、土地储备整理及土地开发、物流仓储、对外投资、咨询服务。控股公司根据产业类别下设 11 家子公司，以更好地进行融资开发和市场拓展，并根据管委会下达的任务目标进行具体的经济建设和投融资工作。

从以上案例中可以明显看出此模式的特征：第一，双主体协同，可以调动政府和企业两方的积极性，减轻单边发力给管理主体带来的负担，有效避免越位和缺位现象，突破政府主导的死板和纯企业运行的风险。第二，机制灵活性强，可以根据功能区发展需要适时调整主体间的作用关系。机构设置和职权划分更加明晰，并且符合主体的性质和特点，相互协调产生“1+1>2”的效果。第三，政企分开，为功能区的管理建设搭建更广阔的平台，有利于真正实现“政府创造环境，企业发展经济”的格局。在这一模式下，功能区的经济开发职能和社会管理职能的界限不清、交叉相融问题可以得到很好化解。这种模式因为双方协同的关系，在变革过程中更能保证功能区的正常生产和建设不因体制变化而出现明显的波动或下滑，实现体制机制的平稳过渡。

（三）基础设施建设项目：“指挥部”与“委员会”模式

1.“指挥部”模式及其特征

“指挥部”模式是指在已确定的重大项目建设中，由所涉及的各级政府和相关职能部门组成一个全权指挥的项目建设指挥部，就地解决项目建设相关问题的管理模式。指挥部一般按照“指挥长—副指挥长—办公室”三个层次设立机构、配备人员。“指挥部”模式将管理和服务有效链接，实现相关职能部门和项目业主有机联动，从而有效加大项目的协调服务力度，加快信息的横向与纵向流通。重点工程建设指挥部的基本框架是：政府分管领导任总指挥，各职能部门和区主要领导参加，项目业主、设计部门、建设部门共同参与。① 指挥部的主要职能是发挥协调作用，使相关各职能部门、各建设单位通力协作，为重点工程建设提供保障，加快工程建设的步伐，确保工程按质按量完成。

指挥部作为政府负责大项目协调的特殊机构，并不实际执行项目的各项管理和建设工作，不代表业主。以厦门市为例，重点工程建设指挥部只是代表政府对政府投资的重大工程建设进行协调、服务、管理、监督、保障，不负责具体的工程建设，实际上形成了“指挥部+具体项目管理模式（如代建制、项目法人责任制、业主负责制）”的综合模式，把“指挥部”模式的优点和比较先进的项目管理模式有机结合在了一起，使得各自的优势得以发挥。② 从一定意义上看，厦门重点工程建设指挥部模式的最大优势在于通过协调、服务，解决业主和建设单位在施工前、施工中所遇到的难题，为重点工程建设保驾护航。同时，厦门部分重点工程建设指挥部还具有传统工程建设指挥部所没有的功能，如招商引资功能，最大限度地改善投资效果。

---

①② 参见石爱虎等：《厦门市新一轮跨越式发展中的“指挥部模式”研究》，载《特区经济》，2012（5）。

"指挥部"模式主要有以下几个方面的特征：第一，"横向型"组织结构，以"协调"为主要职能。协调的主体既包括政府各职能部门，也包括设计单位、建设单位等非政府部门。以天津市轨道交通工程建设指挥部为例，其指挥由分管副市长担任，常务副指挥由建交委主任担任，成员包括发改委、财政局、规划局、国土房管局、市容园林委、公路局、交管局、消防局、电力公司、城投集团等部门及单位的主要负责人。① 第二，以兼职工作为主，政府分管领导以及相关职能部门的主要领导在指挥部的工作方式多为兼职，这样的优势在于可以有效调动部门资源为项目服务，缺点在于相关领导在项目上投入精力不足。第三，机构具有"临时性"特征，指挥部的主要职责是：全面协调和组织推进轨道交通工程建设，及时解决建设中的重要问题，确保工程建设进度、安全、质量、投资等各项目标的实现。该组织只在项目建设期内存在，项目完成后将自行撤销。②

2. "委员会"模式及其特征

该模式主要应用于跨省的国家重大项目管理，以"国务院三峡工程建设委员会"、"国务院南水北调工程建设委员会"最为典型。以国务院南水北调工程建设委员会为例，目前该委员会的主任为张高丽副总理，成员包括国家发改委、水利部、科技部、公安部、财政部、国土资源部、环境保护部、住房城乡建设部、交通运输部、审计署、南水北调办、农业部、人民银行、国资委、林业局、法制办、保监会、能源局、文物局、开发银行、北京市、天津市、河北省、江苏省、山东省、河南省、湖北省、陕西省的最高领导。委员会的任务是"决定南水北调工程建设的重大方针、政策、措施和其他重大问题"。国务院南水北调工程建设委员会办公室（正部级）是国务院南水北调工程建设委员会的办事机构，承担南水北调工程建设期的工程建设行政管理职能。国务院南水北调工程建设委员会办公室设置综合司、投资计划司、经济与财务司、建设管理司、环境保护司、征地移民司和监督司七个内设机构。③

与"指挥部"模式相比，"委员会"模式同样具有"横向型"组织结构的特征，同时"委员会"模式也具有一些与"指挥部"模式不同的特点：第一，委员会的主要任务是决策，决策事项包括各种重大方针、政策、措施和其他重大问题，而协调工作则由委员会办公室负责。第二，权力范围更广，包括研究提出南水北调工程建设的有关政策和管理办法，起草有关法规草案等。第三，组织的管

①② 参见《关于成立天津市轨道交通工程建设指挥部的通知》，见 http://www.tj.gov.cn/zwgk/wjgz/szfbgtwj/201102/t20110201-133335.htm，2011。

③ 参见中国南水北调网。

理幅度更宽、层级更多，由于“委员会”模式主要应用于跨省的项目组织与管理，因此其组织的管理幅度更宽，除了包括各相关部委外，还包括所涉及的各省级地方政府；管理层次上，在指挥部模式的“指挥长—副指挥长—办公室”的基础上进一步向下延伸，办公室下设七个司，各司又下设若干内设处室，以国务院南水北调工程建设委员会投资计划司为例，该司又下设综合处与计划处两个内设处室。

（四）活动类项目：“组委会”模式

1. “组委会＋常设机构”模式及其特征

对于周期性项目，即每隔一段固定时间，定期在同一地点举办的活动类项目，常用“组委会＋办公室”模式。以杭州市西湖国际博览会（简称西博会）为例，2000年以来，西博会每年举办，西博会组委会负责总体策划和总体协调，进行项目管理，但不直接运作项目，所有项目都由项目责任单位运作。按照正式项目和支持项目进行分类管理，正式项目中又划分为注册项目、申报项目和引进项目。其中，注册项目必须是由项目单位实行市场化运作、连续举办三年以上、规模和质量逐年提高，并获西博会组委会两次以上表彰的、具有品牌连续性的项目，例如西湖国际烟花大会、中国（杭州）美食节、中国杭州名师名校长论坛、中国（浙江）国际家具展览会等。申报项目主要体现了西博会多元主体参与以及博采众长的特点，但申报项目必须满足组委员对举办场地、时间、规模以及申报方案等方面的要求，以确保西博会项目的质量。引进项目为从国内外引进的重要国际性、全国性项目。一般不与西博会注册项目内容重复、雷同、交叉，由业内权威机构和权威人士直接参与举办工作，举办单位或合作单位有丰富的经验和业绩，如新丝路国际模特大赛、全国铁人三项锦标赛等。支持项目举办时间不受西博会举办时间限制，主要为符合西博会项目标准，但举办时间安排在西博会期外的项目。此类项目一般包括：具有发展潜力和市场前景，行业机构、会展企业等专业机构参与举办，有意连续举办，今后可为西博会进行培育的成长性项目；高档次和高水准的成熟项目，但在西博会正式项目报名期截止后报名，如中国·杭州千岛湖国际游艇展示推介会、首届全球化制造与中国高层论坛等。

西博会的组织机构构成即为“组委会＋办公室”模式，其中组委会由市委、市政府以及相关部门负责人组成，工作方式多为兼职。而市西博办（市会展办）是西博会组委会的常设办事机构，为市政府直属的正局级事业单位。其主要职责为：第一，负责西博会的总体策划和日常工作的综合协调。第二，受理西博会的项目申报，指导、督查西博会项目的组织实施工作。第三，负责筹集西博会办会资金，管理西博会的经费、资产和投资。第四，承担西博会组委会的日常工作，牵头与协调组委会各办事机构的工作。第五，研究制定全市会展业发展规划，受委托研究起草有关发展会展业的地方性法规、规章草案，负责承办有关重大会展节庆活动报批的具体事项。第六，负责全市重大会展、节庆活动的组织指导和协调管理，组织开展会展节庆行业的对外交流与合作。第七，承办市委、市政府及西博会组委会交办的其他工作。

该模式的特点主要体现在：第一，拥有常设的“项目管理办公室”，即市西博办，负责各年度西博会项目的全过程管理工作。从组织协调的角度来看，常设的项目管理办公室在与相关政府部门协调时具有更强的组织合法性与持续性。第二，双层次的组织横向协调机制。当西博办面临一些难以独立协调的事项时，可以由组委会从市委、市政府的层面进一步开展协调工作，从而保证项目的顺利进行。第三，拥有一批专职、长期性工作人员。与其他的地方政府项目组织模式相比，该模式中组织成员既有专职又有兼职，其中组委会办公室作为常设机构，其成员多为专职、长期性工作人员。除了具有工作稳定性和持续性特征外，专职工作也解决了工作人员的晋升与绩效考核问题，而组委会则以兼职工作为主，更利于各部门间的组织协调。

2.“组委会+临时机构”模式及其特征

这种模式常见于一次性、非周期性的活动类项目。以 2013 年举行的第十二届全国运动会为例，辽宁省为完成该项目，于 2011 年 6 月正式成立了第十二届全运会组委会，并确定了组委会的部门构成，包括办公室、人事部、竞赛部、信息技术部、新闻宣传部、广播电视部、大型活动部、开闭幕式部、市场开发部、财务部、群体工作部、志愿者工作部、行政接待部、贵宾接待部、安全保卫部、医疗救护与保健部、兴奋剂检查部、监督审计部、交通保障部、电力保障部、气象保障部、食品安全与公共卫生保障部。组委会与各机构分工负责全运会的各项组织工作，并于全运会闭幕后解散。

该模式主要有以下三个方面的特征：其一，组织机构的临时性，即该组织只为完成特定的非周期性项目而成立，在项目结束后该组织将宣告解散，事实上在组织成立之初就已确定组织解散的时间，因此该模式也是地方政府项目管理组织模式中退出机制最为健全的；其二，组织成员只在一段时间兼职或专职为项目组织工作，其中专职工作人员多采用抽调的方式，项目组织解散后，人员将回归原单位，这就为项目团队成员的绩效考核及晋升带来了一系列问题，即为项目工作期间的成绩如何被原单位认可以及如何在原单位获得相应晋升机会等；其三，信息整合与部门协调具有临时性的特点，这就决定了其无法通过政府常规的信息获取及部门协调机制实现信息共享与部门协同，往往需要依靠组委会领导的“高配”，从而以其在地方政府中的较高的行政级别来实现部门及信息的整合。

二、地方政府大项目管理组织的相关研究发展

国内外学者针对地方政府的项目管理任务，提出了“项目导向型政府”、“政府的任务型组织”等理论，为地方政府大项目管理的组织模式问题提供了理论支撑。

（一）相关研究综述

项目导向型组织（project oriented organization，POO）的概念最早可以追溯到1991年伽赖斯（Gareis）提出项目导向型企业（project oriented company，POC）。① 根据他的观点，项目导向型企业是一种在复杂的环境中能够应对各种挑战并抓住机遇的组织形式，这种组织可以在正常开展运营工作的同时实施多个项目。在这一概念的基础上，西方国家的学者们又提出了项目导向型社会（project oriented society，POS）②、项目导向型政府（project oriented government，POG）③ 以及项目导向型国际社会（project oriented international，POI）等概念，并将这一组概念中的共性特征进行总结归纳，称之为项目导向型组织。④ 综合相关研究的观点，项目导向型组织是在组织结构上兼具常设性与临时性的二元组织，具有较强的多元相关利益主体协调能力、较高的从宏观到微观的项目管理能力，同时具有学习型与合作型的特征。

在系列概念提出后，相关研究大体分为了三个方向：其一是对项目导向型组织的评价，伽赖斯等开发了项目导向型组织的评价指标体系，国际项目管理协会（International Project Management Association，IPMA）委托奥地利维也纳经济管理大学开展了有关项目导向型社会的评价与研究的课题，该课题分两批对英国、瑞典等欧洲国家进行了项目导向型社会的评价和研究。⑤ 这些研究评价报告

---

① Gareis，R.，“Management by Projects：The Management Strategy of the ‘New’ Project-oriented Company，” *International Journal of Project Management*，1991（2）：71-76.

② Gareis，R.，Huemann，M.，*Specific Competences in the Project-oriented Society：PM Research Workshop Vienna VI*，Vienna：University of Economics and Business Administration，1999.

③ Gareis，R.，*Management of the Project-oriented Company*，New York：Wiley，2004.

④ Gareis，R.，*Knowledge Elements for Project Management and Managing Project-oriented Organizations*，Vienna：University of Economics and Business Administration，1999：1.

⑤ Gareis，R.，Gruber，C.，*Final Research Report：Analysis of Austria as a Project-oriented Nation*，Vienna：University of Economics and Business Administration，2005；Gareis，R.，Gruber，C.，*Analysis of Project-oriented Companies and of Austria as a Project-oriented Nation*，Vienna：University of Economics and Business Administration，2005；Greeting，L.，*Maturities of Project-oriented Companies of about 15 Project-oriented Nations*，Vienna：University of Economics and Business Administration，2006.

显示：由于瑞典和英国等国家的项目导向型社会发展较为成熟，所以它们的创新型国家建设和知识经济发展水平较高，而有些国家因项目导向型社会建设方面的不足而严重影响了创新型国家的建设。随后 IPMA 又进一步资助开展了有关项目导向型国际社会的研究①，他们的研究结果表明，一个国家要建设创新型国家和发展知识经济就需要开展项目导向型社会的建设。对项目导向型组织开展评价方面研究的还包括美国项目管理协会（PMI）所发布的组织项目管理成熟度模型（OPM3），通过“最佳实践”、能力、结果和绩效指标，评估组织通过管理单个项目和项目组合来实现战略目标的能力。② 其二是基于学习型组织的理论对项目导向型组织的人力资源管理开展研究。③ 其三是从更偏重于战略的角度研究如何通过项目导向型组织的建设来提升组织的竞争力。④ 国外学者的相关研究大多针对一般性组织，对政府组织的研究尚停留在“项目导向型政府”这一概念的提出阶段。戚安邦等学者则将国外项目导向型组织的概念引进国内，结合地方政府的实际情况提出了项目导向型政府的模型，如图 4 所示，并开展了有针对性的研究工作⑤，但总体上仍处于起步阶段。

从公共管理的研究领域来看，张康之等学者基于政府独特性任务不断增加的现状提出了任务型组织的概念⑥，认为任务型组织是以不确定性应对不确定性、以复杂性应对复杂性的组织形态。对于任务型组织的设立，认为既可以是前瞻性（proactive）的设立，也可以是回应性（responsive）的设立。⑦ 在资源获取

---

① Huemann, M. et al., *Proposal of Project Orientation International*, Boston: IPMA and Project Management Group, 2005: 3-7.

② PMI, *Organizational Project Management Maturity Model* (*OPM3*), Pennsylvania: Project Management Institute (PMI), 2008.

③ Turner, R., "Human Rresource Management in the Project-oriented Organization: Employee Well-being and Ethical Treatment," *International Journal of Project Management*, 2008 (5): 577-585; Huemann, M., "Considering Human Resource Management When Developing a Project-oriented Company: Case Study of a Telecommunication Company," *International Journal of Project Management*, 2010 (4): 361-369.

④ Morris, P., Jamieson, A., *Translating Corporate Strategy into Project Strategy: Realizing Corporate Strategy Through*, *Project Management*, Pennsylvania: Project Management Institute (PMI), 2004.

⑤ 参见戚安邦等：《面向知识经济与创新型国家的项目导向型组织和社会研究》，载《科学学与科学技术管理》，2006 (4)；翟磊：《面向独特性任务的地方政府组织模式模型与变革途径——基于项目导向型组织理论的研究》，载《项目管理技术》，2011 (12)。

⑥ 参见张康之等：《任务型组织之研究》，载《中国行政管理》，2006 (10)；张康之等：《拉开任务型组织研究的帷幕》，载《南京工业大学学报（社会科学版）》，2006 (12)。

⑦ 参见李圣鑫：《任务型组织：政府改革的新组织取向》，载《宁夏社会科学》，2006 (5)。

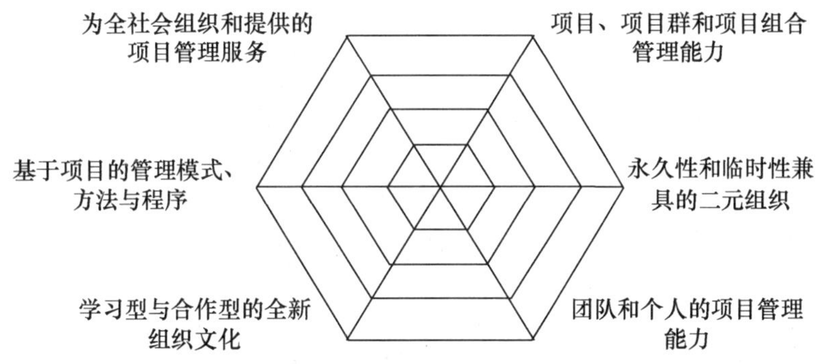

图4　POG的模型和基本特征蛛网图

资料来源：戚安邦等：《面向和谐社会与创新型国家建设的项目导向型政府的研究》，载《生产力研究》，2008（1）。

方面，任务型组织是从社会以及常规组织中“即时”获取的，是根据具体的、特定的目的而去获取针对性极强的资源，任务型组织不会拥有“闲置资源”，不会产生对资源加以控制和占有的动机，也不具有储备资源的条件。① 在组织权利关系方面，任务型组织中的权力关系是始终处于变动中的，从不固定于某一既定的格局，不仅权力关系要素会时时出现变更，而且在结构上也具有灵活性、开放性的特征。环境和任务的任何新的变化，都会以权力关系的变动来证明权力的适应性。② 在任务型组织中，组织结构的各个方面都会表现出随即调整的特征，它的权力结构、人员结构以及规范体系，都从属于任务的需要，是组织成员自主创新活动的平台和框架。③ 任务型组织的任务导向贯穿于其运行的全过程，也是任务型组织解散进程启动的前提和指导思想。因为任务是任务型组织存在的依据，任务在则组织在，任务消失则组织解散。④ 上述理论总体上形成了相对完备的理论框架，但尚缺乏有针对性的实证研究以及案例研究。

（二）地方政府项目导向型组织理论

从发展趋势来看，地方政府的任务呈现出二元化的趋势，即常规工作的管理监督任务与项目的管理监督任务并存并重。在执行地方政府常规管理工作任务时，条块分割的组织模式可以通过有效分工来提高管理效率，但是在执行具有独特性的项目时，这种组织模式则会暴露出跨部门资源配置困难、人员配置不足、

---

① 参见张康之等：《论任务型组织的资源获取能力》，载《公共管理学报》，2008（1）；张康之等：《组织资源及任务型组织的资源获取》，载《中国行政管理》，2007（2）。

② 参见张康之等：《常规组织与任务型组织的权力关系比较》，载《东南学术》，2007（5）。

③ 参见张康之等：《论任务型组织的结构》，载《江苏行政学院学报》，2007（3）。

④ 参见张康之等：《论任务型组织的解散》，载《中国行政管理》，2007（1）。

决策效率相对低下等问题。而项目导向型组织的理论与模型为解决上述问题提供了可行的思路借鉴。①

1. 地方政府项目导向型组织的结构：横纵结合的非嵌入式二元组织

根据PMI以及不同学者对项目导向型组织的定义，结合我国地方政府组织的具体特征，着眼于更好地完成地方政府的各种常规性与独特性两类任务，可以对地方政府项目导向型组织的基本模型加以勾画，如图5所示。

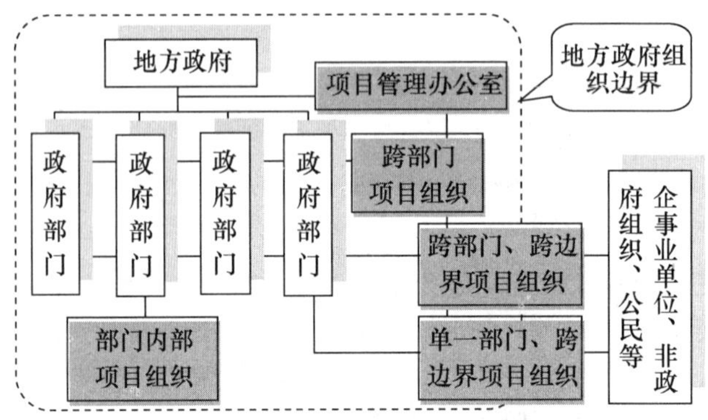

图5 地方政府项目导向型组织的模型

资料来源：翟磊：《项目带动战略下的地方政府组织变革研究》，载《中国行政管理》，2013（10）。

在图5中，虚线代表地方政府的组织边界，在地方政府组织中，白色框所表示的是传统的条块分割的政府组织，灰色框所代表的是项目型组织。其中除了项目管理办公室应为常设机构，负责协调和统一管理各类跨组织项目外，其他四类项目组织均为临时性组织，为项目的实施而组建，在项目完成后即宣告解散。

在四类项目组织中，除部门内部项目组织不需要开展横向资源配置外，其他三类项目组织均呈现出典型的横向型特征，即需要开展跨部门，甚至是跨越政府边界的资源配置工作，包括人力、财力、物力等。项目组织将根据项目的需要确定所需资源，并由该项目组织以及项目管理办公室联合协调资源的配置。以人员配置为例，当某一政府公务员被抽调到某一项目组织时，其在该时间段内将只接受项目经理的领导，从而避免双头领导带来的各种弊端。因此传统组织与项目组织之间是相互独立的，即“非嵌入式二元组织”。需要说明的是，对于确需补充人员的原单位，可通过聘用制的方式招募临时性雇员。

在项目组织中，项目经理是项目的主要责任人，项目经理的选任将以“专家技能”为首要条件，而非以行政级别为标准。在跨越政府组织边界的项目组织

① 参见翟磊：《项目带动战略下的地方政府组织变革研究》，载《中国行政管理》，2013（10）。

中，项目经理可以由政府公务员担任，也可以由企事业单位、非政府组织或专家担任。

项目管理办公室主任应由该地方政府的副职领导担任，使其从行政级别上高于各职能部门，从而使其更有效地协调跨部门资源配置。项目管理办公室将根据项目的需要，以不同方式、不同程度参与到项目实施与管理过程之中。对于自运行机制顺畅、资源配置到位的项目，可以采取备案与登记的方式进行管理，而对于协调难度大、资源配置不足的项目则需要项目管理办公室以项目专员、联席会议等深度嵌入的方式进行跟踪管理。

2. 地方政府项目导向型组织的特征：柔性化、开放化与网络化

通过对上述组织的分析可以发现，与我国地方政府的传统组织结构相比，项目导向型组织具有以下三个方面的典型特征：

第一，柔性化。可以通过横向组织联系，在项目实施过程中避免传统组织各自为政的局面。实现以项目方式整合资源，避免重复性工作，发挥基于项目的规模经济效益，从而提升地方政府适应当前经济社会快速发展变化的能力。项目团队成员在项目存续期间为项目服务，当项目完成后，返回原部门。既避免了因临时任务而增加常设部门造成政府机构膨胀的问题，同时也解决了传统组织不具备项目管理能力的问题。

第二，开放化。项目导向型组织可以有效打破地方政府组织的界限，使各个政府部门具有开放性，同时也使地方政府对于整个社会而言具有开放性。在对某一项目进行管理的过程中，不仅可以打破政府部门的界限开展资源配置与协作，更能够充分调动企事业单位、非政府组织以及公民个人的力量，真正做到“开门”办公。

第三，网络化。通过项目导向型组织的建设，可以有效地整合政府部门与各类社会力量，强化相互联系，从而形成一个广泛联系的网络，并且以项目的形式调动并组织网络中的各类资源，从而避免“碎片化”带来的政府对独特性任务的管理能力不足的问题，提升地方政府的服务能力与行政水平。

3. 地方政府组织运行机制变革：一个三维的分析框架

通过对莱维特①和韦斯伯②的组织变革模型的分析与改进，可以得出一个基于资源、人员与事权的三维组织运行机制分析框架。在这一分析框架下，结合地方政府项目导向型组织的结构特征，可以具体提出项目带动战略下地方政府组织

---

① Leavitt, Harold J., *Applied Organization Change in Industry: Handbook of Organization*, Chicago: Rand Mcnally, 1965, pp. 1144-1167.

② Weisbord, R., "Organizational Diagnosis: Six Places to Look for Trouble With or Without a Theory," *Group and Organization Studies*, 1976 (1): 430-447.

运行机制变革的着力点，即资源配置、绩效评价、决策方式三个方面。

（1）资源配置：项目导向的资源配置方式。

传统的地方政府组织模式中，资源配置的方式是基于条、块的结构化资源配置方式，从而使资源被分割为小的单元并被不同的条、块组织所掌握。由于资源的“所有”关系相对明确，使得各层级与部门容易产生保护主义。因此为某一项目的实施而开展跨部门的资源配置往往存在较大障碍。

由于各类项目的实施对于地区发展将具有战略性意义，因此项目导向的资源配置原则是优先保障项目的资源配置，包括人力、财力和物力。对于项目的人力资源配置，应当以项目的需要为优先序列，从相关部门抽调人员共同组成项目团队；对于所需财政资金，可以使用项目独立预算方式，由项目团队直接从地方财政列支，并由地方政府的项目管理办公室负责监督与统筹；对于物力资源，可以通过建立“公物仓”、区域资产数据库等方式将所有部门及社会主体的各种物资集中管理，优先保证项目使用。

（2）绩效评价：双轨制的评价与晋升机制。

我国各级地方政府均已建立起一套相对规范化的公务员评价与晋升制度，但这种评价与晋升往往是基于常规性组织的。从我国目前的实践来看，针对项目的评价与晋升机制存在不足。这就使项目组织成员在绩效评价与晋升中面临十分尴尬的境地。从现状来看，我国项目组织成员的晋升往往有两种选择：一是回原部门并按照原部门的要求进行考核与晋升；二是设法将其所服务的项目组织变为地方政府常设机构，从而在新机构中获得晋升机会。这两种用常规考核方式考核项目成员的办法对个人和地方政府均存在负面影响。对于个人而言，虽然在项目中作出了突出贡献，却无法满足原有组织的晋升要求，甚至在项目结束后，由于原有部门的职位已另有他人而造成“无位可归”的局面，导致政府公务员不愿为这些具有战略性意义的项目服务；对于地方政府而言，为了创造更多的晋升通道而将很多项目团队型的临时组织设立成常设机构，“因人设岗，因人增加机构”，从而使地方政府的规模不断膨胀。

因此，在项目导向型政府组织中，应当实行双轨制的评价与晋升机制，对于在项目团队中工作的个人采取基于项目的考核方式、薪酬制度以及晋升机制。具体来说，项目的考核方式应当采用基于目标实现程度和团队协作能力的考核体系，而不是基于岗位职责的考核体系。在薪酬方面，由于项目工作的复杂性和风险性，其薪酬体系可以考虑年薪、项目奖励等方式，总体上，其薪酬水平应当略高于当地公务员的平均薪酬水平；在晋升机制方面，应由地方政府项目管理办公室对其项目管理的资质进行认定，并对应政府部门中的相应级别，在其返回原单位后应享有相应待遇与晋升机会。通过上述方式，能够尽可能保持双轨之间的相对均衡与公正。

（3）决策方式：差异化与多样化的决策团体构成。

决策团体的构成与组织结构之间的关系十分密切。传统的地方政府决策团体构成是基于层级与职能的，人员是相对固定的。这种结构化的决策团体构成与行政管理、行政审批等常规性工作的匹配度较高。但对于各类项目而言，由于任务本身不属于地方政府结构化框架范围之内，因此其决策往往无法与组织结构的现有框架相匹配。这就迫使很多决策必须提请组织高层做出，决策时间被迫拉长，这与许多独特性任务的时间紧迫性之间产生了强烈的冲突。

在项目导向型组织中，项目的决策将由项目团队完成，并且决策团体的构成与层级、职能之间不具有必然联系。在项目决策的过程中，可以根据决策事项的需要，基于“专家技能”选择由项目团队中的不同成员独立或共同决策，以满足项目的时间以及独特性的要求。决策团体层次的差异化和构成的多样化可以提高组织的快速响应能力，通过不同层级决策者对本专业领域的了解来提高资源整合能力和科学决策能力，并通过使组织成员更多地参与组织决策增强团队成员的合作能力。

三、发展展望与进一步关注的问题

美国著名组织管理学家哈罗德·孔茨提出，当今社会“唯一不变的就是变革”。面对知识经济、信息社会、城镇化、现代化、后现代化等一系列新的历史任务，地方政府面临的独特性、非常规任务的不断增加，需要地方政府发展适合的组织模式以及管理方式来应对。

基于我国地方政府项目管理组织的实践，可以发现如下三个突出的问题：其一，项目组织性质不明确导致其数量有增无减。以各类园区管委会为例，作为地方政府派出机构的管委会，其职能主要为该区域的开发、建设及制定产业目录并实施招商引资等，也就是说管委会的职能主要集中于该区域的建设期。但管委会的性质不明确导致其缺乏退出机制，因此管委会往往具有成为一级政府的倾向，数量与规模均呈现有增无减的特征。其二，横向协调能力不足带来资源浪费。各个项目之间、项目与政府各部门之间以及项目与相关企业间的定期沟通协调机制不足，使得项目管理组织成为相对独立的“孤岛”，甚至出现为争夺资源而展开恶性竞争的现象。项目范围内的“保护主义”导致资源配置的不合理，并导致这些项目与地区的总体发展之间的相互促进的作用未能完全发挥出来。其三，项目组织成员单向流动导致积极性受挫。项目组织的主要职责是在项目实施过程中实行集中管理，因此项目组织应当在其使命完成后宣布解散，所抽调人员回归原单位继续任职。然而从前期调研结果来看，项目组织所抽调人员一旦离开原单位就很难回归，人员的单向流动现象普遍，从而使项目组织成员的工作积极性受挫。

针对上述问题，从实践的发展来看，未来地方政府的项目管理组织模式需要进一步加强规范，从项目团队成员的选择、项目团队的构成、项目团队的决策机制、资源配置机制、信息沟通机制以及最终的退出机制等方面进一步探索并完善，以更好地管理地方政府所面对的各类项目；从理论的发展来看，需要结合现有的理论开展实证及案例研究，从而使理论与实践实现更为紧密的结合。进而更有力地通过推动区域大项目建设、保障各项活动的顺利开展、加快政府职能转变、加快地区发展方式的转变，为各地区未来的可持续发展提供更有力的动力和保障。

四、报告要点

本报告基于我国地方政府积极推动“大项目带动”战略的实践背景，从理论与实践两个层面对地方政府大项目管理的组织模式进行了归纳总结，并提出了当前我国地方政府项目管理组织中存在的现实问题及未来研究应关注的问题。本报告的要点总结如下：

（1）中国发展的实践证明了政府的适度干预对经济的稳定、高速发展的积极作用，政府干预的主要方式之一即为“项目带动”。截至 2013 年底，我国共有 16 个省级地方政府实施了大项目带动战略。通过对这些项目的特征分析，可以将其分为三类，即区域与产业开发项目、基础设施与民生类项目以及大型活动项目。

（2）各地方政府在对各类项目进行管理的过程中，已逐步开展了对传统条块分割的组织结构的变革工作，使地方政府的项目管理组织初步具备了横向型组织的特征。地方政府项目管理组织建设的典型实践可以归纳为三种模式：其一是区域与产业开发项目的“管委会”与“投资公司”组合模式；其二为基础设施建设项目的“指挥部”与“委员会”模式；其三为活动类项目的“组委会”模式。三种模式的共同特征包括：组织具有临时性，任务具有独特性，组织构成跨越政府部门边界，以及信息流动具有横向和全通道特征等。

（3）西方学者在研究政府项目管理组织的过程中提出了“项目导向型政府”和“项目导向型社会”的概念，并对英国、瑞典等欧洲国家进行了项目导向型社会的评价和研究。国内项目管理专业的学者结合我国地方政府的实际情况提出了项目导向型政府的模型，而公共管理专业的学者基于政府独特性任务不断增加的现状提出了任务型组织的概念。该领域 2013 年的最新研究进展主要是从组织变革的视角提出了大项目带动战略下地方政府组织变革的路径，即在组织结构上，采用项目导向型的横纵结合的非嵌入式二元组织结构；在运行机制上，采用项目导向的资源配置方式、双轨制的评价与晋升机制，以及差异化与多样化的决策团体构成方式。

（4）基于我国地方政府项目管理组织的实践，可以发现如下三个突出的问题：其一，项目组织性质不明确导致其数量有增无减；其二，横向协调能力不足带来资源浪费；其三，项目组织成员单向流动导致积极性受挫。

（5）由于地方政府项目管理组织总体运行时间较短，相关理论与实践均不完善。因此，如何及时对各种模式的特点、适用领域、运行机制等实践加以总结和完善？如何使大项目管理组织与地方政府的现有组织结构相匹配？如何有效地实现资源在常规政府部门与项目之间的合理配置？这些问题都将成为该领域下一步需要解决的重要问题。

（作者单位：南开大学周恩来政府管理学院行政管理系）

功能区体制改革研究报告

邹宗根

中国各类功能区已经超过 2 000 个，所在的城市层级既有直辖市，也有县级市，并深入了多数县乡，总体上呈现出地市大多有国家级功能区，区县有省级功能区，乡镇有自办园区或国家级、省级功能区的分园区的发展态势。这样的数量规模、层级分布和影响能力在全球都是绝无仅有的，其发展状态不仅将对地方经济产生重大影响，而且将对中国社会结构进化和地方行政体制改革产生较大的推进作用。中国功能区“经政紧密互动”的特点与欧美国家纯经济或技术功能导向下的发展路径有着显著的差别，也远远超越了东亚其他国家类同的政府主导模式。功能区在处理其内外关系的过程中，也不断对其管理体制进行调整。功能区是中国各级政府在地方发展和地方治理中的重要探索，经过 30 多年的发展，已经成为推进地方经济社会发展的重要力量。

一、功能区发展现状综述

从世界范围来看，功能区的形成主要是出于国际竞争的需要，在划定的区域内实施比较灵活的贸易、关税等政策，吸引国际、国内资本流入，进而在自由贸易中获得一定的比较优势，增加贸易顺差，促进国家财富的积累。中国在 20 世纪 70 年代末的政治决策将封闭的中国置身于国际竞争的环境中，首先是选取部分区域放松管制，从建设特区开始进行经济政治政策的试点和试验，并在取得成功经验后逐渐扩展到沿海、沿江开放城市，到如今形成全国绝大部分地区全面开放的局面。以国家级经济技术开发区为例，到 2013 年底，已经基本覆盖了全国主要的中等以上城市，成为地方经济社会发展的重要驱动力量（见图 1）。

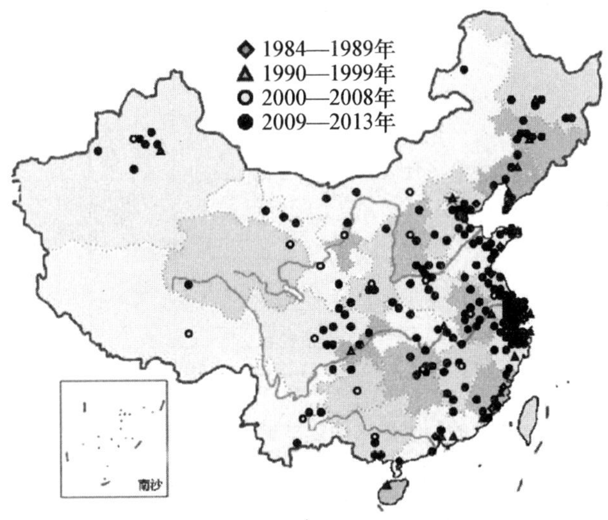

图 1　国家级经济技术开发区区域分布图（截至 2013 年底）

资料来源：商务部投资促进事务局、商务部国际贸易经济合作研究院编撰《中国国家级经济技术开发区产业发展报告（2013）》。

在实践过程中，作为改革前沿的功能区，改革速度和力度都相对较大。虽然并非顺风顺水，关于其作用等方面的争论也从未消失，但总体上，其改革的步子还是始终向前的。国家发改委相关公开资料显示，各类国家级开发区已达 437 个①，国务院审核公告的省级开发区 1 346 个②；科技部公布的数字显示，全国（不含港澳台）高新区已经达到 105 家③，此外，除了进入国务院部委土地监管范围的开发区外，还有相当数量以不同名称出现的功能区，比如出口加工区等其他类型功能区（见图 2）。

功能区的建设通常都是由毫无现代工业基础和社会基础的全新土地空间开始，在这里形成的产业、社会就在比较大的程度上跳出了原有的集权式管理体制，形成了自己的发展形态和文化，在早期甚至显得非常特立独行，以至于出现了“资、社”的讨论。无论争论如何，高度集权、政社合一的状态已经开始变

① 根据国家发改委国土资源部建设部公告（2007 年第 18 号）的《中国开发区审核公告目录》（2006 年版）和中国开发区网相关数据整理而成，数据统计截至 2012 年 8 月。

② 见中华人民共和国国家发展和改革委员会官方网站：省级开发区数量根据该委 2005 年第 74、84 号，2006 年第 8、16、23、37、41、66 号公告内容整理，从 2006 年审核完毕后，有部分省级开发区陆续升格为国家级开发区，省内也有相应调整，但基本无影响，故未做数据跟踪。

③ 数据来自《国家高新技术产业开发区名单》，数据统计截至 2012 年 12 月，见中华人民共和国科技部官方网站。

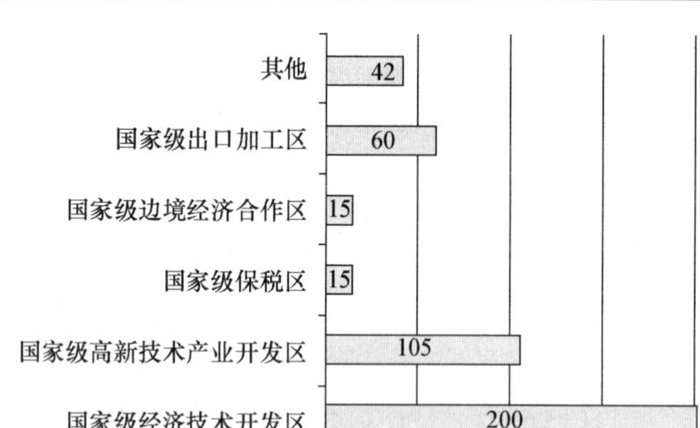

图 2　不同类型的国家级功能区数量统计图（截至 2012 年底）

化，国家与社会的分离已经是事实，那么原有的命令服从模式就难以适应现代产业和社会的发展需要。功能区要发展，就必须形成一套新的模式。因此，不同类型的功能区管理体制的表现形式也呈现多样性特征，既有基于完全市场经验的企业管理型，也有基于政府整体规划管理的行政主导型（见表 1）。

表 1　　中国主要功能区的总体分类

类型	空间	管理体制	主要特征	典型代表
纯经济型功能区	嵌入中心	公司化运作	嵌入城市中心，开发面积较小，以资本密集型和技术密集型的楼宇经济、高新技术研发等为主要产业形态；没有"管委会"，公司承担部分经过政府授权的职责，其他管理职责由政府职能部门直接负责；社会管理事务较少，所在行政区即可解决	上海漕河泾开发区
综合型功能区	郊区拓展	管委会管辖	体量较大并不断向外扩张；制造业为主体、兼有其他研发、贸易等产业，门类齐全，聚集人口较多；上级政府派出管理机构并授权管理区内的经济和社会事务；工业化和城镇化的主要承载区域，经济与社会发展方式转变的主要探索者	苏州工业园区、东湖经济开发区、井冈山经济开发区、杭州经济技术开发区、喀什经济技术开发区

续前表

类型	空间	管理体制	主要特征	典型代表
（地市）区内合作型功能区	“两区”空间部分重叠	管委会与区政府合署运行	政策叠加、资源共享；功能区与行政区在各自的法律规范和授权范围内发挥作用，主要目的是以功能区引领地方经济发展，以行政区解决地方社会管理问题	广州开发区（黄埔区）、大连开发区（金州区）、青岛经济技术开发区（黄岛区）
跨区合作型功能区	跨区管辖	跨区联合领导与协作下的管委会	跨区资源共享；行政引导下的跨区合作；建立跨区联合决策协调机构，整合各方所辖职能部门承接开发建设职能，建立高授权的管委会行使行政管理权；经济管理主要由先发地区负责，基础开发机构由合作各方共同出资，共享发展利益	广东顺德清远（英德）经济合作区、江苏苏州宿迁工业园

资料来源：邹宗根：《中国功能区研究》，南开大学博士学位论文，2014。

功能区产生于集权背景，没有实践经验，政府本身也不清楚如何管理已经分离的社会，只是在管制中逐渐放松对其他主体的控制，让社会自行探索，待达成共识后，尝试性地给予规范。据此而建立的功能区内部管理体制，在发展过程中因不断受到挑战而做出适当的调整。政策的先导作用、管理运行体制的变革是功能区发展的启动器和动力系统。随着经济改革的深入，与之配套或相关的政治管制也随之放松，国家与社会逐渐分离，政府与市场边界逐渐明晰。特别是在功能区中，更加深受来自欧美等先发成熟国家的经济、政治理念的影响，不可避免地挑战着集权体制下的价值体系，政府不得不开始思考如何适应这些现实挑战。

而从管理的内部转变来看，行政体制和内容应当从更加贴近社会发展潮流的角度及时进行调整，以此适应进入新的阶段后功能区快速发展的现实需要。当功能区经过较长时间的发展，经济改革深入中国大部分地区之后，新的社会形态逐渐被政治层面接受，并开始思考宏观制度的建设与改革推进问题。对于功能区来说，围绕放松管制、改善管理，探索从规范政府的行为开始，减少官僚习气，提高办事效率，减少公共权力对其他主体的管制，转向为社会的成长提供空间，保护公民的合法权利，以及改进公共管理、提高服务水平。正是这些应对领域分离的管理变革，形成了功能区的发展动力，宽松的发展环境使功能区的集聚效应更加明显。从功能区管理体制的进化趋势来看，功能区要与上级政府和下级机构都形成较为合理的职责分工体系，并获得对应权责的规范匹配，以使功能区避免向传统行政回潮，保持创新能力，并真正完成好为整体体制改革率先试验的历史任务。政治、行政体制与新兴的生产组织方式在不断地磨合，同时也不断地催生了功能区不同的管理方式。

缘于其发展目标定位，多数功能区践行的管委会模式是“简化模式”，包括功能、职责和架构的高度集中与简化。这种模式较好地解决了传统职责同构导致的公共管理内部交易成本增加的问题。通过更加精细的分权、授权，调整不同的主体、部门的权责构成，促进政府纵向、横向的有效分工与联结，实现结构功能的一体化，从而形成了效率较高的新型内部关系结构。承载着突破体制限制、快速实现经济发展任务的功能区获得了较高的授权，无论是经济管辖权限，还是政治与行政协调权力都实现了层级突破，内部管理和运营也获得了较大的自主空间；同时，其他的制度性安排也将非经济性的事务进行了剥离。党工委和管委会在没有传统阻碍的全新空间中进行了比较好的探索，以动态化的变革不断适应企业、产业的需要，首先在经济领域实现了突破，成为引领各地发展的重要力量，也比较深刻地影响了地方行政改革。

功能区的主要管理主体是党工委和管委会，在机构设置方面也通过合署的方式实现精简化，形式上可能给人以“党政合一”的组织感观。但是，运行中的职责分工形成了超越“合一或分开”的特殊党政关系。虽然至今党政合一、党政分开仍然存在着争议，党政关系规范化成为较好的逻辑选择，但是，在具体的运行环境中，规范化的内容和表现形式是什么，仍然不清晰。对于功能区这样需要进行快速、密集的决策选择的特殊管理主体来说，相对紧密的党政关系可能是党政关系规范化的较好表达。主体方面，党工委主要负责党的建设等超然于具体事务的管理，而管委会则负责全面的日常运行和管理。在决策过程和运行中，尽量将机构进行整合，以合署等方式促进机构内部的融合，便于党、政达成共识，同时实现信息快速流动，从而提高功能区的整体行政效率。政治安排也是为了取得更好的执政绩效，这样的模式对于层级较低的政府来说，是减少职能交叉、削减决策障碍的良好方式。

从整体的图景看，功能区处于平行关系的轴心，与上级政府部门、其他行政区相比在事务协调方面具有较强的话语权。与事权相匹配的资源也在发展过程中得以明确，主要是上级财政支持资金纳入预算、机构设置和人事任用具有较高的自主权。这些都为功能区发展奠定了较好的资源基础。利用这些相对优越的条件，功能区也在探索进行进一步的职能分解，比较常用的模式就是成立由功能区主要官员担任高层领导的开发公司等，推动相应的规划、融资、开发、建设等事务的转移，以更加灵活的企业管理方式配合政府的资源整合能力，较快地推进了区内开发框架的形成。政府主要考虑制定产业政策、防范投资风险、提高土地产出，而具体的运营由企业来负责。企业化的管理运营模式，节约了较多的编制和其他资源投入，以内部混编的方式实现比较高效的管理。虽然在企业的治理结构方面仍然存在着不够科学的地方，但是相比纯行政推进的模式而言，已经部分地实现了职能转变，对推动经济的快速发展具有积极意义。另外，尽管在发展中有职能扩张的现象，但是早期将相关社会管理事务托管给其他行政区的做法仍然是功能区快速发展的重要原因。不用背负复杂的社会管理事务，使功能区能够专注于为招商引资、消化管理与技术、完善产业链条等创造相对完善的环境，更加高效地整合并配置资源，推进功能区开发建设，以更快的速度取得经济快速增长的发展绩效。

在实践发展中，功能区形成了内部集权和外部分权的特点，较好地适应了改革试验的发展需要。相对于行政区的复合型职能结构，功能区只构架起其发展目标所需要的主要职能脉络，而其他的职能则是交由行政区中的相关主体来完成。具体来看，其主要职能是行政审批和行政管理，其他面向自然人的相关服务职能涉及较少。职能结构的特点相对于行政区是比较明显的，即不论行政审批权还是行政管理权，在高授权的模式下都呈现出较好的集中状态。因此，实质上，功能区的经济管理和调节等职能、权力呈现出局部的集权状态，这为功能区发挥较强的管理能力奠定了较好的基础。当然，职能图谱也并非一成不变，而是随着功能区发展而发生动态性的进化。宏观上，政治统治表象性减弱、内外管理刚性实质性增强、公共服务分步骤提升成为功能区职能动态性调整的基本特征。这也符合功能区作为中下层级政府职能发展的规律。中观角度，受到外部开放所带来的域外不同思维、不同模式和内部改革的现实需要的影响，在与现有体制的碰撞中，功能区首先开启了自我调整的过程，开启了政府职能转变的初级阶段。将计划背景下分散碎片化的职能进行整合，逐渐调整管制的领域和内容。整体上与市场分权，在职能主体上，管委会为核心，负责功能区的规划、开发、运行以及与其他关系主体的协调。协调的主要作用是推动上级政府的职能机构办理与功能区发展有关的事务和所在行政区处理功能区的配套事务。

从广义政府的角度看，基于功能区的人口规模、结构和发展任务等实际情况，将区域内的立法、司法的大部分职责留置于更高的权力层级或保留在原属行政区具有重要的现实意义。功能区只建立必要的党政机关以实施对划定区域的管理。功能区独立承担相应的职责，管理的事务有明确的限定，与派出政府和行政区间的职责分工比较明确。条块关系也相对明晰，几乎所有内设部门都对应着上级政府部门多个业务部门，形成了一种网络状的业务指导关系，形式复杂，但业务程序更加明确。相比行政区，功能区内的条条要少得多，除了税务机构、公共安全机构按照功能区发展的需要逐步设立外，其他垂管部门的设立主要是基于功能区发展的自身需要，并非标准配置。另外一点值得注意的是，功能区内之所以出现了个别新的条条机构，是因为配合更高层政府对职能和机构进行调整后，将原本属于块块的职能部门剥离成直管的条条，转为设置在区内的分支机构。这种方式不仅实质上推动了领导机构和编制资源的削减，而且是对现有职责同构体系的改革，较好地减轻了原有块块的压力，进一步规范了各方主体的职责。

而对于狭义政府，功能区的职责也趋向于精简。从表现形式看，职责多集中于为区内产业发展等提供管理和服务，以及其他公共秩序和公共服务等领域。当然，当功能区能级、拟人化功能区所具备的影响力扩张和人居功能成熟后，会随之引入更多的围绕个人和组织的公共管理与公共服务内容，但是通过将相关职责转移给中介组织、自治组织和购买公共服务等供给方式的创新，相对而言，其职责定位和机构设置整体上仍然保持简化模式。“小而精”的职责体系使功能区的负担较少，施政领域集中，目标明确，较快地推进了经济的发展。

向实际行动者放权并匹配相应、相关资源，使功能区获得了较大的管理权限和较强的管理能力。经济发展方面，以审批权为核心的管制型权力的授予使功能区能够在招商引资等重要的突进领域中保持独立性，减少了来自其他层级或部门的干扰，较好地形成了“亲商务实、灵活高效”的运行和管理机制。而以事权和财权匹配为核心的新的财政权力关系则将财政分权和财政转移支付体系进行较好的融合与捆绑。地方高层政府对于功能区的财政给予了相对宽松的政策，在一定时期内的收入留置保证了基础设施等方面的投资强度，以较快的速度形成了发展基础。社会管理方面，发展初期产生的少量社会事务基本都由其他行政区或上级政府职能部门来承担。如教育、医疗等配套由行政区代管时，通过上级财政转移支付和功能区财政支持的方式解决配套成本，并不会给功能区造成负担。当功能区实力增强，并获得主体资格时，相关的公共管理和公共服务职责将会回归，因此而实行属地化供给，此时，相应的财政资源也能够实现划转。事权独立性增强和财权事权匹配程度提升，使功能区能够形成比较强的行动能力，推进基础设施、招商引资和环境改善，较快地实现财政增长，从而使政府的治理能够建立较好的自我循环。

除了理清政府内部的层级关系和横向关系之外，功能区长期坚持的开放性，使外部环境要素的流动更加迅速，政府主动调整相应的管理方式，也比较好地处理了政府与市场、政府与社会的关系。整体上，功能区都通过不同方式的改革来为市场主体腾让空间。从某些角度看，这是政府适应市场经济发展的应然职责，但是比较主动，并能够做得比较到位的却大多是功能区。功能区以比较务实的思维和行动调整权力的分布，推动更加明晰的利益分配体系的形成，解决权责失序的问题。功能区在内部形成更为精细的动态财政分权、属地化征管，使各个层级都能够将主要的精力转移到为市场主体等提供更加优质的公共管理和公共服务上来。规范政府自身的行为，坚持更加严格的绩效考评和行政问责管理，使功能区形成的简化模式产生高效的行政结果。逐渐减少政府直接参与，政府的导向投资主要集中于新开发地区的面上基础设施建设和面下软环境的营造上，将产业的谋划和发展主要交由企业、行业协会等其他对市场环境更加敏感的主体来完成，实现功能区发展由政府主导的全能主义向企业主导下的政府有限作为的转变。

二、功能区研究现状综述

整体上，国内外学者对功能区的关注主要集中在经济及其相关领域，视角上较为单一，对管理体制的探讨并不多。国外学者对经济功能区的研究主要集中在经济、环境影响等方面，国内的研究也主要集中在经济领域，部分学者对部分个案进行分析后提出了对管理机制的思考。弗朗兹等人通过比较捷克摩拉维亚-西里西亚州和奥地利上奥地利州老工业区软件企业的创新与知识资源的获取状况，发现社会经济背景和体制环境对新产业发展的影响，强调环境和体制的变革对旧区复兴的重要性。① 虽然其研究的是老工业区下的企业发展问题，但是正如其所强调的那样，捷克作为转型国家，需要突破较多的环境和体制问题，这与中国的情境在某种程度上是相通的。虽然中国大多数功能区都是在空白区域或新发展区域展开，但是仍然面临着传统环境的制约，需要进行较大程度的变革，并且改革的范围可能远比捷克要大得多，内容要复杂得多。帕克在对韩国蔚山工业园的可持续发展战略研究中，提出传统工业区随着环境规制的加强，将通过内部产业的有效整合，形成循环环保的生态型工业网络，而且这种过程是从自发进化到系统化产业互利的战略行动；同时，生态网络工程必须与区域环境战略紧密联系，并获得民众和管理当局的支持。② 由此可以得出，产业发展和体制创新可以由功能区的内部主体的自发进化来承担，但是仍然需要相关力量的干预以形成系统化、规范化的共同标准和行动，将新的理念、新的方式以价值观的方式植入功能区的相关者，如公共管理部门、企业、公众以及其他利益关注者，从而取得更好的效果，并将促进改革创新更加深入地发展。因此，任何一个功能区都不是绝对孤立的个体，无论是从系统论的角度，还是从实践的角度，功能区的进化和发展都必须依赖于与外界有效的物质、信息的交换，而这种基础则需要建立在对现有体制

---

① Toedling，Franz，Skokan，Karel，Hoeglinger Christoph，et al. "Innovation and Knowledge Sourcing of Modern Sectors in Old Industrial Regions：Comparing Software Firms in Moravia-Silesia and Upper Austria，" *European Urban and Regional Studies*，2013，20（2）：188－205.

② Park，Hung-Suck，Rene，Eldon R.，Choi，Soo-Mi.，"Strategies for Sustainable Development of Industrial Park in Ulsan，South Korea-From Spontaneous Evolution to Systematic Expansion of Industrial Symbiosis，" *Journal of Environmental Management*，2008，87（1）：1-13.

的革新上，必须从综合的角度破解功能区发展所面临的局限，从而形成有效的动力源，推动功能区的发展。

寇廷耀在对台湾新竹科学工业园区发展的研究中发现，通过较高层级授权的园区指导委员会掌握园区建设的监督、指导和决策，并通过与参谋智囊群体的合作，形成专业意见，同时，通过设立园区管理局负责日常的具体建设和行政事务，并统辖园区的行政、金融等服务机构，极大地提高了园区发展的效率。[①] 郭小碚和张伯旭对北京经济技术开发区与合肥经济技术开发区进行研究后，认为应当发挥开发区等功能区的体制创新、管理高效的特点与优势，在明确目标定位的基础上，加大对其授权，包括经济管理和社会管理的权限，在人员选任和聘用方面实行比较灵活的竞争上岗机制，激活功能区管理的活力。[②] 在发展的压力下对功能区积极授权也是中国功能区迅速发展的重要原因，在未来功能区的发展中可能需要从授权体制向分权结构转化，以进一步规范功能区的权责关系，激发功能区的发展活力。而分权结构就往往涉及有效的职责分工和行政机构的调整。

朱永新和刘伯高总结了苏州工业园区的政府组织机制与特色，认为功能区同时担负着体制创新的任务，在吸收传统管理体制优劣的基础上建立精简、高效的体制机制是非常重要的。根据功能区现实的需要尽量简化政府的设置，以需求统领归并传统政府部门，形成经济发展局、财政税务局、社会事业局、规划建设局、地方发展局、秘书局和组织人事局等 7 个大部门，统领原有 12 局的简约的政府组织模式，在具体的管理中政企边界明显，政府作为服务者的角色切实围绕“亲商”的概念做好基础制度建设、秩序维护和环境营造等工作。[③] 功能区的行政架构围绕形成实质性的高效、便捷的“大部门”的目标进行整合，为功能区内的企业等提供有效的公共管理和公共服务模式，已经成为行政管理体制改革面上变革的重要内容与方式。金太军等人基于对中新苏州工业园的研究，认为公共管理创新和经济发展的良性互动关系是成功的主要原因，提出了政府管制思维到服务思维、人治到法治、物本到人本的理念创新，经济管理体制和社会管理体制的创新等是关键环节。[④] 沈建国等人认为经济等方面的战略目标实现需要更高层次上的体制借鉴、体制创新，以更新的制度供给来满足生产力发展的需要，经济发

① 参见寇廷耀：《台湾新竹科学工业园区发展启示录》，载《科研管理》，1997 (3)。

② 参见郭小碚、张伯旭：《对开发区管理体制的思考和建议——国家级经济技术开发区调研报告》，载《宏观经济研究》，2007 (10)。

③ 参见朱永新、刘伯高：《苏州工业园区政府组织的机制与特色》，载《中国行政管理》，1999 (10)。

④ 参见金太军等：《寻求公共管理创新与经济发展的良性互动——中新苏州工业园区的成功探索及启示》，载《中国行政管理》，2003 (3)。

展和制度创新之间存在着良性的循环关系。①

周红等人也认为应当创新政府社会管理体制，特别是政府职能应当以社会作为基本导向，将其利益和要求作为政府价值的参照系，依据社会的最新要求来调整政府的结构、权限和运行方式，减少全能控制的冲动，转向专注于制定合理的公共政策，将具体事务交由社会来完成，从而促进经济社会的发展，并以此形成互动机制。② 王佳宁等人也认为在功能区的未来调整中，要将政府与其他主体的关系进行分离，真正落实政企、政事、政社分开的政策，对政府内部管理职能进行归并，精简不必要的机构和人员，统筹管理机构编制资源；积极推进部分职能的市场化，由企业、事业单位或社会组织来承接；全力推动政府管制行为收缩，减少行政审批，变革审批方式，提高效率。这是功能区管理体制改革的基本方向。③ 有效地调整功能区的管理组织结构和管理内容，形成与其他主体的分工合作体系，以更加简洁的机构设置和更加便捷的管理输出满足功能区发展的需要，是功能区保持旺盛的创新动力的重要保证。

孙涛等人通过研究滨海新区的行政管理体制认为，单一型经济功能区的管理模式是基于历史环境的实践需要突破当时的经济、行政管理体制的限制而建立的“仿真国际投资环境”，并以此来适应改革开放的试验需要，因此在传统政府的架构中催生出了管委会等准政府的管理模式。随着功能区的发展，管委会的模式也面临挑战，如机构膨胀压力，集中的经济财政权限被软性分解，层级和环节增加，效率降低，管理模式有向传统行政回潮的趋势。在未来的发展中应当推进市场主导的经济发展和政府主导的公共服务体系建设，从制度安排的角度深化功能区在市场化方面的优势，推进产业的升级发展。而行政区应当做好社会管理与民生服务，形成公共服务体系的规模效应，并从财税制度设计方面赋予功能区和行政区相应的权利，并形成平衡机制。④

从域外相关文献的研究对象和相应的结论可以看出，国外功能区承载的功能整体上比较单一，主要承担的任务是产业升级与更新，由于地区人口等实际状况的不同，其所承担的产业发展以外的功能是相对较少的。另外，这些研究较多地从生态环境学科、经济学科对产业园区进行研究，很少涉及功能区整体变迁历史的影响因素，特别是与行政、政治关系的研究并不多，只有部分研究从公共政策的角度有所涉及，但也大多集中于相应的产业政策。因此，受其发展阶段宏观背

① 参见沈建国等：《政府公共管理创新的成功探索》，载《江苏行政学院学报》，2003（3）。

② 参见周红等：《新加坡工业园区管理体系的分析及对中国的启示》，载《特区经济》，2009（8）。

③ 参见王佳宁等：《国家级新区管理体制与功能区实态及其战略取向》，载《改革》，2012（3）。

④ 参见孙涛等：《从复合型经济功能区的角度创新滨海新区行政管理体制》，载《决策咨询通讯》，2009（3）。

景和环境的影响，域外的研究难以系统地解释中国功能区的发展变迁过程，仍有待拓展。但是，这些域外研究结果对于中国功能区未来的发展，特别是在要素聚集、结构调整、内外合作、发展溢出、政策配套、内生动力等方面，都具有较好的借鉴意义。国内的相关研究对功能区的区域影响、变迁路径和管理体制等都进行了相应的探讨，特别是对变迁路径和管理体制等问题的探讨，为功能区研究提供了较多的资料和思路。

三、功能区展望与分析

功能区通常都具有相对独立的地理空间，有相应的产业集成，也有相应的管理机构，但是公共管理的协调机制等微观环节并不十分顺畅，公共服务的配套模式也不尽相同，这也导致了各地公共管理与公共服务的差异。因此，应当更加重视对其管理体制和方式的研究，搞清管委会等不同管理机构承担公共管理职能和提供公共服务的现状，比较不同管理模式，发现其中存在的问题，并尽可能总结出功能区公共管理与公共服务的一般模式。公共管理和公共服务供给在功能区的实践中是创新的重要领域，也取得了一些成果。通过系统地总结相关经验，进一步创新参与机制和输出方式（见表 2），是功能区保持其整体创新活力的重要体现，也能为功能区管理体制适应现代化与后现代化阶段的经济社会发展要求提供相应的思路。

表 2　　各类功能区未来发展的可选路径

发展路径	实现形式	适用区域	适用层级	适用类型	相关例举
学习自建	引入国内外前沿经验，探索落地的较佳形式，形成示范	东部前沿城市	国家级功能区	新型功能区	自贸区、金融试验区等
合作共建	既有较成功的功能区输出管理、技术等解决方案，接收方提供土地、管理人员，共建园区，共享发展收益	东部后发及中西部非核心城市区	国家级、省级功能区	既有以现代工业和现代服务业为核心的经济功能区	开发区、高新区、跨市、跨省和边境合作区
全面托管	被托管方将园区交由高层级、高水平的功能区全面管理，成为其组成部分，共享发展收益	东、中、西部既有模式下产出较低的地区	省级以下的小园区	各区县、乡镇自办的工业园、农业生态园等	工业园区、加工区等

资料来源：邹宗根：《中国功能区研究》，南开大学博士学位论文，2014。

独立的主体权利，是功能区实现公共管理和公共服务的整体性创新的重要基础。换句话说，就是要设法超越原有的行政管辖体制，从职能分工、事权财权等基本方面实现突破。从功能区的实践来看，功能区内部之所以能够保持较高的效率和创新活力，在于其内部能够获得充分的授权和明确的责任范围，各个主体能够各司其职，重要的是能够自主地动用相应的财政、人事等资源，从而能够有所作为地推进公共管理和公共服务水平的提升。功能区外部也需要获得同样的环境，这就需要突破原有职责同构等方面的桎梏，形成一种全新的螺旋式结构，在分工管区、合作管区等方面都形成有效的权力分配、资源匹配和责任规划机制（见表3），从而使功能区得以保持足够的独立性和能动性，避免“小马拉大车”的体制弊端重新出现在功能区扩张过程中，阻碍功能区的创新和发展。更进一步地，通过总结功能区在工具性改革方面的经验，加快吸收现代治理结构的合理性和现代通信技术的先进性，改善虚拟公共空间的服务水平，降低行政成本，提高便利性，也将为其未来的调适与创新提供思路。

表3　　　　基于功能发展需要的不同层级政府职责划分设想

职能 层级	经济调节与发展 (A)	市场监管 (B)	社会管理 (C)	公共服务 (D)
中央政府	A1 法律法规建设 A2 重大项目核准 A3 特殊准入审核 A4 制定财税政策	B1 跨区环境监管		D1 制定社会保障政策
省级政府	A5 重点项目核准 A6 地方发展规划 A7 土地管理	B2 统一市场 B3 保护知识产权 B4 省内环境监管	C1 跨区公共安全	D2 统筹社会保障
地市级政府	A8 产业孵化政策 A9 财税管理		C2 公共安全 C3 应急管理 C4 证照管理 C5 组织注册管理 C6 执业资格	D3 跨区市政设施营建 D4 公共医疗 D5 中等、职业教育

续前表

职能 层级	经济调节与发展 (A)	市场监管 (B)	社会管理 (C)	公共服务 (D)
功能区本级	A10 招商选资 A11 工商登记 A12 技术管理 A13 初期培育扶持 A14 税务办理			D6 区内城市家具管理 D7 义务教育 D8 技术、职业培训 D9 文化休闲设施建设
区辖街镇、社区和其他组织			C7 人口综合服务 C8 风险防控	D10 扶幼养老 D11 邻里调节 D12 文化娱乐

资料来源：邹宗根：《中国功能区研究》，南开大学博士学位论文，2014。

功能区的经济发展定位，对原有的行政体制形成了比较大的触动，在这种倒逼过程中，功能区发展的制度环境得到了较大的改善。在发展的过程中，地方政府的能动作用增强，面对发展差距较为务实地推进改革，形成了以政府为核心的开发模式，较好地适应了从高度集权到局部分权（授权）的整体环境，从而形成了强大的经济推动力，并推进功能区的全面成长。对于后发地区的开发区仍然要围绕经济引擎的角色推进开发区的功能建设，从管理上集中事权、统一管理以实现高效服务，调整权力结构，继续强化政策的引领作用，实现有效的政企、政社分工，强化内部的绩效竞争机制，提高整体效率。而对于先发地区的开发区，则应当发挥区域整合作用，进一步科学分工，以此实现更强的灵活性，深入探索管理特殊性的一般化的问题。从适应地方发展的角度，梳理并更好地定位功能区的未来发展（见表 4）是功能区体制保持发展活力的必然选择，应当重视发展的异质性、创新性和适应性。

表 4　　不同类型功能区的发展趋势

功能区类型	未来角色	主要职能
纯经济型功能区	品牌服务提供商	实现品牌化经营，输出其在招商、管理、运营方面的品牌价值；进一步发挥其资源整合能力，做好市场与政府间的中介服务
综合型功能区	精巧城区	地方经济引擎和城镇化发展，新型发展路径的探索者，为城市更新提供示范，成为城市经济社会发展重要的创新区

续前表

功能区类型	未来角色	主要职能
（地市）区内合作型功能区	城市新区	承担城市拓展的任务，推进较大城市的城市功能纾解、重组的任务，维持城市发展能力，实现城市内部功能均衡
跨区合作型功能区	区域经济、行政合作综合试验区	行政价值输出和创新试验，突破隔离，实现行政管理复制与创新；区域合作、资源互补、共同发展的试验区和示范区，空间距离较近的功能区可能成为综合配套改革试验区的重要组成

资料来源：邹宗根：《中国功能区研究》，南开大学博士学位论文，2014。

从增强职责分工的适应性、尝试更加高效精简的机构、提高行政机制的运行效率、实施编制和财政资源的统筹动态管理、革新绩效考核机制、变革公共产品和公共服务的输出方式等方面入手，全力增强行政管理的规范性、透明度和便民性，为全国的行政管理体制改革积累经验。从功能区的层级管理来看，可以考虑在金字塔形的层级结构中融入网络状结构。其中，政府处于核心地位，其他组织机构在网络中可以平行地获得信息。更加重要的是可以根据内容和对象的需要，采取不同的组合方式，在更大的平面上形成资源共享机制，从更高的效率角度形成动员与协调机制，以此满足区域管理的需要。这既是在功能区发展中为更好地处理复杂的横纵关系而进行现实调整的有效路径，也是回应功能区改革探索使命的有益尝试。

随着功能区的拓展，自身资源和空间条件将成为其进一步发展的障碍。另外，与所处行政区的利益分配等难以达成一致的情况也愈加明显。为了避免恶性竞争产生内耗，统筹功能区与行政区的发展问题，地方政府通常采取将多个主体合一的方式将外部矛盾内化。通常的做法是变革原有管理体制，通过调整相关区域空间结构，形成新的实际管辖版图，增加统一协调主体的方式来促进功能区与行政区的关系调和。调和的方式是多样的，其核心问题都是理顺不同主体间的权责关系，从行政管理的角度为地方发展提供更大的动力。

（一）“合二为一”

“合二为一”就是将功能区和行政区进行相应的整合，可能出现功能区领导行政区和行政区领导功能区两种形式。其主要的特点是以实际的实力强弱关系，明确领导权问题，由新的行政管理主体统辖原有二区的管理问题。由于边界彻底消失，原有的主体利益争端等也逐渐成为内部的分配问题。在这种调和形式下，二元主体合并成为一元，主体间的利益将在新的管理体制下重新进行内部调整。原有的外部协调转变为内部沟通。“合二为一”的关系处理方式适合于能级差异比较明显的功能区与行政区，影响力较大的一方整合实力较弱的一方，推进二者资源的整合。从实践来看，功能区合并行政区的案例较多，这与功能区扩张需要和政策保留延展关系密切。二者合并后，保持功能区的精简架构至关重要，避免合并扩区后由于管理事务增加而出现“体制复归”的问题。

某种程度上，功能区合并行政区是政策扩区的表现。从实践来看，功能区合并行政区的层级多在街镇层面或地理面积较小、实力较弱的县，实质上是逐步地获得发展的空间，实际调整功能区与对应行政区关系的幅度并不大。在公共管理方面，应当更加开放思维，充分地利用市场机制，增加公共委托项目，吸引市场主体参与到公共服务的供给中，控制政府部门和人员规模的增长。两区合一比较明显的优势是获得法律保障和更多的来自政策体系的支持，以便于整合共享两区的经济、行政和社会资源。不少功能区和行政区两区合一后的地区经济绩效与综合绩效均很突出。①

（二）“新区管辖”

在功能区和行政区之上增设一级行政区，统辖功能区和行政区的管理问题。从体制设计的角度希望新的行政区能够统合功能区与原有行政区的发展问题。这将极大地考验新区政府的能力。机构设置方面，从现有的相关案例看，这种方式通常的模式是功能区的全能化，功能区也设立相应的机构来处理原来由行政区负责配套的事务。这样的处理模式可能出现结构功能的回潮，以传统的行政体制和机制代替已经进行的创新探索所取得的成果，导致功能区简化模式优势的消失。其结果可能只是以新的问题掩盖或替换原有的弊端，功能区发展的相关掣肘并没有得到实质性的消除。

新行政层级的设立将意味着权力官僚系统的完整新设。目前，在一般公共服务开支占财政支出的比例普遍超过30%的情况下②，这意味着需要花费更多的资源用于权力系统的正常运转。这样调整后的产出是否能够获得比财政投入更高的回报仍然是个待解的问题，并且，在推进属地授权和扁平化管理的大趋势下，新区管辖在行政组织架构科学设计方面仍缺乏相应的理论支持。当然，如果以新区管辖模式推进功能区和行政区的整合，在保持功能区简化模式的同时，削减原有行政区的层级和部门设置，使简化模式实现更大范围的扩张，则是有意义的探

---

① 参见韩伯棠等：《行政区与高新技术开发区合一的管理模式研究》，载《北京理工大学学报（社会科学版）》，2005（3）。

② 根据周天勇的研究，截至2012年，行政公务花销约占政府全部收入（包括税收、收费、社保和土地收入）的33%，相比发达国家支出比例较高（意大利19%，美国16%，日本2.4%）。参见中国新闻周刊网2013年11月8日专访稿。

索，但是必然面临着既有格局的阻碍，甚至抵制。

（三）“合署协调”

功能区与行政区二区合署协调，或在二区之上设立新的形式协调机构，实际推进内部利益关系的协调，共同解决发展中出现的问题。这种协调方式是否有效主要取决于协调机构的实际权力关系和管辖体制，以及其是否能够提高管理的有效性。合署模式中，行政区完整的法律地位能够较好地解决功能区运行中存在的法律关系问题。在现实的权力运行过程和决策体制中，领导权的合并是比较重要的方面，甚至在一定程度上是决定性的因素。在合署协调体制中，常见的高层领导结构是交叉兼任模式，即功能区党工委书记、管委会主任同时也是行政区党委书记或行政主管。① 通过高层权力的实质一体化，领导层出现交叉兼任的情况，同时担任不同主体的领导者，代表着不同主体的利益。在现实的决策中，兼任者将受其职责的引导，更多地考虑功能区、行政区等多方的利益平衡问题，从比较公正、公平的角度处理主体关系，进行利益协调。此外，交叉兼任模式也解决了基于晋升等目的而在区域内进行内部竞争而导致的内耗问题，使领导层更多地从全局性角度统筹区域整体发展，避免区域内部出现人为分割、盲目保护、盲目竞争的碎片化形态。

在机构设置方面，首先是党政部门合并合署的尝试。这种模式并非重复党政合一，内设部门形式上的合署其实更加倾向于规范党政关系，即做好党政联系与合作领域的工作。从另外一个角度看，比较基层的党政部门主要承担的是执行功能，合署能够较大程度地提升地方的执行效率。其次是其他工作部门的整合合署，即将功能近似的部门按照大部门、大机构的原则进行二次整合合署。这样的安排更好地贯彻了实质性一体化的要求，在具体工作中平衡照顾功能区、行政区各自的实际需求。当然，通过整合合署，也能够较好地避免机构重复设置、编制资源过度消耗的问题，并通过人员的自然退出，逐步削减编制使用量，从而从整体上控制一般公共服务支出规模。以天津滨海新区为例，该区成立内设合署办公的区委、区府街镇工作委员会直接统一领导下辖街镇的工作，原有的塘沽、大港和汉沽工委与管委会撤销，减少了管理层次。② 更为重要的是这促进了经济管理职能和社会管理职能的适当分离，使行政分工更加明确，运行更加专业，能够较好地整合优化新区整体的行政资源，提升效果。这样的探索使功能单位能够专注

① 例如广州开发区党工委书记、管委会主任、中新广州知识城管委会主任、萝岗区委书记为同一人；广州开发区党工委副书记（二位之一）、管委会副主任（四位之一）、中新广州知识城管委会副主任（三位之一）、萝岗区委副书记（二位之一）、萝岗区区长亦为同一人。参见广州开发区萝岗区政府网。

② 参见《天津滨海新区启动新一轮行政管理体制改革》，见新华网，2013-09-26。

于保持经济领域的旺盛活力，维持功能区财富创造的创新能力。同时，通过向社会管理部门提供持续增加的公共财政，不断地推动社会保障和福利水平的提升，推进公共管理方式的创新，使功能区在经济、社会发展中能够实现角色的相对平衡。

简言之，就是府际关系能助力做大并分好地方发展的蛋糕。无论是将矛盾内化，还是通过更高层级的机构进行权威性的二次调节与控制，目的都在于实现两区整体利益的较大化。功能区的发展将对地区经济社会的发展产生较大的影响，这种能级可能远远超越传统行政区过去发展的速度和质量，即便在重重矛盾下，各方仍然对其抱有巨大的期望，因此，也会围绕其发展需求不断调整、更新关系结构。功能区作为“单边行动者”，其支持模式也在不断地创新，一种途径是继续打造强大的后方支持系统，而另外一种则是强化自身的生存能力。不难得出，在未来，以简化模式为主导的经济、政治职能的适度分离仍然是较好的选择。

四、报告要点

（1）功能区，是中央与地方政府共同推进的一种建构型试验，承载着中国转型发展阶段的重要历史使命。截至目前，国土资源部等部委登记在册的功能区已经突破 2 000 个，如果加上其他未进入部委名录的低层级功能区，实际已经超过 3 000 个，不仅在数量上与中国区县一级行政区相当，更重要的是其已经较为深刻地嵌入了地方经济社会发展。

（2）功能区自身在不断地转型升级或成为更高层级的功能区，并在发展中不断调整与行政区的关系，能级和管理体制也在不断发生变化，对地方和国家发展的影响也更加显著。目前已经批复成立的 11 个国家级新区①均是区内重要的经济功能区。

（3）功能区“特殊的授权体制”是其快速发展的重要支撑。

（4）功能区与行政区的关系形式具有多样性，在实际的关系中，取决于功能区能级的比重。当然，这种关系也处于变化之中，从功能区不同发展时期的主要经济数据披露的方式可见一斑。当功能区能级低于行政区时，其主要的指标数据都被包含在所处行政区的报告中。而功能区发展到较高阶段超越行政区时，通常

① 1992 年 10 月上海浦东新区成立，1994 年 3 月天津滨海新区成立，2010 年 6 月重庆两江新区成立，2011 年 6 月浙江舟山群岛新区成立，2012 年 8 月甘肃兰州新区成立，2012 年 9 月广东南沙新区成立，2014 年 1 月陕西西咸新区成立、贵州贵安新区成立，2014 年 6 月青岛西海岸新区成立，2014 年 6 月大连金普新区成立，2014 年 10 月四川天府新区成立。

以独立的报告，甚至以涵盖行政区的报告形式出现。诸如此类的动态性变化不少，因此，二者关系的本质在于采取哪种管理体制能够实现区域利益的最大化，并实现二者之间的利益合理分配和关系协调。不论是“合二为一”、“新区管辖”，还是“合署协调”，这些功能区管理体制的表现形式最终要解决的仍旧是行政管理体制与经济、社会发展需要间的匹配性和适应性问题。

（5）功能区体制改革的核心是解决横纵府际的权责问题，同时，通过内部职责的整合提升效率和改善效果，使功能区既能加速自身的发展，同时也能使效果外溢增加，以此推动更广区域在经济、社会、行政等方面共同进步。

（作者单位：井冈山大学政法学院）

第四部分

政府机构改革与政府规模控制

大部门制改革研究报告

贾义猛

大部门体制，也称“大部门制”或“大部制”，是党的十七大以来中国行政管理体制改革进程中实施的一项重要的制度创新。一般认为，所谓大部门制，是指把政府内部相同或者比较相近的职责加以整合，归入一个部门管理，其他有关部门协调配合，或者是把职责相同或者比较相近的机构归并成一个较大的部门，以最大限度地避免政府机关职责交叉、政出多门、多头管理，从而提高行政效率，降低行政成本。国内学界关于大部门制的集中研讨大约开始于21世纪初，其后，“大部门体制改革”于2007年首次正式写入党的十七大报告，在随后的2008年和2013年的两轮政府机构改革过程中，大部门制改革都成为机构改革和行政体制改革的重要抓手与创新机制。因此，对大部门制改革的问题给予持续关注和探讨，具有重要的学术和实践价值。

一、大部门制改革推进过程综述

（一）从“探索实行”到“稳步推进”：大部门制改革的总体进程

2007年10月，党的十七大报告明确提出加快行政管理体制改革，抓紧制定行政管理体制改革总体方案，并首次提出“加大机构整合力度，探索实行职能有机统一的大部门体制，健全部门间协调配合机制”的改革新举措。2008年2月27日，党的十七届二中全会审议通过《关于深化行政管理体制改革的意见》和《国务院机构改革方案》，对大部门体制改革的探索实行再次予以确认。2008年3月15日，十一届全国人大一次会议高票通过国务院机构改革方案，其中，大部门体制改革正式成为该年国务院机构改革的核心一环。其后，作为国务院机构改革的中心环节和大部门体制改革探索的具体部署，新一届国务院所属部门的组建和“三定”具体工作展开。从2008年3月23日到6月29日，作为国务院机构改革新行组建的五个大部，交通运输部、环境保护部、人力资源和社会保障部、工业和信息化部先后挂牌运作。同时，国务院组成部门、直属机构和部委管理国家局的“三定”规定也先后通过并付诸实施。大部门体制改革在中央政府层面的探索与实行的阶段性任务基本完成，改革的成效也逐步显现。

与中央政府层面的大部门体制改革探索和实践同步，在地方政府机构改革过程中，探索实行大部门体制改革也成为改革的重要突破口，各级地方政府按照2008年8月25日召开的地方政府机构改革工作电视电话会议精神，结合各地实际，进行了积极探索和创新，湖北省随州市、浙江省富阳市、广东省佛山市顺德区[①]和成都市[②]、深圳市[③]等地方政府因推出了各具特色的大部门体制改革举措而引起广泛注目。

正是在此背景下，2011年3月14日十一届全国人大四次会议通过的《中华人民共和国国民经济和社会发展第十二个五年规划纲要》中，再次明确提出“坚定推进大部门体制改革”的改革部署意见，从“探索实行”到“坚定推进”的表达转换，也彰显出决策层深化大部门体制改革的决心和勇气。

2012年11月，党的十八大报告进一步提出“稳步推进大部门制改革，健全部门职责体系”。2013年2月，党的十八届二中全会审议通过了在广泛征求意见基础上提出的《国务院机构改革和职能转变方案》，大部门制改革继续成为新一届政府行政体制改革的重要内容。3月14日，十二届全国人大一次会议批准了《国务院机构改革和职能转变方案》，根据这一方案，铁路政企分开，组建大交通部而不再保留铁道部，整合加强卫生和计划生育、食品药品、新闻出版和广播电影电视、海洋、能源管理机构成为中央政府层面推进大部门制改革的重点，而紧密围绕政府职能转变推进机构改革和行政体制改革成为这次改革的重中之重。3月26日，国务院办公厅发布《关于实施〈国务院机构改革和职能转变方案〉任务分工的通知》，对包括大部门制改革在内的国务院机构改革和政府职能转变工作做出具体部署。随后，撤销铁道部，改设国家铁路局，归入交通运输部管理，组建国家卫生和计划生育委员会、国家食品药品监督管理总局、国家新闻出版广电总局，重组国家海洋局、国家能源局等机构调整工作全面展开，至2013年7

① 有关随州、富阳和顺德大部门制改革情况，参见竺乾威：《地方政府大部制改革：组织结构角度的分析》，载《中国行政管理》，2014（4）。

② 有关成都市大部门制改革情况，参见李友民等：《成都市“大部门制”改革的调查与思考》，载《成都行政学院学报》，2009（1）。

③ 有关深圳市大部门制改革情况，参见吴俊：《深圳“大部门制”笃定前行》，载《瞭望》，2012（15）。

月机构调整工作全部完成，上述新建和重组机构的“三定”规定也正式发布。① 与此同时，以行政审批制度改革为突破口的政府职能转变工作也快速推进。2013 年新一届政府成立之初，国务院各部门的行政审批事项共计有 1 700 余项。李克强总理明确提出本届政府至少要取消和下放其中的 1/3，约计 567 项，而截至 2013 年底，国务院已经明确取消和下放行政审批事项 235 项，一年之内已完成改革任务过半，显示出中央政府切实推进政府职能转变的决心和魄力。

随着中央政府层面职能转变和机构改革进程的切实推进，2013 年 11 月初，地方政府职能转变和机构改革工作电视电话会议召开，李克强总理发表重要讲话，对过往几年各级地方政府在包括大部门制改革在内的机构改革上进行的积极有效探索给予了肯定，并进一步鼓励各地继续大胆探索，及时总结经验加以推广。在此背景下，地方政府层面的新一轮大部门制改革和职能转变工作也开始启动实施。

（二）新一轮大部门制改革的亮点与特色

十二届全国人大一次会议于 2013 年 3 月 14 日正式批准《国务院机构改革和职能转变方案》，由此，国务院机构改革和职能转变的大幕正式拉开，新一轮大部门制改革也得以顺势启动。通过考察新一轮改革方案以及随后国务院展开的具体部署工作，可以初步总结这一轮改革的亮点与特色所在。

1. 机构调整重组：“少”与“多”的辩证布局

根据十二届全国人大一次会议批准的机构改革方案，这一轮改革新组建国家卫生和计划生育委员会、国家食品药品监督管理总局和国家新闻出版广电总局 3 个部门，新设国家铁路局并归入交通运输部管理而形成大交通部，重组国家能源局和国家海洋局。作为国务院组成部门的部委数量由 27 个减至 25 个。从数量上看此轮改革确实变动不大，而此前媒体曾广为议论的“大文化”与“大金融”等部门并未设立。不过，如果综观改革方案的全部内容，将本轮改革方案中直接涉及职责调整的国务院下属部门进行整理汇总，就会发现，这一轮改革方案中直接涉及职责调整的部门就包括原有的 8 个部委（铁道部、卫生部、人口与计划生育委员会、发改委、交通部、公安部、农业部、商务部）、5 个直属机构（新闻出版总署、广电总局、质监总局、工商总局、海关总署）、4 个部委管理的国家局（能源局、海洋局、中医药管理局、食品药品监管局）、1 个直属特设机构（国资委）、1 个直属事业单位（电监会）、1 个高层议事协调机构（食品安全委员会）

① 参见《突出转变职能、释放改革红利：国务院新组建部门“三定”规定全部公布》，载《人民日报》，2013-07-19。

等，而有关职能转变部分的内容，涉及职责调整的部门更多。例如，根据中编办统计，仅就投资审批改革而言，直接涉及的国务院有关部门就有 30 多个①，可以说本轮机构改革基本实现了从部委到直属机构、办事机构乃至事业单位和议事协调机构等国务院所有部门的全覆盖，而不仅仅是局限于部委层面的一种简单的“27－2＝25”的加减法问题。改革力度不大的评价主要与将关注点仅聚焦于部委层面的机构调整有关，而这又关联到我们对“大部门制改革”中“大部门”的准确理解问题。近来有关政策文件和媒体较多使用“大部制”的用语，而更为规范、完整和准确的表述应该是“大部门制”或“大部门体制”，看似细微差别，其实含义有着明显不同。从横向范围来看，“大部”强调的是部（委）与部（委）的整合、归并；“大部门”除了强调国务院的各部委之外，还应包括国务院的直属机构、办事机构、部委管理的国家局和事业单位，乃至党群口的部门。同时，“大部门”和“大部”还有纵向层次上的区别，“大部”仅指部（委）本身，而“大部门”还应包括各部（委）的内设机构，比如说司（局）级、处（室）级机构之间的整合。“大部门”应该是纵向上“大部委—大司局—大处室”的有机整合。只有在弄清大部门制改革之“大部门”的准确含义后，才能对这一轮改革理解得更为准确和清晰。将大部门制改革从“部委”层面深化到包括国务院的所有部门的改革进而辐射到内设机构，显然是本轮改革的一个重要特点与亮点。

2. 职能调整规范：“转变职能”与“全面履职”的同时推进

构建职能有机统一的“大部门制”，一般是指把相同或相近的政府职能加以整合，归入一个部门管理，有关部门协调配合，或是把职能相同或相近的机构归并成一个较大的部门，以最大限度地避免政府职能交叉、多头管理和部门主义，从而提高行政效率。就此而言，职能的调整和转变是大部门制改革的前提和内在要求，机构重组则是大部门制改革的外在表现形式。笔者认为，这一轮的改革也确实将“职能转变”提到了前所未有的高度，并对政府职能的调整和转变做出了进一步的部署，并细分为职能的转移（理顺政府、市场、社会和个人关系）、职能的下放（调整中央政府与地方政府关系）、职能的整合（解决部门间职责交叉、推诿扯皮问题）和职能的强化（加强宏观管理和制度机制）四个方面。在机构改革和职能转变的改革方案中，围绕上述四个方面进一步部署了多项具体的改革措施，如工商登记制度由“先证后照”改为“先照后证”；允许成立行业协会商会类、科技类、公益慈善类、城乡社区服务类社会组织，直接向民政部门依法申请登记，不再需要业务主管单位审查同意；整合房屋登记、林地登记、草原登记、

---

① 参见《中编办理出 600 余项审批权　部委“割肉”讨价还价》，载《第一财经日报》，2013-04-08。

土地登记的职责，整合城镇职工基本医疗保险、城镇居民基本医疗保险、新型农村合作医疗的职责等，分别由一个部门承担；建立以公民身份证号码和组织机构代码为基础的统一社会信用代码等制度。中编办负责人在答记者问中也明确提出，简政放权是改革，加强管理和制度机制建设也是改革。不合理的政府职能需要转变，同时，政府应该做的也须管住管好，才是全面正确履行政府职能。在突出推动政府职能转变的同时，也高度重视政府全面履行职能，反映出决策层对政府职能问题的认识更为周详和成熟。以政府职能调整为基础和标尺来推进机构改革无疑构成了这一轮改革的重要特色，由此展开的改革内容也就不仅限于机构的变动，也包括更多的机制建设。这也正是大部门制改革之所以称为“制度”和“体制”改革而非简单的“机构改革”的缘由所在。

3. 改革思维创新：从“一元”取向到“多维”视角

如果说机构调整是一种政府的外在改革，职能调整是政府的内涵式改革，那么政府管理体制改革是否优化了职能、重组了机构就可以成为判断改革是否完成的标准。近年现代政府理论的研究成果显示，一个政府既构成一种体制，且内涵为一组职能，外现为一套机构，运作为一个过程，行动起来则是一群官员。① 就此而言，职能优化和机构变革很重要。同时，政府运作过程的优化与政府官员结构的合理化也是很重要的改革内容。过往的政府改革往往偏重强调体制、职能和机构的问题，而对运作过程优化和官员结构优化着力不足。在现实生活中，一旦公共政策执行过程中出现问题，大家容易简单化地把所有问题都归因于体制缺陷。实际上，体制制约固然是一个重要影响因素，但现实中的很多问题往往直接是和政府运作过程不合理、执行政策的官员行为不规范密切相关。没有后两者的改革和完善，政府改革过程中职能和机构调整的成效有时也难以彰显出来。值得关注的是，在《国务院机构改革和职能转变方案》公布之后，作为方案具体设计者的中编办负责人在答记者问中也明确提出了“体制解决政府管什么不管什么，然后还有一个过程”② 的问题，显示决策层对于政府改革和治理创新问题的总体把握更加成熟。在随后的改革方案落实过程中，在职能合理调整和机构重组整合的基础上，政府工作过程的规范与优化也成为改革的一个重要着力点。例如，2013 年 3 月 20 日国务院第一次全体会议后，马上发布了经过修订的《国务院工作规则》，对国务院的决策程序和工作机制做出了重要的规范与创新。此后，国务院办公厅又专门下发了《关于实施〈国务院机构改革和职能转变方案〉任务分工的通知》，细化了各项改革任务的具体要求和分工，并首次明确规定了完成改

---

① 参见朱光磊主编：《现代政府理论》，10～15 页，北京，高等教育出版社，2006。

② 参见《中央编办负责人就国务院机构改革和职能转变答问》，见中国政府网，2013-03-10。

革任务的具体时限，上述努力都可以认为是在政府工作过程和行政流程上的重要改进。同时，伴随着职能、机构和过程的优化与完善，政府官员结构和能力的优化也进一步成为政府改革的重要关节点。2013年的国务院机构改革方案，明确提出“严格控制人员编制和领导职数”的意见，李克强总理在随后的记者招待会上也“约法三章”，明确表示在本届政府任期内，财政供养人员规模只减不增。就此而言，政府工作人员总体规模的有效控制与人员内部结构的合理优化也构成此轮改革的重要任务和内容，将与大部门制改革配套推进。

二、2013年以来大部门制改革研究综述

作为21世纪以来中国行政管理体制改革的一项重要创新性举措，大部门制改革问题受到学术界的持续关注和讨论，本报告主要从专著和论文两个方面对最新研究成果做一简要综述。

（一）学术著作与观点综述

因大部门制改革从2008年才正式付诸实施，学术界虽然持续关注，但相应的系统性的研究成果，特别是以专著形式出版的研究成果还不多见。仅在笔者考察的范围之内，近年关于大部门制改革的著作主要有8部。其中，黄文平主编的《大部门制改革理论与实践问题研究》作为最新的一部系统性研究成果，深入探讨了大部门制改革的理论基础，并展开大部门制改革的国际比较分析，重点对2008年组建的交通运输部、工业和信息化部及广东省的大部门制改革进行了案例研究，并进一步分析了推进大部门制改革需要解决的问题、改革思路和对策建议。① 石亚军主编的《透视大部制改革：机构调整、职能转变、制度建设实证研究》一书则是在全国性调研的基础上完成的一部实证性研究成果，重点调研了国务院和11个省、直辖市、自治区在工信、交通、人社、住建、环保五个系统实施大部门制的现状，全面分析这一改革的历史背景、主要成效、存在问题，并为进一步深化大部门制改革提出了建设性的对策。② 沈荣华主编的《政府大部制改革》一书对大部门制改革的内涵和特征进行了较为深入的分析，在此基础上，对2008年以来国内中央和地方政府层面的大部门制改革的进展与问题进行了较为系统的考察，并梳理和介绍了国外大部门制改革的相关经验。③ 杨兴坤的《大部

① 参见黄文平主编：《大部门制改革理论与实践问题研究》，北京，中国人民大学出版社，2014。

② 参见石亚军主编：《透视大部制改革：机构调整、职能转变、制度建设实证研究》，北京，中国政法大学出版社，2011。

③ 参见沈荣华主编：《政府大部制改革》，北京，社会科学文献出版社，2012。

制：雏形、发展与完善》一书从理论视角对大部门制的内涵与特征进行了分析，总结了国外大部门制改革经验及其启示，较全面地考察了国内省、市、区三级地方政府大部门制改革实践，并剖析了中国大部门制改革的误区、问题与阻力，就深化大部门制改革提出了对策建议。①

另外，张思华和朱晓燕则从大部门制改革的视角出发，分别探讨了大农业和大电力管理体制的构建问题。② 石佑启、黄新波的《我国大部制改革中的行政法问题研究》一书则主要从行政法学的角度对大部门制改革与行政组织法的完善、大部门制改革与行政权的规制等行政法制问题进行了深入的探究。③ 顾杰主编的《地方大部门制改革与城市科学管理研究》一书则是湖北省行政管理学会 2013 年会的论文集，主要收录了多篇探讨大部门制改革与政府职能转变问题的论文。④

（二）论文检索与观点综述

学术论文方面，以 2013 年全年为期限，以“大部门制”、“大部门体制”和“大部制改革”为检索词的论文分别为 427 篇、314 篇和 1 294 篇，具体统计信息参见表 1，这也表明大部门制改革继续成为学界关注的热点。

表 1　　大部门制改革研究论文检索统计表

数据库名称	收录时间	覆盖期刊	检索词	检索方式（篇数）				
				篇名	关键词	摘要	全文	主题
中国知网（cnki.net）	2013 年 1 月至 12 月	所有期刊、报纸	大部门制	14	11	64	427	71
			大部门体制	2	4	24	314	25
			大部制改革	92	35	245	1 294	265

总体来看，2013 年学术界对大部门制改革的研究更加深入和全面，具体表现为以下方面：

1. 从比较视角考察大部门制改革的研究成果更加深入

在国内早期的关于大部门制改革的研究成果中，更多的论文主要是以介绍国外大部门制改革经验和提出改革建议为主，对大部门制改革所涉及的深层问题关注不够，对国外特别是发达国家行政改革最新趋势的跟踪考察也不充分。近年，

① 参见杨兴坤：《大部制：雏形、发展与完善》，北京，中国传媒大学出版社，2012。

② 参见张思华：《政府农业管理效力研究：构建大农业部门管理体制探讨》，北京，中国农业出版社，2007；朱晓燕：《大部制下中国电力管制机构改革研究》，北京，经济管理出版社，2009。

③ 参见石佑启、黄新波：《我国大部制改革中的行政法问题研究》，北京，知识产权出版社，2012。

④ 参见顾杰主编：《地方大部门制改革与城市科学管理研究》，武汉，湖北人民出版社，2014。

随着研究的深入，越来越多的学者开始试图从更新视角思考中国大部门制改革问题，以期深化对这一改革实践的学术阐释。例如，一些学者积极引介欧美国家近年推行的“整体政府”改革运动①，并试图将中国大部门制改革与国外的整体政府改革进行比较分析。傅雨飞在其论文中就将大部门制改革同国外整体政府改革进行了比较分析，尝试从“改革背景与动因”、“改革内容与路径”、“组织模式与信息传递”和“改革阻力与问题”四个方面比较分析中国大部门制改革与国外整体政府改革的契合性及差异性，以期吸取国外政府改革的有益经验，为中国新一轮的大部门制改革提供借鉴。② 王丽萍则进一步认为，在体现了大部门特色的机构改革中，整体政府理念可以有效降低大部门制改革的不确定性，其内涵和意义则已超越了大部门制，中国的行政改革应以整体政府理念来引导。③

此外，与过去侧重介绍国外大部门制改革经验及其对中国改革启示的研究不同，一些学者也开始注意考察海外在类似改革过程中出现的问题与教训，以为进一步改革提供借鉴。例如，王大鹏在《台湾“大部制改革”中的败笔》一文中对中国台湾地区 2012 年推动的组织再造和部会重组改革过程中遭遇的挫折和困境进行了分析。④ 徐寅和贾义猛则专门对日本政府在 2001 年实施的大部门制取向的中央省厅再编过程中出现的问题进行了考察。在日本的改革过程中，曾有过将职能相反的业务盲目整合到一个部门之下，最终造成政策隐患的严重教训。⑤

2. 对上一轮大部门制改革过程出现的问题的探讨受到更多重视

随着上一轮大部门制改革的全面实施，学界除对各地改革经验持续追踪考察之外，也开始对中央和各级地方政府在改革探索中遇到的挑战与困境更加关注。例如，沈荣华在承认第一轮大部门制改革成就有目共睹的同时，着重对改革过程中存在的局限和问题进行了分析，指出这一轮改革中出现的“内部整合没跟上、职能转变不到位、部门关系未理顺、上下对口成两难、职数超编难消化”的问题亟待解决。⑥ 王拓迪等人对湖北随州市的大部门制改革遭遇的困境进行了分析，

---

① 参见曾维和：《评当代西方政府改革的“整体政府”范式》，载《理论与改革》，2010 (1)。

② 参见傅雨飞：《整体政府实践与大部门制改革：契合及差异的比较》，载《当代世界与社会主义》，2013 (3)。

③ 参见王丽萍：《以整体政府理念超越大部制》，载《民主与科学》，2013 (3)。

④ 参见王大鹏：《台湾“大部制改革”中的败笔》，载《廉政瞭望》，2013 (4)。

⑤ 参见徐寅：《启示与教训：日本“大部制改革”再观察》，载《改革与开放》，2013 (10)；贾义猛：《大部门体制改革：日本的经验与启示》，载《时代周报》，2013 (224)。

⑥ 参见沈荣华：《上一轮大部制改革回顾与启示》，载《人民论坛》，2013 (3 下)。

指出随州改革后出现了“上下不对口”和“人员安排苦困难，部门利益难以均衡”等困局。[①] 叶贵仁则对以“顺德模式”为代表的广东省内的大部门制改革遭遇的“失效”困境进行了分析，发现顺德、广州等地方政府实施大部门制改革后，重组的政府部门和上级政府部门在工作对接上出现很大困境，下改上不改，打破了职责同构，但在上级政府部门延续工作的惯性思维模式下，下级政府部门很难应对。同时，对政府组成部门进行大幅度重组合并后，对部门内设机构的优化和调整却没有跟上，存在内设机构庞杂、臃肿的问题。[②] 竺乾威的文章则从官僚制组织结构的视角对陕西黄龙、湖北随州和广东顺德三地自下而上开展的大部门制改革因职能和机构调整造成上下不对应、横向协调改善带来纵向运作不畅的困境进行了系统分析，提出浙江富阳的“专委会模式”因采用在新设大部门式的专委会的同时并不改动原来部门机构的方式，实现了横向协调改善和保持纵向运作顺畅的目的，值得研究和鼓励。[③]

三、大部门制改革展望与建议

在2008年启动的机构改革中，探索实行大部门体制改革成为机构改革的重要内容和创新点。五年之后，随着十二届全国人大一次会议的召开和正式批准《国务院机构改革和职能转变方案》，新一轮机构改革开始实施，大部门制改革的稳步推进继续成为本轮机构改革的重要内容。从“探索实行”到“稳步推进”，大部门制改革开始进入一个新的阶段。随着改革进程的深入，需要着力破解在改革的探索实行期出现的问题与挑战，更加关注机构改革过程中职能整合与分离的均衡，更加关注部门重组与内设机构调整的并重，更加关注横向机构改革与纵向职责分化的协调，更加关注组织机构变革与官员编制规模优化的同步推进。

（一）职能整合与分离如何平衡？需要更加重视按照职能相反原则分设部门

大部门制改革的基本内容就是按照职能有机统一的原则将职能相同或相近的政府部门进行整合重组，2008年开始的国务院的两轮机构改革都主要是围绕这一基本原则对国务院的有关部门进行整合和改组的，其后跟进实施的地方政府机构改革也是沿着这一方向推进的。但根据职能整合来重组机构不仅需要注意将职

① 参见王拓迪、赵若州、李丹：《论当前我国地方政府大部制改革的困境及对策研究》，载《法制与社会》，2013（4下）。

② 参见叶贵仁：《权威体制下的分散式改革模式研究》，载《学术研究》，2013（3）。

③ 参见竺乾威：《地方政府大部制改革：组织结构角度的分析》，载《中国行政管理》，2014（4）。

能相同和相近的部门调整合并为一个部门，同时也需注意问题的另一面，即职能相反或冲突的业务领域则不宜实行简单的部门合并，而是应该坚持机构分设，更不能片面追求机构数量的减少和“大而全”型的部门设置。

在迄今为止的大部门制改革中，大家对职能整合与部门合并给予了充分重视，在国务院和各级地方政府的机构改革方案中这一点也得到了比较具体的落实。但过度强调职能统一与机构合并，可能就会造成对职能的合理分离与机构分设的忽视，盲目追求数量上的缩减，而实际改革效果未必能够显现出来。例如，在上一轮机构改革中，深圳市政府曾将原有的科技和信息局与贸工局、高新办、保税区管理局等6个政府职能部门重组为市科工贸信委员会，形成了一个被媒体称为“巨无霸”的超大部门，其后在实际运作过程中效果并不理想，并最终在两年后重新分设为市科技创新委员会和市经济贸易和信息化委员会两个部门。① 这一部门先“合”再“分”的案例说明职能整合与机构合并也需要注意限度和边界，不宜简单走合并的路子。另外，在国外的大部门制改革中，日本政府2001年实施的中央省厅再编被认为是一次大刀阔斧式的改革，内阁核心部门一下子由23个精减到13个，力度很大，但追求机构减少的同时未能充分注意根据职能分离原则分设部门的改革缺陷在随后也逐步暴露出来，并成为福岛核辐射事故严重化的重要原因之一。在2001年实施中央省厅再编时，曾将通商产业省重组为经济产业省，当时认为应该将核电管理业务整合到一个部门，于是在经济产业省下纳入了核电开发业务的部门与核电安全管理的部门，而且此后两个部门之间还有经常的人事交流。实际上，核电开发部门的职责取向是积极促进核电站的建设与核能开发，而核电安全管理部门的职责取向则是履行严格的核电安全监管任务，二者业务是开发与监管的关系，将这样两个任务取向相反的部门统一纳入一个大部门下，制造了既是“运动员”又是“裁判员”的角色冲突，存在冲击和削弱安全监管部门的独立性和制约监管职责有效行使的隐患。2011年福岛核辐射事故的发生和恶化，固然有天灾的重要背景，但日本核电开发与核电安全监管机制的混乱也被随后的事故调查机构视为很重要的制度缺陷。这个例子显然是日本中央省厅再编改革中的一个失误。为吸取教训，日本政府在2012年9月经国会审议批准成立了新的核能安全监管机构并将其置于环境省辖下，而从经济产业省中脱离出来，以强化监管机构的独立性。②

因此，在进一步深化大部门制改革的过程中，需要坚持职能整合与职能分离的平衡，在强调根据职能有机统一原则开展部门合并的同时，也需要更加重视按

---

① 参见《深圳科工贸信委或将重新拆分》，载《南方都市报》，2011-11-06。

② 参见贾义猛：《大部门体制改革：日本的经验与启示》，载《时代周报》，2013（224）。

照职能合理分离的原则实施有关部门的分设。

（二）部门重组与内部结构优化如何均衡？需要更加重视部门内设机构的合理配置

在2008年的机构改革过程中，按照职能有机统一原则实行大部门制是重要的创新性改革举措，在国务院层面具体新建了工业和信息化部等5个大部门，并取得了较好的成效。同时，大部门制改革实施过程中，也显露出如下问题：虽然部门重组得到了重视，但部门内部结构的优化没能得到足够注意，让大部门制改革更多停留在部门重组的“物理反应”层面，而原有各部门的内设机构在部门重组中也应该进一步重新整合设置，但这种内部结构优化取向的“化学反应”式的改革则不是很显著，从而制约了大部门制改革良好效用的发挥。例如，根据不完全统计，从1998年到2008年，历经三轮机构改革，国务院部委组成部门减少了2个，但各部委内设机构的总数是有所增加的，从294个增加到354个，详见表2。数量增减虽不能说明全部问题，但也从一个侧面反映出，在机构改革和大部门制改革中，我们可能更多重视了部门重组，而对部门内设机构的优化调整的重视程度不足。顺德的大部门制改革在上一轮地方政府机构改革中具有鲜明特色和示范意义，但相关研究也表明，顺德的机构改革可能同样也存在重视政府部门整合而对内设机构的调整相对忽视的问题，造成很多部门内设机构的庞杂和臃肿。[①] 在这个方面，日本2001年实施的中央省厅改革的经验显然值得借鉴。日本政府经过机构改革，不仅实现了省厅再编，将原有的1府22省厅重组为1府12省厅，而且省厅内部的各个层级机构（省厅下包括部、局级和课、室级两个层级）也同步得到优化和重组，改革前中央省厅共有部、局级机构128个，改革后则减少到约90个，且明确规定每个省厅内设部、局不超过10个，同时，课、室级机构则由改革前的约1 200个调整到900个，从而构建了大省厅—大部局—大课室的较为彻底的大部门制格局。[②]

表2　国务院组成部门的内设机构和编制一览（1998年和2008年）

1998年			2008年		
部委名	内设机构	编制	部委名	内设机构	编制
外交部	22	2 000	外交部	26	1 761
计委	19	590	发改委	28	1 029

① 参见叶贵仁：《权威体制下的分散式改革模式研究——以广东省大部制改革为例》，载《学术研究》，2013（3）。

② 有关日本2001年中央省厅再编的情况，参见贾义猛：《大部门体制改革：日本的经验与启示》，载《时代周报》，2013-03-14。

续前表

1998 年			2008 年		
部委名	内设机构	编制	部委名	内设机构	编制
教育部	18	470	教育部	22	556
科技部	9	230	科技部	11	258
信息产业部	13	320	工业和信息化部	24	731
国防科工委	—	—	—	—	—
民委	8	150	国家民委	9	188
民政部	10	215	民政部	13	332
司法部	9	220	司法部	12	294
财政部	20	610	财政部	21	680
人事部	11	258	人力资源和社会保障部	23	509
劳动和社会保障部	12	245	—	—	—
国土资源部	14	300	国土资源部	15	366
建设部	12	275	住房和城乡建设部	15	345
交通部	10	300	交通运输部	12	398
铁道部	12	400	铁道部	11	529
水利部	10	220	水利部	12	318
农业部	16	483	农业部	17	627
经贸委	20	450	商务部	28	956
外经贸部	19	457	—	—	—
文化部	10	275	文化部	11	327
卫生部	10	225	卫生部	15	387
计生委	7	120	国家人口和计划生育委员会	9	143
审计署	12	450	审计署	13	682
中国人民银行	13	500	中国人民银行	19	—
—	—	—	环境保护部	14	311
公安部	—	—	公安部	—	—
国防部	—	—	国防部	—	—
安全部	—	—	安全部	—	—

续前表

1998 年			2008 年		
部委名	内设机构	编制	部委名	内设机构	编制
监察部	—	—	监察部	—	—
总计（29）	294	9 293	总计（27）	354	9 966

资料来源：根据国务院办公厅秘书局、中央机构编制委员会办公室综合司编《中央政府组织机构（2008）》（北京，党建读物出版社，2009），《瞭望》周刊编辑部编《国务院机构改革概览》（北京，新华出版社，1998）等资料，由作者绘制。其中外交部缺 1998 年数据，改为参照 1994 年的“三定方案”数据，公安部、监察部、安全部和国防部数据无统计。

（三）推进机构改革与破解“职责同构”如何统筹兼顾？需要更加重视纵向政府间关系的规范

“职责同构”是中国政府在纵向间关系上形成和长期维持的一种格局，体现在机构设置上就是“上下对口，左右对齐”。[①]“职责同构”的格局造成纵向上每个级别政府管的事大致相同，缺乏规范的事权划分，并导致权责混淆，同时，在机构设置上造成下级政府基本上是对应上级政府设置部门和安排编制，在权责混淆的背景下，上级对下级的考核更多纠缠于是否设置了机构和编制，而非注重政府任务的完成。这样一种格局，就极大地制约了各个地方政府在政府管理和机构改革方面的创新和探索的可能。

在 2008 年的机构改革过程中，国务院明确提出了地方机构改革中“不统一要求上下对口”。2013 年 11 月，李克强总理也明确要求中央各部门不得以任何形式干预地方机构设置和编制调整[②]，为地方机构改革提供了创新的空间和机会。事实上，在随后的各地机构改革过程中，也确实出现了诸如顺德区党政整合的大部门制改革等颇具特色的地方机构改革的创新案例。不过，笔者在调研中发现，更多的地方政府在机构改革中还是主要延续了“上下对口”的机构设置模式，因为如不这样设置，往往会在向上级政府申请项目、资金乃至被上级政府考核时受到负面评价。即使一些大胆整合机构创新部门设置的地方，在一个部门对应多个上级部门的情况下，在参会和实际工作中往往形成忙于应付乃至应接不暇的困境，甚至有的又重新分设机构，造成机构改革的进展出现反复。有鉴于此，在本轮机构改革推进过程中，有关地方机构改革的部署工作应该更加重视对纵向政府间关系的调整与规范，需要更加自觉地将地方政府机构改革与规范纵向政府间关系有效结合起来。

---

① 参见朱光磊、张志红：《“职责同构”批判》，载《北京大学学报（哲学社会科学版）》，2005（1）。

② 参见李克强：《在地方政府职能转变和机构改革工作电视电话会议上的讲话》，载《人民日报》，2013-11-08。

（四）组织机构变革与官员规模优化如何协调规范？需要更加重视编制法治化建设

我们注意到，新一轮机构改革不仅关注政府职能调整和在此基础上的机构重组，而且同时更加重视政府改革在运作过程和人员结构上的优化。应该说，这也是在对上一轮机构改革的有关经验和问题给予切实总结的基础上提出来的。在上一轮的各级政府机构改革过程中，都较好地实现了大部门制取向的部门重组，政府部门数量更为精干，职能整合统一也取得了较大进展。另一方面，大部门组建后，在部门内设机构的优化不足的同时，人员结构的问题也更加突出出来。例如，有媒体曾披露，在某些政府部门内，竟出现“一正十几副”的不合理职位配置①，“官”多“兵”少的格局难以打破。需要注意的是，不合理的领导职位设置模式，不仅严重影响政府工作的有效开展，而且在法律上也是不允许的，例如，现行《国务院组织法》和《国务院行政机构设置和编制管理条例》明确规定，国务院办公厅、部委、直属机构、办事机构和部委管理的国家局领导副职设置为不超过 4 人，而目前很多国务院下属机构副职领导的实际配置远超过 4 人，有的甚至超过 10 个，地方各级政府部门中的副职数量可能更多。在建设法治政府，推进依法执政的进程中，这种“超越法律”的状况显然需要改变，因为于法不合，即使作为过渡措施也是不宜的。可喜的是，最新下发的有关新设的国家食品药品监督管理总局和铁路局的“三定”规定中，再次明确了副职领导为 4 人。我们希望在随后展开的各级政府机构改革过程中，能够严格遵守有关法律和制度规定，把“严格控制人员编制和领导职数”的规定认真落实。

四、报告要点

本报告在总体回顾大部门制改革进程的基础上，重点分析总结了 2013 年以来启动的新一轮机构改革和大部门制改革的主要特色与亮点，对 2013 年国内大部门制改革的研究成果进行了初步的文献综述，在此基础上，对稳步推进大部门制改革做出了展望并提出了初步的对策建议。

本报告要点总结如下：

(1) 大部门制改革自 2007 年正式启动以来，历经两轮机构改革，已经从“探索实行”期过渡到“稳步推进”期，改革的成效已经较好显现出来。2013 年以来，新一轮大部门制改革在中央政府层面得以稳步落实，地方政府层面的探索和创新也将进一步深化和完善。

---

① 参见《佛山“副局扎堆”背后的大部制改革》，载《新京报》，2012-03-29。

（2）在中央政府层面，新一轮机构改革和大部门制改革的特色主要体现为：

第一，本轮改革虽然在部委数量增减上变动不大，但已经进一步将大部门制改革从“部委”层面深化到包括国务院所有部门的改革进而渗透到内设机构整合的层面，改革力度和深度应予充分评价。

第二，这一轮机构改革将“职能转变”提到了前所未有的高度，并将政府职能转变进一步细分为职能的转移（理顺政府、市场、社会和个人关系）、职能的下放（调整中央政府与地方政府关系）、职能的整合（解决部门间职责交叉、推诿扯皮问题）和职能的强化（加强宏观管理和制度机制）四个方面，在机构改革和职能转变的改革方案中，围绕上述四个方面做出精细部署，在强调推动政府职能转变的同时，也高度重视政府全面履行职能，这反映出中国政府和领导层对现代政府职能问题的认识更为自觉和成熟。

第三，在推进政府职能转变和机构重组整合的基础上，政府过程的优化和政府官员结构的合理化也成为新一轮改革的重要着力点，显示出中国政府改革和政府发展战略更趋周详和完善。

（3）作为中国行政管理体制改革的一项重要创新性举措，大部门制改革问题受到学术界的持续关注和讨论，专著、论文等各种形式的研究成果近年多有发表，研究层次有所提升，研究内容更加深入。一方面，对上一轮大部门制改革进行全面跟踪调研，开展系统研究的成果开始出现；另一方面，更多学者开始关注中外大部门制改革进程中出现的困境与挑战，相关研究将为中国深化和完善大部门制改革提供启示。

（4）随着大部门制改革进程的深入推进，在下一步的改革过程中，需要着力破解在改革的探索实行期出现的问题与挑战，更加关注机构改革过程中职能整合与分离的均衡；更加关注部门重组与内设机构调整的并重；更加关注横向机构改革与纵向职责分化的协调，积极探索走出“职责同构”的困局；更加关注组织机构变革与官员编制规模优化的同步推进。

（作者单位：南开大学周恩来政府管理学院政治学系）

中国公务员规模问题研究报告

李利平

公务员规模问题是公共管理领域研究和各国政府改革的重要议题。在中国，自 20 世纪 90 年代中期以来，这一问题就一直广为社会各界关注。2004—2005 年学术界和舆论界出现了一场关于政府官员规模的讨论，不少学者、政府官员、舆论媒体和公众通过网络、发表学术论文、媒体等方式直接或者间接参与了这场讨论。在这场近乎全民参与的讨论中，各方面对中国的“官民比”的数据结论存有分歧。事实上，数字问题在今天仍然存在。通过讨论，客观上也提出了一些值得深层次探讨的问题，包括中国的公务员规模到底是大是小，其衡量标准是什么，中外比较及对中国不同历史阶段比较应采取何种方式，中国公务员规模问题的核心究竟是什么等等。这些基础性问题到今天仍然没有一个明确的结论，更不可能达成共识。新一届政府成立后，李克强总理公开承诺本届政府任期内财政供养人员只减不增。这是一个严肃的政治承诺。对于各级政府而言，“严格控制”无疑将是今后一个时期国务院及地方政府职能转变和机构改革的刚性约束，中央不允许以任何理由突破“两个限额”（即机构限额和编制限额），继续扩张在这五年内变得不可能了，这反映出当前公务员规模控制面临的政治压力巨大，社会各界对这个问题仍是高度敏感。这一大背景反而给公务员规模问题的研究工作提供了难得的机遇，使得研究有可能，也具备一定条件摆脱长期延续的“数量”思路，真正深入研究解决公务员规模涉及的基本理论问题，探究清楚当前中国公务员规模的核心问题是什么，为更长期的规划和改革提供明确的思路和建议。

一、中国公务员规模的现状

本报告使用公务员占人口比例作为公务员规模研究的基准概念，这是一个衡量公务员规模相对量的标准。依据 2006 年实施的《公务员法》的规定，公务员是指依法履行公职、纳入国家行政编制、由财政负担工资福利的工作人员。结合当前中国的实际，这一口径与“党政干部”基本一致，包括了党、政、群三大领域的人员，即指公务员、党派和人民团体中的专职干部。本报告使用的所有数据，均来源于公开的统计资料。

中国是一个人口大国，各地方的经济社会发展水平差距很大。按政府纵向层级划分为中央、省（直辖市、自治区）、市、县和乡 5 个层级。各层级政府都承担着大量促进经济社会发展和提供社会管理公共服务的职能，相应地也配备一定数量的公务人员。

第一，在国家整体的层面，公务员占总人口的比例在 1%左右。表 1 提供了 1978—2012 年中国公务员规模的总量及公务员占人口的比例的数据。数据显示：改革开放以来中国公务员的绝对量在不断地增长。1980 年，公务员总量是 527 万，到 2000 年增加到 1 104 万，增长了 1 倍多，此后，总量增长的趋势虽有所放缓，2003 年为 1 171 万，2012 年为 1 541.5 万，但在这 10 年间，绝对量增加了 370 多万。公务员占人口的比例也在不断上升，1978 年仅为 0.49%，1990 年上升为 0.94%，1993 年以后略有下降，保持在 0.87%左右，2009 年开始突破 1%，2012 年达到 1.14%。总体来看，公务员规模的总量在不断增加，20 世纪 90 年代以后一直到 2007 年的近 30 年间，增长的速度较慢，增加的相对量也不大，公务员占人口的比例始终控制在 1%以内。

表 1　　1978—2012 年中国公务员规模及公务员占人口比例

年份	公务员（万人）	公务员占人口比例（%）	年份	公务员（万人）	公务员占人口比例（%）
1978	467	0.49	1992	1 148	0.98
1980	527	0.53	1993	1 030	0.87
1985	799	0.75	1994	1 033	0.86
1990	1 079	0.94	1995	1 042	0.86
1991	1 136	0.98	1996	1 093	0.89

续前表

年份	公务员（万人）	公务员占人口比例（%）	年份	公务员（万人）	公务员占人口比例（%）
1997	1 093	0.88	2005	1 240.8	0.95
1998	1 097	0.88	2006	1 265.6	0.96
1999	1 120	0.89	2007	1 291.2	0.98
2000	1 104	0.87	2008	1 335.0	1.00
2001	1 101	0.86	2009	1 394.3	1.04
2002	1 075	0.84	2010	1 428.5	1.07
2003	1 171	0.90	2011	1 467.6	1.09
2004	1 199	0.92	2012	1 541.5	1.14

注：2002 年以前（包括 2002 年）公务员数据的统计口径是“国家机关、政党机关和社会团体”，2003—2012 年的统计口径变为“公共管理和社会组织”，2013 年进一步调整为“公共管理、社会保障和社会组织”，口径上更加接近。2008 年，“公共管理、社会保障和社会组织”人员中，中国共产党机关是 56.4 万人，国家机构是 1 193.3 万人，人民政协和民主党派是 9.3 万人，群团组织、社会团体和宗教组织是 23 万人。

资料来源：《中国统计年鉴（2013）》，表 3—1、表 4—5，北京，中国统计出版社，2013。

这一数据比例的含义是什么？当我们将中国的数据横向与其他国家相比时，就会发现其不算高，甚至处于比较低的水平。回顾 30 多年的改革发展历程，这一变化轨迹与历次机构改革对人员编制规模限额的严格控制有很大的关系，也比较真实地反映出中央及主管业务部门在人员规模控制上一贯坚持的导向和做出的大量努力。客观地说，对地方政府和职能部门持续施加精简压力确实对编制的增加有积极的抑制作用。

第二，省一级地方政府公务员占人口的比例与国家的整体趋势基本一致。表 2 提供了一组部分省（直辖市、自治区）2008—2012 年 5 年间公务员规模及公务员占人口的比例的数据。从中可以看出，公务员规模的绝对量（总量）和相对量（“公务员占人口比例”）都在不断增加。

表 3 提供了一组浙江省 1990—2012 年 22 年间公务员规模的纵向时间序列的数据。从中可以看出，浙江省公务员规模的状况与国家整体层面的发展趋势也基本一致。总量在不断增加，从 1990 年的 26.15 万人，增加到 2000 年的 34.93 万人，再到 2007 年突破 50 万人。这 22 年间共增加了约 40 万人。“公务员占人口比例”也从 1990 年的 0.62%上升到 2008 年的 1.0%，2012 年为 1.21%。

因此，与国家层面的整体数据比较，省一级地方政府公务员占人口的比例大致保持在1%左右。只有部分比较特殊的地方，受人口规模和结构、经济社会定位、地理位置、经济社会发展水平、特定的产业结构和城市化等因素的影响，比例稍微高一些。

表2　部分省（直辖市、自治区）2008—2012年公务员规模及公务员占人口比例

单位：万人（%）

	2008年	2009年	2010年	2011年	2012年
北京	34.02（1.92）	39.99（2.15）	41.10（2.09）	43.09（2.13）	44.73（2.16）
天津	13.75（1.16）	13.57（1.10）	13.70（1.05）	14.08（1.03）	15.50（1.09）
上海	17.67（0.82）	18.25（0.83）	18.70（0.81）	19.40（0.83）	20.49（0.86）
山西	47.87（1.40）	54.93（1.60）	55.90（1.56）	58.44（1.63）	59.63（1.65）
江苏	60.82（0.78）	62.23（0.80）	63.10（0.80）	65.01（0.82）	67.39（0.85）
河南	98.81（1.04）	103.8（1.09）	105.7（1.12）	106.1（1.13）	108.4（1.15）
广东	90.55（0.91）	91.34（0.90）	94.20（0.90）	98.93（0.94）	102.9（0.97）
重庆	22.71（0.79）	23.36（0.81）	24.60（0.85）	26.60（0.91）	28.54（0.96）
吉林	30.97（1.13）	30.58（1.11）	31.40（1.14）	32.53（1.18）	33.90（1.23）
陕西	44.75（1.20）	47.46（1.27）	49.40（1.32）	50.56（1.35）	53.21（1.41）
四川	69.63（0.85）	73.95（0.90）	77.4（0.96）	79.3（0.98）	82.64（1.02）
湖南	67.36（1.05）	76.43（1.19）	78（1.18）	76.67（1.16）	86.7（1.30）
新疆	7.61（0.35）	7.82（0.36）	8.3（0.37）	8.38（0.38）	9.31（0.41）

注：(1) 括弧内为"公务员占人口比例"；(2) 统计口径为"公共管理、社会保障和社会组织"，口径上更接近于事实。

资料来源：中国统计局网站地区数据。

表3　1990—2012年浙江公务员规模及公务员占人口比例

年份	公务员（万人）	公务员占人口比例（%）	年份	公务员（万人）	公务员占人口比例（%）
1990	26.15	0.62	2003	38.39	0.84
1995	31.45	0.72	2004	39.24	0.84
2000	34.93	0.78	2005	44.26	0.90
2001	33.89	0.75	2006	48.25	0.97
2002	35.08	0.77	2007	50.6	0.98

续前表

年份	公务员（万人）	公务员占人口比例（%）	年份	公务员（万人）	公务员占人口比例（%）
2008	52.4	1.0	2011	59.9	1.09
2009	56.1	1.06	2012	66.3	1.21
2010	57.5	1.05			

注：2002 年以前的统计口径是“国际机关、政党机关和社会团体”，2003—2012 年的统计口径是“公共管理和社会组织”，2013 年口径为“公共管理、社会保障和社会组织”。总人口为年末常住人口数。

资料来源：浙江省统计局编：《浙江统计年鉴》，北京，中国统计出版社，2003，40 页；2004 年，52 页；2005 年，54 页；2006 年，52 页；2007 年，48 页。2007—2012 年的数据来源于 2008—2013 年《中国统计年鉴》。

第三，县（县级市）一级政府“公务员占人口比例”更低一些。目前，学术界、舆论媒体对基层政府人员规模的现状及问题已有大量的研究。在公务员规模问题上，也已经形成比较一致的看法，即机构林立、人员膨胀，由于基层政府多处于“吃饭财政”的境地，主要依靠高层次政府的转移支付负担公务人员工资，因此必须大幅度精简。但客观情况又如何呢？本报告提供了一组 2013 年湖北省恩施州各县（县级市）的横截面数据，这是目前国内公开的为数不多的完整数据，数据信息中包括了公务员实有人数和“公务员占人口比例”（见表 4）。恩施州成立于 1983 年，是中国最年轻的自治州，位于湖北省西南部，2013 年常住人口 329 万，其中土家、苗、侗等 28 个少数民族约占总人口的 53.5%。恩施州也是湖北省唯一享受西部大开发政策的地区。考虑到中国目前仍然是“职责同构”的职能配置架构，机构编制管理的格局也没有大的调整，因此，县级政府的职能和人员配置都是传承下来的框架，因此，恩施的数据及结论在国内其他地方具有一定的代表性。

从表 4 的数据可以看出，恩施州各县（市）“公务员占人口比例”均远低于 1%；财政供养系数（指财政供养人口占总人口的比例），大致为 1.5%～2%，略高于财政部门核定的标准数（1.4%～1.8%）。

表 4　2013 年湖北省恩施州各市县公务员规模及公务员占人口比例

	行政实有人员（人）	事业实有人员（人）	公务员占人口比例（%）	财政供养系数（%）
恩施市	2 566	10 621	0.32	1.66
利川市	2 217	11 094	0.26	1.58
建始县	1 744	8 634	0.33	2.02

续前表

	行政实有人员（人）	事业实有人员（人）	公务员占人口比例（%）	财政供养系数（%）
巴东县	1 813	6 803	0.37	1.73
宣恩县	1 464	5 359	0.42	1.97
咸丰县	1 576	5 540	0.41	1.89
来凤县	1 424	4 898	0.44	1.95
鹤峰县	1 389	4 724	0.63	2.77

资料来源：2013年湖北省财政与编制政务公开网。行政实有人员包括行政人员、军转、政法专项人员和工勤人员；事业实有人员包括全额、差额和自收自支人员，均包括了市州直和乡镇。

综上，当前中国公务员的总量约为1 500万，公务员占总人口的比例略超出1%；各层级地方政府公务员规模总量的趋势与国家整体层面基本一致，均在1%左右。这一比例大致处在一个相对合理的区间内。

二、对公务员规模“数量值”的分析和判断

公务员占人口的比例略超出1%，这呈现给我们的只是一个“数量值”，要依据它判断中国当前的公务员规模，还需要一个客观的、有参照意义的标准。表5提供了部分国家（地区）在不同年份“公务员占人口比例”数据。选择横向国际比较，主要考虑是：一是随着社会经济的发展，特别是二战以后，科学技术突飞猛进，社会事务不断增多，各国政府的作用日益渗透到了人们日常生活的方方面面，政府也已经成为一项大的服务“产业”，这也是世界各国表现出的一般趋势。政府在不断扩大管理服务范围，承担越来越多的职责，比如食品卫生部门、证监会、国家能源局、大洋办（主要从事国际海底资源勘探开发）、极地办等这些传统社会不可想象的机构都开始出现，并承担着越来越重要的职责。二是发达国家、经济转型国家和经济社会快速发展的发展中国家都普遍接受了在经济市场化的条件下推动政府发展和改革的基本原则，对政府职能和机构设置的理解与操作也在逐步趋同，对这些国家（地区）“公务员占人口比例”进行比较和分析，能得出一般性的结论。

从数据可以看出，除土耳其外，其他国家（地区）公务员占人口比例均高于1%。从分布上看，大致可分为三个层面：美国、德国、英国等经济发达国家，这一比例均超过了3%；日本、俄罗斯、波兰、捷克、中国香港地区、中国澳门地区等，这一比例均超过了2%；法国、埃及、巴西、中国台湾地区等，都保持在1%～2%。这一比较结果赋予了1%数量值更丰富的内涵，也给分析公务员规模问题提供了参照系。在现时代，如果在只考虑人口规模、政府财政能力和政府职责等基本面要素，而从逻辑上约减掉其他制约因素（比如地理位置、民族、政

治上的考虑等）的条件下，一个国家（地区）的公务员占人口的比例一般不宜低于 1%，这也可以作为公务员配置的底线。因此，中国公务员的相对规模确实不大，刚刚超出底线的标准。

表 5　　部分国家（地区）的公务员占人口比例

国家/地区	公务员占人口比例（年份）(%)	国家/地区	公务员占人口比例（年份）(%)
美国	3.25（2002）	捷克	2.87（2010）
英国	3.20（2002）	埃及	1.34（2008）
法国	1.60（2001）	巴西	1.95（2006）
德国	4.82（2002）	土耳其	0.93（2010）
日本	2.47（2011）	中国香港地区	2.36（2013）
俄罗斯	2.82（2008）	中国澳门地区	4.34（2012）
波兰	2.35（2010）	中国台湾地区	1.55（2013）

资料来源：李利平：《中国公务员规模问题研究》，南开大学博士学位论文，2010。

当然，公务员规模相对量不大，并不意味着中国公务员规模配置就是合理的，没有改革的必要和空间。表 6 提供了中国行政、教育以及卫生、社会保障和福利三个系统各类人员及其比重数据。其中，编制人员数据是 2005 年 6 月中编办负责人接受记者采访时提供的内部细分数据，这是目前业务主管部门对外公开的唯一数据，虽然时间上有些早，但对于人员内部的结构分析非常宝贵。人员总数是《中国统计年鉴》公开的对应年份的数据。

表 6　　中国行政、教育以及卫生、社会保障和福利系统公务员构成　　单位：万人

	总数 (1)	编制人员 (2)	编外人员 (3)	(3)/(1)
公共管理和社会组织	1 170.2	640	530.2	45.3%
教育	1 424.5	1 390	34.5	2.4%
卫生、社会保障和福利	476.8	400	76.8	16.1%

资料来源：《权威解读：中国目前行政编制总数 640 万人　“官民比”1∶203》，见人民网，2005-06-08；《中国统计年鉴（2007）》，表 5—9，北京，中国统计出版社，2007。到 2004 年底，中国行政和事业编制总数是 3 540 万。行政编制 640 万，包括了各级党委、人大、政府、政协、检察院、法院、民主党派、群众团体系统和公安、司法、安全等政法系统。在 2 900 万名事业编制中，包括了教育、农林牧水、医疗卫生、文化新闻出版、城市公用、广播影视、社会福利、交通、后勤服务、信息咨询和科研等单位。教育系统事业编制为 1 390 万名，占到事业编制总数的 48%，医疗卫生系统事业编制为 400 万名，占到事业编制总数的 14%，两项合计约占到了事业编制总数 62%。

从比较数据可以看出，政府部门非行政编制人员（可能是以编外或其他形式雇用的人员）的比重约为 45.3%，远高于教育（2.4%）以及卫生、社会保障和社会福利系统（16.1%）。这意味着可能由于行政编制太少或者控制比较严格，不足以满足政府运行的基本需求，政府各部门不得不大量使用其他形式的人员。接近一半人员身份不明确，出现广为诟病的行政效率降低、行政控制失灵、滋生

腐败等一系列的问题某种程度上讲具有必然性。另一方面，本来这些人员客观存在，且由财政支付工资，但是统计数据中确不包含这些人员。这些都是当前中国公务员规模的一些重要问题，比如公务员的真实数量、公职人员内部的身份混乱及身份歧视、公务员管理不规范等。

综合上述分析，中国公务员规模的绝对数量确实不小，若再加上上述承担公共事务管理但身份不在公务员统计范围内的人员，这个数据会更大。我们理解，绝对量大与中国巨大的人口基数、经济社会转型阶段有关。但相对量并不大，这可能又与目前我国庞大的农业人口比重、经济发展水平不高和财政实力不强等有关。2013 年，李克强总理在地方政府职能转变和机构改革电视电话会议上的讲话中提到，严格控制机构和编制，主要是考虑到中国的财政不会像前几年那样快速增长了，这也印证了前述的观点。目前中国作为一个发展中的大国，在社会转型、经济社会快速发展和城市化大背景下，公务员占人口比例在 1%左右，处在一个合理的区间。当然，这不意味着绝对量不是在持续增长，更不意味着要大规模地扩张。当前公务员规模与经济社会发展需要之间的矛盾在不断加剧，中央和地方部门增编的需求很大。据有关部门的统计，近 5 年（2007 年底到 2012 年底）间，虽然中央三令五申严格控制机构编制，但全国的行政编制仍增加了近 50 万，主要是为地方政法系统、铁路公检法增加了政法专项编制，按政策为军转干部安置、口岸查验机构以及涉疆涉藏地区增编；财政补助事业编制增加了约 330 万，主要是为满足公共服务需求和公益事业发展而在教育、卫生、科研、公共文化等领域增加的。这一数量规模仍然是很可观的，况且在公务员规模不断扩张的过程中，公务员规模的核心问题没有解决。

三、中国公务员规模存在的主要问题

第一，各级政府人员配置比例不合理。中央比重明显偏小，县乡基层政府比重偏大。以时任人事部副部长侯建良提供的公务员（小口径）数据为例，中央机关及其在地方的派出机构约占总数的 7.5%；省级机关约占总数的 8.4%；地市一级约占总数的 22.7%；县（县级市）一级规模最大，约占总数的 44.8%；乡一级约占总数的 16.7%。[①] 总体看，中央机关及其在地方的派出机构仅占公务员总数的 7.5%，县乡基层政府公务员合计约占到总数的 61%。这种中央比重过低而基层比重偏大的人员配置结构，主要是与中国政府在纵向间的“职责同构”、

① 此数据是 2005 年侯建良提供的 2003 年的小口径公务员数据。参见《人事部副部长侯建良辟谣：中国官民比 1∶197》，见人民网，2005-04-27。

政府职责的按层次分解以及“养机构、养人、办事”的管理方式直接相关。此外，这一结构，与其他国家公职人员在纵向各层级政府之间配置比例趋势差别很大。多数的单一制国家，中央与地方公职人员的比例为 1∶1 到 2∶1；在联邦制国家，由于联邦与地方分权，联邦政府公职人员的比重稍微低一些，但一般都超过 10%。表 7 提供了日本各类政府公务员的规模比重（2007 年）。表 8 提供了 2013 年日本各类地方政府公务员规模比重。

表 7　　日本各类政府公务员规模比重

公务员总量	国家公务员	都道府县	市	町村	部分事务组合
100%	18.3%	43.8%	30.5%	4.6%	2.8%

资料来源：作者依据日本人事院和总务省自治行政局提供的相关数据进行折算。

表 8　　2013 年日本各类地方政府公务员规模比重

地方总量	都道府县	市町村（45.4%）				
		市	特别区	町村	指定都市	部分事务组合等
100%	54.6%	25.8%	2.2%	5.1%	8.8%	3.5%

注：所有数据均为占地方公务员总数的比例。

第二，党、政、群人员配置比例结构不合理。以福建省公开的数据为例。①在机构数量上，全省县以上党政机关部门机构数约占总数的 31.4%，政府机构数约占总数的 68.6%，党政机构分布的比例大致是 3∶7；在人员配置上，总体的趋势与机构数是一致的，党委机构工作人数占总数的 25%～30%，政府工作人员占总数的 60%～70%，人大常设机构工作人员占总数的 4%左右，政协常设机构工作人员占 1.5%左右，人民团体工作人员占 6%左右。2009 年在河北调研时了解的“大数”情况与此相似。这种配置格局，有历史的原因，但与历次政府机构改革涉及的范围领域及指向关系更大。历次改革主要针对政府部门，而党的部门、人大、政协、群团组织、两院，改革涉及的不多，2000 年以后基本没有涉及，因此党群部门机构和人员比重变化不大，基本没有减少，相反随着经济社会发展，这几部分力量都在不断加强。部分地方在这方面有积极探索，顺德 2008 年推动的大部门制改革中就涉及党政机构的合并、合署办公等，但是从全国层面来看，此类改革调整幅度并不大。

第三，职能部门人员配置结构不合理。社会管理和公共服务部门在职能配置、机构设置和人员编制上比较薄弱，政府“缺位”或“不到位”的问题很多。

① 这组数据是福建 2004 年的数据。参见方成义：《福建机构编制年鉴（2004 卷）》，214～216 页，福州，福建海潮摄影艺术出版社，2005。

随着经济社会发展水平的不断提高，公众的社会公共需求不断增加，而目前政府提供公共服务的能力远不能适应急剧增长的公共需求，就业、社会保障、扶贫、教育、医疗、环保和安全等与民生直接相关领域的职能需要重点强化，而恰恰是这些部门在财政投入、机构、编制方面都存在着一定的缺口。特别是地方往往要面对最广大的人群和纷繁复杂的事务。

表 9 提供了香港特别行政区 2003 年、2009 年和 2013 年三个时间节点上各部门公务员数及比重。从中可以看出，公务员数较多的部门的排序位置在 10 年间基本没有变化，香港警务处、食品环境卫生署、消防处、房屋署和康乐及文化事务署 5 个与公众生活密切相关的民生部门，其人员规模相对较大。

表 10 提供了 2013 年日本都道府县、市町村公务员内部结构。数据显示，在都道府县，教育公务员比重最高，约为 60%，其次是警察公务员，约占 19%，一般行政人员（除福祉关系外）仅占 11.6%。而在市町村，一般行政人员的比重最高，约占 54%，除去福祉关系人员外，仍约占 30%，教育公务员为 11.6%，公营企业人员占 22.9%。通过横向比较看，目前在与民生领域直接相关的部门，人员配置需要不断加强。

表 9　　2003 年、2009 年、2013 年香港特别行政区各部门人数及比重　　（%）

部门	2003 年实际人数（比重）	2009 年实际人数（比重）	2013 年实际人数（比重）
香港警务处	33 275（19.7）	32 203（20.8）	32 754（20.4）
食品环境卫生署	11 871（7.0）	9 923（6.4）	10 073（6.3）
消防处	9 372（5.5）	9 330（6.0）	9 840（6.1）
房屋署	9 124（5.4）	7 194（4.6）	7 809（4.9）
康乐及文化事务署	7 669（4.5）	7 343（4.7）	8 202（5.1）
惩教署	6 920（4.1）	6 465（4.2）	6 777（4.2）
教育局	6 433（3.8）	5 236（3.4）	4 923（3.1）
卫生署	6 128（3.6）	4 992（3.2）	5 675（3.5）
入境事务处	5 837（3.5）	6 276（4.0）	6 273（4.2）
邮政署	5 676（3.4）	5 175（3.3）	4 960（3.1）
社会福利署	5 125（3.0）	5 032（3.2）	5 326（3.5）
香港海关	4 938（2.9）	5 419（3.5）	5 564（3.5）
其他部门	56 705（33.5）	50 540（32.6）	52 037（32.4）
合计	169 100（100.0）	155 128（100.0）	16 063（100）

注：（1）2003 年公务员实际人数统计时间为 2003 年 3 月 31 日，2009 年公务员实际人数统计时间为 2009 年 3 月 31 日，2012 年的公务员实际人数统计时间为 2013 年 3 月 31 日。（2）不包括法官及司法人员、廉政公署人员和香港驻外地经济贸易办事处在当地聘请的人员。（3）括弧内为占公务员总数的百分比。

资料来源：香港特别行政区公务员事务局网站公开数据。

表 10　　2013 年日本地方政府公务员内部结构

	总量	一般行政	教育	警察	消防	公营企业等会计部门	除福祉关系外的一般行政	福祉关系
都道府县	100%	15.4%	59.4%	18.9%	1.2%	5.1%	11.6%	3.8%
市町村	100%	54.3%	11.6%		11.2%	22.9%	29.6%	24.7%

资料来源：作者依据日本人事院和总务省自治行政局提供的相关数据折算。

第四，领导职数多，公务员内部结构不合理。由于存在比较严重的“官员崇拜”现象，目前在各国家机关，各党派、人民团体的领导机关，事业单位的管理层，普遍存在的“官多僚少”、“官多兵少”现象，也即通常所说的领导职数过多、副职过多问题。在一些机构中，正副职领导，加上享受领导干部待遇而并未担任领导职务的干部（如调研员、巡视员等），几乎都是“官”，领导多，真正干活的人少。这不仅加重了官员规模庞大的印象，更重要的是增加了行政成本、降低了行政效率。对于领导职数的管理，目前尚不规范，副职数量也远超出组织法规定的限额。领导职数过多引发了各种弊端，需要调整优化人员内部结构。

第五，机构多但人员不饱满。由于当前我国的政府职能配置仍是“上下同构”的方式，各层级政府的基本机构的名称大致相同，有些地方为与上级对口，机构数量基数也大致相同。这种模式，好处是方便上级政府管理，弊端是地方特殊性完全体现不出来，机构数量多且分散。在这种体制下，若人员配备又不足，必然造成矛盾横生、效率不高、服务不到位等问题。比如，在湖北恩施州，无论各县市下辖人口多少，政府机构设置数目的差别都不大。恩施市人口 79 万，行政机构数 64 个；鹤峰县人口只有 22 万，行政机构有 57 个。① 再比如，随州市在近年的大部门制改革过程中，由于“上下对口”的压力，机构没有减，反而增加了 9 个，机构也由最初的 55 个退回到 64 个，2013 年各类行政机构 69 个。但是市直机关行政编制仅 1 000 多人，实际各类在职行政人员 1 966 人，包括政法专项编制 812 人②，因此，内部日常管理压力普遍较大、超负荷运转的现象在政府组织内部大量存在。

四、中国公务员规模控制和优化结构的政策建议

“突出精简”是我国 30 多年来政府机构改革的基调和主要内容。但是“数量”改革的思路已经很难适应中国当前的实际情况和未来发展。任何改革与调整

---

① 2013 年湖北省财政与编制政务公开网数据。

② 参见《随州市大部制改革之困：下改上不改，改了又回来》，见新华网，2008-02-20。

都要尊重公务员规模的自身发展规律，结合当前中国实际，建议用“结构调整”替代“突出精简”作为改革的主要目标，并采取相应的具体对策。

第一，建议适当拉大政府机构改革的周期。首先要从一个更高层面的宏观设计为公务员规模调整提供切入途径。在中国，改革周期已形成某种惯例，5 年为一个周期，新一届政府开门第一件事就是机构改革，这规定着行政体制改革的节奏、阶段和目标。机构设置和人员规模的变化，都表现出明显的阶段性特征。但是，5 年周期也是中国整个政治经济体制改革的周期，机构改革自身尚没有形成独立的周期和节奏。这必然导致改革的稳定性差、连贯性差，不仅增加了改革的成本，而且人们很难看出有一个成熟的、长远的改革思路和价值理念贯穿其中。下一步的改革，建议用更加积极、长远的视角来统筹规划行政体制改革和政府机构改革，并整体推进。若可以适度拉大改革周期，比如十年，这样就可以比较从容地通盘考虑相关改革，这有利于改革的配套和深化、细化，也有助于通过长期的、持续的改革来控制并压缩总量的目标。在邻国日本，他们对公务员规模控制就是按照依法确定的目标逐步推动改革，这值得中国借鉴。若能适当拉大改革周期，我们也可以统筹推动相关改革。

第二，推动政府职能转变，合理调整纵向各层级政府的职责配置。政府职能转变是机构编制改革的前提和基础。因此，无论怎么强调转变政府职能的基础性作用都不过分，也只有真正缩减了政府活动的领域和范围，才可能缩减机构和人员的数量。新一届政府在转变政府职能方面做了大量努力，其中，行政审批制度改革就是“重头戏”，其取消下放的力度之大、速度之快，前所未有。据统计，2013 年以来，国务院分 5 批取消和下放了 416 项行政审批事项，其中，包括 324 项行政审批事项，89 个评比达标表彰评估项目和 3 个行政事业收费项目。最近的一次是 6 月 4 日国务院常务会议为促进创业就业确定再取消和下放 52 项行政审批事项。这已接近完成本届政府削减 1/3 行政审批事项的目标。[①] 2014 年 3 月，中编办对外公开了“国务院各部门行政审批事项汇总清单”，涉及国务院 60 个部门正在实施的行政审批事项 1 235 项，媒体称其为“权力清单”。同年 4 月，国务院下达了《关于清理国务院部门非行政许可审批事项清单的通知》，取消面向公民、法人或其他社会组织的非行政许可事项，取消和调整面向地方政府等方面的非行政许可事项。对于非行政许可事项的清理（非“规范”），又进一步堵住了“灰色地带”。相信这些努力对公务员规模的影响很快就会显现出来。

在政府职能转变方面，改革开放 30 多年来，政府的努力一直没有停止过。应该承认，今天的政府职能与改革开放初期相比，已经发生了实质性的变化，政

① 经中编办会同有关部门摸底，确定国务院和各部门共有 1 500 余项行政审批项目。

府与企业、政府与市场、政府与社会的关系都发生了巨大的变化，政府介入微观事物领域的范围已大大缩减，市场体系、监管体系、宏观调控体系都已建立起来，而社会管理和公共服务职能都在明显加强，这有力地推动了改革开放和经济社会的可持续发展。党的十八届三中全会提出要让市场在资源配置中起决定性作用，这一重要论断为政府职能转变提出了明确的思路和方向。今后，进一步转变政府职能，处理好政府与市场、社会的关系，如何通过政府改革使市场在资源配置中起决定性作用，是中央和地方政府都面临的重大任务。

但同时，与政府与市场、社会关系处理相比，在纵向政府职能的配置调整上尚没有破题。目前除部分地方探索扩权强县改革、省直管县试点改革外，这方面没有其他大的调整和变化，“职责同构”仍在延续。在“职责同构”无法根本改变的条件下，如果只是简单地裁减人员，于事无补。我们认为，理顺各层级政府职责范围和边界是当前切实加快政府职能转变的关键方面。一是建议通过法律的途径明确中央与地方各级政府的职责范围，划分中央公务员和地方公务员。在职责边界清楚的前提下，适当增加“中央公务员”的数量，提高中央政府的执行力和公共服务能力。目前中央政府已经逐步在社会保障、基础教育等大量公共服务领域承担更多的责任①，不宜过多地依赖地方政府来执行中央的政策，可借鉴美国的经验，通过在地方设立自己的直属分支机构，或类似于地方上的“国税机构”的办法来直接实现自己依法承担的职责，当然这一调整必然会增加中央公务员数量，但是有助于解决当前政令不畅、中央宏观调控能力弱等问题。同时，对于地方政府而言，特别是接近老百姓的基层政府，社会管理和公共服务是其主要职责。因此，职责调整必须“有加有减”，在机构设置和人员配置上，不能只强调做“减法”，更要适当做“加法”。二是公务员占人口比例在纵向政府间逐层次降低，同时也要考虑横向各地区之间的差异。政府职能自上而下将呈现出从宏观到微观的层级递减趋势，同一层级政府，受各类约束条件制约，公务员占人口比例必然要有差异，东部地区的比例可以比中西部略高一些，城市比农村略高一些。三是明确不同层级政府职责的差异性，错位设置政府机构，并相应地调整人员结构。建议中央授权地方根据各自的职责重点，制定具体方案，各职能部门不宜干预下级地方的机构设置和人员配备。此外，在理顺地方政府职能的基础上，逐步打破“对口”设置模式，给地方更多的自主权，尊重地方的创新探索，能帮助调整优化公务员结构。

第三，推行人、事、财差异化组合管理。当前，公务员内部存在着大量聘用人员，有些地方这一人员的比例还很大，行政事业混编现象很普遍，从下属单位

---

① 比如社会保障，中央政府是社保资金的提供主体，通过对地方政府转移支付的方式实现。

借调人员很平常，这些都是客观现实。针对这一问题，建议对于行政编、事业编、临聘人员这三大类人员采取差异化的管理方式，最终的目的均是提高政府工作效率，满足公众日益增长的公共服务需求。在现有管理制度框架下，采用人、事、财组合式管理方式是较为现实和可行的选择。对行政编制，要在控制存量的基础上在“盘活”上做文章，优化人员内部结构，对行政编制的控制和管理以人为主。对事业编制，其是公共服务的主要承担主体，相关指标具备定量的可能性和条件，目前已在教育、社区卫生等领域探索出一定的量化标准，可继续在不同行业探索建立人员配置标准，通过标准进行规模控制，今后可逐步转向以事为主。对聘用人员，考虑到其进出较大的灵活性和变动性，以及用人单位的自主程度，建议以财为主，主要考虑核准情况和监督管理，并根据工作的专业性程度、工作量逐步提高待遇，解决由于身份歧视导致的同工不同酬问题，提高他们的积极性。

第四，继续推动大部门制改革。针对各级地方政府机构数量多的现实，建议各地根据实际，在更多领域、更大范围探索建立数量较少但职能宽泛的“大部门”，精简机构数量。这样，不仅可以减少不必要的机构内部协调的损耗，提高政府工作效率，而且有利于调整和优化公务员人员结构。比如随州市成立社会保险事业中心，承担着机关事业单位养老保险、企业养老保险、农村养老保险、医疗保险、工伤保险、生育保险、基金结算和劳动保障信息等一般由6个机构经办的工作，而中心只有27个编制，负责59.2万人次参保人员的保险费征收、保障金支付。因此，机构少了，人员也削减了，但效率提高了，并且方便了参保人员。① 同时，对部门内设机构设置也要调整思路，归并相近或相关职能，实行“大处室”、“大课室”的做法。组建大部门之后，用于部门内部管理的机构和人员总量会减少，这样可以在保持人员规模总体不变的情况下，逐步减少政府内部服务人员的数量。

当然，在减少机构数量的同时要考虑人员的结构，配备充足的人员。一般而言，政府机构数目少，人员充足，工作效率较高，协调的工作量和“麻烦”也少。在推进大部门制改革中，在人员编制问题上也有个转变观念的问题，并不是人员越少越好，而是公共服务质量越高越好。从大部门制所必须履行的公共服务职能来看，只有充实人员才能真正做好服务。

第五，继续充实与民生直接相关领域的公务人员。这在当前是中国公务员结构调整的重要方面。随着经济社会的发展、城市化进程的推进、社会结构的变迁以及公众服务需求意识的提高，政府必然要加强其服务性的职能，因此，人员配置上同样不能只做“减法”，还要做“加法”。不仅要继续削减微观经济管理部门

① 参见郑元昌：《回望随州大部制改革：七年尚民之路》，见荆楚网，2008-04-02。

的工作人员和机关后勤人员，而且要充实宏观调控部门和市场监管部门的工作人员，编制应向行使社会管理和公共服务职能的机构与部门倾斜。对公共服务部门的编制管理，与综合决策、行政执法的部门不同，有其自身特点，可以借鉴国外编制配置的办法。比如有学者提出，对于直接服务于公众的社会管理和公共服务部门，可以根据服务对象的多少来确定编制数量，再按各级政府所承担的职能，确定各层级的人员编制规模，这种思路对解决目前存在的人力不足的问题很有针对性。

增加人员也要把握“弹性空间”，坚持“留有余地”的原则。因为，公务员规模受多种因素的影响，这些因素自身会不断变化，其对公务员规模带来的传导效应会使得公务员规模变化很难出现一个线性发展趋势，必然会有反复。因此，如果现在把规模、数量方面的标准定得过高，相对刚性，并不利于长远发展。比如产业转型、公共服务等方面的变化，可能某个时期、在某些地方会迅速带来人员规模的增减变化和结构调整。但当情况有变化时又可能遭遇“尾大不掉”的窘境，必须提前预防。比如我国的煤矿安全生产，在一个时期安全事故集中爆发，安全形势非常严峻，为应对这种局面，政府不断加强了安全监管力量，但随着经济社会结构转型，部分地方的安全生产形势有了大的变化，安全监管力量有过度迹象。如何能通过横向结构调整，把安监力量充实到安全形势不好的地方，就显得非常重要了。

第六，进一步改革编制管理方式，促进编制的动态管理，创造条件推动公务员内部结构调整。一方面，在各层级政府权限和职责范围划分明确的前提下，西方国家的编制管理部门一般只在横向上发挥作用，而不能纵向上指挥下级政府的机构设置和人员配置，同时通过预算管理的办法对编制管理进行硬约束。① 这种管理方式值得借鉴。目前中国编制管理仍实行统一领导、分级管理的体制，上级政府通过各种途径手段干预下级政府机构设置和编制规模，地方政府并不掌握改革自主权，也就没有了创新的积极性，更谈不上去努力优化组织结构、调整人员结构了。另一方面，从技术角度看，目前编制部门的管理最重要的导向和要求就是不突破限额，因此，编制控制非常严格，“卡得很死”。当然，在目前多数地方实际机构、人员数大都超过中央规定的限额的背景下，严格管理确有必要。那么，既要满足需要，又要控制规模，这无疑是一个两难的选择。解决这一矛盾，必须加强管理创新，从结构调整以及动态管理上多创造一些有效的管理办法，增加编制管理中的弹性。② 跨层级、跨系统、跨地区、跨部门调剂编制，在目前的

① 参见于宁：《中外机构编制管理与监督的模式比较研究》，见中国机构网，2009-04-23。

② 参见杨琳：《中央机构编制委员会办公室副主任吴知论接受本刊专访》，载《瞭望新闻周刊》，2009 (9)。

体制下仍很难实现，但是这些思路是可供选择的解决途径。

五、报告要点

在中国，公务员规模是一个理论问题，更是一个实践难题。由于多种因素的综合作用，其政治敏感性很强，这是破解这一难题必须面对的大背景。对于中国这样一个人口规模超大、经济社会体量巨大，同时面对着"现代化"和"后现代化"双重压力的国家，数量的多与少不是焦点，要真正解决这一问题，关键是判断和定位的问题。对于决策部门而言，如何判断中国公务员规模的现状，如何认识公务员规模的未来发展趋势，并在此基础上作出正确的决策，左右着公务员规模问题解决路径。

本报告对当前中国公务员规模的现状作了分析，在数据支撑基础上作出了对公务员规模问题的基本判断，认为中国公务员规模的核心不是数量而是内部结构，建议通过内部结构优化调整破解难题。

第一，中国公务员的总量和相对量都在持续增加，机构编制控制的压力仍然很大。在国家整体层面，公务员总量为 1 541 万，公务员占人口的比例为 1.14%，已突破 1%，省及县（市）政府的趋势与整体层面的趋势基本一致。根据李克强总理的承诺，综合考虑中国经济社会发展现实和财力状况，今后控制机构编制的压力将非常大。

第二，中国公务员规模的绝对量确实很大，其现状既有历史和体制的因素，也有一些非制度化的因素，但总量基本适应政府管理的需要。公务员规模的相对量并不大，处在一个合理的区间内。因此，公务员规模问题的核心不是总量，而是结构不合理。

第三，解决公务员规模问题的唯一路径是通过内部结构调整优化释放空间。如何才能在不增加总量的前提下解决经济社会发展现实需要与机构编制之间的矛盾？唯一的路径就是全面调整优化内部结构，具体措施包括：调整改革周期，统筹推进相关改革；推动政府职能转变；推行人、事、财差异化组合管理；继续探索大部门制改革；合理调整部门间的人员力量；调整机构编制管理方式，实行动态调整机制等。

（作者单位：中国机构编制管理研究会）

第五部分

政府发展热点与地方政府创新

扩权强县试点改革分析报告

李利平

在我国经济社会发展的新形势下，市管县体制引发的行政成本高、行政效率低以及市县之间矛盾加剧等弊端越来越突出，在部分地方，已经严重制约了县域经济社会的发展。对于市管县体制的制度优势和弊端，学术界已有大量的研究，从实践层面看，部分地方正在探索的扩权强县改革、省直接管理县体制试点改革等都是破解这一难题的努力。扩权强县试点改革是我国深化行政体制改革的重要内容，因为它不仅关系到市、县经济的协调可持续发展，而且关涉到不同层级政府的职责配置、纵向和横向政府间关系、行政区划调整等重大问题，具有重要的研究意义。那么，目前这些地方的扩权改革是如何推进的，扩权改革进展如何，扩权带来了哪些好处又遇到了哪些问题，进一步深化改革的方向在哪里，试点扩权县的未来在哪里，扩权改革试点政策的目标在哪里等，这些问题都需要深入研究。

一、扩权改革的含义及相关概念辨析

在目前的研究中，“行政省直管县”、“财政省直管县”、“强县扩权”、“扩权强县”几个概念经常混用。本报告不作学理上的分析，只重点阐述一下它们在内容和一般使用上的差别。

第一，“财政省直管县”与“行政省直管县”。“省直管县”可以有广义和狭义的理解。广义上讲，包括政治、经济、文化、社会等各个领域实行一个或多个方面的省直接管理到县（市）的体制，“财政省直管县”和“行政省直管县”都在广义的范围内。狭义的“省直管县”与“行政省直管县”是同一个概念，是指在政治、经济、文化、社会一切方面的管理均由省直接管理到县（市），是省直管县的终极目标。因此，这两个概念的区别是很明显的。但对这两个概念之间的逻辑关系，尚存在不同认识。有观点认为，财政省直管县是行政省直管县的过渡环节（从发展过程角度看），也有观点认为，财政省直管县是行政省直管县的前提条件（从实体内容上看）。但在财政省直管县是改革的突破口这一点上各方的认识基本是一致的。2008 年，《中共中央关于推进农村改革发展若干重大问题的决定》中第一次提出在有条件的地方可依法探索省直接管理县（市）的体制，此后的提法没有大的改变，始终强调“有条件”和“依法探索”。从实践上看，先开展“财政省直管县”，再在有条件的地方开展“行政省直管县”，在逻辑上是可能的。财政省直管县是实行行政省直管县的基础，但也不能自然推导出前者是后者的前提条件，或者说，行政省直管县还存在着一些更深层次的障碍问题需要解决。

第二，“强县扩权”与“扩权强县”。这两个表述，表面上看只是颠倒了一下顺序，但差别却是实质性的。“强县扩权”的重点是针对“强县”，而扩权强县的重点在“扩权”，促进所有县经济社会的普遍式发展，因此改革的一般性、普遍性特征明显。

第三，“省直接管理县”与“扩权强县”改革。在扩大县（市）经济社会管理权限上，这两个概念的内容是一致的。2010 年以后，中央陆续在 8 个省 37 个县进行了省直接管理县改革试点。试点的主要内容包括三个方面，即扩大县级政府经济社会管理权限；在维持试点县（市）行政建制不变的前提下，逐步赋予试点县（市）政府行使地级市政府的行政管理权，由省级政府直接领导试点县（市）政府工作；理顺省、市、县政府间财政分配关系，在财政体制上由省与县（市）直接联系。从目前地方实践看，省直管县改革主要是在经济社会领域，在这一点上与扩权强县改革具有可比性。

二、部分地方扩权强县改革的现状、经验特点分析

（一）浙江扩权改革的现状、做法和经验特点

浙江是我国最早开展扩权强县试点改革的地方，从 1992 年开始，到 2012 年已经开展了六轮。

1. 第一轮扩权改革

1992 年，为适应社会主义市场经济的要求，结合浙江县域经济发展的特点，浙江第一次开启了扩权改革，扩大了萧山、余杭、鄞县、慈溪、余姚、海宁、桐乡、绍兴、黄岩、嘉善、平湖、海盐、椒江 13 个县（市）部分经济管理权限，重点是扩大了基本建设和技术改造、外商投资等项目审批权。限额以下项目的配

套审批权限下放给县（市），超过限额的项目，由县（市）直接报省审批或审核。

2. 第二轮扩权改革

1997年，浙江在萧山、余杭两市试行享受地级市部分经济管理权限，扩大了项目审批、计划和土地管理等11个方面的权限。同年，又扩大了两市因公出国（境）任务审批管理权限。

3. 第三轮扩权改革

2002年，为鼓励和支持经济强县（市）做大做强，坚持“能放都放”的原则，扩大了“17+3”个经济强县管理权限。具体包括绍兴、温岭、慈溪、诸暨、余姚、乐清、瑞安、上虞、义乌、海宁、桐乡、富阳、东阳、平湖、玉环、临安、嘉善17个县（市）和萧山、余杭、鄞州3个区（参照执行）的313项经济社会管理权限，其中经济管理权限204项，社会管理权限97项，为民服务权限12项。这一次改革，扩权涉及更大范围的县（市），数量多，而且扩权领域广，集中针对经济管理审批权限，但仍是面向经济强县。

4. 第四轮扩权改革

2006年，浙江将义乌作为进一步扩大县级政府经济社会管理权限改革的唯一试点，开启了第四轮扩权改革。这一次改革的总体要求是，以扩大县级政府经济社会管理权限为重点，调整规范省、市、县三级政府的事权关系，积极探索政府职能转变的有效途径和办法，提高金华市政府对区域经济发展的统筹协调能力，加强义乌市政府的社会管理和公共服务职能。在扩权内容上，明确除规划管理、重要资源配置、重大社会事务管理等事项外，赋予义乌与设区市同等的经济社会管理权限。同时，支持义乌调整和完善有关管理体制与机构设置，适当增加市场监管、社会管理和公共服务部门的人员编制，支持和帮助义乌设立海关、质量监督检验检疫、外汇管理、股份制商业银行等相关分支机构并协调赋予这些分支机构设区市或相当于设区市的职能。此次扩权，省直部门共扩大义乌市472项经济社会管理权限，金华市以延伸机构的方式将16项经济社会管理权限下放给义乌市，以委托或交办方式将115项经济社会管理权限下放给义乌市。

此次扩权改革，其一，明确了扩权的内容。按照设区市的权责、权限标准来扩权，很明确。其二，第一次规范了扩权的方式。明确了扩权的具体方式，即什么情形采用委托的方式，什么情形采用交办的方式，什么情形采用直接下放等。这是扩权改革走向规范化、制度化的重要一步。

5. 第五轮扩权改革

2008年，为增强县级政府对区域经济社会发展的统筹协调、自主决策和公共服务能力，提升县域经济发展水平，浙江省进一步扩大县（市）经济社会管理权限。这次改革，下放义乌市经济社会管理权限618项，继续保留原有扩权事项

524 项，新增事项 94 项。向杭州市萧山区、余杭区等其他县（市）试点，下放行之有效、各县（市）有条件承接的经济社会管理权限 443 项。在管理权限下放的同时，同步建立了职责明确、有责可查的责任机制。

此次扩权的一个明显特点是，扩权受益惠及所有的县（市），这是扩权改革思路的一个重大调整。同时，根据经济社会发展的现实需要，对义乌继续扩大权限，探索化解义乌市现行行政管理职能与经济社会发展需要不相适应的问题。仅针对义乌，有差别地下放了 175 项事权，部分权限与义乌作为一个典型的以贸易、流通为城市经济主业的商贸型城市的发展需要紧密相关。这也表明浙江省和金华市在扩权改革中对于义乌的特殊性和长期发展是有所考虑的。通过此轮改革，义乌拥有的权限进一步增大，远比浙江省的其他县市权限大，比一般的县（市）权限要大很多。

6. 第六轮扩权改革

2012 年，为推进舟山群岛新区建设和义乌市国际贸易综合改革试点，浙江省直部门下放给舟山行政审批及管理事项 400 项，下放给义乌行政审批及管理事项共 357 项。此次扩权改革，重点是行政审批管理权限，浙江省要求“能放则放、能减则减、能快则快”。对于省级重点工程项目招投标按照属地管理原则，全部由舟山、义乌负责实施。同时，这次改革，要求大力推行和规范网上审批，推进政务公开，推进行政服务中心和公共资源交易中心建设，省直部门下放的经济社会管理权限审批事项一律进入行政服务中心办理。

此次扩权改革的特点表现为：一是下放权限的主体仅限于省直部门，重点是行政审批权限。此次改革重在调整省与地级市、县（市）的关系，规范纵向层级政府的权责范围。二是对于执行部门、事权名称、放权方式都做了非常明确的规范。

总体来看，浙江省六轮扩权改革清晰地表现出扩权强县改革的特点。

第一，思路调整：从强县扩权到扩权强县。浙江省推动扩权改革，最初是针对经济强县，扩权改革首先为了支持经济强县的发展。1992 年、1997 年两轮改革，这个特征表现得非常明显，2002 年的“17＋3”，范围虽有所扩大，但仍然是针对经济强县。2008 年，国际金融危机对县域经济发展产生了严重冲击，浙江省主动调整了改革思路，将扩权范围扩大到全省所有县（市），已经下放给经济强县的管理权限，经改革试点检验后，逐步扩大下放到所有县市。同时，根据县市经济社会发展的实际，按照“依法、合理、确需”的原则，比照义乌市进一步扩权的做法，进一步扩大经济社会管理权限。因此，改革的目标逐渐在明朗。

第二，改革的推动方式具有明显的上级政府主导的特点。扩权改革都是由省政府自上而下启动的。这种推动方式，存在着一些比较突出的问题：一是放权部门的主观选择性强，可以放多或放少，早放或晚放，可以有选择性地放权。因此，下放权限的单边性较强，下放的权限可能不一定是县（市）真正需要的权限，也可能不是县（市）政府应该承担的事项。二是事权目录均采用列举的方式确定，事项具体且数量多，每一阶段的事项范围都不同。在这种情况下，高层次政府、社会公众、承接事项的扩权县（市）都没有客观依据来判断放权部门的职责范围是否合理，放权给县（市）的权限是否合理。放权部门可以通过其他方式增加新的事项。三是在确定下放权限的过程中，扩权县（市）的话语权很少，基本不存在与上级政府讨价还价的可能，这样，权限目录中的事项很多，但不一定是扩权县（市）经济社会发展所最需要的，甚至可能存在着“甩包袱”的问题。

第三，制度化的色彩越来越浓。浙江在扩权改革中探索了多种权力下放方式，这些方式都是在现行法律框架内进行的。但在实际操作中，还存在着经济社会管理事项办理主体不顺，管理中存在“不严肃”的问题，比如使用 A/B 章，而且也蕴藏着巨大的法律风险。为规范扩权改革，浙江省在制度化方面进行了尝试。2009 年，浙江以常务会议的形式审议通过了《浙江省加强县级人民政府行政管理职能若干规定》。该规定首次以政府规章的形式确立了扩权强县改革涉及各方的职责。比如第四条规定：“省人民政府制定和公布县级人民政府或者其工作部门管理的具体事项目录。省有关部门和设区市、县级人民政府可以根据实际情况，向省人民政府提出调整目录的建议”；第七条规定：“县级人民政府或者其工作部门依法承担上级人民政府或者其工作部门赋予管理权限的事项，应当办理相关手续，做好衔接工作，避免重复管理，并向社会公告”。因此，该规定的意义不仅在于能够将扩权强县工作真正落实下去，而在于它尝试将这项工作常态化、制度化。

第四，扩权向“两头”延伸。随着扩权改革优势的不断显现，扩权县（市）开始主动向下级政府扩权，也即向“两头”延伸：设区市积极探索扩权强区改革，试点县主动探索扩大中心镇部分经济社会管理权限，进一步激发经济发展活力。这是对扩权改革范围的积极延伸拓展。

（二）黑龙江扩权改革的现状、做法和经验特点

黑龙江是全国省直管县体制改革 8 个试点省份之一。2011 年 6 月，黑龙江决定在绥芬河市和抚远县两个重要的沿边开放城市开展试点。其重点内容有：

第一，调整管理体制。一是对党委、政府管理体制进行调整。试点县（市）党委、政府直接向省委、省政府报告工作。试点县（市）党委和政府各部门（单位）依照法律、法规，接受省委、省政府对应部门（单位）的业务指导或者领导。二是对垂直管理部门体制进行调整。省以下垂直管理部门，由省政府主管部门直接领导；中央垂直管理部门（单位）根据省直管县体制改革的需要进行调

整。三是群众团体管理体制同步相应调整。四是人大、政协、法院、检察院体制调整。试点县（市）政协工作由省政协直接指导，实现与党委、政府同步、协调运行；法检体制，除对直管县（市）的审级管理和业务指导维持现行体制不变，仍由原所属行政区域内中院代管外，干部管理、召开会议、报告工作、目标考核、财务管理等按照省直管的模式运行。

第二，制定放权目录，下放经济社会管理权限。在维持试点县（市）行政建制不变的前提下，凡适宜由试点县（市）政府行使且法律法规不禁止下放的，都下放给县（市）政府。试点县（市）政府需报请省辖市政府审批、核准的事项，依法改为直接报省政府审批、核准。2011 年，下放了第一批经济社会管理权限 124 项，其中，赋予省直接管理试点县（市）经济社会管理权限 87 项（直接下放的形式），省直接管理试点县（市）可直接向省申请、申报的经济社会管理权限 37 项（减少管理层级的形式）。2012 年 4 月，下放了第二批经济社会管理权限 37 项，其中涉及行政许可、行政惩罚的事项，明确只能采取委托的方式。

第三，相关管理制度改革。一是干部管理体制调整。将试点县（市）原由省辖市管理干部调整为由省委直接管理。试点县（市）省以下垂直管理部门，主管方由原市级对口部门调整为省级对口部门；协管方仍为县（市）党委。其他实行双重管理体制的部门，协管方由原市级对口部门调整为省级对口部门；主管方仍为县（市）党委。2012 年，明确将绥芬河市、抚远县法院、检察院干部协管方由原来所在市（地）对口单位党组调整为省级对口单位党组；协管权限包括协管省直管县（市）法院、检察院领导班子成员党内及行政职务的任免、调动。二是财政管理体制调整。2011 年省直管县试点工作全面启动后，实现了省对下财政管理体制由分级管理向扁平化管理的转变，同时，继续保留了市对县在财政管理上的责任和义务，调动了市级财政部门统筹考虑市县发展、继续关心和支持县域经济发展的积极性。三是统计制度调整。试点县（市）的统计数据直接向省对口上报，并抄送所在设区市。试点县（市）的经济社会数据单独统计，并计入所在设区市的总量。四是考核制度调整。明确试点县（市）政府经济社会发展目标考核由省组织，经济社会发展指标仍计入所在设区市考核评价体系。通过省直管县试点改革，绥芬河和抚远两个试点县（市）经济发展实现了提速，且促进了政府职能转变，提升了行政效率。

黑龙江试点改革的时间较短，对于改革成果的检验、改革问题的梳理都要慎重。从目前已经推行的改革的整体思路、具体改革措施来看，表现出如下几个特点：

第一，试点改革在范围、内容上都有了较大的拓展。党委、垂直管理部门、群团体制同步进行了调整，人大、政协、法院、检察院的体制也逐步理顺。这些改革使得整体改革的范围不再局限于行政系统内部上下级政府之间权力、职能配置及相互关系的调整，而是延伸到“大政府”的范畴。党委、人大、政协、两院都是我国政治领域中的重要因素，如果改革不调整这些重要政治要素，即使力度再大，也不够完整，很难真正实现目标。这是黑龙江试点改革的重要特色，黑龙江省改革的整体性特征更明显，注重改革的顶层设计，统筹协调推进各个重要因素的变化。相信其积累的经验和教训，对于其他地方具有重要的借鉴意义。

第二，下放经济社会管理权限的主体只涉及省直部门，设区市及市直部门均未涉及。我们理解，调整的主要是省级政府与试点县（市）的关系。从改革实践看，很多重要的权限都在设区市政府，设区市和试点县（市）关系的调整、职能的调整是改革必不可少的组成部分，而且，如果省直部门直接下放给试点县（市），按照目前的纵向层级关系、资源配置模式，也很难保证这些权限能很好地对接并发挥作用。

第三，虽然绥芬河和抚远都是重要的沿边开放城市，在试点选择上，有共同特征，但它们自身的经济社会发展基础不同、条件不同，地域差异性大，而放权改革中并没有真正体现出这些差异性，针对沿边开放城市的特殊性并不明显，这些事项基本上可以直接适用于所有的县（市）。因此，扩权的针对性、特殊性的因素表现得不多，重点只是对省级政府与县级政府关系调整进行了探索。

第四，改革的法制化程度不高。试点改革的原则要求、下放经济社会管理权限的目录、放权方式等内容，都是以政府文件的方式确立的，尚未上升到法律的层面。

（三）江苏昆山扩权改革的现状、做法和经验特点

2011年11月，江苏省确定昆山市、泰兴市和沭阳县三个县（市）为江苏省省直管县体制改革试点县（市），并明确了改革试点工作的指导思想、基本原则、总体目标、试点内容等。改革的主要内容有：一是扩大县级政府经济社会管理权限。明确凡适宜县级政府行使，且法律法规不禁止下放的行政管理权，都应逐步下放给县级政府；县级政府需报请上级政府审批、核准的事项，依法改为直接报省审批。二是在维持试点县（市）行政建制不变的前提下，逐步赋予试点县（市）政府行使地级市的权限。试点县（市）政府各部门直接由省政府部门进行业务指导或领导。三是理顺省、市、县财政关系。在财政体制上由省与县（市）直接联系。

江苏在试点改革启动时，就对下放权限的类型、下放方式进行了规范。管理权限分外部管理权限和内部管理权限两类。其中，外部管理权限是指由法定行政机关或组织实施的对公民、法人和其他组织权利义务产生直接影响的具体行政行为，包含11类。内部管理权限是指上级行政机关对下级行政机关实施的不具有

对外行政管理性质的内部行政行为。放权方式包括直接下放、委托下放、减少层级和取消四种类型。其中,“直接下放”是指原属于省及省辖市的行政权力下放给县(市)自主行使,主要针对法律、法规、规章规定由县级以上政府及部门行使的行政权力和非法律、法规、规章规定由省及省辖市行使的行政权力;“委托下放”是指省及省辖市的行政权力以委托形式交由县(市)代为行使,主要针对法律、法规、规章规定由省及省辖市行使的行政权力;“减少层级”是指原由省辖市审核、报省审批的,改由县(市)直接报省审批、报市备案;“取消”是指该项行政权力不再行使。

从实践看,截止到 2013 年 2 月底,省级部门共明确下放权限 1 126 项。具体见表 1。从管理权限范围来看,外部管理权限占总下放权限的 66.7%,内部管理权限占 33.3%。从下放的主体来看,省级下放的管理权限占 66.2%。从调整类型来看,在外部管理权限中,减少层级占 46.3%、直接下放占 32.8%、委托下放占 20.5%、取消占 0.4%;在内部管理权限中,减少层级占 80.8%、委托下放占 6.7%、直接下放占 12.5%。从权力类型看(仅含外部管理权限),行政许可占 40.7%,行政处罚占 21.6%,非行政许可的行政审批占 14.5%,行政确认占 3.6%,行政奖励占 3.1%,行政强制占 1.5%,行政征收、行政给付、其他分别占 0.5%、0.4%、14.1%。

表 1　　江苏省下放的权力权限(按照调整类型分类)

分类	省级	苏州市级	合计
外部管理权限			
1. 直接下放	38	208	246
2. 委托下放	73	81	154
3. 减少层级	340	8	348
4. 取消	3	0	3
小计	454	297	751
内部管理权限			
1. 直接下放	11	36	47
2. 委托下放	18	7	25
3. 减少层级	262	41	303
4. 取消	0	0	0
小计	291	84	375

昆山试点改革推动时间不长,表现出如下特点:

第一,省直管县试点改革的主要内容是扩权。江苏在方案设计中明确了“四个不变”的前提条件，即“坚持行政区划不变、干部管理体制不变、统计口径不变、机构规格不变”，因此，试点改革中，下放权限就成为最主要的内容，除财政体制上由省与县（市）直接联系外，其他相关的体制改革并没有涉及。从改革的主体内容看，与浙江省的扩权改革相似。

第二，主要采用部门扩权的方式。从扩权的主体来看，仅涉及部门扩权，包括省直部门和苏州市直部门，而且一般是由某个系统提出扩权目录，对接方案的文件都是以系统名义下发的。扩权也使用列举方式进行，但以系统名义公布权限目录。两者比较，潜藏着一个细节性的差别是：在江苏省的扩权目录确定前，不同的行业、系统内部对省级政府与设区市政府的职责配置已经进行了梳理和调整，为权限的顺利对接提供了基础条件。

第三，法制化程度不高，存在着放权—收权的反复问题。下放权限目录以政府文件形式公布的，尚未上升到法律的层面。同时，由于政策等因素，改革中存在着放权—收权反复的问题。比如，2012 年 10 月，国务院颁布了《国务院关于第六批取消和调整行政审批项目的决定》，取消和调整了 314 项行政审批项目，其中 117 项行政审批项目下放了管理层级。根据 52 号文件的规定，江苏省司法厅、人力资源和社会保障厅、商务厅、新闻出版局、安监局、食品药品监管局 6 家单位的 10 项权限的实施主体调整为设区市级相应行政管理部门。由于这些权限在前期省直管县试点改革中已通过减少层级或委托下放的方式变更了实施主体，为此，需要根据国务院的规定进行重新调整，而这距离公布下放权限目录仅 7 个月时间。这种反复或者不确定性，损害了政府的形象，当然，也反映出改革缺乏更高层次的统筹。

第四，试点县（市）与设区市关系的处理。省直管县试点改革必然涉及省、市、县三级政府的职能配置和关系调整，特别是设区市和试点县的关系，尤为敏感。江苏首先明确了改革的前提条件。因此，苏州市和昆山市的关系处理得比较好。但这也提出了一个必须要关注的问题：省直管县试点改革，需要考虑经济社会发展的条件，必然要分类推进，比如强市强县、弱市强县、强市弱县、弱市弱县，这几类情况差别很大，它们在推动改革时，具备的基础条件不同，改革的适宜或适合路径必然不同。

（四）安徽扩权改革的现状、做法和经验特点

2011 年，安徽确定选择与浙江交界的广德县和与湖北交界的宿松县作为省管县试点。其主要内容有：

第一，调整管理体制。试点县党委、政府直接向省委、省政府负责并报告工作。试点县党委、政府的各工作部门依照法律、法规和党章的规定，受省委、省政府主管部门的业务指导或领导。试点县的行政区划、机构规格及司法管理体制维持不变。

第二，扩大经济社会管理权限。赋予试点县行使与设区市相同的经济、社会、文化等方面的管理权限。除国家法律、法规有明确规定的以外，原由设区市审批或管理的经济社会管理事项，均由试点县审批、管理；须经设区市审核、报省审批的，均由试点县直接报省审批。对国务院及国家有关部门规定须经设区市审核、审批的事项，采取委托或授权等方式予以下放。试点县取得相应的管理权限后，同时承担与管理权限相应的责任。

第三，调整和完善省以下垂直管理部门的领导体制，省工商、地税、质监等部门设在试点县的管理机构，由省以下垂直管理调整为由试点县党委、政府管理，业务上接受省级主管部门的指导。试点县国土资源部门的干部改由县委管理。

第四，调整干部人事管理体制，试点县的党政主要负责人由省委直接管理，其他副县（处）级以上领导干部由省委委托省委组织部管理。

2012 年 5 月，安徽省调整划转了省直管试点县第一批事权。其中，省级调整划转事权涵盖 54 个党政群部门，共 867 项；试点县所在市调整划转事权 1 168 项，包括行政审批 390 项，行政许可 284 项、非行政许可 494 项。表 2 分析了安徽省改革中主要采取的放权方式，共 18 种，其中，试点县直接报省（减少管理层级）、自行审批（直接下放）、委托试点县办理和授权试点县办理（委托授权）等是最主要的放权方式。

表 2　　安徽省直管县试点主要的放权方式

省直接管理、办理、协管、拨付配套、考核培训、指导、直接下达、直接联通、直接转交	试点县直接报省（抄送所在市）
与所在市同等对待、同步进行	报省核准并报国家批准
征求省意见并备案	自行审批
授权试点县办理	直接报省复核
委托试点县办理	直接办理并备案
委托县预审报省备案	试点县直接印制
试点县初审报省审批或审核	试点县审批报省备案
试点县直接组织	试点县报省处罚
享有市局权限	征求试点县意见

安徽试点改革表现出如下特点：

第一，改革方案设计中，进一步明确了省政府、试点县政府的职责范围和重点。试点县职责的重点是加强对本地区经济社会事务的统筹协调，加强社会管理和公共服务职责。重点发展县域特色经济；积极发展现代农业；加强农村制度建设；推进城乡基本公共服务均等化，保障和改善民生等。我们理解，这是一项改革基础工作，只有规范了纵向各层级政府的职责重点，才能明确下放权限的界限。

第二，调整工商、地税、质监三个垂管部门管理体制，实现机构编制划转、人财物移交、管理权限调整等对接。这一做法对其他地方很有借鉴意义。

第三，将党群部门纳入下放权限的主体。目前其他地方的改革中，下放权限的主体限于行政部门，党群部门基本不涉及。安徽的探索对于其他地方具有借鉴意义。同时，在党群部门的扩权改革中，采取的多是直接管理、直接办理、直接考核、直接协管、直接指导、直接拨付配套等方式。从这些方式上看，存在着权力向上、向省政府集中的倾向。

第四，扩权的方式更趋多样化。安徽省下放权限的主体方式包括委托、减少层级、直接下放等，与其他地方改革基本相似，但安徽的方式更加细化、更加明确。这有利于保障扩权改革的持续推动。

（五）对四地扩权改革共性的分析

前文对浙江、黑龙江、江苏（昆山）、安徽四地进行的扩权改革分析，可以清楚地看出扩权改革表现出明显的共同点。

其一，虽然扩权改革的动力来源不同，但改革的目标始终是一致的。有些是内生动力，比如浙江，从20世纪90年代初即开启了改革，并在不断总结改革经验的基础上，持续努力推动改革，浙江的经验也为其他地方改革提供了样本；有些是外生和内生动力相结合，比如安徽、昆山和黑龙江，从形式上看，这三地扩权改革都是省直管县试点改革的核心内容，外部推动力明显，但实际上经济社会发展的内生需求也是促使改革顺利推进的重要动因。无论是内生动力，还是外生动力，改革的目标是一致的，即通过扩权改革，不断地扩大县级政府经济社会管理权限，充分释放县域经济的活力，破解长期以来市管县体制的制度约束，促进县域经济的长期可持续发展。

其二，这几个地方扩权强县改革的政策启动、采用的放权方式、推动路径等都相似，改革中遇到的问题、由于改革深入引发出的新问题，也具有普遍性。因此，对这些问题进行深入研究，找出解决问题的办法，对于在更大范围内推进改革意义重大。

三、深化扩权改革需要关注的问题和进一步改革的方向

进一步深化扩权改革是未来的大方向。继续扩权，不是事权范围的继续扩大或者是数量增多，关键是放权思路的调整以及如何理顺体制机制问题。

（一）放权思路的调整与体制机制

第一，应在更高层面思考扩权强县改革。目前，仅从发展县域经济的角度改革，思维方式仍然停留在管多管少，这一思路需要调整。若要真正解决县域发展的可持续问题，不能仅着眼于管、谁来管，而应是一个松绑的概念，也就是说改革不意味着市管不好，省就能管得好。因此，如果从松绑的层面来理解的话，需要的并不是把职责权限、行政审批权限放下去，而是在合理界定政府与市场、社会关系的基础上，根据经济社会发展的大趋势精简，这就与转变政府职能联系起来了，要在这个层面上考虑深化改革的问题。此外，各个县的经济社会发展状况差别很大，下放的权力可能不是每个县都需要的，因此，不能搞“一刀切”，要区分弱县、强县和中等县三个层次，进行分类设计、分层次放权。

第二，列举的方式是不是扩权强县改革最适宜的方式？这虽然是个技术问题，但实质上牵涉改革的核心。列举方式的优势是下放清单目录清楚，方便地方承接，但其问题也很突出，特别是改革的制度化规范化很难保障。对此，前文已做分析，不再赘述。因此，建议调整这种方式，逐步探索在法律层面、制度层面规范明确纵向各层级政府的职责边界，在此基础上，拓展扩权领域，可逐步考虑党群部门、人大、政协、法院检察院扩权改革的方式路径，同时，使用类似于清单的形式，对外向社会公开，对下放“权力清单”实施相对刚性的规范约束。

第三，调整放权方式，建议赋予扩权县（市）法定主体资格，实现由目前的行政赋权向法律赋权转变，不仅能巩固改革成果，也能维护法律的严肃性和权责一致性。

（二）进一步深化扩权强县改革需要注意的几个问题

除了上述具体思路的调整外，对于扩权强县改革本身的认识，我们的理解也要不断深入。

第一，扩权强县改革具有过渡性特征。目前各地在改革中均明确了行政区划不变、机构规格不变等前提，因此扩权强县改革的最终目标并不明晰，或者更高层次的政府考虑多种制约因素，希望通过渐进调整、逐步过渡的方式实现更长远的目标。在市场化进程中，市管县体制由于其原有的制度支撑条件和相应的制度环境已经发生了很大的变化，特别是在一些经济发达地区，其体制的绩效越来越不明显，且制约了区域经济的一体化进程。在这种背景下，如何探索建立一种适应经济社会发展和社会制度变迁进程的管理体制，就成为当前的重大现实问题。我们同意，扩权改革对于解决城乡二元结构难题、促进县域经济发展，可能是当前体制框架和现实条件下最可行的选择，扩权强县改革的制度优势也开始显现出来。但扩权强县最终的政策走向可能是通过行政区划体制调整，构建“省直管县（市）”的行政体制，而行政区划的调整涉及重大利益调整，属于敏感的政治体制层面改革。

另外，不论是市管县还是省管县，其实质都是政府间权力配置模式的调整，而权力配置模式是一个区域内经济发展方式、社会结构、地域特征和政府间利益分配状况综合平衡的结果。因此，省、市、县政府间关系体制的形成过程，具有其自身的体制基础和现实条件。省直管县体制改革的推进必然要具备一定的条件和基础。“省直管县”政策实施效果的影响因素可能包括：市与县经济增长所处的阶段、行政成本、管理幅度、省域面积、交通状况、民族宗教分布、县级政府的自主治理能力、干部管理权属、政治经济激励措施、问责制实施状况、中央政府的政策取向等。这些因素既有客观的刚性因素，也有主观的柔性因素，还有一些中间类因素，非常复杂。因此，是否具备省直管县的条件，或者什么时机适合过渡到省直管县，都需要进一步深入研究。

第二，扩权强县具有两面性。在特定的经济社会发展阶段，市管县体制对于促进区域经济发展也曾起到过非常重要的作用，要客观承认这一点。但随着制度环境的变化，市管县体制确实暴露出一些突出问题，需要改革。在讨论问题和政策建议时，要注意到，扩权强县自身也存在两面性：一方面，随着县（市）自主权限的扩大，市（县）拥有了推进县域经济发展的积极性和主动性，但也可能导致县域滥权，盲目发展，带来新一轮的重复建设、恶性竞争等问题；另一方面，地市级政府权限的缩小，必然会影响其发展，在推进县域经济发展的同时，也要从制度上保证中心城市的正常发展。

第三，扩权强县与省、市、县政府间管理权限的合理配置。在当前纵向各层级政府“职责同构”的体制框架下，扩权只能是单向度进行。由于各层级政府职责权限的界限尚不明晰，主动权完全在上级政府部门，扩哪些权限，不扩哪些权限，什么时间扩权，扩权到什么程度就算达到政策目标，都很难有一个客观的衡量。这必然导致扩权改革的不确定性。我们理解，对省、市、县政府管理权责和权限的合理界定是扩权改革的前提。如果对省、市、县政府各自的职责范围进行明确界定，且这种界定是规范化的、制度化的，那么，扩权改革就只是对现有体制不合理地方的调整，其政策的取向、目标就很明确了。从这个意义上讲，政府职责体系建设和完善，特别是省、市、县纵向政府职责的划分，提供“权力清单”，才是扩权强县改革进一步深化需要做的基础工作。

第四，扩权改革要处理好两个重要关系。一是分解与归类的关系。扩权改革主要采取列举的方式。也即地方已经开始注意对政府职责进行分解，这一点很重要。但也要防止分解得过细，建议尽可能把比较完整的事权划分出来、划分下去。二是放权、收权与归位之间的关系。改革不是完全放权，其核心要义是强调事权、职责和利益的合理“归位”。因此，不是简单地单项分权，各级政府都应在宪法和法律的框架下做该做的、放不该做的，该下放的坚决下放，该上收到更高层次政府管理的，坚决上收。

第五，扩权强县与权力下放的法制化。目前，扩权改革基本是作为地方的一项政策来推动的，法制化的程度不高。事权目录以政府文件的形式进行公布。随着放权改革的推进，上级政府要依法放权，规范管理，下级政府要有序承接，依法管理。改革的启动、改革路径的选择、放权事项目录等都要逐步上升到法制化的程度，这对于省、市、县政府都是很好的规范约束，也能对各方的权限范围进行保障，有利于改革的长期可持续推进。此外，放权次序也要逐步规范固定下来，先明确各层级政府的合理的职责范围，确定需要保留什么权限，剩下的是可以放权的事项，然后再确定放权的时机，先放哪些，后放哪些。

四、报告要点

扩权强县改革是中国行政体制改革的重要内容。目前，其实践的发展已经开始超出了政策设计初衷，扩权试点县的未来成为社会各界关注的焦点。扩权改革涉及了深层次的体制机制的调整，有可能成为溶解市管县体制的重要环节之一；其涉及纵向各层级政府职责边界的确定，也有可能成为破解“职责同构”管理模式，促使最终形成相对稳定的、各方都认可接受的“权力清单”的途径。这些基本的理论问题需要进一步深入研究。

本报告重点分析了浙江、黑龙江、安徽、江苏四个地方扩权改革的探索，介绍了它们各自改革的重点、改革中存在的问题以及改革中表现出的共性特征等，并提出了扩权改革需要特别注意的问题及下一步深化改革的方向。

第一，有越来越多的地方开始主动探索扩权强县改革。这一改革探索，最早是由浙江根据自身的实际开启的，目前已成为地方深化行政体制改革的重要内容。安徽、黑龙江、江苏省直管县试点改革的核心内容均是扩权强县，这也反映出扩权强县改革对于增加县政府的自主权、促使县域经济快速发展的积极作用，且这种正向的积极作用在实践中得到了验证。

第二，目前各地方推动扩权强县改革的路径、放权方式等都基本类似，改革中遇到的问题、由于改革的深入引发的新问题也都具有普遍性。对这些问题进行深入研究，对于找出解决问题的办法，在更大范围内推进改革，意义很大。

第三，扩权强县改革符合行政体制改革的大方向，未来在更多的地方推动扩权改革是必然。但继续扩权要调整思路，要加强顶层设计，重点不是确定由谁来管，而是要根据政府与市场、社会关系的调整，不断地“松绑”。同时，由于我国县的数量很多，经济社会发展状况差别悬殊，必须要对县进行分类，在合理分类的基础上，进行分类设计、分层次放权。

第四，进一步深化扩权改革要特别关注几个基础理论问题：扩权强县改革具有过渡性特征；扩权强县改革具有两面性；扩权改革是否到位的前提和基础是纵向各层级政府职责权限的合理配置；扩权改革要处理好分解与归类的关系，处理好放权、收权与归位两个关系；依法扩权、承接权力都要不断法治化。

（作者单位：中国机构编制管理研究会）

行政区划改革分析报告

赵聚军

本质上讲，政府一切活动都是为了有效履行其职能，完成施政目标。行政区划作为国之大政，当然也要受到政府职能定位的根本性制约。不同时空条件下行政区划改革基本目标的确定，主要取决于相应时期和国家政府职能重心的具体定位以及相关制度安排，而行政区划改革本身则始终以不同的形式服从、服务于政府基本执政目标的有效实现。① 梳理 2013 年的行政区划改革调整实践与研究情况，可以发现大致也遵循这一分析路径，体现出政府施政目标与行政区划的双向互动关系。

一、行政区划发展现状综述

“城乡关系一改变，整个社会也跟着改变。”② 目前，中国正在经历人类有史以来最大规模的城镇化进程，这必将对我国的社会经济结构和政府结构体系产生深刻和全方位的影响。同样道理，行政区划作为地方行政体制的基础，必然会受到城镇化进程的影响，科学合理的行政区划亦是影响城镇化战略顺利健康推进的重要保障。综观 2013 年的行政区划改革与调整，与近年来的发展趋势基本保持一致，主要是在城镇化进程持续快速推进的背景下所进行的相应整合。具体来看，2013 年的行政区划调整主要集中于县（区）层面，县（市）改区、市辖区调整、县改市等类型的行政区划调整持续推进（见图 1）。

---

① 参见赵聚军：《中国行政区划改革研究：政府发展模式转型与研究范式转换》，37 页，天津，天津人民出版社，2012。

② 《马克思恩格斯选集》，2 版，第 1 卷，157 页，北京，人民出版社，1995。

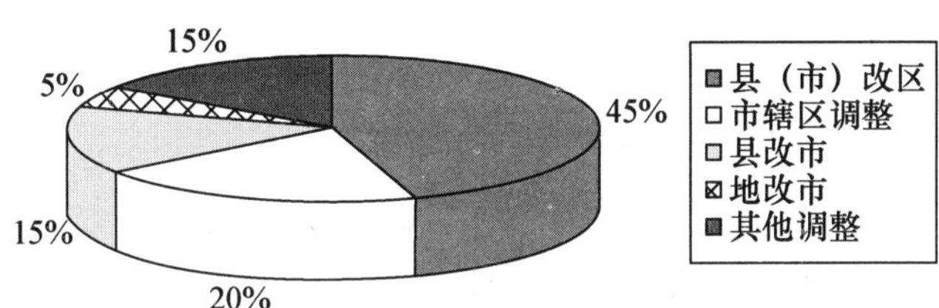

图 1　2013 年县级及其以上政区行政区划调整概况

资料来源：根据民政部地名司中国行政区划网相关数据整理。

（一）县（市）改区

从时间序列来看，2013 年的县（市）改区类型的行政区划调整主要包括：

（1）2013 年 1 月 18 日，根据《国务院关于同意广西壮族自治区调整桂林市部分行政区划的批复》，同意撤销临桂县，设立桂林市临桂区。

（2）2013 年 3 月 6 日，根据《民政部关于同意内蒙古自治区扎赉诺尔区备案的批复》，经国务院批准，同意扎赉诺尔矿区以呼伦贝尔市扎赉诺尔区备案，为县级行政区划建制，以扎赉诺尔矿区的管辖区域为扎赉诺尔区的行政区域。

（3）2013 年，根据《国务院关于同意江苏省调整南京市部分行政区划的批复》，撤销溧水县，设立南京市溧水区，以原溧水县的行政区域为溧水区的行政区域；撤销高淳县，设立南京市高淳区，以原高淳县的行政区域为高淳区的行政区域。

（4）2013 年 6 月 28 日，根据《国务院关于同意广东省调整潮州市部分行政区划的批复》：同意撤销潮安县，设立潮州市潮安区，以原潮安县（不含磷溪镇、官塘镇、铁铺镇）的行政区域为潮安区的行政区域；将原潮安县的磷溪镇、官塘镇、铁铺镇划归潮州市湘桥区管辖。

（5）2013 年 10 月，根据《国务院关于同意浙江省调整绍兴市部分行政区划的批复》，同意撤销绍兴县，设立绍兴市柯桥区，以原绍兴县（不含孙端镇、陶堰镇、富盛镇）的行政区域为柯桥区的行政区域；撤销县级上虞市，设立绍兴市上虞区，以原上虞市的行政区域为上虞区的行政区域；将原绍兴县的孙端镇、陶堰镇、富盛镇划归绍兴市越城区管辖。

（6）2013 年 10 月 18 日，根据《国务院关于同意广东省调整梅州市部分行政区划的批复》，同意撤销梅县，设立梅州市梅县区，以原梅县的行政区域为梅县区的行政区域。

（7）2013 年 10 月 18 日，根据《国务院关于同意江西省调整赣州市部分行政区划的批复》，同意撤销县级南康市，设立赣州市南康区，以原南康市（不含潭东镇、潭口镇）的行政区域为南康区的行政区域；将原县级南康市的潭东镇、潭口镇划归赣州市章贡区管辖。

(8) 2013 年 10 月 18 日，根据《国务院关于同意山东省调整济宁市部分行政区划的批复》，同意撤销济宁市市中区、任城区，设立新的济宁市任城区，以原市中区、任城区的行政区域为新设任城区的行政区域；撤销兖州市，设立济宁市兖州区，以原兖州市的行政区域为兖州区的行政区域。

(9) 2013 年，根据《国务院关于同意四川省调整达州市部分行政区划的批复》，同意撤销达县，设立达州市达川区，以原达县（不含碑庙镇、江陵镇、北山乡、安云乡、梓桐乡、金石乡、青宁乡、龙滩乡、檬双乡）的行政区域为达川区的行政区域；将原达县的碑庙镇、江陵镇、北山乡、安云乡、梓桐乡、金石乡、青宁乡、龙滩乡、檬双乡划归达州市通川区管辖。

(二) 市辖区调整

从时间序列来看，2013 年出现的市辖区调整主要包括：

(1) 根据《国务院关于同意江苏省调整南京市部分行政区划的批复》，同意撤销南京市秦淮区、白下区，设立新的南京市秦淮区，以原秦淮区、白下区的行政区域为新的秦淮区的行政区域；撤销南京市鼓楼区、下关区，设立新的南京市鼓楼区，以原鼓楼区、下关区的行政区域为新的鼓楼区的行政区域。

(2) 根据《国务院关于同意广西壮族自治区调整梧州市部分行政区划的批复》，同意撤销梧州市蝶山区、万秀区，设立新的梧州市万秀区，以原蝶山区、万秀区（不含旺甫镇）的行政区域为新的万秀区的行政区域；设立梧州市龙圩区，以苍梧县的龙圩镇、新地镇、广平镇、大坡镇的行政区域为龙圩区的行政区域；将原万秀区的旺甫镇划归苍梧县管辖。苍梧县辖石桥镇、岭脚镇、京南镇、狮寨镇、六堡镇、木双镇、梨埠镇、沙头镇、旺甫镇。

(3) 根据《国务院关于同意四川省调整巴中市部分行政区划的批复》，同意设立巴中市恩阳区。将巴中市巴州区的恩阳、玉山、茶坝、观音井、花丛、柳林、下八庙、渔溪、青木、三河场、三汇、上八庙 12 个镇，石城、兴隆场、关公、三星、舞凤、双胜、群乐、万安、尹家、九镇、玉井、义兴 12 个乡划归恩阳区管辖。以上述 12 镇 12 乡的行政区域为恩阳区的行政区域。

(4) 根据《国务院关于同意四川省调整广安市部分行政区划的批复》，同意设立广安市前锋区。将广安市广安区的奎阁街道，前锋、代市、观塘、护安、广兴、观阁、桂兴 7 个镇，光辉、龙滩、小井、新桥、虎城 5 个乡划归前锋区管辖。以上述 7 镇 5 乡的行政区域为前锋区的行政区域。

(三) 县改市

从时间序列来看，2013 年县改市类型的行政区划调整主要包括：

（1）2013年1月24日，根据《民政部关于同意吉林省撤销扶余县设立扶余市的批复》，经国务院批准，同意撤销扶余县，设立扶余市（县级），以原扶余县的行政区域为扶余市的行政区域。扶余市由吉林省直辖，松原市代管。

（2）2013年1月24日，根据《民政部关于同意云南省撤销弥勒县设立弥勒市的批复》，经国务院批准，同意撤销弥勒县，设立弥勒市（县级），以原弥勒县的行政区域为弥勒市的行政区域。

（3）2013年7月3日，根据《民政部关于同意青海省撤销玉树县设立县级玉树市的批复》，经国务院批准，同意撤销玉树县，设立县级玉树市，以原玉树县的行政区域为玉树市的行政区域。玉树市由玉树藏族自治州管辖。

（四）地改市

2013年，地改市类的行政区划调整只有一起，即2013年2月8日，根据《国务院关于同意青海省撤销海东地区设立地级海东市的批复》，同意撤销海东地区和乐都县，设立地级海东市。海东市设立乐都区，以乐都县的行政区域为乐都区的行政区域。海东市辖平安县、民和回族土族自治县、互助土族自治县、化隆回族自治县、循化撒拉族自治县和新设立的乐都区。

（五）其他调整

除了上述调整，2013年还出现了诸如地方行政建制中心迁移、地名更改等类型的行政区划调整，具体如下：

（1）2013年3月6日，根据《民政部关于同意重庆市南岸区人民政府驻地迁移的批复》，经国务院批准，同意重庆市南岸区人民政府驻地由南坪街道南城大道199号迁至长生桥镇广福大道1号。

（2）2013年3月12日，根据《民政部关于同意四川省广元市元坝区更名为昭化区的批复》，经国务院批准，同意将广元市元坝区更名为昭化区。

（3）2013年6月，根据《国务院关于同意广西壮族自治区调整玉林市部分行政区划的批复》，同意设立玉林市福绵区。

二、行政区划研究现状综述

从研究主题上看，2013年的行政区划研究趋势与改革实践基本保持一致，相关研究主要是围绕城镇化与行政区划的双向互动关系展开。当然，行政区划的总体趋向、行政区划史、国外典型国家行政区划研究等选题也有所涉及。从学科分布来看，政治学、行政管理学、人文地理学、区域经济学等学科的研究者构成了研究队伍的主体。具体来看，可以将相关研究成果归纳为四个主要方面：城镇化与行政区划调整、城镇化与行政层级设置、行政区划的宏观趋向与外溢效应、行政区划史研究、国外典型国家行政区划研究（见图 2）。

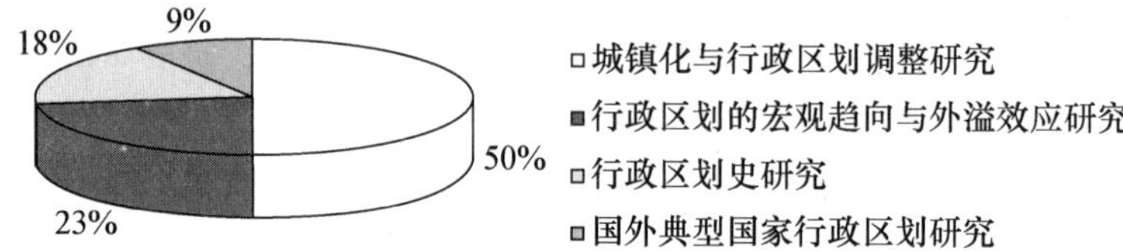

图 2　2013 年行政区划相关研究主题分布

（一）城镇化与行政区划调整研究

范今朝在《行政区划体制与城乡统筹发展：以浙江省当代改革实践为例》①一书中首先阐述了对“行政区划体制”和“城乡统筹发展”有关概念的全面理解，并分析了“行政区经济”理论、城市发展与政区演变的互动关系以及行政区的文化意蕴和“合法性”意义等，从理论上分析了行政区划体制与城乡统筹发展的相关性。在此基础上，以浙江省为例，分析了改革开放 30 余年来，中国的城市化进程及其行政区划体制的变迁与改革过程，并着重从推进城市化进程、促进城乡统筹发展战略目标的实现等方面，重点分析了行政区划体制在其中所起到的重要作用以及所存在的问题。最后，对行政区划领域的“浙江模式”加以总结，提出行政区划改革中“浙江模式”的主要特点及其对全国的行政区划体制改革的示范和借鉴意义。书中附录的具体案例分析则以浙江省若干典型地区的行政区划体制改革的发展过程及其矛盾问题与解决等为例进行论说，涉及统县政区、县级政区、县辖政区之间关系的微观分析。

张占斌、谢振东、车文辉在《城镇化与优化行政区划设置研究》② 一书中分析了中国城镇化进程中行政区划调整的重要性、紧迫性，行政区划调整的现状、问题、发展方向及制度创新、政策保障等问题。具体来看，全书从对新一届政府城镇化总体思路的解析出发，对城镇化与优化行政区划设置的相关研究进行了综述评价，在此基础上对城镇化与行政区划调整的相互促进关系、近十年来中国城市行政区划格局的变动与影响、改革开放以来中国城市行政区划变更特征及趋势、中国市镇建制设置标准问题、城市化与自治州的未来发展、中国城镇集群的空间演化逻辑与制度保障体系、行政区划调整与经济增长、开发区体制的机制创新、区域优化引发的行政区划调整、省级政区调整、大都市区行政区划管理体制扁平化改革、城乡一体化背景下的乡镇行政区划体制改革、行政区划调整与区域

① 参见范今朝：《行政区划体制与城乡统筹发展：以浙江省当代改革实践为例》，南京，东南大学出版社，2013。

② 参见张占斌等：《城镇化与优化行政区划设置研究》，石家庄，河北人民出版社，2013。

差距、政府层级改革与行政区划调整、省直管县分类改革、快速城市化进程中的“撤县设区”、“省直管县”改革背景下的地级市改革等相关领域的最新研究成果进行了梳理整合。

熊竟在《新型城镇化与行政区划层级体制调整》[①] 一文中指出：新型城镇化更多是一个制度变革的过程，行政区划作为与城镇化进程密切相关的一项基础性、框架性制度，必须在政区空间框架、政区建制转换、政区组织方式、政区调整方式、政区层级体制五个方面做出调整，以顺应并促进新型城镇化的发展。具体来看，新型城镇化与行政区划改革的关系，主要有两个层面：一方面，行政区划作为上层建筑必须依据新型城镇化引发的各要素空间重组变化而做出相应的调整；另一方面，行政区划制度的基础性使得其与户籍、土地、财税等制度都有着或直接或间接的制度关联。具体的改革思路可以归纳为五个方面：（1）政区空间框架：从以产为本到以人为本；（2）政区建制转换：从以城为主到城乡统筹；（3）政区调整方式：从自上而下到上下联动；（4）政区组织方式：从各自为政到府际合作；（5）政区层级体制：从多层多级到扁平高效。

范今朝在《从城市本质论中国的城市化道路与城乡统筹发展：兼论当代行政区划体制改革的关键》[②] 一文中选择城市发展与行政区划体制演变的互动关系为切入点，从历史发展和中外对比等角度，对城市本质、城市化道路、城乡统筹发展等概念进行了诠释和辨析。在此基础上，分析了中国当代城市化过程中只重视实体的物质层面的城市建设而缺失城市的制度维度的建设所造成的问题，并提出相应的适应城乡统筹发展的行政区划体制的改革思路。具体来看，作者认为政区与城市具有同源性，城市的本质在于其是一定区域内权力的空间集聚，而政区则是国家权力以各级城市为中心的空间划分和配置。不同的城市化道路，也可以形成不同的政区体系。城市为里，政区为表，城市发展决定政区演变，而政区演变则从根本上来说，是城市发展的结果和表现。中国行政区划改革的关键在于在各级政区层面，均应合理界定其各自的管辖空间与职责权限，减少层次，聚落自治，变行政区划的复杂繁冗、权责不清、空间虚泛的“复式结构”为层级简单、权责清晰与空间明确的“双层结构”；从制度层面维护弱势政区、周边地区的利益。

苏东坡在《新型城镇化与行政区划调整的或然走向》[③] 一文中指出，在新型

---

① 参见熊竟：《新型城镇化与行政区划层级体制调整》，载《上海城市管理》，2013（6）。

② 参见范今朝：《从城市本质论中国的城市化道路与城乡统筹发展：兼论当代行政区划体制改革的关键》，载《浙江社会科学》，2013（3）。

③ 参见苏东坡：《新型城镇化与行政区划调整的或然走向》，载《改革》，2013（12）。

城镇化视角下，行政区划调整涉及领域既广且具有重要意义。经验事实提炼结合新型城镇化运行框架的分析表明：行政区划调整借助多条路径及效能促进新型城镇化建设。但制度缺失运行失当可能使区划调整异化，带来新型城镇化现实问题与潜在威胁。需要具体分析制度环境并进行多维制度创新，将区划调整参与新型城镇化建设维持在良性运行轨道上。具体来看，作者认为行政区划作为政府管理的基本组织方式，其合理调整助推经济社会良性互动与发展，为新型城镇化发展提供必要支持。在新型城镇化运行结构下，解构行政区划调整参与新型城镇化建设的路径与效能，分析行政区划不当调整带来的新型城镇化现实问题与潜在威胁，对于认识区划调整的作用方式与机理具有重要意义。

吴金群在《基于省管县改革的行政区划调整》① 一文中指出，行政区划的调整和优化是省管县改革的题中之义和必要配套。任何国家的行政区划都在批判借鉴历史经验教训的基础上严格而来。我国当前行政区划存在的主要问题有：省管县改革过程中的管理幅度问题非常突出；省级行政区的规模过大和差异悬殊不利于国家的长治久安；行政区划层级过多而且政区名称比较混乱；政区边界，尤其是省界的犬牙交错破坏了行政区和地理区的完整统一。基于省管县改革的行政区划调整可以从以下几个方面渐进展开：适度增加直辖市数量；逐步缩小面积过大省份；积极探索新的设市模式；渐进整合县级政区。

孟祥林、王妙英在《行政区划沿革视角下京津冀城市群的发展思路分析》②一文中指出：京津冀在历史上行政归属发生了很多次变化，行政沿革的变化证明了该区域具有不可分割的联系。鉴于此，城市化进程中该区域应该实施的发展对策是：突破行政区划限制，构建以京津为核心的包括很多中小城市在内的城市群；通过统筹考虑，让京津冀在互补中得到发展，在此过程中应该不断强化唐山与保定的发展势头；通过构建“大保定”、“大天津”，促进“大北京”发展，让保定和唐山逐渐发展为京津周围的专业化城市。

殷洁、罗小龙在《从撤县设区到区界重组：我国区县级行政区划调整的新趋势》③ 一文中指出：城市化发展与城市行政区划调整密切相关。通过对 1983 年以来所有撤县（市）设区和区县合并案例的发生特征进行分析，认为 2000 年以前我国的城市化发展表现出广泛的城市数量扩张与重点城市规模扩张并举的特点；2000 年以后则表现为建立在经济发展基础之上的城市大规模扩张。自 2007

① 参见吴金群：《基于省管县改革的行政区划调整》，载《中共浙江省委党校学报》，2013 (5)。

② 参见孟祥林等：《行政区划沿革视角下京津冀城市群的发展思路分析》，载《城市发展研究》，2013 (6)。

③ 参见殷洁等：《从撤县设区到区界重组：我国区县级行政区划调整的新趋势》，载《城市规划》，2013 (6)。

年以来，撤县（市）设区和区县合并的案例则明显减少了。另一方面，区界重组的案例则呈现出多样化、高频率的发生状态，不论是大范围、整建制的区界重组，还是局部范围的微调都时有发生。出现这种情况有两方面的原因：其一，这在某种程度上代表了我国城市化发展的新趋势，即中心城市不再追求单纯的规模扩张，而是更加注重城市功能的优化调整；其二，这也与前几年大批中心城市撤县（市）设区后，发现市、区之间的磨合缓慢而艰难有关。因此，随着城市发展的内、外环境调整以及发展要求的变化，以及在前一阶段撤县（市）设区、区县合并饱受诟病的情况下，区界重组的方式正在被许多中心城市政府广泛采用，成为当前我国区县级行政区划调整的新趋势。

杨斌在《城镇化下的行政区划战略调整：以河南省为例》① 一文中指出：城镇化水平是社会经济综合发展水平的客观反映。河南省作为我国的中原腹地、内陆发展高地，具有重要的战略地位。在分析河南省城镇化进程的现状、问题的基础上，依据人口迁移的推拉理论，根据城市有效辐射半径，对河南省行政区域进行拆分、重组、合并，优化城市行政辖区范围，完善省内城市布局结构，既是对推动城镇化进程这一国家既定战略的有力回应，同时也为探索河南发展新模式，实现中原崛起做出积极尝试。

王开泳在《城镇化进程中的行政区划改革》② 一文中指出：行政区划是直接影响城市经济发展和城镇化进程的因素之一。行政区划设置是促进大中小城市协调发展的重要手段，也是推进中国特色新型城镇化的重要途径。从行政区划的视角研究我国快速城镇化进程中存在的问题，有助于把握我国城镇化的发展态势，明确行政区划调整的主要思路和任务，充分发挥行政区划对城镇化的规范、引导和服务作用。在新型城镇化和区域协调发展的背景下，优化行政区划设置，增设一批县级市，是完善城镇体系、优化区域发展格局的重要途径，也是推进行政管理体制改革，激发地方发展活力的重要途径。具体策略方面：一是要尽早修订、完善市、镇、区的设置标准，启动市镇设置工作；二是要理顺行政管理体制，保障城镇化健康发展；三是将行政区划调整与其他政策措施配套运作，将其纳入法治化轨道。

佟岩、谢玉夫在《城市行政区划调整对空间布局优化效应的量化分析：以沈阳市为例》③ 一文中指出：城市空间布局优化能使城市功能效用最大化，带来良

---

① 参见杨斌：《城镇化下的行政区划战略调整：以河南省为例》，载《城市观察》，2013（6）。

② 参见王开泳：《城镇化进程中的行政区划改革》，载《行政管理改革》，2013（5）。

③ 参见佟岩等：《城市行政区划调整对空间布局优化效应的量化分析：以沈阳市为例》，载《现代城市研究》，2013（7）。

好的社会经济效应。而行政区划调整能有效地促进各种要素的合理流动和优化配置，促进城市空间布局优化，带动城市健康持续发展。论文基于城市发展效应定量分析角度，建立城市空间布局优化效应评价模型，即从基础、结构、效益、质量四个维度展开量化评价，并运用熵值法确定评价指标权重。进而运用该模型对沈阳行政区划调整后空间布局优化效应进行评价研究，通过实证分析，发现沈阳市经过行政区划调整后，城市空间布局优化效应各项指标得分逐年提高，优化效应显著。但也需要明确，行政区划调整是硬件，管理制度创新是软件，只有两者相辅相成才能更好地推动城市健康发展，行政区划调整对推动城市空间布局优化的影响固然重要，但其本质的原因则是管理制度的创新。从行政体制创新出发，解决跨行政区城市建设、管理中出现的矛盾和问题，积极开展制度创新，改进行政管理和公共服务的机制和方式，更多地运用经济手段和协调机制来促进城市空间布局合理优化。

（二）行政区划的宏观趋向与外溢效应研究

浦善新在《中国行政区划改革研究》① 一书中深入剖析了关乎行政区划全局的省制、市领导县体制、设市模式和县制，分析了现行行政区划的弊端，提出了行政区划改革的总体思路和宏观设想。具体来看，全书分为十章：第一章简述了行政区划的基本概念，回顾了总结新中国行政区划工作的经验、教训，并总体介绍了现行行政区划概况；第二、三、四、五章深入剖析了关乎行政区划全局的省制、市领导县体制、设市模式和县制；第六章归纳了现行行政区划的九大弊端，分析其危害，构思行政区划改革的总体思路和宏观设想；第七、八章对决定行政区划改革成败的县级政区整合和重划省区问题进行专题论述，提出具体方案；第九章根据古今中外行政区划的比较研究，深入分析行政区划改革的必要性、可行性，并就行政区划层级、省制、城乡行政管理体制、机构编制等分歧比较大的问题进行了专题探讨，阐明自己的观点；第十章研究了推进改革的实施步骤、配套措施，明确改革的突破口。

董华中在《适应全面深化改革需要，做好行政区划工作》② 一文中从党的十八届三中全会相关精神出发，指出下一阶段的行政区划改革工作应明确三个主要着力点：第一，以国家治理体系和治理能力现代化为目标，不断完善行政区划体系结构。当前我国行政区划体制中行政层级多、政区规模悬殊、城镇结构布局不合理等体系性、结构性问题依然存在，在一定程度上影响和制约了政府治理能力的提升与机构职能的转变。第二，以激发地方发展动力和活力为导向，适时适度

① 参见浦善新：《中国行政区划改革研究》，北京，商务印书馆，2013。

② 参见董华中：《适应全面深化改革需要，做好行政区划工作》，载《中国社会报》，2013-12-03。

优化行政区划设置。在保持行政区划相对稳定的基础上，可以通过适时适度、稳妥审慎的行政区划调整，促进行政体制改革、行政管理方式创新和政府组织结构优化，服从服务于转变政府职能、健全市场机制、释放发展活力的总体要求。第三，以破解城乡二元结构、促进城乡一体化为根本要求，加强城镇型政区设置工作。行政区划设置特别是城镇型政区设置为城镇化发展提供了重要的载体、支撑和依托，适时合理的行政区划调整，对构建大中小城市和小城镇协调发展的城镇化战略格局发挥着积极的引导与促进作用。一方面，应着力优化大中城市市辖区规模和结构，合理控制大中城市边界。另一方面，加快修订完善设市标准，构建有利于推进以人为本的城镇化的体制机制，实现有利于促进城镇化和新农村建设协调推进的行政区划体系结构。

朴飞在《论行政区划在保持我国稳定中的作用》① 一文中指出：行政区划对我国稳定发挥了重要的作用。中国古代封建王朝一些统治者为了封建王朝的稳定，在行政区划方面进行了精心的考虑和设置。新中国成立以来，我国的行政区划，如民族自治区、特别行政区等的设立为保持我国稳定起到了非常重要的作用。为了我国的长治久安，行政区划在总体上应保持稳定，行政区划应在法律的监督下运作，避免比较频繁的变动。行政区划要从长远规划着手，应加快我国行政区划立法的工作，尽快制定国家行政区划法，使行政区划为我国的发展和稳定作出更大的贡献。

陈小华在《试论我国行政区划调整制度的重构》② 一文中指出：改革开放以来，随着市场经济的不断发展，我国行政区划经历了频繁的调整和变更，行政区划调整成为区域发展管理的重要手段。但由于各种原因，发展型行政区划调整模式最终导致冲突、无序和无效。应以服务与治理为导向，重构行政区划调整制度，通过各种途径迈向法治型区划管理模式，使行政区划调整促进区域协调发展，维护公共利益。为了解决行政区划刚性约束问题，促进地方政府间合作，须引入治理理念。在治理视角下重构行政区划调整制度，其核心是从发展型管理模式向法治型管理模式转变，实现行政区划功能的重大转向，以公共服务为导向，夯实跨行政区治理的制度基础，形成地方治理的多中心体系，为地方的可持续发展提供制度平台。

朴飞在《论我国行政区划的发展趋势》③ 一文中指出：综观近年来我国行

① 参见朴飞：《论行政区划在保持我国稳定中的作用》，载《长春理工大学学报（社会科学版）》，2013（4）。

② 参见陈小华：《试论我国行政区划调整制度的重构》，载《人民论坛》，2013（6）。

③ 参见朴飞：《论我国行政区划的发展趋势》，载《长春理工大学学报（社会科学版）》，2013（8）。

政区划调整的主要实践，可以发现其基本发展趋势表现为：行政区域的合并、省管县体制的实行、由于大规模城镇化导致的城市增加以及镇、乡建制的显著减少。

（三）行政区划史研究

周振鹤在《范式的转换：沿革地理—政区地理—政治地理的进程》① 一文中指出：依据研究内容的发展可将行政区划沿革史的研究过程分成三个阶段，即史料编撰阶段、个别考证订讹阶段和整体复原研究阶段。第一阶段是史料编撰阶段。到了班固修《汉书·地理志》的时候，才使后人得以对该时期的政区地理格局有比较全面的认识。除了文字叙述，前代学者根据文献，还编绘了历史地图集来反映历史上行政区划的这种变化。所有这些记述，多是某一代政区的罗列或某一政区在历代置废变化的记述，还远不是真正意义上的政区史研究。第二阶段是个别考证订讹阶段。虽然历史文献有着历史政区的记载，但这些文献都存在或多或少的错讹疏漏，同时有些朝代的正史不列《地理志》，这两个因素直接影响了对各个历史时期政区面貌的复原。历代学者对这些文献记载进行考证订讹式的研究，力图探索历史政区的真相。第三阶段是整体复原研究阶段。在考证订讹的同时，就有学者开始从事综合研究，以已有的史料为根据，复原史籍上未曾记载的政区面貌。还有些学者从事补写某些朝代或历史时期的地理志的工作。另外还有人进一步对这些补志的不足之处再作订补，这一工作直到今天还在进行。在此基础上，开始有人将眼光从个别朝代转移到整个历史时期，将历代地理志所反映的政区面貌连缀起来，编成历代地理沿革表和历代地图。

林涓、冯贤亮在《地方行政区划变革与国家控制：对民国江南城镇的一个考察》② 一文中指出：民国时代短短的30余年间，于政治、经济、社会、文化等方面发生了太多的变革。倘从地方行政的角度着眼，县级行政区划、政治体系与管理机构等的变革，就颇为复杂。在社会经济最为繁荣的江南地区，新式的行政系统与管理格局同样显得十分繁复。除了当时中国的政治中心南京与经济中心上海外，一般的县级行政与机构设置，在短短的30多年内，一直处于调整之中，县以下的区划层级，大概都经历了“市—乡制”到“区—乡镇闾邻制”，再到“区—乡镇—保甲制”的变化。与传统帝制时代相比，民国时期各类城市中设立

① 参见周振鹤：《范式的转换：沿革地理—政区地理—政治地理的进程》，载《华中师范大学学报》，2013（1）。

② 参见林涓、冯贤亮：《地方行政区划变革与国家控制：对民国江南城镇的一个考察》，见《复旦政治学评论（第十三辑）》，上海，上海人民出版社，2013。

的行政机构，比以往要繁密复杂；县级行政似乎多带有“民主”化倾向，但实际上仍是国家对地方社会控制的变换方式，那些繁复的党政机构，不过是国家对于民众进行垂直控制的一种新系统。

傅林祥、林涓、任玉雪、王卫东在《中国行政区划通史（清代卷）》① 一书中，本着重建政区变迁序列、复原政区变迁面貌的基本目标，对清朝地方行政制度与行政区划的变迁过程进行了详尽的考证。全书上篇对清代的京府制度、省和府厅州县及土司制度、东北地区的八旗驻防制度和旗民双重管理体制、藩部的设置过程和行政管理体制，作了简明扼要的叙述。下篇分述清代各个行政区划个体的具体变迁过程。对清初省制变化和江南等省分省过程、府厅州县体系形成过程、东三省旗民双重管理体制的演变、清初守巡道的设置、各厅的设置时间，都进行了较为详细的考订。对清朝在个别地区实施的特殊行政管理制度，也进行了探讨。

林哲在《民国时期桂林行政区划分期与区域变更研究》② 一文中通过对桂林民国时行政区划与区域的史料进行整理，根据时间列表分析，对民国时期桂林行政区划变化作合理分期，阐述了各期的主要特点，同时根据相关历史地图，对桂林区域变化绘制出了变更示意图。

（四）国外典型国家行政区划研究

廉照春在《俄罗斯的行政区划及分布特点》③ 一文中指出：俄罗斯行政区划的主要特点在于，位于亚洲的自治共和国的领土面积远远大于位于欧洲的自治共和国的领土面积。俄罗斯行政区划中的边疆区或两两相连，或与别国接壤，或濒临海洋。通过边疆区的设置，使俄罗斯从东南西北各个方面沟通世界四大洋，这符合俄罗斯作为海上大国的特点。俄罗斯南部的黑海和亚述海向南经苏伊士运河，过红海通向印度洋，这一点往往被忽略。了解俄罗斯的行政区划、地理位置，有助于俄罗斯研究向深层次发展，同时，也可为我国提供借鉴。

杨富晓在《当代俄罗斯联邦行政区划演变解析》④ 一文中指出：综观苏联解体后的俄罗斯联邦行政区划演变，可以看到一个国家的行政区划并不是一成不变的。历经20余年的探索与改革，俄罗斯联邦行政区划得到很大的发展与完善。当代俄罗斯联邦的行政区划制度仍在不断探索与改革，处理好行政区划问题，有利于维护俄罗斯国家的统一；有利于保证联邦中央和各联邦主体在法制轨道上行

① 参见傅林祥等：《中国行政区划通史（清代卷）》，上海，复旦大学出版社，2013。

② 参见林哲：《民国时期桂林行政区划分期与区域变更研究》，载《社会科学家》，2013（3）。

③ 参见廉照春：《俄罗斯的行政区划及分布特点》，载《学术交流》，2013（6）。

④ 参见杨富晓：《当代俄罗斯联邦行政区划演变解析》，载《学理论》，2013（6）。

使各自权力；有利于促进俄罗斯政治、经济和社会的发展，改善人民生活，提高综合国力。

三、行政区划调整展望与分析

城镇化是伴随着工业化而产生，并随着工业化的发展而不断深入的一个动态社会变化过程。对于中国而言，城镇化对整个政治、社会生活的影响是全面性的，而城镇化研究一定程度上可以说是一个能够“管今后一百年”的历史性课题，且兼具宏观性和微观性，是观察和分析中华民族伟大复兴道路的几条主线之一。就此而言，我们认为未来20～30年，城镇化进程与行政区划调整的双向互动关系，仍然将是行政区划改革和研究的核心线索之一。具体来看，现阶段城镇化与行政区划的互动关系主要反映在以下几个层面：

第一，城镇化的快速推进，必然导致城市在空间上的扩张。在世界城镇化的进程中，发展最快的是大城市。而随着大城市整体经济实力的增强，城市空间和人口规模的相应扩张将是不可避免的。中国近30年来城市发展的实践也证明：不宜将城市规模作为制定城市发展战略的主要依据，长期以来对大城市规模扩展的严格控制，已经无法适应时代发展的要求。也就是说，在城市化的快速推进中，城市通过诸如兼并、合并等形式的行政区划调整，扩展自身发展的空间，将成为一种必然。

第二，适时的行政区划调整是大都市区有效治理的必要条件。当城市的集聚发展到一定程度的时候，就会形成大都市区。大都市区的产生和成长是现代社会城镇化进程中的一个重要特征，也是世界城市化的主导趋势。在目前城市化过程中，随着大城市的持续扩张，中国也已经步入大都市区化的阶段，迎来了城市化发展的跨越阶段。就西方国家的普遍情况而言，长期以来大都市区在政区结构体系方面存在的主要症结，就是地方政府结构体系的“巴尔干化”①，以及由此引发的服务和施政效益低下、服务供给不公平等问题。相较西方国家，因为行政区划手段得到了有效的应用，使得中国的大都市区能够始终坚持单中心广域市制，从而有效避免了政府结构体系的零碎化趋势，同时也在客观上对城市化和大都市

① 在美国的大都市区，地方政府数量多、名目繁杂，像一个迷宫，因此才有了诸如“零碎化”、“分散化”、“多中心”之类的形容以及“玩具”政府、“花生”政府等颇有讽刺意味的称谓。在大都市区生活的居民，在多如牛毛的政府机构面前，对于究竟由哪个部门具体负责哪一类事务、向哪个机构缴费、他们的税收用于何处，往往是一头雾水。更为不利的是，这些政府单位类似于巴尔干半岛林立的小国一般，互不隶属，而且其发展趋势是逐年增长，几乎失控。这种现象被美国学者形象地称为“巴尔干化”。参见［美］迈克尔·麦金尼斯主编：《多中心体制与地方公共经济》，183页，上海，上海三联书店，2000。

区化起到了积极的推动作用，消除了大都市区有效治理的体制性障碍。因此，为了避免陷入大都市区“巴尔干化”式的陷阱，中国应适时运用行政区划调整手段，以保障能够始终坚持单中心广域市制的基本策略。

第三，“城乡合治”向“城乡分治”的转变，将会对地方行政建制和层级产生直接的影响。从世界城镇化发展的基本轨迹来看，中国由目前的“城乡合治”向“城乡分治”的转变，将是一个基本的发展趋势，目前正处于试点阶段的“省直管县”体制，就是这一态势的直接反映。“省直管县”体制的推行，意味着地级市与原来所辖各县（县级市）的关系，将会由原来的纵向隶属关系转变为横向的竞争关系。这里需要引起注意的是，如果一刀切式地推广“省直管县”，在释放县级行政单元发展活力的同时，却有可能忽视地级市在“市管县”体制下承担的区域协调职能，进而有可能加剧区域，特别是大都市区无序发展的局面。尤其是在一些具备强大经济辐射力、空间发展需求巨大的中心城市，由于它们的辐射范围已经扩展到了周边区域，并已形成了联系密切的大都市地区。因此在这些地区，如果骤然推行“省直管县”体制，将有可能会加剧各地方政府在区域整体规划、环境保护、资源集约利用等方面的矛盾，进而严重制约这些大都市区的合理发展。因此，在推广“省直管县”体制的过程中，在个别大都市区化程度较高的地区，可以考虑通过进一步撤县（市）设区的形式，增加中心城市的行政辖域，从而为中心城市以后的进一步发展预留必要的空间。

第四，随着农村人口比重的持续减少，县乡行政区划调整的必要性正在变得日益突出。随着城镇化的快速推进和农村人口的大量减少，县乡两级政区所统辖的人口规模与比重将呈现不断缩小的基本趋势，进而使得现存县乡行政区划体系愈发滞后于人口结构的变化。在基本思路方面，县级政区应主要从节约公共服务和施政成本的视角出发，通过必要的合并重组，发挥县政的规模经济效益。对于乡镇一级，则应区分改革的普遍性和特殊性：普遍性是指乡镇改革的基本趋势是派出化与大规模的合并重组；特殊性则是指在一些经济发达、城市水平又很高的大镇，存在镇改市的可能性。

四、报告要点

报告对 2013 年度全国县级及其以上的行政区划调整情况和相关研究成果进行了归纳梳理，并在此基础上，对未来的改革和研究工作进行了展望。报告要点总结如下：

（1）2013 年的行政区划改革，主要是在城镇化进程快速推进的背景下所进行的适应性调整。从层级分布来看，主要集中于县（区）层面。从具体类型来看，涵盖了县（市）改区、市辖区调整、县改市、地改市、地方行政建制中心迁移、地名更改等类型。其中，县（市）改区占改革总量的45%，构成了2013年度行政区划改革的主体类型。

（2）从研究主题分布来看，以城镇化与行政区划调整的双向互动关系为主要线索的研究成果占据了总量的45%，是最主要的研究线索。从学科分布来看，政治学、行政管理学、人文地理学、区域经济学等学科学者构成了研究队伍的主力。课题组认为，就目前的总体情况而言，主要存在两点不足：一是行政区划研究更多被视作一个应用性领域，整体理论层次有待提高；二是绝大多数已有研究并没有能够将行政区划改革在一个国家的政治发展和公共政策制定及完善过程中所可能产生的各种外溢效应，进行比较系统和深入的剖析。这不仅限制了研究的视野，同时也使得人们很难全面地认识行政区划工作的政治和政策意义。因此，从更为广阔的视野审视行政区划改革，努力使研究工作变得更加“丰富多彩”，更好地服务于改革实践，应成为未来相关研究的重要着力点。

（3）考虑到城镇化在中国现阶段改革和发展中的战略支点地位，本报告认为在未来20～30年，城镇化与行政区划的双向互动关系，仍然会是行政区划改革和研究的核心线索之一。其中，快速城镇化进程中城市空间的扩张所引发的行政区划调整，大都市区行政区划整合，“城乡合治”向“城乡分治”的转变对地方行政建制和层级的影响，城镇化进程中农村人口比重的持续减少对县乡行政区划调整的影响等问题，应予以重点关注。

（作者单位：南开大学周恩来政府管理学院行政管理系）

地方政府招商引资问题研究报告

潘同人

改革开放是中国的基本国策，招商引资工作是改革开放的重要组成部分。30多年来，中国政府的招商引资取得了巨大的成就，FDI总值在发展中国家名列榜首，仅次于美国，排名世界第二。与此同时，中国在吸引内资方面也成绩斐然，仅天津市2013年就吸引内资3 120亿元。① 招商引资工作已经形成了内外资“双轮驱动”的格局，充分满足了国家经济建设的资本需求。目前，各级地方政府高度重视招商引资工作，招商引资活动的发展呈现了一系列阶段性特征。

一、地方政府招商引资发展现状综述

（一）招商职能在地方政府职能体系中的地位

2013年，地方政府仍然保持着对招商引资工作的强势领导和控制，招商职能在地方政府职能体系中占据着十分重要的位置。一些地区根据发展现状，因地制宜地提出了招商引资工作的总体目标和实施战略。例如，天津市面向世界五百强企业开展的“三年行动计划”，福建省针对央企、外企、民企的不同特点实施的“三维项目对接行动”，黑龙江省以区域重点项目为突破口推进的“双百工程”等。

地方政府往往将招商引资的重点产业、重点项目、重点园区和重点企业列入本地区的政府工作报告或社会经济发展计划当中。以2013年的省级政府工作报告为例，全国共有16个省级政府在其工作报告中提出了数量化的招商引资目标（见表1）。这些目标的统计口径不尽相同，大多包含了同一产业的政府投资，有

① 参见孟兴：《2013年天津吸引内资突破3 100亿元，同比增长20%》，载《天津日报》，2014-02-07。

些是重点项目的投资金额，有些是工业投资金额，还有些则是民间投资金额。一些地区虽然没有提出引资金额方面的目标，但在新增企业数量方面进行了规划。其余15个没有提出数量化目标的省级政府，也都在招商引资方面提出了自己的年度计划，例如，重庆市提出推进“6+1”工业集群建设，产业项目的招商引资主要围绕电子信息、汽车、装备、化工、材料、能源和消费品7个行业进行。①

表1　　部分省级政府2013年招商引资目标

地区	目标	地区	目标
黑龙江	抓好600个省级重点产业项目，确保年度投资达到2 000亿元，带动工业固定资产投资5 200亿元以上	吉林	更加注重投向、结构、质量和效益，滚动实施5 000个亿元以上重大项目
辽宁	集中推进350个投资10亿元以上的重大项目。工业固定资产投资达到9 500亿元	河北	重点抓好100项事关全省发展大局的重大项目，力促国家批复的75个重大项目开工建设
山东	面向社会推出一批鼓励民间投资的具体项目，民间投资占全部投资比重保持在80%以上	河南	加强银企对接，大力发展直接融资，培育风险投资和股权投资，力争社会融资规模达到5 200亿元
安徽	在重大基础设施、主导产业、节能环保、民生和社会事业等领域，新开工建设1 300个以上超亿元项目	江苏	新建企业研发机构1 000家以上，力争国家高新技术企业超过6 000家
湖北	支持骨干企业加快发展，突出抓好“成长工程100户重点培育企业”，全年新增规模以上工业企业1 000家	江西	安排大中型建设项目1 328个，总投资1.47万亿元，当年完成投资4 313亿元，其中实施省重点工程项目260个，力争年度投资1 500亿元以上
福建	力争全年“三维”项目完成投资3 300亿元，新开工330个	四川	突出抓好全省500个重点项目建设，确保完成年度投资4 360亿元以上

① 以上内容参见《2013年重庆市政府工作报告》。

续前表

地区	目标	地区	目标
广西	今年完成技改投资 5 530 亿元	云南	银行各项融资达到 2 500 亿元、直接融资达到 600 亿元
贵州	完成民间投资 5 000 亿元	内蒙古	争取完成工业投资 7 600 亿元

资料来源：根据 2013 年各省市政府工作报告整理而成。

“目前，电力、电信、公路、钢铁等行业都已经度过了投资的高峰期，近两年的投资增速明显下滑，但还有城市设施、水利、铁路、设备制造、房地产等行业仍然处于投资的高峰期，固定资产投资还会保持高速增长。”① 招商引资作为地方政府完成固定资产投资计划的重要手段和经济管理职能的重要方面，仍然受到地方政府的高度重视。

（二）招商能力的地区差异

虽然地方政府都将招商引资视为推动经济发展的重要手段，但由于区位条件和经济发展水平的限制，不同地区的招商能力存在较大的差异，东部地区的招商能力明显强于中西部地区。中西部地区招商引资的总量偏小，具有带动和示范作用的大项目和龙头项目不足，区域投资环境相对恶劣，利用外资政策不够灵活，地方政府的公信力不强。以外商投资存量为例，截至 2013 年底，东部地区的外商投资存量高达 80%以上，无论是项目数量还是投资金额都远远高于中西部地区（见表 2)。总的来看，中西部地区在招商竞争的过程中处于明显劣势，地方政府的招商能力有待提高。

表 2　　截至 2013 年底中国外商投资地区分布

	项目数		实际使用外资	
	个数	比重（%）	金额（亿美元）	比重（%）
全国总计	763 278	100	12 789.0	100
东部	637 368	83.5	10 984.5	85.9
中部	80 963	10.9	1 024.8	8.0
西部	44 947	5.9	779.8	6.1

资料来源：根据商务部统计数据整理而成。

以实际利用外资金额为例，2013 年，全国实际利用外资金额 1 175.86 亿美元，其中，东部地区占据了 82.4%，中西部地区仅占 17.6%。从地区分布来看，

① 张汉亚：《中国经济中长期发展与招商引资》，载《海内与海外》，2012（9）。

省份之间的差距十分巨大。江苏、辽宁和广东占据了利用外资金额的前三位，这三个省份都突破了200亿美元大关，江苏省甚至已经冲破了300亿美元，遥遥领先于其他省份。从同比增长率来看，内蒙古、贵州、安徽等欠发达省份增长势头非常强劲，在产业承接过程中表现优异。而广西、新疆等省份在吸引外资方面亟待提高，这些欠发达省份不仅总量不容乐观，而且增长率也低于其他省份，广西甚至出现了负增长（见表3）。此外，甘肃、宁夏、青海、西藏尚未公布2013年实际利用外资数据，但是根据2012年数据和地方政府的相关规划进行估算，这四个西部省份实际利用外资的总量应该在20亿美元以下，尚不及内蒙古一个省份。由此可见，省份之间的招商能力差异十分明显。

表3　　2013年中国大陆实际利用外资金额地区分布

地区（省、自治区、直辖市）	实际利用外资金额（亿美元）	同比增长率（%）	地区（省、自治区、直辖市）	实际利用外资金额（亿美元）	同比增长率（%）
北京	85.2	6.0	福建	66.8	5.4
天津	168.3	12.1	安徽	106.9	23.7
上海	167.8	10.5	江西	75.5	10.7
重庆	106	0.006	湖北	68.9	21.6
黑龙江	46.1	18.3	湖南	87.1	19.6
吉林	67.6	16.3	广西	7.1	−6.5
辽宁	290.4	8.3	四川	105.7	0.002
河北	66.7	10.6	陕西	36.8	25.3
河南	134.5	11.0	云南	25.1	15.0
山东	140.5	13.8	贵州	15.2	45.9
山西	28.1	12.1	内蒙古	22.6	75.0
江苏	332.6	−6.9	新疆	4.8	15.7
浙江	141.6	8.3	海南	31.4	5.2
广东	249.5	5.9	甘肃	—	—
宁夏	—	—	青海	—	—
西藏	—	—			

资料来源：根据各省商务管理部门的公开信息整理而成。

除此之外，省内不同地市之间的招商能力也具有明显差异，区域中心城市的招商能力明显强于一般地级市。在招商引资过程中，省外资金和省内其他地区的资金都有流向这些城市的倾向，较强的招商能力使这些城市在产业发展和城市建设等方面遥遥领先于省内其他城市。区域中心城市的招商引资数额通常占据了全省的较大比重，例如，2013年上半年长沙市的实际利用外资金额占湖南省总额的40%以上。① 随着地方性的区域规划上升为国家战略，城市之间的招商能力差异更加明显，处于国家战略之内的城市获得了更大的政策支持，在引资活动中具有更强的自主性和行动力，发挥着区域经济增长极的作用。

（三）引资活动的层级分工

各级地方政府都积极参与引资活动，其主要领导都会关注具体项目的引入过程。然而，随着招商引资工作的不断推进，不同层级的地方政府在引资活动中逐渐出现了职责分工，初步形成了相互协调、相互促进的招商引资体系。一般而言，省级政府侧重于引资活动的领导和规划，市县级政府侧重于引资活动的组织和协调，招商部门侧重于引资活动的具体实施。

1. 省级政府的领导和规划

在层级分工的趋势下，省级政府对引资活动的微观干预逐渐减少，它的主要职责在于谋划本地区的主导产业，确定招商引资的基本方向和突破口，并领导下级政府实现自己的战略构想。例如，黑龙江省在综合考虑区位优势和产业基础的情况下，提出了主攻十大重点产业的招商引资战略。② 2013年上半年，该省十大重点产业的招商引资金额占全省总额的73%。③ 在确定区域主导产业之后，省级政府的主要任务就是领导下级政府完成既定的引资目标，监督产业规划的落实情况，考核下级政府的引资表现，并根据实际情况对产业规划进行调整。

2. 市县级政府的组织和协调

市县级政府在引资活动中发挥承上启下的作用。一方面，它要落实省级政府制定的产业规划；另一方面，则要组织下属单位完成本年度的引资任务。在目前的引资实践中，市县级政府通常对下属单位进行目标责任管理，它将引资任务量化并细化，而后根据一定的原则分配给不同的单位。在经济发达地区，引资任务通常只会分配给专业化的招商部门，由招商部门集中完成。而在经济欠发达地区，市县级政府普遍采用"全民招商"的工作方式，将引资任务分配给几乎所有的下属单位，包括党政机关，也包括事业单位和国有企业。以湖南省衡阳市为例，市委和市政府将投资项目策划包装的任务分配给所有下属的局委办和区县，

① 参见邓晶琨：《湖南省实际利用外资47.7亿美元，居中部第一》，载《湖南日报》，2013-07-24。

② 黑龙江省的十大重点产业是新材料产业、生物产业、新能源装备制造产业、新型农机装备制造产业、交通运输装备制造产业、绿色食品产业、矿产钢铁产业、煤化石化产业、林产品加工产业和现代服务业。

③ 参见曲静：《十大重点产业成招商引资重点》，载《黑龙江日报》，2013-08-03。

这些下属单位要结合自身工作的实际情况，策划包装相关领域的投资项目，比如市旅游局要策划包装旅游业投资项目，市科技局要策划包装高新产业项目，市教育局则要策划包装教育事业的招商引资项目。①

3. 招商部门的具体实施

目前，各地主要的招商部门包括经济发展局、投资促进中心、经济合作办公室、经济园区开发公司招商处等。成立专业化的招商部门有助于塑造一个地区的整体形象，发挥品牌效应，提高地区的知名度。一些省市已经对各类招商部门进行了整合，成立了统一负责本地区招商事务的专业化机构，这有利于各地的招商引资工作形成长效机制。招商引资是一项专业性很强的商务管理工作，一般的行政管理部门难以胜任。因此，将一个地区的招商职能集中到一个专业化机构来行使，是招商引资工作在微观层面的发展趋势。

承办与引资相关的事务性工作，是当前各类招商部门最主要的日常工作内容，主要包括三个方面。第一，负责制作项目招商所需的印刷品和电子宣传材料，通过新闻发布会、投资推介会、发布媒体广告、现场散发传单等形式，宣传和推介本地区的投资环境和引资项目。第二，在国内外组织和参与各种类型的招商洽谈会、投资见面会等。各地区根据市场需要组织各种形式、各种规模的招商洽谈会和投资见面会，也逐步成为招商部门的日常性工作。需要注意的是，许多地区组织的招商洽谈会、投资见面会也同时是商品展览会，二者在功能层面没有实质性区别。经济发达地区通常有能力在国外组织引资会展活动，如广东、江苏、山东等省份。一些地区还根据区域特色，在国外举行有针对性的引资会展活动，比如山东省集中力量在日本、韩国组织招商洽谈会，黑龙江省重点在俄罗斯开展引资工作。第三，负责组团出访和来访接待事务。主要是组团出国考察和拜访投资者，收集其他国家的产业发展动态信息，引导外国投资者来本地区考察和投资。组团出访一般由省市级招商部门直接开展，区县级招商部门派人参加。此外，招商部门还要负责国内外投资者的来访接待工作，在接待过程中推介投资项目也是一项十分重要的工作。

（四）招商战略的科学化

招商引资是一种市场行为，要遵循市场经济的发展规律。招商工作不是各种招商行为的机械叠加，而是一个各机构、各环节紧密联系、相互促进的长期过程。在招商实践中，从投资项目的洽谈到签约再到后期服务，不可能一蹴而就，需要地方政府和招商部门掌握时间和技巧，以缩短投资项目的建设周期。因此，各类招商部门在积极开展招商引资活动的同时，已经开始研究招商工作的发展规

① 以上内容参见《衡阳市人民政府办公室关于做好 2013 年招商引资项目开发工作的通知》。

律，并将这些规律运用于实践当中，推动招商工作的顺利开展。

随着市场经济体制的逐步完善，优惠政策在招商中的作用正在逐渐下降，地方政府已经意识到调整引资手段的重要性，并自觉顺应市场规律，强化本地企业在招商中的主体地位，避免职责“越位”，更好地发挥地方政府在招商中的导向、协调和服务作用。随着我国逐步兑现入世承诺，外商直接投资逐渐从超国民待遇过渡到国民待遇，政府给予外资企业的政策优惠逐步减少，良好的市场规则和地区的比较优势开始在招商中发挥更大的作用。总的来说，随着我国深化对外开放，招商成为了各地区的普遍行为，优惠政策已经普及，其实际作用在逐渐弱化。

为推动招商战略的科学化，越来越多的地方政府开始从引资向选资转变，在引资时着眼于对产业链的补充和加强，依靠产业链的完整度来吸引投资者。“招商选资，选的是项目，按照本地区产业结构调整的要求，从产业链长短、发展前景、技术含量、土地利用率、发展牵动力等多个方面进行考评，把重点放在引进有利于产业优化、集约用地、附加值高、污染小的项目上。”①

从引资到选资，关键是考核机制的转变。对招商部门的考核，不再单纯强调总量。随着招商工作的深入，地方政府逐渐意识到投资强度的重要性，越来越多的地区将投资强度视为招商工作中最重要的指标，用它来衡量投资行为的效率。正如一位乡镇干部所言，以前搞招商，政府只关注投资金额和税收金额的大小，结果浪费了很多土地，还造成了环境污染；现在搞招商，则更加注重单位面积的投资强度，他所在的镇规定，新项目必须保证每亩地的投资金额在 150 万元以上。②

（五）引资范围和对象的扩大化

在 20 世纪 80 年代，招商引资还具有政策试验的性质，从政府的角度来看，它是一种推动工业化的投融资手段，其范围只局限在经济园区，特别是工业园区。随着经济体制改革的不断推进，引资活动逐步突破了工业化的范畴，地方政府开始将引资手段运用到经济建设的其他方面，在城市基础设施建设、新城区建设、棚户区改造、小城镇建设、农村社区建设，以及垦区、林区、油区、矿区改造的过程中，地方政府都在进行引资活动，以弥补财政资金的不足，推动城乡基本建设的进行。引资活动已经不再局限于办工厂，其业态范围已经涵盖了三大产业的绝大部分，从传统制造业到现代服务业，从科技农业到高端商贸，从基础设施建设到房地产开发，都能看到地方政府招商引资的身

① 黄琳：《从招商引资到招商选资——辽宁沿海经济带系列报道》，载《辽宁日报》，2013-10-13。

② 参见张兴军：《招商引资要看投资强度》，载《新华每日电讯》，2010-12-02。

影，招商引资作为一种筹集生产建设资本的方式，已经渗透到了国民经济的绝大多数领域。

引资范围的扩大化不仅体现在地方政府在更多领域积极引入民间资本，而且更体现在政府与市场的巧妙结合。从经济学理论来看，基础设施是一种公共产品，本应完全由政府负责。但地方政府通过引入营利机制，成功吸引了大量民营资本参与基础设施的建设、运营和维护，降低了基础设施的建设成本，提高了使用效率。例如，地方政府在高速公路的建设中大量运用 BT、BOT、TOT 等现代化融资手段，将政府与市场各自的积极作用发挥到了极致。贵州省在 2013 年成功举办了首次高速公路项目招商引资推介会，签署各类协议 20 项，共计 1 536 亿元。通过综合运用各种引资手段，该省已建和在建的 BOT 高速公路项目已达到了 18 个，总里程 1 398 公里，总投资 1 427 亿元。通过招商引资建设的高速公路项目已占全省已建在建规模的 1/4。① 政府只需投入少量财政资金，就能诱使大量民间资本参与公共产品的提供，产生了巨大的杠杆效应。

从引资对象方面来看，我国的引资活动出现了“内外兼修”的发展趋势，地方政府逐渐将对外招商和对内招商统一起来，对内外资项目给予同等待遇。以前，地方政府往往将招商引资狭义地理解为吸引外商直接投资，这不是科学的招商观，这种招商观抑制了民间资本的活力，不利于非公有制经济的发展。现在，国内企业的资本实力和市场竞争力都有了大幅度提高，尤其在东部沿海地区，劳动密集型产业需要转移到其他地区，民营企业家开始到中西部地区寻找合作伙伴，这为中西部地区的引资活动提供了广阔的运作空间。一些中西部省份制定了明确的产业承接战略，有些还上升为国家战略，例如郑州航空港经济综合实验区在 2013 年得到国务院批复，正式成为航空港经济发展先行区。

除了东部沿海地区以外，随着土地租金的上升和环保要求的提高，一些大中城市的企业也在积极寻求向外迁移。这种迁移给中小城市、小城镇提供了丰富的引资机会。由于受到政策因素的影响，外资项目的分布格局不会有太大的变化，东部沿海地区仍然是外商直接投资的首选地点，对于中西部地区而言，积极引进内资项目是更为明智的招商策略。

（六）招商引资的体制机制创新

近年来，地方政府在招商引资领域的体制机制创新十分活跃。比较有代表性的做法有：上海张江的产学研联盟机制、天津泰达的品牌战略、合肥经济技术开发区的项目代建模式、广州经济技术开发区的“服务业聚集”模式、上海漕河泾的“特色园区”模式等。此外，各地开发区纷纷在行政审批改革方面发力，通过

① 参见胡颂平：《高速公路融资的湘黔之道》，载《中国交通报》，2014-03-03。

集中行政审批事务和权限，最大限度地在本级政府的职权范围内提高行政审批的效能，为投资者提供便利。各地的行政服务中心通过部门间联席会议等机制，推进了部门间的协调配合，精简了投资审批程序，提高了投资审批效率，行政服务中心已经成为地方政府展示其良好投资环境的重要平台。“政府干预的手段越是接近于市场模式，那么就越有可能得到更好的结果。”① 地方政府在招商体制机制方面的创新，正是用适应市场经济的方式来推动引资工作的开展。

2013 年，在中央的谋划和支持下，招商引资的体制机制创新取得了突破性进展，其标志是中国上海自由贸易试验区的成立。在自贸区框架下，负面清单管理模式和公司注册资本认缴登记制开始实施。负面清单管理模式坚持“非禁止即开放”的原则，将清单以外的行业和项目准入由核准制改为备案制，全部向投资者开放。公司注册登记制度则由实缴制改为认缴制，取消了公司设立的资金限制。截至 2014 年 2 月 28 日，上海自贸区新设企业 6 610 户，其中内资企业 6 100 户，外商投资企业 510 户。② 随着上海自贸区的建设和发展，各地在招商引资中的体制机制创新将达到一个崭新的高度。

二、招商引资研究现状综述

（一）招商引资研究

2013 年的招商引资研究，主要集中在案例研究和对策研究，侧重于招商职能和引资手段的讨论。管大玉等分析了招商引资与政府职能的关系，区分了政府的积极职能和消极职能，认为招商引资是一种消极职能。③ 刘璋楠从法学的视角分析了地方政府招商引资的“两主模式”，即利益主体化与权力主导型模式，认为这种招商模式需要用法律手段进行规范。④

王习农教授着重讨论了招商引资的成本与效益问题。他认为，引资手段与引资效益密切相关。引资手段不同，则引资的成本、收益各异。选取和采用适宜的引资手段及其组合是降低成本、提高效益、提升招商引资有效性的关键环节，是影响招商引资成功与否的重要因素。有必要在成本—收益分析的基础上，借鉴国外经验，改进我国地方政府的引资手段，并建立招商引资长效活动机制，从而降

① ［美］奥斯本等：《改革政府：企业家精神如何改革着公共部门》，28 页，上海，上海译文出版社，2008。

② 参见杨静：《上海自贸区注册资本“认缴制”全国推广　新版执照 1 日起启用》，见央广网，2014-03-01。

③ 参见管大玉等：《招商引资与政府职能关系原理与要求》，载《特区经济》，2013（4）。

④ 参见刘璋楠：《对地方政府招商引资“两主模式”的法学思考》，载《四川行政学院学报》，2013（1）。

低引资成本，提高引资效益。①

周德文主编的《政府招商引资指导手册》对招商引资活动的各个方面进行了比较系统的论述。该书从招商引资的概念和意义出发，运用历史分析、比较分析、案例分析等方法，讨论了招商引资的组织形式、实施模式、职能定位和完善等问题，并对引资过程中的人才战略、风险规避、政府诚信等问题进行了专题研究，对地方政府的招商引资工作提出了一些务实中肯的建议。该书的创新之处在于将招商工作同地区发展实践相结合，分别考察了发达地区、欠发达地区和民族自治地区的招商实践，具有较强的理论价值和现实意义。②

商务部外国投资管理司组织编写的《中国外商投资报告：政策与环境》从实务层面分析了我国吸引和利用外资的现状。该书在综合分析全球和中国 FDI 发展趋势的基础上，对我国 FDI 来源地分布、各省 FDI 现状、各行业 FDI 现状、跨国公司在华发展、中国投资政策和开发区发展等问题做了深入而系统的研究。在大量即时数据的支持下，对地方政府今后一个阶段的招商工作提出了宝贵的建议。③ 张鸿儒先生撰写的《招商引资实训手册》在招商实务方面具有重要的价值。该书从招商人员的视角出发，分析了招商引资的客户需求、领导与决策、组织与管理、技术与方法，并着重介绍了两种招商理论，即梧桐理论和蜻蜓理论，最后针对招商人员在工作中产生的困惑，提出了自己的解决方案。④

李帅从法学视角出发，研究了西部地区招商引资中的风险防控问题。他认为，投资者在投资过程中面临着政策风险、政府行为风险、经济风险、社会风险、招商引资合同风险与生态环境风险，为此，地方政府应设法建立风险防控机制，以保障招商工作的顺利进行。此外，他还分析了各种风险产生的原因和具体的表现。他指出，地方政府招商行为的内在逻辑是各种风险的导火索，应该用法律手段规范招商行为，改善和优化区域投资环境。⑤

招商引资是一项实务性很强的工作，对招商活动的研究必然涉及大量的案例，一些学者从某个地区的招商实践出发，进行了比较深入的理论阐释，得到了一些规律性认识。白皓瑜、王亚明、杨茜和张哲分别从鄂尔多斯市、济宁市、上海市嘉定区和吉林市的招商实践出发，分析了地方政府在招商引资中的作用。他

---

① 参见王习农：《投资促进方式的成本优化与效益提高》，载《国际经济合作》，2013 (7)。

② 参见周德文：《政府招商引资指导手册》，宁波，宁波出版社，2013。

③ 参见商务部外国投资管理司：《中国外商投资报告：政策与环境》，天津，南开大学出版社，2013。

④ 参见张鸿儒：《招商引资实训手册》，北京，经济管理出版社，2013。

⑤ 参见李帅：《西部地区招商引资风险法律防控研究》，兰州，甘肃人民出版社，2013。

们认为，政府主导型招商引资模式是在市场开放程度不高、市场机制尚不完善的背景下产生和发展起来的，在当时有一定的合理性。但随着市场机制不断完善，地方政府在招商引资中的职能如果沿袭政府主导型模式，必然会导致政府职能的越位、缺位和错位，因此，应当对地方政府的招商职能进行合理调整。他们主张从引资战略谋划者、投资环境打造者、引资平台搭建者、市场主体培育者、引资行为监管者五个方面定位地方政府的招商职能，并建议地方政府应在制定规划、打造环境、改善服务、加强监管等方面有所作为。①

（二）投资环境研究

投资环境是招商引资的重要方面，随着越来越多的地区将投资环境视为招商引资的关键性因素，理论界对它的关注度也日益提高。杨天荣对西部地区民间资本的投资环境进行了研究。她从总量、增长率、投资方向、投资绩效等方面介绍了西部地区民间资本的投资现状，而后从政治政策环境、管理环境、法治环境、人文环境、经济环境、基础设施环境、社会和谐环境等方面具体分析了西部地区民间资本所处的投资环境，并建立了逻辑严密的指标评价体系，主张从制度层面强化西部地区公共部门的社会功能，以从政策层面保障西部地区民间投资者的利益②。

马山水教授的专著《宁波市外商直接投资环境研究》，从外商直接投资项目规模与质量、投资地位、投资来源结构、投资产业分布、投资地区分布和投资的具体方式六个方面系统分析了宁波市外商直接投资发展的现状，并从区位状况、基础设施、经济发展、人文社会、科技教育、政策法规和公共服务七个方面诠释了宁波市外商直接投资环境，对上海、杭州、南京、苏州、无锡五座城市的投资环境进行了比较分析，具有较强的理论价值。③

陈晓蔚对浙江省与越南的投资环境做了比较分析，她根据自然环境、经济环境、政治法律环境、社会文化环境、基础设施环境五大要素选取了评价指标，而后利用数学计量软件 MATLAB7.0 进行层次分析计算，得出的结论是：浙江省总体投资环境优于越南，越南只在自然环境和政治法律环境上优于浙江省，越南增长最快的因素是基础设施环境因素，而浙江省增长最快的因素是经济环境因素。在此基础上，她建议投资者前往越南投资要采取谨慎态度，因为越南的投资

① 参见白皓瑜：《地方政府在招商引资中的角色定位与应有作为》，内蒙古大学硕士学位论文，2013；王亚明：《地方政府招商引资问题研究》，山东大学硕士学位论文，2013；杨茜：《我国地方政府招商引资策略调整研究》，上海交通大学硕士学位论文，2013；张哲：《吉林市政府在招商引资过程中的作用和定位探析》，吉林大学硕士学位论文，2013。

② 参见杨天荣：《西部地区民间资本投资环境研究》，北京，经济科学出版社，2013。

③ 参见马山水：《宁波市外商直接投资环境研究》，北京，经济科学出版社，2013。

环境总体上不如浙江省。①

马国强教授同样采用层次分析法，比较了海南省与发达省市的投资环境。他根据投资环境指标体系的构建原则，选取经济环境、基础设施、商务成本、人力与科技环境、居住环境与生态环境、政府行为六个一级指标，并细分出相应的二级指标，分别依据其重要性和关联度赋予相应的权重，构成区域投资环境指标体系。运用本体系对上海、浙江、黑龙江、海南、广东和安徽六个省市的投资环境进行定量分析和排序，结果显示：海南省第二产业比重过低，经济总量少，缺乏拉动收入增长的指标支撑，致使投资经济环境与发达地区比较差距明显。提升产业结构、改善基础设施、降低商务成本是海南改善投资环境的重点。②

（三）重要研究成果介绍

2013年，理论界对地方政府招商引资问题的研究取得了丰硕的成果。其中，最具代表性的研究成果当属哈尔滨商业大学赵德海教授的专著《招商引资与产业生成》。该书分为上下两篇。上篇归纳了招商引资的基本概念、市场营销、商务谈判、经济核算、投融资手段、依法行政等内容，在市场经济体制框架下梳理了招商引资的实际操作流程和行为边界，回答了招商引资“实际怎么做”的问题。下篇从产业经济学和区域经济学的角度，分析了招商引资对战略性新兴产业的推动作用，招商引资对产业结构升级的拉动作用，以及实现区域发展战略的路径、效果和方法，回答了招商引资“应该怎么做”的问题。两部分相互呼应，既有充分的理论分析，又有详尽的实践检验。

该书最大的创新之处在于提出了“规划招商”的概念，主张以科学的区域发展规划来引领招商引资活动。作者认为，招商引资与区域发展规划的对接是一门系统工程，需要从产业的源头、中间到终端，并从该产业相关的延伸区域，对产业链进行切割、解剖、重组和包装。要利用现有产品、企业及园区的产业基础，对产业链进行系统分析，才能对本地的产业链进行科学设计。③

三、地方政府招商引资的展望与分析

（一）研究展望：不足与突破

学术界对于政府弥补市场失灵的作用早已形成了共识，争论集中在政府经济

---

① 参见陈晓蔚等：《基于浙商视角的浙江与越南投资环境比较分析》，载《经营与管理》，2013（12）。

② 参见马国强等：《我国区域投资环境指标体系的构建及应用》，载《海南大学学报（人文社会科学版）》，2013（2）。

③ 参见赵德海：《招商引资与产业生成》，北京，经济管理出版社，2013。

管理职能的其他方面。与发达国家相比，发展中国家的经济发展水平更低、经济发展速度更快、经济结构调整和经济体制改革的任务更重，因此，发展中国家的政府具有更多的经济管理职能，政府介入市场的部分应该更大一些。

招商引资是政府经济管理职能的重要组成部分，是地方政府推动经济发展的重要手段。不论是从宏观层面研究投资促进问题，还是讨论地方政府的招商引资模式，都离不开对政府经济管理职能的讨论。政府在招商引资工作中介入市场的运行当中，必有其深层次的原因，必然发挥了不可取代的作用。全面客观地讨论政府的各种“干预行为”的意义，有助于科学的开展招商引资工作，也有利于系统地看待和推进政府职能转变，加快建设适应市场经济发展的服务型政府。

从某种意义上讲，中国也是一个“发展型国家”，在经济崛起的过程中具有与东亚其他国家和地区相似的特征，具有某种共同的发展规律和逻辑。中国的招商引资活动与东亚其他国家和地区也存在一定的共性。招商引资研究，应该侧重于寻找不同国家和地区招商引资活动的一般规律，谋求建立政府招商引资行为的解释框架和理论范式。

学术界对招商引资问题一直有浓厚的研究兴趣，国内外也涌现出丰富的研究成果。总体来看，对招商引资的研究尚存在三方面不足，有待后续的研究者加以深入探讨。首先，缺乏符合中国国情的招商引资理论，现有的理论大多是基于发达国家和跨国公司的理论概括，是从投资方的角度进行的理论研究，其目的是为母国服务。中国作为世界上最主要的投资地之一，应该有基于自身发展实践的招商引资理论，研究政府在促进外来投资中所发挥的作用。其次，国内的招商引资研究过分偏重于对策分析，缺乏理论层面的升华和总结，虽然国内学者是根据中国招商引资的实践来开展研究，但是其研究普遍缺乏理论深度，单纯的对策分析不足以支持各级政府转变招商引资的模式和措施。最后，招商引资研究缺乏政治学视野，现有的文献大多是从经济学角度来讨论招商引资的效率问题，而中国的招商引资是政府主导的经济活动，要研究政府的行为，政治学视野是不可或缺的。

今后，招商引资研究应该重点从以下三个方面取得突破：一是对地方政府的招商行为进行宏观研究，运用历史制度主义的研究方法，分析中国改革开放以来地方政府招商行为的发展逻辑和演化路径；二是对地方政府的招商职能进行理论阐释，为实际存在的招商职能寻找理论依据，研究地方政府招商行为的积极效应；三是深入研究地方政府的引资手段，对经验层面的引资手段创新进行总结和提炼，指导地方政府的引资实践。总之，对中国招商引资问题的研究，既应该立足于中国国情和区域特色，又要具有一定的理论深度和概念创新，还要拓宽研究视野，尝试用其他学科的视角来启发研究思路，以便在这个研究领域取得一定的突破。

（二）未来展望：基于地区差异的灵活务实探索

由于不同地区的社会经济发展水平存在着巨大的差异，地方政府在招商引资工作中的目标、方式和侧重点也有所不同。总体而言，在市场经济相对发达、市场主体发育程度较高的地区，地方政府倾向于以局部化、间接化的方式介入招商引资活动，在招商引资中侧重于经济发展方式的转变和产业结构的优化升级。而在市场经济相对欠发达、市场主体发育程度较低的地区，地方政府则倾向于以整体化、直接化的方式参与招商引资活动，在招商引资中侧重于地方主导产业的培育和对发达地区产业的承接。

对于发达地区而言，地方政府的招商引资工作已经开始向更高层次迈进，地方政府已经逐步在招商引资活动中占据了主导地位，可以根据自己制定的规划和战略择优选择投资者和投资项目，有计划地淘汰本地区的落后产能，政府的工作重点已经由招商运作转向投资服务。而对于欠发达地区而言，招商引资工作往往还处于起步阶段，地方政府在招商引资活动中还较为被动，任何投资者和投资项目都可以被接受，地方政府为了完成上级下达的招商引资指标，可能会出现“饥不择食”的情况。由于欠发达地区缺乏能够完成招商引资任务的市场主体，地方政府的招商引资职能往往更加全面和具体，它要代替市场主体，参与微观层面的商业运作。虽然“全民招商”式的运作机制具有很多弊端，但也不可否认它的积极意义，欠发达地区通过“全民招商”引入了一批具有重大引领带动作用的投资项目，为本地区的发展奠定了产业基础，尤其是在国有企业改制和乡镇企业普遍衰落的历史背景下，通过招商引资来推动本地区的工业化和城镇化，更是具有雪中送炭的意义。

当前，我国面临着转变经济发展方式的新形势，地方政府要积极转变职能，以政府职能的转变推动经济发展方式的转变。“作为转变经济发展方式的始作俑者，各级政府毫无疑问要对转变经济发展方式的成败负总责。”① 招商引资是地方政府的重要经济职能，如何转变地方政府的招商引资职能，是各个地区，尤其是发达地区急需解决的问题。从招商引资的实践来看，长三角、珠三角、环渤海地区和山东半岛地区是我国开展招商引资活动最早、实际效果最好的几个地区，这些地区都发展出了符合自身比较优势的招商引资战略，其地方政府的行为策略也较为科学，营造出了国内一流的投资环境。

从经济园区层面来看，1992年以后，全国各地掀起了兴建经济园区的热潮，招商引资伴随着经济园区的建设而发展到了一个全新的阶段，经济园区的管委会

---

① 杨宜勇：《有效发挥政府在转变经济发展方式中的作用》，载《经济研究参考》，2010（48）。

作为地方政府的派出机构，成为了招商引资工作的主力军。各地经济园区在招商引资工作中积极创新，发展出了各具特色的招商引资手段和技术，并出现了相互借鉴、逐步趋同的态势。随着经济园区建设的不断深入和政企分开，经济园区的开发公司在招商引资工作中发挥了越来越大的作用，园区开发公司作为承担部分政府职能的国有企业，处于政府和市场的中间地带，可以兼具政府的权威性和市场的灵活性，在招商引资活动中具有得天独厚的优势。

我国地方政府在招商引资工作中最大的特点是灵活务实，不论什么组织形式、行为策略、政策选择，只要能推动本地区的经济发展，就会在招商引资工作中有所应用。地方政府的招商引资实践突破了传统理论对政府行为的框定，使人们看到了政府在经济建设，尤其是投资管理中的重要作用，也使人们增强了“摸着石头过河”的信心和勇气。

中国现阶段正处于经济增长速度换挡期、结构调整阵痛期、前期刺激政策消化期的“三期叠加”的特殊历史阶段，各级政府都面临着转变经济发展方式和转变政府职能的重要任务。“2013 年，在经济下行压力较大的情况下，新一届中央领导集体坚定信心、顶住压力，没有对经济进行大规模直接干预。同时，地方政府纷纷启动了一些既有利于短期经济增长，又有利于长期结构平衡的投资项目，如棚户区改造、城市基础设施、铁路建设等，大力推进环保节能、信息消费等新产业发育成长，促进内需的作用逐渐显现。”① 政府在“无为”和“有为”之间的角色转换日益成熟。

从政府与市场的关系来看，政府应该做什么，是由市场的发展状况决定的。各地区在现阶段如何开展招商引资活动，也正是由本地区的市场发育程度决定的。市场发育程度高的地区，招商引资的市场化程度必然更高，地方政府在转变职能时显得游刃有余，各种市场主体和社会中介机构可以完全承接政府的某些经济职能，甚至在承接以后比地方政府履行的效果更好，而地方政府也可以把精力集中在公共服务方面，以优质的公共服务创造良好的投资环境，在更高的层面统筹规划本地区的招商引资工作。而市场发育程度较低的地区，招商引资的行政化色彩必然浓厚，在缺乏市场主体和社会中介机构帮助的情况下，地方政府要在招商引资中发挥建设性作用，指导招商部门、经济园区和各类企业形成务实高效的招商引资体系，以实现地区经济的跨越式发展。

2013 年是中国经济转型升级过程中较为关键的一年，地方政府面临着较大的经济下行压力。在高度重视招商引资的前提下，各地区纷纷调整了招商工作的战略和手段，使之与市场经济的发展规律相适应，取得了令人满意的引资效果。

---

① 陈学慧等：《三期叠加是当前中国经济的阶段性特征》，载《经济日报》，2013-08-08。

保证引资效率和质量的关键在于政府职能的科学定位，地方政府、中介机构、市场主体在引资和投资过程中各司其职、密切配合，发挥各自的禀赋和优势，最终形成优质高效的招商引资治理体系。今后，地方政府应着力优化这一治理体系，加快转变招商职能，厘清政府与市场、社会的边界，在发挥市场决定性作用的基础上，更好地发挥政府作用，确保中国经济转型升级的顺利实现。

四、报告要点

本报告对 2013 年度我国地方政府招商引资的最新进展情况和理论研究成果进行了初步的归纳总结，并在此基础上，从理论和实践两个层面对招商引资问题进行了分析和展望。

本报告要点总结如下：

(1) 2013 年，全国各地仍然十分重视招商引资工作，地方政府保持着对招商引资工作的强势领导和控制，招商职能在地方政府职能体系中占据着十分重要的位置。全国共有 16 个省级政府在其工作报告中提出了数量化的招商引资目标，其余 15 个没有提出数量化目标的省级政府，也都在招商引资方面提出了自己的年度计划。

(2) 虽然地方政府都将招商引资视为推动经济发展的重要手段，但由于区位条件和经济发展水平的限制，不同地区的招商能力存在较大的差异，东部地区的招商能力明显强于中西部地区。以外商投资存量为例，截至 2013 年底，东部地区的外商投资存量高达 80%以上，无论是项目数量还是投资金额都远远高于中西部地区。

(3) 随着招商引资工作的不断推进，不同层级的地方政府在引资活动中逐渐出现了职责分工，初步形成了相互协调、相互促进的招商引资体系。地方政府的招商战略趋向科学化，引资范围和对象呈现扩大化趋势，各地在引资过程中的体制机制创新十分活跃。

(4) 2013 年，理论界主要从政府行为和投资环境两个角度对招商引资问题进行学术研究，研究方法主要是案例研究、对策研究和定量研究。总的来看，尚存在三方面不足，有待后续的研究者加以深入探讨。第一，缺乏符合中国国情的招商引资理论；第二，过分偏重于对策分析，缺乏理论层面的升华和总结；第三，学科视野略显狭窄，现有的文献大多是从经济学角度来讨论招商引资的效率问题，缺乏政治学、公共管理学的学科关怀。

(5) 随着改革的不断深化，各地政府的招商职能将趋向差异化。总体而言，在市场经济相对发达、市场主体发育程度较高的地区，地方政府倾向于以局部化、间接化的方式介入招商引资活动，在招商引资中侧重于经济发展方式的转变和产业结构的优化升级。而在市场经济相对欠发达、市场主体发育程度较低的地区，地方政府则倾向于以整体化、直接化的方式参与招商引资活动，在招商引资中侧重于地方主导产业的培育和对发达地区的产业承接。

（作者单位：上海工程技术大学社会科学学院）

杭州市精细化管理调研报告

于 丹

精细化管理不是一味强调"加强"政府的直接管理，而是善于激活多元社会主体的力量，实现高效的治理。精细化管理也不是试图做到事无巨细的掌控，而是努力实现政府行为的收放有度，有所为、有所不为。转变政府职能，合理配置政府职责，政府，尤其是地方政府需要在与社会积极的双向互动中不断深化、细化对政府职能问题的认识，在此基础上更具规律性、更细致地行使管理和服务职能。

杭州作为东部地区较有活力的大都市，在体制机制创新方面一直保有令人印象深刻的热情。杭州市政府对自身定位和行使职能方式的不懈思考，以及大胆的推动相关领域改革的实践，凸显了精细化管理的实质特征。考察杭州市政府在相关领域的做法，提炼其具有普遍意义的思路，可以为地方政府调整职能定位、推动社会参与、提高治理绩效等诸多方面的工作提供有益的借鉴。

一、杭州市精细化管理发展现状综述

杭州地方政府在精细化管理方面，做了从观念到实践的大胆探索，产生了许多引人注目的成果。杭州经验的核心是"围绕社会做文章"，以向社会赋权和激发社会活力、提升多元主体的参与能力为突破口，探索转变政府职能、提升治理绩效和增进社会和谐的途径。

（一）杭州精细化管理的指导理念

"理念决定思路，思路决定出路。"这是杭州市政府提出的口号，它深刻表明了指导理念在创新性实践中的重要性。杭州市精细化管理的实践，来自其长期奉行的精细化管理理念。从某种意义上说，考察其指导理念，也是考察其精细化管理的思想源头。

1. 城市精神："精致、和谐、大气、开放"

其中"精致"既是对本地人文精神和历史传统的一个概括，也凸显社会管理发展的目标。因此，运用"巧实力"实现本地区的发展，拒绝粗放式的"一刀切"管理，愿意深入、细化地探讨政府职能、政府与社会关系等问题，成为杭州发展的一贯特点。城市精神同时也成为杭州探索改革创新途径，以及实施精细化管理的重要指引。

2. 重视"社会"

由于本地区传统上市民社会就比较发达，普通公众参与意识较强，现实中民营经济占90%以上，藏富于民成为一个事实。浙江省历来以民营企业发达著称，杭州市民企数量在省内居于领先地位（见表1）。总体而言，杭州的社会公众有参与愿望，也有参与能力。市政府长期以来因势利导地在政治发展中着重引导社会参与，政府相关改革力求"跟上社会脚步"。根据本地区民间组织发达的状况，杭州市政府又提出了"社会复合主体"的理念，强调政府与各社会组织是平等的伙伴关系，构成多元治理主体，对公共事务形成复合治理体系。

表1　　2013年浙江省各城市入选民营企业500强排名

城市	民营企业500强数目	排名
杭州	55	1
宁波	23	2
绍兴	18	3
温州	17	4
台州	10	5
湖州	7	6
金华	4	7
嘉兴	4	8
舟山	2	9
衢州	2	10

资料来源：《2013中国民企500强揭晓　苏宁联想华为居前三》，见新浪财经，2013-08-29。

3. "以民主促民生"

杭州市政府是较早高调地将民主作为发展目标的地方政府，这也体现了一份自信与远见。但杭州不是抽象地探讨民主，而是通过“以民主促民生”的战略，把民主这个相对复杂的政治概念与人们的民生问题联系起来，倡导实质性的民主观念，把民主视为一种发展资源，使民主成为一种生活方式，让利益相关者在参与公共事务中体会民主的优长。民主与生活紧密连接，是杭州参与式民主的重要特征，而“生活”概念的包容性，也为民主建设预留了进一步发展的空间。杭州市近年来努力强调“生活品质之城”，在价值层面提倡“我们”的价值。以“生活品质”作为现代化与后现代化的结合点，以“我们”激发社会的主体意识，力图凝聚社会共识，为改革寻求最广泛的支持。

（二）“以民主促民生”的主要实践

杭州精细化管理的特征在“以民主促民生”实践中体现得尤为具体。探讨民主如何在民生建设中发挥作用，杭州已经探索了多种途径。在实践中，基层民主协商与民生相互促进、相得益彰，广泛地应用于社会领域的各个层面上。同时，民主与民生的良性互动也使得调解纠纷、工程建设、网络舆情、协商民主、工程监督、民主决策等领域的治理水平不断提高。

1. 直接民主：停车新政

2008年，杭州市委、市政府在充分调研的基础上出台停车新政。在停车新政出台过程中，政府始终坚持“大家的事大家来办、杭州的事杭州老百姓来办”的原则，在出台新政前组织开展“十大问题”民意调查，对1.6万多名人大代表、政协委员、市直机关、街道社区（市民）等不同层面的代表进行了问卷调查，为科学决策提供真实民意。在停车泊位规划中，通过向市民发放问卷、征求意见表、组织公示等方式广泛征求市民的意见，并通过交警、城管、社区（市民）“三结合”方式划定车位。对新政实施过程中出现的热点、难点问题，建立市民意见协调制度，做到件件有结果，事事有回复。在实施过程中，媒体全方位介入，不仅为新政实施营造了良好的舆论氛围，更为老百姓直接参与新政酝酿、出台、实施的全过程搭建了平台，成为践行党政、市民、媒体“三位一体”，“以民主促民生”工作机制的一次生动实践。

停车新政是杭州“以民主促民生”的一个具有代表性的实践案例，它充分体现了在较为基层的政府层级上，在一些具体的问题上，实行直接民主，扩大参政能够有效地解决民生问题，并且参政的政府机构、广大公民与媒体也得到了一次真实的民主历练。

直接民主与间接民主何种形式更适应现代民族国家的政权组织形式一直是现代政治学领域探讨的重要问题。当前外界存在针对中国民主政治的质疑，认为应当尽快把直接民主的范围扩大到国家政权层次，这些质疑对中国政治发展形成了一定的压力。中国的直接民主要根据实际情况因地制宜地实行。杭州停车新政出台的过程正是一个真实的直接民主参与过程。把关乎公民大众切身利益的事务，交给公众自身来决断，把决定权交给人民，是直接民主的根本特征。事实证明在这样较为基层的决策中，在非常具体的民生问题上，直接民主可以发挥非常积极的作用。

2. 国家形态民主与非国家形态民主的结合：开放式决策

从2007年起，杭州市政府通过下发一系列通知，决定在制定重要规划、方案、政策时，要事前主动征询人大代表、政协委员的意见，对涉及群众切身利益的行政规章和公共政策，采取向社会公示、召开座谈会和听证会等方式征求人大代表、政协委员、民主党派人士以及市民群众的意见。这就逐渐开启了内容和形式日益丰富的杭州市政府常务会议开放式决策。2008年5月起，市政府常务会议在网上视频直播。自2008年7月起，普通市民参与市政府决策活动进入常态化，通过网络报名最后被甄选出来的市民代表不仅全程旁听市政府常务会议的决策过程，而且可以毫无保留地发表自己的意见建议，并有可能被吸纳到决策之中。这些做法引起了杭州市民的强烈反响，踊跃参与市政府决策的市民规模前所未有地扩大。通过开放式决策，杭州市把决策过程置于阳光之下，接受广大群众的监督，从而能够在很大程度上有效地避免权力寻租、政绩工程、面子工程、拍脑袋决策等现象的发生。

开放式的决策过程体现了国家形态民主与非国家形态民主的结合。非国家形态民主是指村民自治、职代会和社团民主管理等不体现国家权力关系的各种民主形式。与国家形态民主相比，它具有非国家性、直接性、内生性、自治性等特点，是中国民主政治重要的生长点。① 杭州的开放式决策，将市民代表、媒体纳入决策的过程中来，以国家形态民主吸纳公众参与，使得公民在这种参与中锻炼参政的能力，提高民主意识。非国家形态民主往往是指在非国家机构中实行的民主形式，直接民主较为典型，公民在这种自治和参与中熟悉民主程序，掌握民主手段，得到充分的民主实践的经验。但是开放式决策中体现的非国家形态民主则是指让公民在正式的国家机构中“半参与”——列席市政府常务会议并直接表达意见、诉求，但并不具有法定的民主参与和表决权——来进行民主的试炼。从这个意义上说，开放式决策将国家形态民主与非国家形态民主巧妙地进行了结合，通过主动吸纳公民、媒体等社会力量的参与，在一定程度上实现了决策的公开透明化，也为民主建设深入发展创造了条件。

① 参见朱光磊、郭道久：《非国家形态民主：当代中国民主建设的突破口》，载《教学与研究》，2002（6）。

3. 身边的民主：红楼问计

近年来，杭州在许多重大工程建设项目实施前，都要在红楼——杭州市城建陈列馆，公示展览设计方案，征求广大市民的意见。杭州市民，尤其是利益相关者对此十分积极，以主人翁的姿态通过投票、“挑刺”的方式，为城市建设建言献策。

实质性民主的一个特点就是从公民切身利益相关的民生问题入手发展民主。杭州的红楼问计正是这一特征的具体体现。公众的民主热情不是天生的，尤其在中国这样缺乏民主传统和公民文化的社会中，普通公民并不像知识分子和部分媒体那样“民主亢奋”。与国家形态民主发展进程与相关制度建设的情况相比，普通公民在日常生活中更关心自己切身利益的实现。中国的民主建设依赖于社会力量的发育，依赖于民众民主意识的增长和公民性格的成熟。这就需要让更多的人进行民主试炼，而这个试炼的最佳方式就是在与自己切身利益相关的问题上进行民主参与。也只有从现实的、身边的利益出发，才能激起广大公民最强的民主参与热情。红楼问计为这种热情提供了一个很好的参与平台，它使得公民从身边发生的事情中，在日常生活中潜移默化地演习民主程序、培育民主意识。民主的价值正是在这样非常具体的层面上体现出来的。因此，从某种意义上说，身边的民主恰恰就是实质性民主所需要的实现途径。

4. 民意、民智：庭院改造

2007 年起，杭州市实施庭院改善工程，计划用三年时间完成 745 个庭院、3 365 幢楼房的改善目标，让 55.5 万名受益群众享受到宜居的庭院环境。在工程的实施过程中，坚持党政、市民、媒体“三位一体”，建立以“四问四权”为核心的“以民主促民生”工作机制。一是“问情于民”，改不改让百姓定。二是“问需于民”，改什么让百姓选。三是“问计于民”，怎么改让百姓提。四是“问绩于民”，改得好与坏让百姓评。

庭院改造的设计与实施具有公众决定、政府执行的色彩。实质性民主要求政府的行为和决策反映民意，而民意需要通过一定的渠道进入政府的决策过程。通过庭院改造这样的工程项目，公众意见广泛地、直接地进入了决策过程，工程实施不仅充分考虑公众意见，甚至在很大程度上正是公众意见决定了工程的设计与进程。政府的公共行为本来应该最大程度地体现公共性，维护最广大人民群众的根本利益。从某种意义上说，民意就是政府行为的标尺。决策中充分尊重民意，甚至在这样与公众切身利益密切相关的问题上让公众自主决定，是政府为人民服务宗旨的具体体现，也是实质性民主观念的要求。民众通过各种形式表达自己的意见，事实上就是一个民主参与的过程。不仅如此，类似庭院改造这样的工程如何才能更好地让民众满意，利益相关者的意见最为重要。人民群众的创造力是无限的，相信群众、尊重公众意见就是尊重公众的智慧，这也是精细化管理的实现途径。民众不仅提供要求，也提供建设性的办法。全过程的民主参与是杭州市民主实践的特征，而且民主越是深入开展，城市管理和项目实施越科学、越精细，这再次印证了基层民主可以实实在在地解决很多问题，这也使得实质性民主观念生机盎然。广泛听取意见，进行有力的意见综合，有利于解决复杂的工程问题。实质性民主就是在一个个鲜活的具体事件中将民意与民智结合起来，在体现民主原则的同时改善民生，有效实现民主与民生的统一。

5. 网络民主：杭网议事厅等

2009年底，杭州设立了杭网议事厅，成为市民和党政对话的固定网络互动平台。杭网议事厅肩负着反映、分析、引导民情，解疑释惑，排忧解难，服务决策的重任，成为市民议事和办事的重要平台。此外，杭州不少社区都建有自己的社区网站，居民可以通过社区网了解社区的各类信息，并与社区居委会进行交流和互动，社区论坛已成为居民与社区干部交流的平台。

杭州进行的这些网络建设，丰富了民主的形式，也取得了良好的效果。网络民主是近年来出现的一个新生事物。随着互联网技术的发展和个人电脑的普及，网络成为个人之间交流的重要手段，在某种程度上，上网已经成为人们生活中不可或缺的一部分。大力使用这项新兴技术推动民主建设，是一个颇有远见的举措。在很好的引导和规范下，网络可以成为公民表达意见的重要途径，成为政府搜集信息和进行宣传的主要渠道。网络的便捷性和互动性使其成为党政部门与社会公众交流的阵地，扩大交流有利于消除误会、增进团结。网络可以最及时地反映民意、公开政务，有利于将矛盾化解在萌芽中。伴随着网络的普及，在经济发达的大都市通过网络来进行民意调查甚至民主表决，都将成为可能。

6. 社会民主：社会组织

从政治发展的一般规律来看，民主政治建设需要社会力量的发展。社会组织是一种组织化的社会力量，是民主政治重要的主体。杭州民主的特色是社会复合主体的民主参与，即党政界、学术界、行业界、媒体等不同身份的人员共同参与、主动关联形成的多层架构，网状联结、功能融合、优势互补的新型社会主体的民主参与。杭州的“以民主促民生”不仅重视普通公民的民主参与，而且重视培育各种各样的社会组织。杭州市政府对于社会组织的发展不仅没有产生不必要的担忧，而且各方面积极配合、支持它们的发展。例如杭州市政府在“市民之家”中为社团活动免费提供场地，在社团注册过程中简化审批程序等。这些措施都极大鼓励了杭州市各种社会组织的建立和发展。种类繁多的社会组织都根据自身特点发挥着重要的社会功能，例如诸多行业协会，协调本行业的内部合作，创造良好的创业氛围为本行业做强、做大发挥了重要作用。又例如杭州市从某些社区开始探索的“和事佬”协会，有效地发挥了调解纠纷、化解矛盾，维护和谐社区生活的作用，成为人民调解制度的有益补充。

社会组织是民主建设的重要动力，也是组织公民进行民主试炼的重要手段。社会力量是民主建设的最强推动力，民主建设的成功必然需要社会力量的参与。同时，民主不仅是政治制度层面的民主，它也需要社会民主作为民主的基石和根本保障。相比而言，社会民主要素良性积累的意义要大于制度层面的变革，它在很大程度上决定了社会公民是否能够普遍形成民主的社会文化—心理。社会组织是社会建设的重要主体，公民在社会组织中，锻炼了内部民主参与、平等交流的能力。以社会组织作为载体，推动社会民主，是事半功倍之举，也是进行民主政治建设所不能忽视的一条路径。此外，社会组织的发育也为以社会制约权力，构建立体的权力制约体系创造了条件。以社会民主的发展推动高层民主制度建设，继而推动整体民主政治的发展，可以将改革的社会成本降到最低，又可以将维护稳定、促进发展和实行改革很好地结合起来，将解决民生问题和扩大基层民主作为“民主训练营”，是真实可行的民主之路。这不仅要归因于杭州地区的社会发育程度高，也应归功于地方政府尊重社会自发的创造性，维护和鼓励来自社会的民主动力。

7. 民主监督：草根质监站

草根质监站是杭州“以民主促民生”战略的又一具体表现，是基层民主的重要成果。随着城市建设的日益深入，改造生活环境的工程项目对市民的利益影响越来越凸显。因此，在杭州的一些街道、社区中，自发地成立了草根质监站，由居民义务担任质监员，依法对工程质量、文明施工等进行监督，一旦发现施工单位有任何违规行为，立即干预，督促指挥部和施工单位协调整改，并及时向居民反馈解决情况。

草根质监站以民间力量为主体，协调施工计划，评估工程质量。在这种涉及重大民生问题的工程项目中，利益相关者的意见是非常重要的。让作为利益相关者的公民来监督工程质量，是一种非常有效的民主监督，能够很大程度地避免暗箱操作、偷工减料等一系列工程建设中常见的违规行为。人们在维护自身利益的行动中往往格外积极。民主监督要更多地落到实处，就要让真正关心本事件、也有足够的动力来监督相关部门行为的组织和个人来执掌监督的权力。在这样非常具体的实践中，杭州市的实质性民主发挥了重要的作用。这些看似微小的民主监督，正是着力培养公民自主行为、维权意识、协商精神的重要机制。草根质监站既有效监督了工程质量，保障了民生利益，又让公民在基层、微观的政治生活中体验到了民主、享受到了民主带来的福利，从而在一定程度上建立了社会公众对民主生活的习惯和信仰。

8. 民主倒逼民生：光复路公厕事件

2007年底，光复路某户居民因为危旧房改造后厕所分配问题给市领导写信，反映问题，要求予以解决。相关领导非常重视，媒体也全面进行了关注和报道。最后决定采用民主协商会的形式讨论解决办法，民众参与十分踊跃，纷纷出谋划策，并组织在全社区范围对方案进行投票和民意测验。最后事件相关住户主动同意妥协，各方通过让步，使得事件获得了各方均满意的解决。

民主倒逼民生是实质性民主的一个体现方式。实质性民主的一个预设就是：民主不是人为先行设计，继而推行就一定能够取得效果的，而是根据现实中存在的协调利益和解决纠纷的需要而应对出来的。民主倒逼民生正是这种“应对”的民主实践。进行民主建设意味着要扩大民主参与、增加民主监督和表达渠道，并且支持和促进社会力量的发展。基层民主的点滴进展，具有促进民主进一步发展的重要意义。一是扩大了民主的表达和参与，使这些机制在实际运作中传送许多来自社会的利益诉求和意见。民主政治建设要求相关制度名副其实，或者说是“以名促实”。二是疏通了民主表达渠道，督促主政者在舆论日益公开化、媒体监督日益健全的情况下，更加重视来自社会的意见。主政者比较有策略的做法是在这些力量的推动之下，顺应社会呼声，进一步改善自己的工作，对相关诉求进行正面回应，使得利益相关者满意。民主建设就是要公民能够有效地影响和控制执政者的行为。杭州市的民主从民生问题入手，不断扩大民主参与，采取多种民主形式，以向社会开放的形式督促政府系统的内部改革。面对越来越多的民意表达，主政者忽视民意会陷入寸步难行的境地，只有重视民意，切实地改善民生，兑现自己的承诺，才能获得民众的支持和信任。实质性民主的一个发展路径正是先行承诺，并以相关机制稳妥地引导和利用民意的压力，倒逼政府部门高水平地兑现这个承诺。“以民主促民生”战略在这个意义上得到了最有力的贯彻。

9. 多数原则与少数原则：背街小巷改造

2004年，杭州开始全面实施背街小巷改造工程，相比于全国许多城市都在进行的城市面貌改造，杭州市政府认为“里子”比“面子”更重要，不务虚名，城市建设要让公民得到实惠。在这样的理念指引下，在工程实施过程中，充分重视民意和专家意见，建立了“三会一公示”等机制，深入全面地倾听民声、落实民意。此外，还建立了“专家会诊”机制，及时根据市民和专家意见调整工程方案的不足之处。工程的整个过程，市民知情而且有权发表意见，使得这个民生工程切实地照顾到了方方面面的利益，赢得了广泛的好评。

民主原则要求少数服从多数，同时要保障少数人的利益。背街小巷的改造，在全市而言是为少数人的利益服务，而且相关的工程改造可能会牵扯到更广的范围。实质性民主是追求公平的民主，不能以保障多数人利益的借口来损害少数人的利益。背街小巷改造正是很好地诠释了这一民主原则。工程在听取全市广泛意见的同时，更加重视利益相关者的建议和意见；在重视民意的同时，也重视相对少数的专家的专业性建议。实质性民主很好地把少数原则与多数原则结合了起来，城市改造全面进行，不留死角，保障全体公民都能享受民生工程的实惠。同时，很好地平衡了少数与多数的利益关系，以现实的态度、民主的机制，让市民对工程的进程有发言权，把普通民众意见和专家意见结合起来考虑，真正做到了让人民受益、让人民满意。多数原则与少数原则的有效结合，不仅是实质性民主的体现，也是和谐社会公平正义原则的本质要求。

（三）尚需进一步关注的问题

1. 新形势下如何平衡经济与社会的发展

杭州市的特征在于社会发育程度高，杭州市政府精细化管理的特征在于重视社会。长期以来，在众多东部沿海大城市中，杭州市在平衡经济与社会协调发展方面特色十分突出。培育多元社会主体共同治理，以开放式决策增强决策民主化，转变政府职能等方面的改革是必要的，但它们也是经济社会整体发展的一部分，注定要受制于整个地区的发展总体状况。杭州之所以能够有魄力大力进行社会建设，也是基于本市乃至浙江省自身经济发展水平取得了相当大的成绩，发展速度也居于全国领先水平，多数市民的生活问题、就业问题基本得到解决。然而，当经济形势有所改变，“牵一发而动全身”也难以避免。“生活品质之城”的口号正是出于对 GDP 至上理念的反思和修正而提出的，这个发展思路的大方向无疑是正确的。但是近年来国际金融海啸的余波未平，中国经济下行风险依然存在，杭州市自身总体的经济发展态势也遭到了一定的挑战。不唯 GDP 至上，不意味着 GDP 不重要。地区生产总值是衡量一个地区经济实力的重要指标，“十二五”期间杭州市在与对比城市的比较中增幅放缓，相对地位下降（见表 2）。再加上国际市场的持续疲软，杭州市也面临着产业升级、扩大就业和寻找新的可持续增长点的巨大压力。在这种情况下，偏重社会发展的特色，是否会向大力发展经济方面发生一定转向，是值得关注的。在新形势下，平衡经济社会的发展，需要新的平衡点，也需要新的战略定位和政策指引。

表 2　　2013 年杭州市生产总值在全国城市中的排名

名次	城市	2013 年 GDP（亿元）	增长率（%）	省、自治区、直辖市	与往年比
1	上海	21 602.12	7.7	上海	—
2	北京	19 500.60	7.7	北京	—
3	广州	15 420.14	11.6	广东 1	—

续前表

名次	城市	2013 年 GDP（亿元）	增长率（%）	省、自治区、直辖市	与往年比
4	深圳	14 500.23	10.5	广东 2	—
5	天津	14 370.16	12.5	天津	—
6	苏州	13 015.70	9.8	江苏 1	—
7	重庆	12 656.69	12.3	重庆	—
8	成都	9 108.89	10.2	四川 1	—
9	武汉	9 000	12	湖北 1	—
10	杭州	8 343.52	8.0	浙江 1	—
11	无锡	8 070.18	9.3	江苏 3	—
12	南京	8 011.78	11.9	江苏 2	↑1
13	青岛	8 006.60	10.0	山东 1	↓1
14	大连	7 650.80	9.0	辽宁 1	—

资料来源：《2013 年中国城市 GDP 排名》，载《武汉晚报》，2014-03-03。

2. 如何解决战略传承与政策延续性的问题

杭州市精细化管理的实践包含着杭州市政府对社情的准确把握，长期坚持建设“生活品质之城”，推动“以民主促民生”战略，这也是相关主要领导长期关注和大力扶持的结果。在现有的领导干部任期制和交流机制下，主要领导长期在任，并长期支持一地固有发展战略的情况，已经不多见。相反，频繁调动岗位则是一个相对常态的状况。新晋领导的志趣、偏好和知识构成都不尽相同，这在一定程度上可能会影响相关战略和政策的持续性。某些地方政府的换届已经在一定程度上造成了这样的趋势。杭州市如何把现有精细化管理的若干实践经验以制度、机制乃至法律的形式固定下来，努力避免“人走茶凉”的负面效应，是值得思考的。在政治发展中，有坚持才可能有创新，有传承才会有发展。延续既有的杭州经验，传承成功的战略和政策，杭州市还需要更加周详的谋划和更富智慧的应对。

3. “以民主促民生”进一步深化的问题

“以民主促民生”是杭州市精细化管理最突出的体现，它重点在基层培育利益相关者对公共事务的参与能力和热情，使民主与实际的民生问题切实结合起来，互相推动、相得益彰。这种更加实质性的民主建设路径是最稳妥与切实的。但这毕竟是以“协商民主”为基本特征，作用范围更多在基层事务，而民主政治的含义要大于这个范围。如何在既有的培育多元社会主体、增强公众政治参与意识和能力的基础上，稳妥地升级杭州民主，逐步增加“选举民主”的成分，在更大范围的公共事务中增加社会公众的话语权，是今后杭州"以民主促民生"战略需要总结和考虑的问题。民主可以进一步深化，正是对现有战略的最佳诠释，也是对实质性民主作用效果的终极考核。这个过程必定是渐进和稳妥的，也应当是积极的。

二、杭州市精细化管理研究现状综述

围绕杭州市精细化管理改革的各个方面，很多学者及研究团队从不同侧面进行了卓有成效的探讨。部分研究团队与杭州市政府长期合作，形成了梯次式、连续性的研究，特色逐渐清晰。杭州经验是一个整体，但研究角度是多方面的，这里仅选取三个主要的视角。

（一）政府职能的视角

从2009年起，南开大学周恩来政府管理学院政府与政策研究团队，在朱光磊教授的带领下，开始承担杭州市政府职能转变和精细化管理相关方面的研究工作。在持续深入合作与研究的基础上，团队出版了专著《地方政府职能转变问题研究——基于杭州市的实践》。① 团队力作《服务型政府建设规律研究》② 也对政府职能转变、管理水平提升等理论问题进行了翔实的阐述与论证。此外，在政府精细化管理理论方面，汪智汉等认为精细化管理与政府流程再造是行政体制改革的重要任务③，当前应当以审批制度和"三定"为流程再造和职能精细化的改革突破口。

（二）"社会复合主体"治理模式的视角

陈剩勇等在对杭州市社区管理创新研究的基础上，提出了参与式治理是社会管理创新的一种路径，政府应当加强对社会的赋权，社会自组织能力的加强有助于形成多元复合的网络化治理结构。④ 董敬畏通过对杭州"和事佬"协会的研究，指出传统的解决社会纠纷的方式可以对造就社会共识作出贡献。⑤ 邓念国在实证研究的基础上，强调了社会资本的丰富在提升公共服务水平、提高社区治理

① 参见朱光磊主编：《地方政府职能转变问题研究——基于杭州市的实践》，天津，南开大学出版社，2012。

② 参见朱光磊等：《服务型政府建设规律研究》，北京，经济科学出版社，2013。

③ 参见汪智汉等：《我国政府职能精细化管理和流程再造的主要内容和路径选择》，载《中国行政管理》，2013（6）。

④ 参见陈剩勇等：《参与式治理：社会管理创新的一种可行性路径——基于杭州社区管理与服务创新经验的研究》，载《浙江社会科学》，2013（2）。

⑤ 参见董敬畏：《和解理性与社会共识——杭州"和事佬"协会的思考》，载《观察与思考》，2013（4）。

绩效方面能够起到重要作用。[①] 林卡等的研究，揭示了杭州市复合主体在社会管理创新、地方治理和提升生活质量等方面的价值，在此基础上探讨了社会管理创新对城市建设的发展的重要意义。[②] 李璐通过对杭州市上城区搭建“社区大服务体系”的研究，探讨了城市社会管理创新的动力因素。[③] 董自光等在杭州案例研究的基础上，从经济学的视角论述了多元主体协作提供基本公共服务的理论基础，提出构建功能复合的社会共同体是推进基本服务均等化的重要前提。[④] 郎晓波认为中国发展的阶段性特征决定了行政与自治是共存于社区之中的，并进一步探讨了政府行政管理与社区自治良性互动和有序衔接的可行途径。[⑤]

（三）社会民主的视角

南开大学周恩来政府管理学院政府与政策研究团队承担了“以民主促民生”研究，提交研究报告《实质性民主与民生建设——杭州“以民主促民生”战略的启示》，报告认为杭州的“以民主促民生”战略体现的是在坚持中国基本的政治制度框架的前提下，对中国特色的社会主义民主政治的积极探索。这种探索的阶段性成果可以用“实质性民主”来概括。它在一定程度上扩大了民主建设的领域，丰富了人民民主的含义和实现形式。团队主要成员郭道久指出杭州市政府在改革创新中高度重视民主创新，民主参与与政府职能转变的双向互动，能够获得双赢的结果。[⑥]

三、杭州市精细化管理的展望与分析

考察杭州市精细化管理的理念与实践，能够为我们认识中国政府职能转变、社会主义民主化的现实路径以及政治发展的总体特征，提供一些有益的启发。总结杭州市经验，抽象出一些具有普遍性的规律，也可以为地方政府的改革创新和全面发展所借鉴。

---

① 参见邓念国：《认知性社会资本与城市社区治理绩效：基于杭州的实证研究》，载《天津行政学院学报》，2013（7）。

② 参见林卡等：《社会管理创新和推进多元社会主体发展的杭州经验研究》，载《社会科学战线》，2013（3）。

③ 参见李璐：《社区组织结构优化：城市社会管理体制创新的应然选择——以杭州“上城模式”为例》，载《理论导刊》，2013（6）。

④ 参见董自光等：《依托社会复合主体推进基本公共服务均等化研究——以杭州为例》，载《浙江树人大学学报》，2013（3）。

⑤ 参见郎晓波：《政府行政管理与城市社区自治良性互动的路径研究——基于杭州基层社会管理体制的改革与创新》，载《中共杭州市委党校学报》，2013（5）。

⑥ 参见郭道久：《扩大民主参与与政府职能转变——以杭州为例》，载《我们》，2013（2）。

（一）精细化的观念是精细化管理的先决条件

观念引导行动，思路决定出路。精细化观念是实现精细化管理的先决条件。中国改革是以“思想解放”这一观念性的革命作为先导而引发的，进一步的改革仍然受限，需要思想领域的指引，需要观念上的突破和创新。杭州市精细化管理之所以能够卓有成效，引起较大的反响，关键的一点在于有切实可行、适合杭州社情的指导观念。这些观念既不脱离普遍的政治、社会发展规律，又契合鲜明的地方文化特色，因此能够得到社会成员的广泛认可。

以精细化的观念作指导，首先基于深刻理解现代政府职能配置的基本特征，了解政府与社会、政府与市场关系的一般界限，认识政治发展的普遍经验和基本规律。掌握人类政治文明普遍性成果，提高理论水平，是增强执政能力，使管理更具科学性、精细化的必要前提。指导思想更加精细化，其实主要指认识更具规律性。

以精细化观念作指导，关键在平衡普遍性与特殊性关系，深刻了解本地历史文化特色和社情民风，把一般性的政治发展规律与特定的发展条件结合起来，灵活地设计发展战略，走出一条既符合规律性又独具特色的发展道路。

以精细化观念作指导，重点在于反对不加取舍、盲目跟风，摒弃粗放的“一刀切”式的发展，树立正确的发展观、政绩观。地方政府在发展问题上，最容易犯的毛病是机械照搬“成功经验”。个别地方政府官员不愿意脚踏实地地积极思考适合本地的发展方式，一味贪大图快，实际上是一种“懒政”。应当激发地方政府创新的主动性和积极性，考评干部不仅依据经济发展的“数量”，也要注重社会进步的“质量”。发展经济是政绩，奠定一个地区独特的、可持续的良好发展模式更是了不起的成绩。

精细化观念不是政府领导闭门造车的产物，而是需要在“接地气”中切实体认社情民意，真正了解本地基本条件的基础上，以政府为主导，调动公众、媒体、企业、社会组织、学术界等多元主体的力量，凝聚共识，共同确定适宜本地区发展的战略和目标。这样确定的发展思路和指导思想是根植于社会土壤的，也是最有生命力的。

（二）探寻实质性民主的可行路径

杭州市精细化管理的发展经验中，最具理论色彩的是“以民主促民生”战略中提出的实质性民主观念。杭州作为地方政府，大胆创新，探索具有中国特色的民主建设方式，在某种程度上为发展中国家选择稳妥民主化方案做了一项重要的尝试。

在中国政治发展背景下探讨民主，一个核心的问题是：西式民主包含多大程度上的普遍性？这个问题在中国完成民主政治建设之前恐怕难以得到完满的答案。民主是人民主权观念的制度性体现，也是现代政府合法性的重要来源。民主是社会主义的题中应有之义，在坚持既有道路的前提下，中国的政治发展天然包含民主化的内容——不论它是普遍的还是特殊的。中国的民主政治建设能够取得怎样的成功，很大程度上取决于我们对民主这个概念和相关理论理解到什么程度。如果一个社会对民主的认识主要来源于一种意识形态，甚至是一种宗教情绪，是很有害的。深化对民主的理解，需要摒除现实中存在的宗教式崇拜和审美式认识，从最基本的意义上来理解它，努力把握民主的实质。既要认识到民主作为价值的重要作用，也要认识到民主制度具有许多非价值的技术性功能，而后者可能对正在探索本土化民主政治建设道路的发展中国家更具实际意义。

民主不是一种一劳永逸地解决政治社会问题的万灵药，而是一种现实的制度安排，它不是最好的体制，而是最不坏的体制。社会成员合理的民主期盼是成功的民主化的重要动力。

民主政治建设需要一定的条件，如完成基本的国家制度建设，社会拥有共同价值和一定的政治共识，具备一定的经济条件和物质基础等。悉心为民主建设积累条件的工作远比鼓动全社会的“民主亢奋”有价值。

民主建设目标应与整体现代化目标相得益彰，实现民主不是最重要的，更不是唯一的现代化目标。成功的民主化道路，往往不是源于对民主价值的渴求和崇拜，而是将民主发展与解决民生、利益分配问题紧密联系在一起，探索出来的。

民主首先和主要是指一种政体，它是实现一系列价值和幸福的重要手段。它是一种价值，但是是一种依靠在现实载体基础上体现外在效用的价值。民主是一个好东西，主要是指它是一个好体制，民主制可以有效地制约政治权力，更好地保障公民权利，但不宜过高估计民主的效用，更不宜将其神化为“万能灵药”，例如，民主建设不能直接地、快速地导致经济繁荣，不能直接地、快速地减少腐败等。民主是实现众多美好东西的重要途径和手段，但不能牺牲一切美好东西来追求民主。试图探索成功的民主道路的国家对民主概念应该“洗尽铅华呈素姿”，在真实和深刻理解民主概念、把握民主实质的基础上，制定符合自身条件的发展道路。

民主制度作为一种实现公正和幸福的手段，是为了解决现实中存在的权力制约、权利维护和利益分配等问题，在自身历史文化土壤上生长起来的。“民主化与其说是设计出来的，毋宁说是应对出来的。换句话说，‘民主模式’的不同版本，不过是不同国家针对民众的参与要求一步一步应对的结果。”① 不论是古典民主还是现代民主，归根结底都是为了更好地实现公民的利益，尤其是与公民切

① 燕继荣：《用什么来丰富民主意涵》，载《人民论坛》，2010（25）。

身相关的具体的利益。弱化了这个目标，甚至不惜以极大的社会秩序成本为代价来实现某种理念中的“民主价值”，无疑违背了民主的实质。对发展中国家而言，发挥民主的利益分配和权利维护功能是更具实质意义的，与之相关的改革应该排在优先日程。

实质性民主是对发展中的民主实践的一个尝试性的概括，更是一种民主建设的理念、态度和目标。它牢牢把握民主的实质，主要把民主看作是能够对现代化发挥良好作用，促进政治发展，制约权力与保障公民权利的良好制度来追求，而拒绝用某种抽象的、审美的，甚至神化的态度来认识和理解民主。

实质性民主要最大范围、最真实地体现人民主权和广大人民通过人民权力机关来行使国家权力的特征，为此，它事实上拒绝以可操作性为借口向精英民主论和“选举”政治靠拢。实质性民主将全面吸取其他国家民主化过程的经验和教训，努力将特权与金钱对民主的消极影响降到最低。

实质性民主的特点是更真实、客观地理解民主的本质，将手段与目的很好地结合起来。要更实质性地理解民主，就要突破民主意识形态化的迷雾。意识形态化的视角很容易将民主看成某种特定和一成不变的东西，继而容易将某种特定的民主形式作为普世性的、不容置疑的榜样。不能用民主的终极理想做借口，彻底否定现存的代议民主的优长。同样，也不能因为西式民主的强势，就妄自菲薄，拒绝承认对民主多样化实现形式的探索。现代民主是经由漫长而曲折的历史过程发展而来的，声言民主已经发展到了终极形式是武断和狂妄的。

更实质性地理解民主，要求我们将对民主的认识回归到完善体制上来。发展民主政治应该首先从自觉的制度建设入手，然后以良好的制度绩效赢得日益广泛的民主信念，倒反的次序可能蕴含着巨大的风险。探索中国特色的民主政治，一方面需要深挖现有的体制潜力，落实宪法、法律规定，探索人民民主原则更切实的实现方式；另一方面也要尊重和鼓励地方政府和民间社会的创新，抽象的民主原则需要这些现实的、多样的制度载体来赋予其生命。应当避免从抽象的“普遍价值”出发来设计民主化进程，要更加尊重基层政府、社会组织和公民的首创精神，重视自发性的民主实践成果，以开放的心态和现实的态度来探索实现中国民主“软着陆”的现实路径。

杭州市的“以民主促民生”战略作为本土化的基层民主实践，给予我们一定的启示。“以民主促民生”力图以各种方式发挥民主在改善公众切身利益和维护基本权利方面的功能，民主与民生相互促进，在解决民生问题的基础上培育人们对民主的信念。政治权利的落实的确会在更根本的意义上保障人们的利益，但如果仅强调民主对合法性和实现个人选举权利的作用，造成全民的“民主亢奋”、全社会“拼选票”，并不是一条值得羡慕和推崇的政治发展道路——尽管这条道路今天是很多国家和地区都推崇并引以为豪的。在缺乏民主传统的社会中，在社会共识缺位的情况下进行民主政治建设，应当让民主与社会日常生活发生联系，让人们切身体认民主的好处。“在小事情上都没有学会使用民主的老百姓怎么能在大事情上运用民主呢?”① 民主与民生相得益彰，实际上表明民主是实现幸福的重要手段，而生活幸福（生活品质）本身才是最终的目的。

实质性民主不是以按图索骥的方式设计和推动民主，而是把引导、规制与尊重社会自发创造相结合，鼓励政府与社会的良性互动，在多个层次上推动民主政治发展。实质性民主不把某种形式的民主制度当作自己的目标，但不拒绝能够实现民主实质性功能的任何形式，既不排斥选举、协商等民主的手段，也不以迷信的态度将这些手段当作民主的唯一要件。它不以抽象的“普遍价值”出发来人为地设计民主化进程，而是尊重社会组织和公民的首创精神，重视自发性的民主实践成果，以开放的心态和现实的态度来探索更好的民主实现形式。

（三）社会参与是推动政治发展的长程动力

“围绕社会做文章”，以社会力量推动政治发展是杭州市经验的特征。这在某种程度上揭示了一个普遍性的规律：社会决定政治，政治发展的程度往往由社会条件来限定。抽象地痴迷于政治顶层设计和政府大包大揽的单边主义政治发展观，都是不适宜的。激活社会力量参与政治发展中，并承担一部分公共服务职责，是实现政府职能转变、简政放权的根本性举措，也是精细化管理的题中应有之义。精细化管理不在于政府具有了事无巨细悉数管理的强大能力，而在于政府把有限的能力投入最需要政府发挥作用的方面中，让具有自治能力的社会力量实现充分的自我管理。这样的精细化管理，不是简单的在政府和社会间做加减法，而是在重新划定政府和社会边界、激发社会自主管理积极性的前提下，使双向互动焕发乘数效应，最大化地节约管理成本、提高管理绩效。

不论是以社会制约权力、以社会倒逼改革，还是以社会为本都强调了社会因素对政治发展和社会进步的重要性。中国进行改革攻坚战，破除既得利益和体制机制的障碍，实现更加全面的发展，其重要动力是社会力量。社会力量的成熟、理性和不断强大，直接助力于整体政治改革的深入开展，推动民主法治建设和完善，最终将大大有益于构建社会主义和谐社会的目标。

政治参与的扩大是现代化过程中一个不可避免的趋势，应当积极适应这一趋势，相信群众、规范程序，以制度化渠道引导有序的参与。民主政治是政治发展的重要内容，社会参与本身就是一个民主学校。通过参与，广大公民和社会组织得到了许多交流的机会，大家能够时常接触和了解到其他利益相关者的观点和初

① ［法］托克维尔：《论美国的民主》，107 页，北京，商务印书馆，1988。

衷，这样的机制有助于培育心态平和、容忍异见、善于妥协、尊重规则等公民精神，这为民主建设奠定了良好的社会文化—心理基础。在参与的过程中，广大公民和社会组织学会了利用合法的手段表达诉求和维护权利，习惯用遵照程序和协商妥协的方式解决问题，是一个良好的民主试炼过程，也是较为稳妥的民主化方式。

民主建设和政治发展不能仅将目光集中在顶层设计上，不能用实行选举的单一指标来衡量整体的政治发展程度。在社会利益分化严重、共识缺乏的前提下，强行地照搬西式民主，引入高层政治竞争，不仅无助于现代化攻坚阶段面临的诸多发展问题的解决，反而有可能会让这些问题进一步恶化。从世界范围的经验来看，激进的民主化改革也不利于优质民主的建立和巩固。在整体的现代化建设中，高层设计与人为引导是发展中国家民主化不能回避的内容，但社会参与是更具根本性的民主要素。不断扩大的、制度化的政治参与可以实质上地拓展体制的开放性，为社会主义民主的进一步完善奠定基础。开启社会参与的进程，鼓励制度化的、广泛的、多样的社会参与，激起公众在真实体认民主优势基础上的理性期盼和民主热情，这才是中国社会主义民主政治建设，乃至现代化政治发展所须依靠的基础力量和应当启动的长程动力。

杭州市精细化管理力求突出社会力量在改革中的主导地位，政府改革紧跟社会的脚步。精细化的管理是政府改革的重要目标，要达到这个目标首先需要政府形成精细化的理念。精细化的理念不是从天而降的，它来自政府在经济社会全面发展的背景下应对公众诸多方面诉求的实践经验。把来自社会的、多方面的利益诉求和政府发展的一般规律结合起来，采取卓有成效的改革，并以制度化、法制化、机制化的方式把改革成果沉淀下来，某种意义上也是一种“顶层设计”，而且这种“顶层设计”一定程度避免了“不接地气”的改革冲动和设计偏好。时刻关注和回应社会诉求、更好地与社会公众的现实需要有机结合的发展理念有助于减少改革的盲目性。从这个角度讲，顶层设计并不与社会自发的改革实践相矛盾，它们是可以实现有效的良性互动，并在很大程度上相得益彰，维持这一动态平衡的方略和行动，事实上就是一种精细化管理。

四、报告要点

(1) 杭州市经验的核心是“围绕社会做文章”，以向社会赋权和激发社会活力、提升多元主体的参与能力为突破口，探索转变政府职能、提升治理绩效和增进社会和谐的途径。杭州市政府利用本地得天独厚的社情，通过“以民主促民生”战略为主的实践，努力培育社会力量，以此作为政治发展的突破口，为精细化管理的概念做了独特而又有力的诠释。

（2）杭州市精细化管理的实践，来自其长期奉行的精细化管理理念。精细化观念是实现精细化管理的先决条件。中国改革是以“思想解放”这一观念性的革命作为先导而引发的，进一步的改革仍然需要思想领域的指引，需要观念上的突破和创新。观察地方政府高水平的治理，往往摒除了某些不切实际的指导理念，形成了独具特色又符合经济、社会一般发展规律的方针。作为发展中国家，现代化道路中天然包含某种程度的设计成分，政府不可避免地要发挥较大的作用。从现实情况看，高水平的理念引领高水平的发展，反之亦然。

（3）杭州市精细化管理的发展经验中，最具理论色彩的是“以民主促民生”战略中提出的实质性民主观念。深化对民主的理解，需要摒除现实中存在的宗教式崇拜和审美式认识，从最基本的意义上来理解它，努力把握民主的实质。既要认识到民主作为价值的重要作用，也要认识到民主制度具有许多非价值的技术性功能，而后者可能对正在探索本土化民主政治建设道路的发展中国家更具实际意义。“以民主促民生”力图以各种方式发挥民主在改善公众切身利益和维护基本权利方面的功能，民主与民生相互促进，在解决民生问题的基础上培育人们对民主的信念。

（4）“顶层设计”与社会自主创新不但不矛盾，而且应当紧密结合起来，不应各行其是。把来自社会的、多方面的利益诉求和政府发展的一般规律结合起来，采取卓有成效的改革，并以制度化、法制化、机制化的方式把改革成果沉淀下来，某种意义上也是一种顶层设计。而且这种顶层设计在一定程度避免了“不接地气”的改革冲动和设计偏好。时刻关注和回应社会诉求、更好地与社会公众的现实需要有机结合的发展理念有助于减少改革的盲目性。

（作者单位：南开大学马克思主义教育学院）

第六部分

政府公共关系与公共危机管理

中国政府公信力建设研究报告

孙梦欣　周　望

政府公信力是近年来理论界和政界高度关注的一个重要课题。自2005年国务院《政府工作报告》首次明确提出政府公信力建设这一命题之后，中共中央和国务院多次将该问题写入重要文件，各层级政府、不同部门也纷纷推出了巩固和提升自身公信力的一系列举措。总体而言，改革开放以来，中国政府的公信力始终是不断提升的。爱德曼国际公关公司（Edelman Public Relations Worldwide）发布的2013年度全球信任度调查报告显示，有71%的中国民众对政府较为信任，明显高于41%的全球平均水平；《小康》杂志发布的中国信用小康指数之政府公信力指数，也反映了中国政府的公信力建设呈现稳中有升的积极发展态势。尽管当前中国政府公信力的总体情况和发展态势较为乐观，但是中国各级政府尤其是基层政府，在公信力建设、巩固和提高方面仍然存在着不少问题。特别是如何处理信息高速传播环境下的各种突发事件，对政府公信力形成了一个重要考验。

一、中国政府公信力建设概况

（一）中国政府公信力建设总体情况

中国政府一直非常重视自身公信力的建设工作。2005年国务院《政府工作报告》首次明确提出提高政府公信力，努力建设服务型政府。此后，在2006年国务院《政府工作报告》、2006年10月《中共中央关于构建社会主义和谐社会若干重大问题的决定》、2007年国务院《政府工作报告》、2007年中国共产党十七大报告、2010年国务院《政府工作报告》、2012年中国共产党十八大报告、2014年国务院《政府工作报告》中，提高政府公信力这一目标和任务反复出现

（见表 1）。近年来，中国政府发展的各种重大改革，如推进和深化行政管理体制改革、加快转变政府职能、创新行政管理方式、建设服务型政府、强化社会管理和公共服务职能、完善公共服务政策体系、提高公共服务质量等，从不同领域对稳固政府公信力形成了实质性的积极影响。不难看出，政府公信力的建设和提升是政府自身改革和建设的重要内容之一，与其他目标和内容息息相关。这一方面体现了政府公信力建设和提升的重要性和必要性；另一方面也反映出政府公信力建设会受到多方面因素的影响，这一任务具有较强的艰巨性和复杂性。

表 1　　党和政府重要文件中有关政府公信力的表述（2005—2014 年）

时间	文件名称	内容
2005 年	国务院《政府工作报告》	“大力推进政务公开，加强电子政务建设，增强政府工作透明度，提高政府公信力。”
2006 年	国务院《政府工作报告》	“大力推行政务公开，完善政府新闻发布制度和信息公布制度，提高工作透明度和办事效率。建立健全行政问责制，提高政府执行力和公信力。”
2006 年	《中共中央关于构建社会主义和谐社会若干重大问题的决定》	“推行政务公开，加快电子政务建设，推进公共服务信息化，及时发布公共信息，为群众生活和参与经济社会活动创造便利条件。完善公共服务政策体系，提高公共服务质量，增强政府公信力。”
2007 年	国务院《政府工作报告》	“……以转变政府职能为核心，规范行政权力，调整和优化政府组织结构与职责分工，改进政府管理与服务方式，大力推进政务公开，加快电子政务和政府网站建设，提升公务员队伍素质，全面提高行政效能，增强政府执行力和公信力。”
2007 年	中国共产党十七大报告	“完善各类公开办事制度，提高政府工作透明度和公信力。”
2010 年	国务院《政府工作报告》	“要努力提高执行力和公信力。坚持决策的科学化、民主化，使各项政策更加符合实际、经得起检验。加强对政策执行情况的检查监督，做到令行禁止。强化行政问责，对失职渎职、不作为和乱作为的，要严肃追究责任。各地区、各部门对中央的决策部署要执行有力，绝不允许各自为政。各级行政机关及其公务员要自觉遵守宪法和法律，严格依法行政。切实改进行政执法工作，努力做到规范执法、公正执法、文明执法。加快建立健全决策、执行、监督相互制约又相互协调的行政运行机制。”
2012 年	中国共产党十八大报告	“创新行政管理方式，提高政府公信力和执行力，推进政府绩效管理。”

续前表

时间	文件名称	内容
2014 年	国务院《政府工作报告》	“各级政府要忠实履行宪法和法律赋予的职责，按照推进国家治理体系和治理能力现代化的要求，加强建设法治政府、创新政府、廉洁政府，增强政府执行力和公信力，努力为人民提供优质高效服务。”

从以上党和政府重要文件中有关政府公信力的表述可以看出，虽然政府公信力的建设和提升需要从多个角度、不同层面入手，但是就现阶段而言，增强政府工作透明度和完善政务信息公开制度，始终是建设和提升政府公信力的重要突破口和着力点。2005 年、2006 年、2007 年国务院《政府工作报告》，2006 年《中共中央关于构建社会主义和谐社会若干重大问题的决定》，2007 年中国共产党十七大报告，都明确提出推行政务公开、增强政府工作透明度、提高政府公信力。为进一步做好政府信息公开工作，增强公开实效，提升政府公信力，2013 年 10 月，国务院办公厅下发的《国务院办公厅关于进一步加强政府信息公开回应社会关切提升政府公信力的意见》，指出要从加强平台建设、加强机制建设和完善保障措施三方面进一步完善政府信息公开机制，提升政府公信力。

总体而言，中国政府公信力近年来始终保持了较为稳定的上升态势。根据《小康》从 2005 年至 2013 年历年所发布的政府公信力指数，近 10 年来中国政府公信力指数始终保持稳中有升（见图 1）。就信息公开方面而言，近年来各级行政机关在依法公开政府信息、及时回应公众关切和正确引导舆情方面已经取得了一定的成绩，但是与公众期望相比，当前一些地方和部门仍然存在政府信息公开不主动、不及时，面对公众关切不回应、不发声等问题，易使公众产生误解或质疑，给政府形象和公信力造成不良影响。

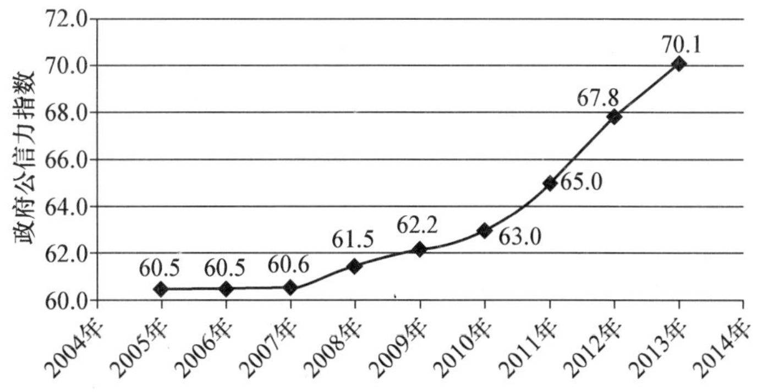

图 1　中国信用小康指数之政府公信力指数（2005—2013 年）

（二）中国政府公信力建设的主要内容

中国共产党和中国政府一直把维系民众对自身的高度信任视为各项工作的重点。进入新世纪以来，特别是在现代政府发展理念的影响下，政府公信力的建设工作主要体现在信息公开方面。

公开透明是现代政治的重要目标，也是中国改革攻坚中的重要一环。2004年国务院《政府工作报告》提出要建立政务信息公开制度，增强政府工作的透明度。2005年国务院《政府工作报告》首次明确提出要努力以建设服务型政府为目标，大力推进政务公开，增强政府工作透明度，提高政府公信力。由此可以看出，自政府公信力建设这个命题提出之时，就与政府政务信息公开工作密切相关。不可否认，政府公信力的影响因素涉及多个方面，政府公信力的提升也绝非仅仅凭借信息公开就能一蹴而就，但是就现阶段，甚至今后的一段时间而言，信息透明性仍然是影响政府公信力的最重要因素之一。特别是随着互联网的迅速发展，信息传播扩散的模式由单向输出转为多向互动，信息传播扩散速度、广度极大提升，政府行为、政务信息公开透明对政府公信力的影响表现得更加突出。各级政府、不同部门都已逐步认识到，唯有通过公开透明、保障人民的知情权，让政府在公众监督下运行，政府权力才能真正做到为人民服务，政府公信力才能在阳光下不断生长。只有实行政务公开透明，才能让社会公众有效掌握政府及其官员的行为活动，准确判断政府机关、公务人员履行责任和回应社会公众诉求的真实状况，实现对各级政府部门、官员行使权力过程的有效监督，使政府部门和各级官员真正做到“情为民所系、权为民所用、利为民所谋”，从而获得民众的理解和支持，进而提高政府公信力。

近年来，中国各级政府在信息公开透明方面进行了广泛的尝试和努力，也取得了一定的成效，有效增强了政府公信力。无论是浙江温岭预算公开、新疆阿勒泰干部财产申报、四川白庙“全裸账本”等基层探索，还是制定出台《政府信息公开条例》、公开“三公”经费等制度安排和宏观部署，以公开透明促进各领域改革，已经带来了诸多令人欣喜的变化，如政府职能的转变、治理模式的革新、公民意识的提升、有序政治参与的扩大等。这些变化都使得民众对政府行为有了更深刻全面的认识，民众和政府实现了良好的互动，政府公信力得到了持续性的巩固和提升。

2003年，“非典”爆发，从最初的“各地想办法捂着、堵着，信息被严格管制”到2003年4月20日，时任卫生部副部长高强主持新闻发布会，首次披露北京“非典”疫情真实数据，“非典”疫情倒逼政府建立和完善信息公开制度，完善新闻发言人制度。这一事件的处理对此后10年的政府信息公开影响深远。抗击“非典”的意义已远远超过了其成功本身，它悄然引发了一场革命，实现了突发事件信息从“严防死守”、“基本不说”到“一定要说”的历史性跨越。据统计，2004年至2005年，全国有308个地方制定了有关信息公开的法规。① 2008年5月，《政府信息公开条例》实施，确立了“以公开为原则，以不公开为例外”的原则。至此，最初局限于应对突发事件的信息公开举措已经常态化、制度化，不再仅仅局限于回应突发事件发生之后民众的质疑和拷问。条例实施后，政府主动公开的范畴拓宽至各个领域；公民申请公开的内容也逐渐扩展，诸多案例见诸报端。如律师李劲松申请多个中央部门公布“三公”数据等。2012年，一名大二学生要求公开陕西省安监局原局长杨达才2011年度工资，受到社会高度关注。总体来看，自《政府信息公开条例》实施以来，中国政府网站的可用性和内容丰富度在显著提高，在主动发布信息的同时，各地、各部门及时受理信息公开申请的要求，也在一些领域取得重大突破。

就各地政府提升信息公开透明度的具体举措来看，大多数地方政府已能够做到以公开、坦诚的姿态来面对社会公众和舆论媒体。各地政府在实践过程中已经认识到，在面对突发事件或曝光问题时，政府越试图掩盖，媒体就越会炒作；政府越拒绝回应公众质疑，公众就越认为存在不可告人的内幕。各地政府都在不断完善官方信息发布平台，从而实现信息“供给”能够满足公众和舆论日益增长的“需求”。据中国互联网信息中心（CNNIC）公布的数据，截至2013年12月，中国网民规模已达6.18亿。为适应互联网时代的发展潮流，各级政府都在加快完善自身信息传播体系，如官方网站、官方微博等。通过这些权威平台及时发布、回应信息，与公众进行沟通，回应舆论对事件信息的各种质疑。同时，通过正面回应负面信息，“以正视听”，及时扼杀小道消息，让民众感受到政府积极主动回应的态度，从而巩固和提升政府公信力。

面对以微博为代表的网络舆论场的蓬勃发展，各级党政机构积极顺应发展潮流，坚持推进政府信息公开，在微博平台上积极促进政府与民众的互动交流。广大党员干部和政府官员响应号召，主动开展网络问政和微博问政，政务微博如雨后春笋般涌现。人民网舆情监测室联合新浪共同发布的《2013年新浪政务微博报告》（简称报告）显示，2013年新浪认证的政务微博总数超过10万个，较2012年同期增加4万余个，增长率约为67%。② 报告显示，2013年新浪政务微博发展亮点不断。就地方政府而言，各地宣传部门越来越重视并善于通过微博来塑造公开、透明、负责的政府形象。据统计，除20余个省级新闻办微博开通外，还有220余个地级市宣传部门开通政务微博，约覆盖全国70%的地级市。值得

① 参见《“非典”十年特刊：流言倒逼信息公开》，载《新京报》，2013-03-25。

② 参见《人民网舆情监测室发布〈2013年度新浪政务微博报告〉》，见人民网，2013-12-26。

一提的是，甘肃、新疆、河北三省下辖地级市新闻宣传部门已实现全面开博。此外，贵州省、昆明市等地方主政官员也借助微博发挥问政能量，开启了“一把手微博问政”的新局面，搭建了政府官员和当地民众互动沟通的新平台。政务微博的开通，有助于推进地方政府信息公开工作，既为公众表达意见和政府回应社会公众诉求提供了良好的互动机制，也为化解分歧、弥合裂痕搭建了桥梁，是修复政府公信力的一剂良药。

特别是在面对突发事件时，政务微博已经成为政府部门应对突发事件的“标配”，在发布权威信息、回应社会关切、构建官民沟通渠道等方面发挥了重要作用。微博的裂变式传播特性决定了它能够为各级政府和有关部门提供极好的应对突发事件的发声平台。2013 年 10 月 29 日，一名湖北农民因劳资纠纷问题在山西省晋中市灵石县政府跳楼，灵石县委宣传部官方微博“@灵石发布”在事发 1 小时 40 分钟后主动发布微博报道事实并及时跟进通报；2013 年 11 月 22 日，中石化黄潍输油管线一输油管道发生破裂事故，“@青岛发布”连续发布多条微博通报相关情况、公布事故原因。从社会公众特别是网民的反应来看，多数民众对政务微博的回应速度、发布内容及态度均表示认可和称赞。可见，政府部门借助政务微博牢牢抓住了黄金时间，在突发事件发生后，积极主动发布事件相关信息，填补了舆论的空白，获得了民众的认可和支持，为自己赢得了公信力。

（三）中国政府公信力建设的薄弱环节

总体而言，中国政府的公信力的基本情况还算可以，在政府行为、政务信息公开透明化等方面也取得了一定成效。但是，与此同时，政府公信力建设总体不足，对导致政府（特别是地方政府）公信力弱化的原因还未给予足够的重视，予以改进的办法也不多，应对较为被动。

从纵向来看，公众对中央政府的信任程度较高，而对地方政府的信任程度较低（见表 2）。2002 年、2008 年、2011 年三波亚洲民主动态调查（Asian Barometer Survey）的结果均显示，公众对中央政府的信任程度较高。2011 年的数据显示，近 97%的受访者表示对中央政府“十分信任”或“基本信任”，而只有 80%左右的民众表示对地方政府“十分信任”或“基本信任”。

表 2　　公众对中央政府和地方政府的信任程度

	2002 年		2008 年		2011 年	
	中央政府	地方政府	中央政府	地方政府	中央政府	地方政府
十分不信任	0.3	6.8	0.4	3.4	0.6	2.1
基本不信任	1	13.5	1.1	7.5	2.5	17.6
基本信任	6.1	29.5	5.7	31.9	43.8	59.9

续前表

	2002 年		2008 年		2011 年	
	中央政府	地方政府	中央政府	地方政府	中央政府	地方政府
十分信任	92.6	50.1	92.8	57.2	53.1	20.4

注：表中数字为不同信任程度受访者占全部受访者的百分比。

从横向来看，政务信息的公开透明性不足，始终是影响社会公众对政府公信力评价的重要因素。根据《小康》发布的中国信用小康指数，2011 年，超五成受访者认为，政府行为透明度不高，比如财务收支不公开、公车数量不公开等最影响政府公信力。2012 年，53.5%的受访者认为“政府行为透明度不高”对政府信用影响最大。2013 年受访者认为“政府透明度不高”是影响政府公信力的首要因素之一。相比于过往，如今政府信息公开程度和真实程度，已经超越了政府职能的执行力度和负责任程度，而成为影响公众评价政府公信力的最重要标准。这说明在信息时代背景下，公众的知情权必须得到尊重。在信息公开透明方面，存在“供需”不对等问题。比如，一些政府部门、官员仍难以摆脱陈旧的思维模式，出了事情习惯于“捂”和“瞒”，或者是该公开的信息不公开。由此常常导致公众因不了解事实真相而听信谣言，进而使政府工作陷入被动。在政府“供给”不足的同时，社会公众的“需求”却在与日俱增。随着社会的不断进步，公众对公共事务的参与度、对公共信息的知情权都有了更高的要求。但是由于信息公开机制和沟通协调机制的不健全，公众无法通过正式渠道获取信息、表达自己的诉求，一些人便将获得事实真相、表达自身诉求的希望寄于非正式渠道的小道消息，从而引发其对政府行为真实性和公平性的质疑，进而导致政府公信力下降。有关影响公众对政府公信力评价的因素详见表 3。

表 3　影响公众对政府公信力评价的因素排序

时间	影响因素排序
2007—2008 年	决策缺乏科学化、民主化和透明度，行政效率不高 官僚主义、形式主义严重，腐败突出 忽视社会管理和公共服务，缺位、错位、不到位 责任意识淡化，行政问责制不健全 本领恐慌、能力恐慌，缺乏应对复杂局面和危机管理的能力 有法不依，执法不公，多头执法，执法扰民，执法监督不力
2008—2009 年	在维护市场秩序方面有失公正，地方保护主义严重 工作缺乏连续性和稳定性 行为决策有失科学 工作缺乏公开性，透明度不够，暗箱操作过多，轻信寡诺

续前表

时间	影响因素排序
2009—2010 年	以权谋私、贪污腐败 形式主义、官僚主义 一些政府部门及其工作人员责任意识淡漠，失职渎职
2010—2011 年	政府行为透明度不高 官员和公务员的腐败行为 大搞政绩工程、形象工程 官员和公务员责任意识淡漠，失职渎职 政府不能兑现承诺
2011—2012 年	政府行为透明度不高 官员和公务员的腐败行为 弄虚作假 政策缺乏稳定性和连续性 官员和公务员责任意识淡漠
2012—2013 年	官员和公务员责任意识淡漠，失职渎职 政府行为透明度不高 官员和公务员的腐败行为 官员和公务员的不作为 弄虚作假，大搞政绩工程和形象工程

综上所述，从横向和纵向两个方面来看，当前地方政府信息公开透明度不高是影响中国政府公信力的重要因素。特别是在突发事件爆发之际，一些地方政府和官员往往抱着“大事化小，小事化了”的侥幸心理，试图掩盖问题，而结果通常是引发社会公众和舆论更广泛的关注和质疑。这不仅严重影响了政府公信力，而且给突发事件的后续处理带来诸多不便。长此以往，社会公众对个别政府行为的不信任和怀疑，终将酿成对政府行为的普遍的、常态化的不信任，严重损害政府公信力。

二、政府公信力研究综述

有关政府公信力的理论探讨，最初集中出现在“非典”之后，主要针对如何提高政务信息的公开性和透明性等主题。可以看出，这一主题相关研究的开展主要是为了回应现实需求、解决实际问题。在这种实用主义色彩的影响下，相关研究往往着力于解决实践中政府公信力面临的困境和挑战。根据中国知网（CNKI）数据库所收录的学术期刊文章、会议论文、国内重要报纸文章、博士硕士学位论文等的研究分布来看，政府公信力一直是政治学、公共管理学、传播学等学科关注的重要研究课题，相关研究文献数量逐年上升（见图 2）。本着更好地回应公众期望、进一步巩固和提升政府公信力的目的，相关研究主要涉及以下几个方面：政府公信力的基础理论；政府公信力的影响因素，特别是负面影响因素；政府公信力在经济发展、决策实施、公共危机管理等方面的重要作用；提高政府公信力的途径和对策等。为了回应现实需求，大多数研究集中分布在影响政府公信力的因素以及提高政府公信力的途径和对策这两个方面。

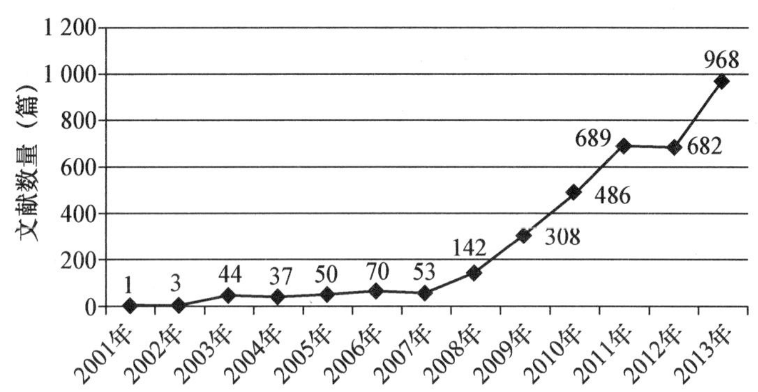

图 2　以“政府公信力”为关键词收录的中国知网（CNKI）文献数量（2001—2013 年）

尽管国内学者从不同领域、不同视角、不同层次对政府公信力进行了广泛的研究和探讨，但是，已有研究对一些重要问题的认识并不清晰，主要表现在如下两个方面：第一，较为关注实际问题，缺乏理论深度。毋庸置疑，绝大多数学术研究都应当以服务现实需求为宗旨，应当关注现实问题。但是，如果没有扎实深厚的理论基础，那么探讨如何解决现实问题就有如空中楼阁，经不起实践的反复检验。回顾有关政府公信力的研究，其中有不少文献并未对政府公信力的概念和界定形成清晰的认识，而往往是把政府公信力和政治信任混为一谈，并未对二者之间的区别和联系进行梳理。第二，尽管多数研究都关注到了如何提升政府公信力的问题，但是提出的建议和对策往往求大求全，力图面面俱到。这就导致：一方面，许多不相关的问题被纳入政府公信力建设这一领域，在不少文献中，政府公信力几乎涉及政府自我建设和完善的方方面面，过度夸大了政府公信力的重要性和涵盖范围；另一方面，力图全面，导致重点不突出，不利于发现关键问题，也使政府公信力建设和提升的实际开展面临困难，难以集中力量解决现阶段影响政府公信力巩固和提升的核心问题。因此，在展开讨论之前，首先有必要对政府公信力的内涵给出一个较为清晰的界定，在此基础上，需要从政府公信力的多重影响因素中，找到现阶段不利于政府公信力巩固和提升的主要原因，从而明确当前中国政府公信力建设的切入点和着力点。

（一）有关政府公信力内涵的研究

从学术角度界定“政府公信力”的含义是展开相关研究的前提。回顾国内外文献，已有众多研究成果对政府公信力的概念进行了分析阐释。[①] 武晓峰在对近年来有关政府公信力的研究成果进行综述时指出，政府公信力的概念涉及两个主体——开展行政活动的政府以及对政府行政活动给予评判的社会公众。[②] 根据他的分类，可将学者对政府公信力概念的界定分为两类：第一类将公众作为主体、政府作为客体，认为政府公信力是公众对政府行为的一种评价或认可，体现了公众对政府的信任程度。比如，毛寿龙等提出政府公信力就是人们对政府的信心。[③] 第二类是将政府作为主体、公众作为客体，认为政府公信力是政府赢得公众信任的一种能力和程度，是政府拥有的一种权威性资源。[④] 更多的学者则将两类界定结合起来，即认为政府公信力既是政府赢得信任的能力，又是公众对政府的信任。但显而易见，这种大而全的界定思维存在明显的逻辑矛盾。一个客观存在的事物和人们对这个事物的认识和持有的信念是两回事，不可混为一谈。

政府公信力虽然近几年才受到学界关注，但是相关的研究在国外学术界早已出现。国外的研究中，学者更多关注的是政治信任（political trust）、政府信任（government confidence）、机构信任（institutional trust）、政治支持（political support）以及含义更为丰富的政治合法性（political legitimacy），这些研究大量发表在各类学术期刊上。在这些研究中不少学者混淆了信任（trust）和可信性（trustworthiness）之间的差别。拉塞尔·哈丁（Russell Hardin）早在 1996 年就主张，信任和可信性并不相同，很多学者在分析信任时，他们实际上是在分析可信性。[⑤] 玛格丽特·利瓦伊（Margaret Levi）和劳拉·斯托克（Laura Stoker）在对信任和可信性进行区分时指出，可信性与信任有关但其概念相对狭窄，可以从两个维度来界定可信性：首先，可信性涉及一种承诺，即在受到诸如信守承诺、激励相容（incentive compatibility）等道德因素的作用下，行为者的活动是出于信任者（truster）的利益。当谈到某人值得信任（trustworthy）时，所指

① 有关“政府公信力内涵”研究文献综述的详细内容，可参见马得勇、孙梦欣：《新媒体时代政府公信力的决定因素——透明性、回应性抑或公关技巧?》，载《公共管理学报》，2014（1）。

② 参见武晓峰：《近年来政府公信力研究综述》，载《中国行政管理》，2008（5）。

③ 参见毛寿龙、谭沂丹：《公众相信政府的四种境界——政府公信力的成长之道》，载《人民论坛》，2012（12）。

④ 参见朱光磊、周望：《在转变政府职能的过程中提高政府公信力》，载《中国人民大学学报》，2011（3）；燕继荣：《公信力：文明政府的重要指标——兼谈政府如何赢得公信》，载《北京行政学院学报》，2011（3）；薄贵利：《论提高政府的公信力和执行力》，载《武汉科技大学学报（社会科学版）》，2010（5）。

⑤ Hardin Russell, “Trustworthiness,” *Ethics*, 1996 (1).

的仅是这种承诺。另外的一个维度则是行为者履行承诺的能力（competence），即行为者的可信性不会因其不守信用（bad faith）或不称职（ineptitude）而有违信任者的信任。[①] 信任是一种对他人或事物（也可以是机构）的可靠性（reliability）、真实性（truth）或者能力（ability）的坚定信念。这种信念是一种认知性的，表现为一种主观的感觉或者态度。而可信性，正如哈丁所言，是人（事物、机构）的属性，这种属性可以使他人相信他。[②] 信任和可信性相互影响但并不是同一事物。一个值得信任的人或机构并不一定能获得人们的信任，比如，一个诚实、遵守契约的商人在市场上并不总是能够得到他人的信任；一个不具备值得信任的属性的人也可能会获得他人的信任，欺骗行为就是这种情形的一个体现。

按照信任和可信性的区别，可以看出，政治信任是公民对政治机构或人物所持有的一种信念，这种信念是一种主观的判断或者态度。而政府公信力则是政府能够获得公民信任和认可的能力，反映的是政府的可信性。也就是说，政治信任更多地反映的是信任主体（公民）的信念，政府公信力则指政府拥有什么样的属性和能力以便获取公民的信任和认可。在理论上，政治信任和政府公信力是两个概念，在经验层面，政治信任（或政府信任）与政府公信力也并不从来都一致。[③] 综上所述，所谓政府公信力探讨的是政府拥有了什么样的值得公民信任的属性和能力，而非公民对政府持有信任和认可的信念和态度。

（二）有关影响政府公信力的各种因素的研究

从根源上来讲，政府公信力来源于政府的合法性。政府公信力反映了社会公众对政府、政治权威的信任，这种信任建立在对政府合法性的认同之上，表现了社会公众对社会秩序和权威的自发认可和服从。国家、政府的权力“从社会中产生但又自居于社会之上并且日益同社会脱离”，这种权力的长期存续不能仅仅依托于强制力，只有成为一种“合法”的权力，才能获得人们的认同和服从。马克斯·韦伯指出，“任何统治都企图唤起并维持对它的合法性的信仰”，“即人们对享有权威者地位的确认和对其命令的服从”[④]。基于经验分析，韦伯提出了三种类型的合法性来源：以历史传统、习俗为基础的传统型，以领袖个人魅力为基础

① Levi Margaret，Stoker Laura，“Political Trust and Trustworthiness，” *Annual Review of Political Science*，2000（1）.

② Hardin Russell，*Trust*，Cambridge，Polity Press，2006.

③ Wang Zheng-Xu，Political Trust in China：Forms and Causes，in Lynn White，*Legitimacy：Ambiguities of Political Success of Failure in East and Southeast Asia*，World Scientific，113－138，2005；马得勇：《政治信任及其起源——对亚洲8个国家和地区的比较研究》，载《经济社会体制比较》，2007（5）。

④ 转引自吴威威：《良好的公信力：责任政府的必然追求》，载《兰州学刊》，2003（6）。

的克里斯玛型，以公正的程序和制度为基础的法理型。这其中，法理型被视为现代国家合法性的来源。基于此，一些国外学者提出，政府公信力主要来源于民主制度，这种民主导向的政府公信力理论认为，一个政府只有以民主的政治制度为基础，在民主制度的制约下，国家权力是代表、追求、保护和分配公共利益的权力，才能够获得公众的信任和支持。但是无论在现实还是理论层面，这一理论均遭到了质疑。现实中，西方民主国家通过选举民主建立的政府并未获得民众很高的认可和信任，依据民主原则组建的政府并不一定能够实现民众的现实诉求与利益。理论层面，瑞典政治学家罗斯坦则指出，相对于将政府公信力的来源归结于民主制度，人们对政治权威的认可和支持则更多地取决于政府政策的结果，也就是说，政府公信力主要依赖于现实政府绩效的好坏。① 类似的观点常在解释中国政府公信力时被提及，即政绩导向的公信力理论。赵鼎新认为，中国政府能够维持其合法性、获得民众的信任和支持，取决于政府的治理绩效，政府公信力的维系依赖于经济发展的水平和公共服务的质量。②

与此同时，不少学者也注意到，政府公信力的建设并不是一个单向的过程，政府公信力是在政府和公众互动的过程中形成的，不能仅仅着眼于强化政府自身能力、优化其自身属性等方式来提高政府公信力。因此，能否通过良好的互动沟通增进公众对政府决策的支持和理解，也是影响政府公信力的重要因素。政府公信力的形成，不仅取决于政府的实际行为及其绩效，还受到信息传播过程中诸多因素的影响，也就是说，政府公信力在很大程度上受到社会公众对政府行为和绩效的主观感知的影响。同时，随着社会经济的发展，人们的参与意识不断增强，也对政治过程、政府决策的公开性和透明性提出了更高的要求。因此，政府公信力的提升不能仅仅依赖政府自身的优化，还需要改善政府与公众之间的关系。政府不仅要通过多方面的举措提升自身的管理与服务能力，建设责任政府、法治政府、服务型政府，还需要积极推行政务公开、加强政府与公众间的信息沟通，推动公民参与决策来建设透明政府、阳光政府，综合改善当前政府公信力不足的问题。③

---

① 参见马得勇、孙梦欣：《新媒体时代政府公信力的决定因素——透明性、回应性抑或公关技巧?》，载《公共管理学报》，2014（1）。

② Zhao Ding-Xin, "The Mandate of Heaven and Performance Legitimation in Historical and Contemporary China," *American Behavioral Scientist*, 2009（3）.

③ 参见朱光磊、周望：《在转变政府职能的过程中提高政府公信力》，载《中国人民大学学报》，2011（3）；舒小庆：《政府公信力：价值、指标体系及其实现途径——兼论我国诚信政府建设》，载《南昌大学学报（人文社会科学版）》，2009（6）；时伟：《论政府公信力的基本内涵、弱化表现与提升路径》，载《领导科学》，2012（22）；李贵成：《提高政府公信力的社会学思考》，载《理论导刊》，2009（4）。

新媒体时代，信息传播扩散的模式由单向输出转为多向互动，信息传播扩散速度、广度极大提升，政府行为、政务信息公开透明对政府公信力的影响表现得更加突出。当前，社会公众对信息的公开透明提出了更高的要求，公众信息“需求”的日益增长对政府公信力的建设提出了新的要求，也指明了新的方向。传统文化中臣民对权威的崇拜与盲从，已经随着社会主义民主法治建设的进程消失在历史的尘埃中，具有参与意识和主人翁精神的公民群体不断发展壮大。政府公信力的建设和增强不仅需要一个能够“为人民服务”的政府，而且需要一个公开透明的“阳光政府”。公众要求了解政府的所作所为，要求公开透明，要求权力在阳光下运行。据此，不少学者从网络和信息传播视角探索了政府公信力的影响因素和政府公信力的建设、提升路径，这些研究都注意到了新媒体时代中，信息公开透明对政府公信力的重要影响。这些研究指出，在当今网络等新兴媒体蓬勃发展的新环境中，政府部门和官员需要转换心态和姿态，理性对待新兴媒体，积极运用各种传播工具尤其是新兴媒体了解民情民意，回应民众诉求，不断改善提高信息发布能力和媒体应对能力，加强和社会公众的互动，积极推进政务信息公开透明，从而有效建设和提升政府公信力。

三、提升和稳固中国政府公信力的展望

就政府公信力的建设而言，涉及的问题和领域很多。长期来看，提高政府公信力的根本着力点在于发展经济、改善生活和进一步推动政治体制改革。从根本上讲，政府公信力问题发轫于政府职能转变，因此只要政府职能转变到位，目前存在的许多问题都将不攻自破、迎刃而解。政府需要清晰地认识到，政府公信力的建设和增强并不是以政府的强制力为后盾的，公众对于政府“信”或“不信”，并非政府所能把控。政府能够做的，只有通过不断完善自身的行政能力、公共服务供给水平，通过自身的治理行为和公正有效的结果来赢得公众的认可和支持。但与此同时，也应当注意到，政府完善自身的主观行为和努力，与民众切实感受到的客观效果，并非完全对等。实事求是地说，公众对政府的信任程度、对政府公信力的评价水平，并不一定能够反映政府公信力的真实水平。这其中的影响因素有很多，例如社会公众的期望较高，普通民众对政府工作缺乏专业性的认识和长远宏观的考虑，社会价值观的多元化，等等。很多因素超出了政府所能掌控的范围，因此对于政府来说，在切实推动经济发展、完善公共服务之外，所能做的就是开诚布公，保证信息的公开透明，积极回应公众对信息公开的“需求”，将真实的情况呈现在社会公众面前，相信民众的智慧和判断力，让民众较为全面地了解事实真相，增进与民众的沟通互动，在交流的过程中解决矛盾、减少分歧，

让民众信任政府、支持政府，不断增强政府公信力。

（一）以构建透明政府为出发点

政府公信力的稳固和提升，需要政府切实提高自身行为透明度、实现政务信息公开透明，将透明性作为政府发展建设的出发点。政府公开透明不仅是一个技术问题，更是一个深层次的理念问题。如果政府机关把政务信息看作是一种“私有财产”，那么政务信息公开透明就会被当作应对突发事件、应对社会舆论的权宜之计、临时举措；反之，如果政府能够改变传统观念，树立服务型政府理念，认识到政务信息的公共属性，尊重公众的知情权，政务信息公开透明就会成为一种主动选择。

由于受到传统思维模式的影响，一些人提出大范围推进政务公开“条件不成熟”，担心过于公开“负面效应不可控”。2003 年“非典”爆发之际，有关地方政府部门和官员担心公开疫情会导致群众恐慌，在疫情出现初期一直没有公开相关信息。然而，由于缺乏官方权威信息的发布，各种小道信息、流言甚嚣尘上，“有的称只要和病人打个照面，或同乘一辆公交车都可能得病”①。传言引发恐慌，一时间出现哄抢白醋、板蓝根的风潮。更严重的是，由于缺乏权威信息的发布，民众对“非典”疫情缺乏科学理性的认知，无法采取有效的预防措施，反而不利于疫情的控制。相比于“非典”，2008 年汶川地震发生后，政府部门积极主动公开灾情和救灾行动的进展，相关信息的及时发布，让心系灾区的全国人民得以了解灾区的真实情况，凝聚人心、集中人力、万众一心、共克时艰，不仅使得抗震救灾工作迅速有效推进，灾区得以快速重建，也极大地增强了政府的号召力和公信力。

政务公开是对政府管理的考验，躲不开、绕不过，不仅不能找借口逃避，反而要主动创造条件，积极推进。特别是在新媒体迅速发展的今天，网络为人们提供了便捷、迅速的信息获取渠道，可以说，任何试图隐瞒真实信息的企图都难以实现，“一个人知道了，就等于所有人都知道了”。对于政府部门来说，与其初期极力隐瞒，事后被迫公开，不如掌握主动权，积极公开真实信息，及早填补舆论空白，让社会公众了解到事件的真相，有效遏制负面传言的扩散。要清晰地认识到，政府公信力能否得到巩固和提高并非因为是否出现了重大危机、突发事件，而是取决于在这些危机事件发生之后，政府以怎样的态度应对，是否能够积极主动公布事态，让社会公众了解事件的真实情况。除了突发事件之外，政府的日常工作同样需要做到公开透明。政府公信力的建设并非一朝一夕，社会公众对政府的信任是在平常生活中逐步积累起来的，这是一项长期的任务和事业。人与人之

① 《“非典”十年特刊：流言倒逼信息公开》，载《新京报》，2013-03-25 。

间的信任建立在对彼此的了解之上，公众对政府的信任也遵循同样的逻辑，只有让人们了解政府的所作所为，对政府权力的运行实施有效的监督，政府才能获得民众的信任，政府公信力才能够得到巩固和提升。

（二）以政务信息公开透明为着力点

面对新媒体对于地方政府治理能力的挑战，不少学者和政界人士主张，在面对突发事件时，要通过争夺传播、舆论主导权，通过提升政府舆论应对能力和沟通技巧来提升政府公信力。① 在学界，有学者认为“通过争夺传播主导权推进建设诚信政府，这是提升政府公信力的一条‘快车道’”②。在实践中，试图通过运用公关技巧来操纵社会舆论的失败案例也不在少数。2010 年 11 月 15 日，上海胶州路大火事故发生后，11 月 17 日，新华社长篇通讯《大火中的人性光辉》和对公安部消防局副局长朱力平少将的专访中“处置及时、有力……是一场成功的典范战例”的表述引起了舆论的声讨。这种试图引导舆论的做法适得其反，激化了公众对政府、官方媒体的对立情绪。③

不论是学界提出的类似观点，还是现实中相关政府部门的举措，都被事实证明不仅无益于事件的处理，而且往往适得其反，导致政府公信力的下降。这种观点和做法建立在错误的假设上，认为社会舆论是由政府制造和主导的，把政府公信力下降归因于政府对于媒体的公关能力或者公关技巧不足。而事实上，新媒体时代的公共舆论日益成为一种独立的社会力量，公众对信息的甄别判断能力不断提高，新媒体时代的社会舆论不再以传统媒体为主导，而是众多分散化、多元化的主体共同制造。在这种社会背景下，个别地方政府很难通过收买、宣传等方式来控制和左右舆论倾向。

当政府面对新媒体时代下的社会舆论时，不去反思和提高自身治理能力，切实提高政府工作透明度、推动政务信息公开透明化，反而舍本逐末，在所谓的“公关技巧”上下功夫，这种公关技巧对政府公信力没有任何正面的影响。这种失败的公关行为避重就轻，试图掩盖事实真相，没有积极回应社会关切，会激发公众的不满情绪，导致社会舆论普遍质疑其可信度。因此，在新媒体时代，各级政府和有关部门应对各种突发事件或舆论热点问题时，最佳策略就是开诚布公、

① 参见李瑞昌：《诚信政府建设：以争夺传播主导权为视角》，载《政治学研究》，2012（4）；褚松燕：《互联网时代的政府公信力建设》，载《国家行政学院学报》，2012（5）；姚娟：《从躲猫猫事件看政府公信力的建设》，载《法制与社会》，2010（23）；谢金林：《网络空间政府舆论危机及其治理原则》，载《社会科学》，2008（11）；陆丹：《网络时代政府公信力的提升》，载《电子政务》，2012（4）。

② 李瑞昌：《诚信政府建设：以争夺传播主导权为视角》，载《政治学研究》，2012（4）。

③ 参见人民舆情监测室：《2010 年第四季度地方应对网络舆情能力推荐榜》，见人民网，2011-01-19。

积极回应，用公开透明的信息和积极回应的态度赢得民众的信任和支持，从而有效地维持和提升政府公信力。

（三）以完善信息公开的长效机制为落脚点

各级政府需要深刻认识到，政府公信力是在长期实践的过程中逐渐积累起来的，是社会公众和政府在日常生活中的反复互动过程中逐渐形成的，而政府公信力的流失却往往是非常迅速的，看似微小的负面事件就会对政府公信力的建设和巩固造成极大的伤害。因此，对于各级政府而言，要建立和健全信息公开的常态制度和机制，坚持“以公开为原则，以不公开为例外”的政务信息公开原则，从日常工作的点点滴滴入手，向公众展现公开透明的政府形象，让公众切实感受到政府开诚布公的态度，从而获得民众对政府的理解、支持与信任。

具体而言，在新媒体时代，各级政府部门不仅要继续完善传统的信息发布公开制度和机制（例如新闻发言人制度），还需充分利用新兴媒体，发挥政府网站、政务微博、微信等平台的沟通桥梁作用，着力建设基于新媒体的政务信息发布和与公众互动交流新渠道。要进一步加强政府网站建设和管理，增强政府网站的吸引力、亲和力，将政府网站打造成能够更加及时、准确、公开透明发布权威政务信息的平台，在网络领域传播主流声音。

与此同时，还应当充分发挥新媒体的互动功能。政务信息公开透明不应仅仅局限于单向的发布信息，应当进一步拓展为政府和公众的互动渠道，让公众的意见、诉求得以表达，让政府机关真正了解民意。各级政府和有关部门应当围绕政府重点工作和公众关注热点，通过领导信箱、公众问答、网上调查等方式，接受公众建言献策和情况反映，征集公众意见建议。尤其是涉及公众重大关切的公共事件和政策法规方面的信息，应当充分利用新媒体的互动功能，以及时、便捷的方式与公众进行互动交流。还应当建立专家解读机制，对重要政策法规做好科学解读，让公众更好地知晓、理解政府经济社会发展政策和改革举措，在理解的基础上让公众信任政府。

此外，还应当建立有效的沟通协调机制。各级政府和有关部门在政务信息发布方面，应当努力打破原有的条块分割的局面，避免各说各话、自相矛盾、相互推诿等现象的出现。各地区、各部门要加强与新闻宣传部门、互联网信息内容主管部门以及有关新闻媒体的沟通联系，建立重大政务舆情会商联席会议制度，建立政务信息发布和舆情处置联动机制，妥善制定重大政务信息公开发布和传播方案，共同做好政府信息发布和舆论引导工作。

四、结语：在坦然接受与积极作为中稳固政府公信力

政府应首先学会坦然接受并适应公众对政府公信力的多元评价。政府公信力来源于政府的主动作为，即合理有效的履责能力，但公众对于政府可以“信”也可以“不信”，政府不可能强求公民信任自己。政府公信力的主客观情况往往并不“对应”，公众对政府公信力的评价并非就是公信力的真实水平。这是由于影响政府公信力的因素有很多，公众对政府公信力的认知和评价情况也异常复杂，并不完全是根据公信力本身的状况来做出评判，而且很多因素都是政府难以控制的。比如公众期望的复杂性，普通民众对政府工作和一些专业问题的艰巨性、长远性缺乏了解，信息传播的速度和数量急剧增长、质量良莠不齐，现代化和后现代化交叠所形成的多元价值观等，都会对政府公信力带来“困扰”。典型国家和地区的政府信任长期处于中低水平，但这并未妨碍他们提供较高质量的公共产品和服务。随着城市化进程的加快，中国各级政府也需要接受并逐步适应在这一环境下开展工作。公众对于政府的合理甚至看似“不讲理”的质疑渐渐会成为一种“常态”，主政者应学会坦然接受，不必太过“紧张”，或者觉得“冤枉”和“委屈”。过去良好的“干群关系”是在特定环境和条件下形成的，其中的有益经验值得学习和吸收，但不能拿其作为参照系来衡量现在，把现有工作做好做细才是最重要的。

提升政府公信力，干好是基础，说清楚、说好是重要抓手。政府管理是一门推陈出新的艺术，既需要时间和体力，也需要智商和情商，既要能“做事儿”，也要会“说事儿”，否则就会“费力不讨好”。当前，信息传播的速度和范围相比以前都有了质的提升，政务信息的传播在技术上和策略上也应该跟上时代的步伐，在不丢传统的同时紧跟时代，“老人老办法，新人新办法”，宣传和沟通并举。在施政目标定位、发展建设规划出台、政府信息公开、公务员言行举止等重要方面，做到合理、规范、严谨、透明，注重技巧和方式，在主动作为中实现公信力的提升和稳固。

五、报告要点

本报告对自 2005 年以来，特别是 2013 年，中国政府公信力建设概况和理论研究成果进行了初步的归纳总结，并在此基础上，指出了当前中国政府应当在坦然接受民众对政府公信力多元评价的基础上，积极作为，稳固和提升政府公信力。

本报告要点总结如下：

（1）中国政府一直非常重视自身公信力的建设工作。虽然政府公信力的建设和提升需要从多个角度、不同层面入手，但是就现阶段而言，增强政府工作透明度和完善政务信息公开制度，始终是建设和提升政府公信力的重要突破口和着力点。

（2）总体而言，中国政府公信力近年来始终保持了较为稳定的上升态势。近年来，中国各级政府在信息公开透明方面进行了广泛的尝试和努力，也取得了一定的成效，有效增强了政府公信力。面对以微博为代表的网络舆论场的蓬勃发展，各级党政机构积极顺应互联网时代的发展潮流，在微博平台上积极促进政府与民众的互动交流，有效推进了政府信息公开工作，是提升政府公信力的有效举措。

（3）尽管中国政府的公信力整体上较为稳固，但政府公信力建设在一些方面仍存在不足。结合横向和纵向两个方面来看，当前一些地方和部门仍然存在政府信息公开不主动、不及时，面对公众关切不回应、不发声等问题，易使公众产生误解或质疑，给政府形象和公信力造成不良影响。

（4）为了回应现实需求，有关政府公信力的学术研究集中分布在影响政府公信力的因素以及提高政府公信力的途径和对策这两个方面。回顾有关政府公信力的研究，其中有不少文献并未对政府公信力的概念形成清晰的认识。基于此，需要对政府公信力的内涵给出一个较为清晰的界定，进而找到现阶段不利于政府公信力巩固和提升的主要原因，明确当前中国政府公信力建设的切入点和着力点。

（5）就政府公信力的建设而言，涉及的问题和领域很多。很多因素超出了政府所能掌控的范围，因此对于政府来说，在切实推动经济发展、完善公共服务之外，所能做的就是以构建透明政府为出发点，保证信息的公开透明，不断完善信息公开的长效机制，在与公众交流的过程中解决矛盾、减少分歧，让公众信任政府，不断增强政府公信力。

（作者单位：南开大学周恩来政府管理学院）

危机管理中的政府形象建设研究报告

陈 娟

进入21世纪以来，伴随着经济发展方式的转变、社会结构的转型和城市化的快速推进，各种突发性危机事件在我国呈突然增加趋势。2001年美国的“9·11”事件、2003年我国的“非典”疫情、2004年的印度洋海啸以及2008年的“5·12”汶川大地震等事件使“公共危机”成为学术界研究的一大热点。最近几年来，国内突发事件规模的持续升级和各种危机事件的突发和多发，使得政府危机管理，尤其是“政府在危机管理过程中，通过何种途径维护和提升政府形象，增强政府公信力”成为学术界、舆论界和实践界亟待解决的重大现实问题。面对公共危机的挑战，中央和各级地方政府进行了多方位的积极探索，学术界也围绕这一核心问题在“危机管理中的政府形象传播”、“危机管理中的公共关系建构”、“危机管理中的政府公信力提升”、“危机管理中的政府形象评估”等领域开展了多层次的理论研究和实证分析，并取得了比较丰富的研究成果。

一、研究、发展现状综述

当前中国经济、社会、政治都进入转型阶段，公共危机也开始成为社会生产和生活中的常态事件。随着对政府危机管理认识的逐步深入，学术界在许多方面形成了相对成熟的研究成果，实践界也在经历了初期的危机应对和后续的应急管理的探索、创新之后建成了相对完备的危机制度管理体系和责任明确、统一指挥、分工协作的应急管理体制和机制。

（一）学术界关于“危机管理与政府形象建设”的研究成果

国内学界对危机管理的理论研究在“9·11”事件之后就已经开始。2001年开始，学术界先后翻译了西方关于公共危机管理的比较著名的作品，希斯的《危机管理》①、奥古斯丁的《危机管理》②、巴顿的《组织危机管理》③、罗森塔尔的《危机管理：应对灾害、暴乱与恐怖主义》等相继被翻译到国内，并产生了很大的影响。2003 年“非典”事件后，学界的研究成果开始大量涌现。著名的有薛澜、张强、钟开斌等著的《危机管理：转型期中国面临的挑战》，本书对我国发生的一些重大公共危机事件进行了研究，勾勒出中国公共危机的特点并揭示了我国公共危机发生的诱因，同时，还对中国现有的公共危机管理系统进行了剖析，并介绍西方国际危机管理的经验，为政府建立公共卫生突发事件处理机制提供参考依据。④ 该书也成为国内学术界研究公共危机的经典之作。此后，关于公共危机管理的著作和学术论文大量出现，如张成福等人的《危机状态下的政府管理》⑤、李经中的《政府危机管理》⑥、郭济的《中央和大城市政府应急机制建设》⑦、傅思明的《突发事件应对法与政府危机管理》⑧、《政府危机管理能力评估：知识框架与指标体系研究》⑨ 等。研究成果的不断丰富推动着公共危机管理研究逐渐走向系统化与专业化。

从当前的研究成果来看，学界对危机管理的基本要素研究已经相对成熟。在危机的定义上，学界已逐渐形成两种代表性的观点，一是将危机看作是一种具有不确定性和风险性的情景和状态。如薛澜等人就认为“危机通常是决策者的核心价值观念受到严重威胁或挑战、有关信息很不充分、事态发展具有高度不确定性和需要迅捷决策等不利情境的汇聚”⑩。该观点为学界普遍接受。二是将危机视为一种紧急或突发事件，并强调危机的危害性和紧迫性。西方学者巴顿将危机定义为“一个会引起潜在负面影响的具有不确定性的大事件，这种事件及其后果可能对组织及其人员、产品、服务、资产和声誉造成巨大的损害”⑪。罗森塔尔也认为：“危机就是对一个社会系统的基本价值和行为准则架构产生严重威胁，并且在时间压力和不确定性极高的情况下，必须对其作出关键性决策的事件。”⑫

---

① 参见［澳］希斯：《危机管理》，北京，中信出版社，2001。

② 参见［美］奥古斯丁等：《危机管理》，北京，中国人民大学出版社，2001。

③ 参见［美］巴顿：《危机管理》，北京，清华大学出版社，2002。

④ 参见温志强等：《公共危机管理综述》，载《人民论坛》，2011（12）。

⑤ 参见许文惠、张成福：《危机状态下的政府管理》，北京，中国人民大学出版社，1998。

⑥ 参见李经中：《政府危机管理》，北京，中国城市出版社，2003。

⑦ 参见郭济：《中央和大城市政府应急机制建设》，北京，中国人民大学出版社，2005。

⑧ 参见傅思明：《突发事件应对法与政府危机管理》，北京，知识产权出版社，2008。

⑨ 参见张成福等：《政府危机管理能力评估：知识框架与指标体系研究》，北京，中国人民大学出版社，2009。

⑩ 薛澜等：《危机管理：转型期中国面临的挑战》，25 页，北京，清华大学出版社，2003。

⑪ 陈淑伟：《我国公共危机管理研究的主题与视域》，载《中共南京市委党校学报》，2007（1）。

⑫ 转引自杨安华：《近年来我国公共危机管理研究综述》，载《江海学刊》，2005（1）。

在这个意义上，国内一部分学者将危机等同于“突发性事件”，并认为突发性公共事件“就是在某种状况下，由于缺乏准确预测或者有效预防而发生的，危害公共利益与公共安全的意外事件”①。

在危机的分类上，学术界和实践界依据不同的标准将危机做了比较细致的分类，比较有代表性的有三种。第一种是胡宁生等人根据危机的性质和影响范围等标准，将危机分为自然危机和人为危机、国内危机和国际危机、组织危机以及社会危机、价值危机等（见表1）。② 第二种是薛澜、钟开斌等人根据危机的诱因，将危机分为自然灾害型、利益失衡型、权力异化型等多种类型（见表2）③，随后结合国内外先进的危机管理经验，根据突发公共事件的发生过程、性质和诱因，将公共危机划分为自然灾害、事故灾难、突发公共卫生事件、突发社会安全事件以及经济危机五大类。④ 陈玮将公共危机细化为六类：重大突发性自然灾害、重大突发性公共卫生事件、重大突发性公共安全事故、重大社会治安事件、重大刑事案件、公共关系危机（舆情突发、网络炒作）。⑤ 第三种是国家相关政策的分类标准。2006 年发布的《国家突发公共事件总体应急预案》和 2007 年发布的《中华人民共和国突发事件应对法》将突发事件分为自然灾害、事故灾难、公共卫生事件和社会安全事件。2008 年颁布的《特别重大突发事件分级标准》又将社会安全事件细分为群体性事件、金融突发事件、涉外突发事件、影响市场稳定的突发事件、恐怖袭击事件、刑事案件几大类。

表1　《中国国家形象战略》中对危机的分类

划分标准	危机类型
动因性质	自然危机（自然灾害），人为危机（恐怖袭击、犯罪行为、破坏性事件等）
影响范围	国际危机、国内危机、组织危机
主要成因及范围	经济危机、政治危机、社会危机、价值危机
采取手段	和平方式（如静坐、示威、游行等），暴力方式（如恐怖活动、骚乱、暴乱等）
特殊状态	核危机等

① 张维平：《关于突发公共事件和预警机制》，载《兰州学刊》，2004（3）。
② 参见胡宁生主编：《中国政府形象战略》，1173～1177 页，北京，中共中央党校出版社，1998。
③ 参见薛澜等：《危机管理：转型期中国面临的挑战》，北京，清华大学出版社，2003。
④ 参见薛澜等：《突发公共事件分类、分级与分期》，载《中国行政管理》，2005（2）。
⑤ 参见陈玮：《公共危机管理机制建设的现实思考》，载《公安学刊》，2007（10）。

表 2　　《危机管理——转型期中国面临的挑战》中对危机的分类

类型	引致因素	表现形式
自然灾害型	环境破坏、疾病传播、各种自然突发事件	环境污染、自然灾害、突发性重大公共卫生和公共交通事件
利益失衡型	经济发展不平衡、社会保障制度上的缺陷	罢工、集体上访、静坐、示威游行、集会
权力异化型	政府权能体系中的失效，如腐败、司法环境的不完善	集体上访、示威游行、暴力抗法、刑事案件等
意识冲突型	意识形态领域异化出现的冲突，如宗教、民族	大规模群体冲突、妨碍公务、刑事案件
国际关系型	与中国在国际格局中的发展相关	国家间的紧张局势、经济制裁甚至局部战争

由于危机发生的领域和影响范围在多数情况下都表现为公共危机，需要以政府部门为主体的公共部门在压力下作出关键性决策，整合社会资源以化解危机，因此国内学者多将公共危机等同于“政府危机”①。在政府危机管理领域也已经形成了“过程管理论”和“策略管理论”两种观点。“过程管理论”主要侧重于对危机过程的管理，认同危机管理贯穿危机的整个生命周期。张成福依据芬克的“阶段分析”，根据危机的发展过程中的潜伏期、爆发期、延续期和痊愈期四个周期，提出危机管理就是“政府针对潜在的或者当前的危机，在危机发展的不同阶段采取一系列的控制行动，以期有效地预防，处理和消弭危机”②。这一概念也得到了学术界的普遍认同。“策略管理论”侧重于危机管理过程中公共部门及其他组织应对措施的实施，强调危机管理是政府组织社会力量共同治理危机事件的过程。如杨建顺认为危机管理是“有关组织、国家乃至国际机构为避免或者减轻危机或者紧急事态所带来的严重威胁、重大冲击和损害而有计划、有组织地学习、制定和实施一系列管理措施和应对策略”③。杨冠琼也认为“危机管理就是政府组织相关力量在监测、预警、干预或控制以及消解危机性事件的生成、演进与影响的过程中所采取的一系列方法和措施”④。也有学者认为，危机管理主要包括在危机发展的各个阶段应当采取的应对措施和机制安排。⑤

从研究文献来看，学界对政府形象的研究起步要稍早于公共危机管理的研究。1995 年，英国危机公关专家杰里斯特的《危机公关》被翻译介绍到国

①② 张成福：《公共危机管理：全面整合的模式与中国的战略选择》，载《中国行政管理》，2003 (7)。

③ 杨建顺：《论危机管理中的权力配置与责任机制》，载《法学家》，2003 (4)。

④ 杨冠琼：《危机性事件的特征、类别与政府危机管理》，载《新视野》，2003 (6)。

⑤ 参见叶国文：《危机管理：西方的经验和中国的任务》，载《城市管理》，2003 (11)。

内①，其著名的政府与媒体互动“三 T”原则——以我为主提供情况（Tell your own tale）、提供全部情况（Tell it all）、尽快提供情况（Tell it first）至今仍然对研究政府形象有着重要的指导意义。1997 年，我国成立了“中国政府形象战略”研究课题组，1998 年，其研究成果《中国政府形象战略》出版，该书从政府形象的本质、构成、体系等多层面对政府形象进行剖析，并对危机状态以及危机公关中的政府形象建设进行了分析。② 其他比较有影响的著作还有颜如春的《现代政府形象管理》③、彭伟步的《信息时代政府形象传播》④ 等。“非典”以后，关于危机管理与政府形象关系的研究逐渐增多。学界普遍认为，政府形象融合了主观和客观双方面的因素，是客观现实（政府行为）在主观（公众）那里的综合反映。如胡宁生等人认为，政府形象是政府这一巨型组织系统在自身的行为与活动中产生出来的总体表现与客观效应，以及公众对这种表现与客观效应所作的较为稳定与公认的评价。⑤ 与此一致，袁曙宏也认为“所谓政府形象是作为行政主体的政府在作为行政客体的公民头脑中的有机反映，是主客观相统一的产物”⑥。潘小燕从传播学视角出发，指出“政府形象是政府的客观状态在社会公众心目中的投影，是国内外社会公众作为主体感受政府客体而形成的复合体，是社会公众对政府认知、印象和态度的综合反映，也是公众对政府所具有的情感和意志的总和”⑦。也有学者另辟蹊径，认为“政府形象是在一段历史时期内公众对政府总的看法和评价的积淀”，强调常态下政府形象的缓慢渐变和相对稳定，在突发事件中政府形象由于常态稳定性对比而变得突出醒目。⑧ 曹劲松认为，现实中政府所呈现的形象与公众对政府期待而产生的政府形象存在着差异，这种差异在创造政府形象提升空间的同时，也对政府形象管理造成了压力。⑨

除上述研究成果外，许多高校和研究所都相继成立了危机管理研究机构，如清华大学的清华大学危机管理论坛、中国人民大学的危机管理研究中心、南京大学的社会风险与公共危机管理研究中心、中国现代国际关系研究院的危机管理与对策研究中心等，旨在通过对危机管理的理论和实践研究，提升政府的危机管理水平，塑造良好的政府形象。此外，近几年来“国家公共安全管理系统研究”、

① 参见［英］杰里斯特：《危机公关》，上海，复旦大学出版社，1995。
② 参见胡宁生主编：《中国政府形象战略》，北京，中共中央党校出版社，1998。
③ 参见颜如春编著：《现代政府形象管理》，成都，四川大学出版社，2004。
④ 参见彭伟步：《信息时代政府形象传播》，北京，社会科学出版社，2005。
⑤ 参见胡宁生主编：《中国政府形象战略》，北京，中共中央党校出版社，1998。
⑥ 袁曙宏：《政府形象论纲——政府与公民双向回应的视角》，载《国家行政学院学报》，2000（3）。
⑦ 刘小燕：《政府形象传播的本质内涵》，载《国际新闻界》，2003（6）。
⑧ 参见王世彤等：《突发公共事件中政府形象的变化分析》，载《求索》，2006（6）。
⑨ 参见曹劲松：《政府形象传播的现实困境与破解路径》，载《南京社会科学》，2012（6）。

“群体性突发事件研究专辑”、“危机状态下的政府管理”、“公共危机管理协调联动机制与优化政府形象方略研究”和“社会变革中突发事件应急管理”等有关研究课题也都取得了可贵的研究成果。① 这为我国的公共危机管理和政府形象塑造提供了宝贵的理论和实践经验。

（二）“危机管理与政府形象建设”的实践创新

在实际工作中，政府部门（官方）在应对公共危机时，多采用突发性事件、应急管理等概念。这一方面是因为突发性事件本来就是由政府一线的应急职能部门（如应急办）来管理的，应急管理就成为相关部门应对各种突发性事件的专有词汇，而且应急管理也更加注重各级政府在处理各类突发事件中的操作性强的各类管理和活动，如统一指挥、综合协调、分类管理、后勤服务等。另一方面，国民也习惯于将“危机”认同为更为重大的、影响生死存亡的事件或状态，如合法性危机、生存危机等。因此，虽然应急管理是危机管理理论在政府管理中的应用，民间也多认同政府用应急管理来替代政府危机管理。

在2003年的“非典”事件中，早期因地方政府在应对中信息处置不当而使得“非典”发展为全国性的灾害，这在国内外都对中国的政府形象造成了极大损害，“非典”事件也使中国政府真正意识到危机管理以及危机管理中政府形象的重要性，并积极探索和构建了突发性公共事件的应急管理制度体系。2003年11月，国务院办公厅成立应急预案工作小组。2004年4月，国务院办公厅印发《国务院有关部门和单位制定和修订突发公共事件应急预案框架指南》和《省（区、市）人民政府突发公共事件总体预案框架指南》。2005年，党的十六届五中全会《中共中央关于制定国民经济和社会发展第十一个五年规划的建议》中第一次提出要“建立健全社会预警体系和应急救援、社会动员机制，提高处置突发性事件能力”。2006年初，《国家突发公共事件总体应急预案》作为全国应急预案的总纲和规范性文件正式实施。2007年，党的十七大报告中又进一步明确“完善突发事件应急管理机制”；同年11月，《中华人民共和国突发事件应对法》正式颁布实施。至此，我国应急管理的法律、制度体系基本建成。

从地方实践来看，目前我各省级政府都建立、健全了突发性事件的应急预案，也都成立了常设性应急管理领导机构，省级以下的市级政府、县级政府也基本上都成立或者明确了办事机构和各类专项突发公共事件管理机构，同时各专业应急救援部门也都建立了本系统的信息指挥系统。在应急管理过程中，各地方政府也逐步推行了突发性公共事件干部责任追究制度、健全了信息发布制度，同时

① 参见李军芳：《我国公共危机管理视角下政府形象塑造研究综述》，载《天水师范学院学报》，2013（3）。

注意加强部门间的相互协调和合作，共同应对危机。随着相关制度政策的不断完善、政府应急管理机构的不断调整和应急管理技能的不断提升，地方政府在完善应急措施和处置突发事件的机制建设上，已经初步形成了应急预案，应急管理体制、机制和法制建设的“一案三制”的应急管理管理体系，不仅在应对突发性事件中取得了显著成效，也通过有效地应急管理使得政府形象有了很好的提升。

二、2013年相关研究综述

一般认为，在常态情况下政府的职能发挥和运行轨迹都遵循着既定的模式和轨迹，因此政府形象也相对稳定。而在危机突发的情况下，公众出于心理的本能反应，对政府的期望要远高于常态下的政府形象。尤其是受重大事件和某些行为（如恐慌）的影响，或者是形势变得更加糟糕的情况下，公众对政府的期望就会更加明显和“苛刻”，此时政府形象就比较容易受损。但2008年，“5·12”地震中我国中央和地方各级政府化解危机的成功做法受到国际社会的一致赞扬以及2011年北京“7·21”特大暴雨中政府利用“@平安北京”政务微博平台传播信息，成功塑造为民服务的形象，使学者们认识到有效的危机应对对政府形象塑造的建设性作用，即“危中有机”。同时，伴随着以互联网为代表的新媒体的迅猛发展，政府形象的传播环境发生了巨大变化，全媒体时代下的政府危机公关与危机管理成为新的研究领域。2013年，新媒体语境下危机管理对政府形象的影响、危机事件传播中的政府形象塑造、危机管理中的媒介管理等问题，成为学术界的研究重点和热点。

2013年，以“政府形象”为主题检索词的论文为603篇，其中以“危机”和“政府形象”为主题检索词的论文数为54篇，以“媒体”和“政府形象”为主题检索词的论文数为101篇（见表3）。

表3　2013年“政府形象”问题相关研究文献检索统计表

数据库名称	收录时间	覆盖期刊	检索词	检索方式（篇数）				
				篇名	关键词	摘要	全文	主题
中国知网（cnki.net）	2013年1月至12月	所有期刊、报纸、硕博论文	政府形象	102	556	2	27 606	603
			危机、政府形象	46	0	31	949	54
			媒体、政府形象	88	0	39	1 285	101

资料来源：本检索采用中国知网（CNKI），检索来源为所有文献（包含期刊和硕博论文）。

（一）危机管理中政府形象受损的深入分析

从客观角度来说，危机管理中的政府形象建设也受到当前大环境的影响。正如学者指出的那样，由于改革过程中公平与效率的关系没有得到很好的处理，经济改革与政治改革没有同步推进，导致一定范围内权力对资源的扭曲性支配、劳资分配比例失衡、垄断行业与非垄断行业分配差距过大等社会不公现象。公平与效率、政治参与和政治稳定的矛盾使得转型期公众对政府的期望与政府实际行为效果之间差距较大，导致政治信任的流失。① 但从主观角度来讲，政府职责履行不力、公共政策扭曲与官员权力的异化、缺乏公共危机的应急保障、公共信息披露机制不畅等致使在处理公共危机中政府公信力缺失。② 2013 年，学者们重点从政府的理念、危机公关意识、应急处置能力、与媒体和公众的互动沟通、行政问责机制等方面具体深入分析了危机管理中政府形象受损的原因。

缺乏服务理念、危机公关意识和防范意识不强烈是危机管理中政府形象受损的主要原因。长期以来，由于部分政府官员将主要精力集中在经济发展方面，缺乏为民服务意识，对社会矛盾的认识与准备不足，因此，政府及相关部门危机管理意识淡薄，防范意识差，不仅不提前防范，还往往回避将要和已经发生的危机。政府为保全“面子”甚至贻误危机的处理，导致信任危机。对此，扶黄思宇指出，政府及其工作人员的政府形象意识比较缺乏，服务意识较淡薄，在处理公共危机事件的过程中不能坚持有效沟通的原则，有时候刻意隐瞒甚至谎报公共危机信息，极易造成社会公众对政府失去信任，使得政府形象受到损害。③

危机管理过程中信息处理不当容易危及政府形象。刘再春指出，政府在危机中信息公开的现状令人担忧。信息公开方式单一、僵化，共享平台的缺乏等因素导致信息沟通不畅通；由于监管体制不严，使得信息披露不到位，责任制流于形式；受传统“家丑不外扬”思想的影响，信息漏报、误报、瞒报普遍存在，最终造成信息失真。④ 董原等认为，即使建立了应急管理体系和信息公开制度，但一遇事故灾难总是遮遮掩掩，屡屡挑战公众的常识和智商，如此反复，其权威和公信早就被消解于无形。⑤

政府与社会沟通不畅也容易导致政府形象受损。孙晓彦等认为，我国的主流媒体在舆论宣传方面影响力大、能够起到主导作用，成为应对危机的重要

① 参见谢金林：《网络时代政府形象管理：目标、难题与对策》，载《社会科学》，2010（11）。

② 参见马宁：《公共危机视域下的政府公信力提升》，载《宿州教育学院学报》，2013（4）。

③ 参见扶黄思宇：《公共危机事件传播中政府形象的塑造》，载《新闻世界》，2013（7）。

④ 参见刘再春：《公共危机信息公开问题研究》，载《四川行政学院学报》，2013（6）。

⑤ 参见董原等：《公共管理中树立政府形象的路径选择》，载《西北民族大学学报（社会科学版）》，2013（5）。

路径。[①] 但是，徐国源等人指出，当一些重大而敏感的危机事件发生后，传统主流媒体的集体失语和新媒体的“碎片化”传播往往导致事态恶化乃至失控：主流媒体的失语使得本来处于猜测、质疑甚至抗议中的民众更加亢奋和无所适从，许多“不明真相”的公众很可能会盲目“随大流”参与到线上和线下的集体抗议活动中去，从而使事态逐步扩大恶化；新媒体“碎片化”传播带来的“烟花效应”则在一定程度上瓦解了传统社会关系及社会观念的整一性，造成社会利益诉求的碎片化。[②] 在危机管理过程中，扶黄思宇认为，如果政府一味躲避公共舆论甚至对新闻媒体采取抵触或者排斥的态度，不仅无助于事件的解决，而且会明显降低政府的公信力，严重损害政府形象。[③]

问责机制不健全也是影响政府形象的重要原因。扶黄思宇认为，行政问责制对于追究官员责任，落实各项工作任务发挥着重要作用。根据我国行政问责制的相关要求，在突发事件中出现重大问题，造成了严重损失的，必须追究主要领导和当事人的责任。[④] 但是，在危机过程中，问责机制的逆向选择往往使得地方政府官员先隐瞒事实而不是信息公开。谢金林指出，由于现实政治体制信息流通并不很通畅，这就导致了下级政府与上级政府在问责博弈中的信息不对称。当问责事由出现以后，作为“经济人”角色的应当承担责任的部门及其相关人员采取欺上瞒下的策略，逃避责任追究。问责机制的逆向选择，使很多地方政府及其工作人员选择“捂盖子”的策略应对公共危机事件，往往延误了处理危机的最佳时机，给社会造成巨大损失，致使政府形象受损。[⑤] 曹劲松进一步指出，当前问责与担当制度的缺失导致一些被问责的官员们在销声匿迹一段时间后，“一个接一个复出，换个岗位重新被任用”，一些官员的不正当复出也导致政府问责的信用危机。[⑥]

总体来说，当前危机管理中导致政府形象受困的元素主要有：公众的期待与现实的价值反差、宣传与交流的信息失衡、问责与担当的制度缺位、政府公信力的下降等。同时，由于政府的自利性、地方政府执政能力不足、监督机制和法律制度不完善等原因，我国政府在处理各种公共危机时，还存在一些信用缺失问题，影响着政府的公信力。[⑦]

---

① 参见孙晓彦：《建构公共危机事件中的政府与主流媒体有效沟通路径》，载《学术研究》，2013（12）。

② 参见徐国源等：《公共危机事件中政府形象的传播策略》，载《传媒观察》，2013（6）。

③④ 参见扶黄思宇：《公共危机事件传播中政府形象的塑造》，载《新闻世界》，2013（7）。

⑤ 参见谢金林：《网络时代政府形象管理：目标、难题与对策》，载《社会科学》，2010（11）。

⑥ 参见曹劲松：《政府形象传播的现实困境及破解路径》，载《南京社会科学》，2012（6）。

⑦ 参见杨慧静等：《公共危机治理中我国政府的信用建设》，载《征信》，2013（3）。

（二）新媒体语境下的政府危机管理

丁柏铨指出，新媒体语境是指凭借网络、手机等新兴媒体所形成的语境。自媒体在新媒体语境中充当着重要的角色。相对于传统媒体而言，新兴媒体具有使用便捷、运用自如、便于互动和传播广泛等显著特点。公共危机事件在新媒体的发酵下，危机的传播和蔓延更为迅速，尤其是网络中意见领袖对网络的运行态势和发展走向有着举足轻重的作用，政府如果应对不及时或处置不恰当，就很可能使自身形象受损，公信力大受影响。① 李伟权指出，随着网络的发展，公共舆论已经成为突发性事件发展的重要影响因素。政府网络舆论传播在公众当中容易引起逆反心理已经成为较为普遍的现象。网络舆论逆反心理通常表现为网民对已有政府信息所得出的结论、判断，进行反方向思维，产生怀疑和动摇进而否定的态度。② 朱晓霞也指出，在遇到突发性事件时，由于政府信息公开不到位，网络对事件的报道、传播深深地影响着公众对事件和相关问题的理解与判断，进而会影响其对政府的看法和评价。③ 唐玲在分析了公共突发事件网络舆情危机的内涵后指出，网络舆情危机表面上是因公共突发事件而起，实际则是长期以来积压的各种矛盾的激化爆发，公共突发事件只是扮演了“导火线”角色，网络则提供了宣泄的平台。由于当前网民规模比较大，若负面舆情在传播中占主导地位会对党和政府的合法性、公信力和形象以及社会正常秩序带来威胁与挑战。④

政府如何应对网络舆情危机也引起学界热议。甘根华指出，虽然近年来政府部门对网络舆情的重视程度逐年提升，某些地方政府在网络舆情事件应对中的表现甚至可圈可点，但是总体来说还是应对能力整体偏低，尤其是县市及以下地方政府、基层政府在面对网络舆情时，在态度和行为上存在着“不愿”、“不敢”、“不屑”和“不会”等缺陷，往往造成舆情事件到来后的慌乱和不知所措，坐失良机，甚至把小事搞大，大事搞炸，致使政府形象严重受损。⑤ 但学者也认为，近些年来，政务微博为政府信息传播和形象塑造提供了新平台。如党建宁认为，在新媒体语境下政务微博成为政府形象塑造的一种模式创新。他指出，一方面政务微博通过双向交互，强化公众对政府的认同，有利于塑造服务型政府形象；另一方面政务微博使原先的政府“独唱”，转变为现在的“合唱”，也有利于政府影

---

① 参见丁柏铨：《新媒体语境中公共危机事件舆论与政府形象》，载《南京政治学院学报》，2013（5）。

② 参见李伟权：《政府应急管理中网络舆论受众逆反心理预警机制研究》，载《中国行政管理》，2013（11）。

③ 参见朱晓霞等：《公共危机中的媒介管理研究》，载《河北学刊》，2013（6）。

④ 参见唐玲：《中国公共突发事件网络舆情危机应对：经验、挑战及应对》，见杜志淳主编：《中国社会公共安全研究报告（第3辑）》，北京，中央编译出版社，2013。

⑤ 参见甘根华等：《论地方政府应对网络舆情危机》，载《江西行政学院学报》，2013（4）。

响社会舆论，营造良好的舆论氛围，树立公开、透明的政府形象。① 据国家行政学院电子政务研究中心发布的《2012年中国政务微博客评估报告》显示，截至2012年底，中国政务微博账号数量已经超过17.6万个②，政务微博井喷式的发展，增进了公众与政府之间的互动，使得普通公民在微博上与政府直接对话成为可能，这不仅使政务微博成为电子政府建设的新生力量，也成为塑造政府形象的新阵地。③

（三）危机管理中政府与媒介的沟通研究

朱晓霞指出，现代媒介对突发公共事件的报道传播深深地影响着公众对事件和相关问题的理解与判断。在危机事前阶段，媒介为公众尽可能全面地提供处理危机信息，是社会风险的守望和预警者；在危机事中阶段，媒介是传达政府政策、引导社会走向正常秩序的核心力量，是社会舆论的引导者；在危机事后阶段，媒介为政府处理危机事件提供社会支持，是社会心理的救治者。由于传统新闻媒介受政府的控制，导致不能真正监督政府管理者，不能为公众及时、迅速地提供可靠真实的信息。史波指出，移动通信和互联网融合技术的发展使移动互联网成为公共危机信息传播的重要媒介。移动互联网环境下公共危机信息的“再传播”给政府危机管理带来了新的挑战。④ 李阳春指出，当人们对于消息的需求大于传统媒介渠道的消息供给，或对适应环境必不可少的信息无法及时得到时，谣言就容易产生。在危机事件发生时，由于信息资源匮乏、缺乏权威部门的报道、网络快速滚动海量信息等特性，为谣言的传播提供了温床。⑤ 而政府在与媒体的对话、沟通中，由于观念滞后和运作技能的缺乏，往往会陷入“躲—堵—拖—掩”等沟通盲区，造成信息沟通中的“政府失语”和“行政缺位”，延误了应对危机的最佳时机，也对政府形象带来负面影响。⑥

（四）危机管理中政府形象塑造研究

学者们普遍认为，提升政府形象首先要政府理念先行，在危机管理中树立为民服务的政府理念。要在公民本位、社会本位理念的指导下，把政府定位于服务者的角色，依法为公众提供服务并承担相应的责任，建设服务型政府。要避免形象工程、政绩工程的建设模式，防止朝令夕改、反复折腾的决策模式。陈艳平认

---

① 参见党建宁：《新媒体时代公共危机中政府形象塑造的新模式》，载《新西部》，2013（5）。

② 参见胡建华：《政务微博：公共危机管理的新平台》，载《江西理工大学学报》，2013（6）。

③ 参见丁艺等：《政务微博应用与政府形象塑造》，载《云南社会科学》，2013（4）。

④ 参见史波：《移动互联网环境下公共危机信息传播行为的影响因素研究》，载《情报杂志》，2013（6）。

⑤ 参见李阳春：《公共危机中网络谣言的发生机制研究》，载《北京警察学院学报》，2013（4）。

⑥ 参见徐国源等：《公共危机中政府形象的传播策略》，载《传媒观察》，2013（6）。

为，“人本位”应该是政府形象评估的首要维度，包括对人权和人格的尊重，对生命的敬畏以及政府行为的人性化。① 赵清文从强化政府公信力的角度指出，政府在公共危机管理中的宗旨、态度、行为和效果，对于政府公信力建设有着深远的影响，强化公信力建设，首先要牢牢树立公共利益至上的理念。② 马宁指出，转变政府行为理念，一个重要的方面是要增强官员的诚信意识，明确政府组成部门及其工作人员的职责，要言必信，行必果。③

提升政府形象需要加强政府的危机管理能力建设。虽然“非典”以后我国经历了从单灾种危机管理向复合危机管理渐进的过程，已经形成了较为完善的公共危机管理体系。但目前我国的危机管理体系仍缺乏组织化保障，应急基础设施能力总体较弱。④ 在提升政府危机应对能力方面，欧阳一帆指出，创新公共政策和危机管理运作机制，首先要明确政府危机管理中的核心职能，建立政府危机预警制度；其次要通过法律法规等制度体系建设，保障在危机管理过程中实现有效的“府际合作”；最后还要通过定期的、常态化的协调议事机制和“府际磋商”机制协调不同城市主体间在利益结构上的差异，使得地方政府的合作形式从诱导性合作转向自发性合作。⑤

政府形象的塑造还需要提升政府的危机公关能力，特别是与网络媒体的沟通能力。王炜佳认为，政府形象的塑造除了在危机时期要予以高度重视外，更应从常态管理入手，加强网络社交媒体的管理，将其建设成为一种常态化与制度化的网络社交媒体管理机制，进一步提升我国政府形象的塑造能力与效果。⑥ 朱晓霞等人认为，政府应该在提高公众知情权的基础上，制度化地为新闻媒介提供空间，进一步落实完善新闻发言人制度，为公众提供内容准确、版本一致的信息，同时，实施危机信息动态监测，合理引导社会舆论，政府需要和媒介加强协作，增加默契，构建和谐关系。⑦ 董原等人指出，在新媒体语境下，要通过完善信息公开披露机制、完善新闻发布机制、完善政府与媒体的合作机制等途径，建立与媒体沟通的良性互动机制。⑧ 李阳春指出，在自媒体时代，政府要及时通过主流

① 参见陈艳平：《政府形象评估维度的解析与重构》，载《时代经贸》，2013（2）。

② 参见赵清文：《公共危机管理理念下的政府公信力建设》，载《理论月刊》，2013（2）。

③ 参见马宁：《公共危机视域下的政府公信力提升》，载《宿州教育学院学报》，2013（4）。

④ 参见朱晓霞等：《对我国公共危机应急管理体系的系统分析》，载《学术交流》，2009（3）。

⑤ 参见欧阳一帆等：《公共危机的府际合作治理研究》，载《决策与信息》，2013（12）。

⑥ 参见王炜佳：《新媒体时代社会常态下我国政府形象的塑造路径——从被动式危机公关转向在社会常态中主动塑造》，载《探索与争鸣》，2013（2）。

⑦ 参见朱晓霞等：《公共危机中的媒介管理研究》，载《河北学刊》，2013（6）。

⑧ 参见董原等：《公共管理中树立政府形象的路径选择》，载《西北民族大学学报（社会科学版）》，2013（5）。

媒体、权威部门的报道，全面公布危机事件的事实真相，通过加大体制性的信息供给渠道，保障广大民众在危机事件后的知情权，消除网络谣言的传播土壤。同时，还要通过加强网络信息的管理，提高对虚拟社会的管理水平，规范网络传播行为。①

在全媒体时代下，政府形象塑造还需要加强官员的媒介素养建设。周大勇认为，全媒体时代的官员媒介素养不仅是其本身形象和能力的显现，同时在一定程度上也反映政府形象。因此，官员的媒介素养建设一方面要能够具备运用媒介正确传播信息的能力，并对各种信息能够正确鉴别、分析和批判，在面对媒体时要从容淡定、理性应对；另一方面还要具有正确的舆论引导能力和运用媒体管理公共事务的能力，以及危机公共传播能力和利用媒介完善社会预警机制的能力。②丁艺等人认为，在全媒体时代下，尤其要提升党政干部的全媒体读写能力，具备网络运行规律的掌控能力、网上信息的甄别能力、网上舆情的研判能力和网络舆论的引导能力，要通过党政干部媒介能力素质训练，提升网络虚拟社会管理水平和危机驾驭能力。③ 李卓毅等人指出，新媒体时代的即时性，使政府如何与民众进行“第一时间”沟通成为传统“新闻发言人”制度亟须解决的问题。相对于传统发言制度，政府“网络发言人”为政府与民众更深层次的沟通设立了更为先进与方便、快捷的渠道，不仅使现实世界中的舆论监督和政府与民众的沟通互动更顺畅、更成熟，也使政府公共关系双向传播的理想得以实现。④

三、结论与展望

自20世纪90年代以来，学者们在大量研究、翻译国外著名研究成果的基础上，从政治学、管理学、传播学、营销学等多科学、多视角对政府形象的内涵、特征以及形象塑造路径等问题进行了多方位的深入研究，也取得了丰富的成果，这为学术界的继续研究打下了比较坚实的基础。同时，就如何应对危机以及危机过程中如何塑造、修复政府形象，学界提出了许多有针对性和操作性的建议和对策，这对政府部门的实际工作具有十分重要的指导意义。

但是，作为一项理论研究，仅仅研究“危机过程”中的政府形象建设还远远不够。这是因为，就我国当前发展阶段和发展中面临的问题而言，公共危机正开

① 参见李阳春：《公共危机中网络谣言的发生机制研究》，载《北京警察学院学报》，2013（4）。
② 参见周大勇：《官员的媒介传播与政府形象传播》，载《中共中央党校学报》，2013（4）。
③ 参见丁艺等：《政务微博应用与政府形象塑造》，载《云南社会科学》，2013（4）。
④ 参见李卓毅等：《浅析政府危机管理中的网络新闻发言人》，载《人民论坛》，2013（5）。

始成为社会发展中的常态事件，我国已经进入了高风险社会，政府除了要经常性地应对“某一个”和“某一类”突发性的事件外，还要把应对危机视为一种“常规性”的工作状态，将危机管理当成政府的一项“常态化的工作任务”来做。如此一来，危机管理中的政府形象也就成为了一项系统工程，它不仅需要政府在危机发生过程中进行有效的应对和引导，同时更加需要“常态危机”下政府良好的理念、行为和政府绩效作为坚实后盾。因此正如学者所言，“应急管理研究要突破简单技能体系知识的限制，而要更深层次的从社会科学分析的角度来理解灾害/危机/突发事件过程中人、组织以及整个社会的行为反应，从而设计一套更为适合现代应急需要的应急管理体系”①，危机管理理论需要将公共危机的基本理论、危机管理体系和政府形象研究结合起来，同时借鉴管理学、经济学、社会学和心理学等学科的理论和方法，构建新的理论分析框架，进一步拓展和完善相关研究领域，形成系统的理论。

同样，作为一项系统的研究，还需要在方法论上进行创新和完善。目前我国该领域研究比较成熟且为学界和实践界广泛接受的理论导向和研究范式都尚未形成。从已有的研究文献来看，国内学者多侧重于应然性的理论分析，实证研究比较缺乏。在当前的研究文献中，有不少研究由于缺乏案例、调查研究等实证分析而使研究流于空泛，缺乏实际指导作用而很难受到政府相关部门的重视，同时也限制了自身的研究提升空间。因此，在今后的研究中，需要进行方法论创新，尤其是需要加强实证分析，以此来支撑、验证和丰富相关理论，在此基础上还可以将实证研究进一步细化、深化和现实化，使得研究成果更加具有针对性、建设性和指导性。

四、报告要点

本报告对近些年来危机管理和政府形象建设的研究成果做了总结综述。总体来看，学术界关于危机管理中的政府形象建设已经在相关领域取得了较为成熟的研究成果，也已经开始向纵深的理论研究和系统研究方向发展。实践界也已经从早期被动应对各种突发性事件和恢复政府形象中逐渐意识到现代社会危机管理的复杂性和严重性，从被动应对走向积极的应急预防和形象塑造。在国家层面上已经初步建成了应急管理的法律制度体系，各级地方政府也已经初步形成了应急预案，应急管理体制、机制和法制建设的“一案三制”的应急管理管理体系，不仅

① 刘淑华：《中国大陆应急管理研究：理论与应急实践的无缝整合》，见敬锐嘉主编：《公共应急管理：发展与比较》，上海，上海人民出版社，2013。

在应对突发性事件中取得了显著成效，也使政府形象有了很好的提升。

2013 年，学术界结合新媒体时代政府形象传播环境发生的变化，加大了新媒体时代下政府危机公关与形象塑造的研究。新媒体语境下危机管理对政府形象的影响、危机事件传播中的政府形象塑造、政府危机管理中的媒介管理等问题，成为 2013 年度学界的研究热点，相关观点总结如下：

（1）在政府危机管理中，传统主流媒体的集体失语易使大众盲目“随大流”导致事态恶化乃至失控；新媒体的“碎片化”传播则在一定程度上瓦解了传统社会关系及社会观念的整一性，造成社会利益诉求的碎片化。政府在与媒体的沟通中，由于观念滞后和运作技能的缺乏，往往会陷入“躲—堵—拖—掩”等沟通盲区，造成信息沟通中的“政府失语”和“行政缺位”，延误了应对危机的最佳时机，给政府形象带来负面影响。

（2）政务微博建设为政府信息传播和形象塑造提供了新平台。政务微博增进了公众与政府在虚拟社会的互动，使得普通公民在微博上与政府直接对话成为可能，变原来的政府“独唱”为现在的“合唱”，既有利于政府影响社会舆论，营造良好的舆论氛围，也成为塑造政府形象的新阵地。

（3）新媒体语境下的政府形象塑造，一方面，要提升政府的危机公关能力，包括完善信息公开披露机制、完善新闻发布机制、完善政府与媒体的合作机制，建立与媒体沟通的良性互动机制；另一方面，还需要加强官员的媒介素养建设，要能够具备运用媒介正确传播信息的能力，具备正确的舆论引导能力和运用媒体管理公共事务的能力，以及危机公共传播能力和利用媒介完善社会预警机制的能力。此外，政府“网络发言人”为政府与民众更深层次的沟通互动提供了新路径，不失为政府公共关系双向传播的理想选择。

（作者单位：中共浙江省委党校）

附　录

附录1 中国政府发展基础数据

一、政府规模

表1　　中国与OECD成员国中央政府核心机构（内阁）部门设置情况比较

国家	机构数	国家	机构数	国家	机构数	国家	机构数
澳大利亚	20*	法国	15	韩国	18	斯洛文尼亚	空缺
奥地利	13	德国	14	卢森堡	19	西班牙	15*
比利时	13	希腊	16	墨西哥	16*	瑞典	10*
加拿大	26	匈牙利	11	荷兰	16	瑞士	7*
智利	空缺	冰岛	11	新西兰	30（19）	土耳其	15*
捷克	14	爱尔兰	15	挪威	17*	英国	24*
丹麦	20	以色列	空缺	波兰	17	美国	13*
爱沙尼亚	空缺	意大利	18（26）	葡萄牙	16*	中国	25
芬兰	12	日本	12*	斯洛伐克	空缺	—	—

注：由于资料寻找的难度，本表部分数据空缺；标*的数据截至2013年底，其余数据截至2007年底；意大利政府核心机构为18个，另在内阁设有8名无任所部长；新西兰政府内阁有19名部长，代表30个部。

资料来源：各国政府官方网站；中国机构编制网（http://www.scopsr.gov.cn/once/jdjcr/xgzl/201001/t20100123_1211.htm）。

表2　　中国与OECD国家财政供养人员数量占人口比例比较

国家	2002年	2003年	2004年	2005年	2006年	2007年	2008年	平均
中国	3.38%	3.42%	3.45%	3.48%	3.52%	3.77%	3.80%	3.49%
澳大利亚	4.63%	4.77%	5.00%	5.26%	5.41%	5.54%	5.53%	5.13%
奥地利	3.39%	3.49%	2.98%	3.48%	3.38%	3.45%	3.38%	3.41%

续前表

国家	2002 年	2003 年	2004 年	2005 年	2006 年	2007 年	2008 年	平均
比利时	4.36%	4.38%	4.54%	4.64%	4.62%	4.69%	4.54%	4.52%
加拿大	4.38%	4.41%	4.59%	4.60%	4.71%	4.66%	4.79%	4.58%
智利	1.84%	—	—	—	—	—	—	1.84%
捷克	2.98%	2.80%	2.86%	2.87%	3.10%	3.18%	3.20%	2.97%
丹麦	3.59%	3.85%	3.62%	3.64%	3.84%	3.93%	3.07%	3.63%
爱沙尼亚	5.12%	5.16%	5.46%	5.71%	6.18%	6.19%	5.93%	5.56%
芬兰	3.85%	4.11%	4.40%	4.52%	4.56%	4.71%	4.76%	4.25%
法国	—	3.24%	3.29%	3.33%	3.34%	3.47%	3.54%	3.37%
德国	2.98%	2.92%	2.95%	3.03%	3.10%	3.23%	3.37%	2.96%
希腊	3.86%	3.60%	4.09%	4.06%	4.12%	4.18%	4.28%	3.94%
匈牙利	2.58%	2.68%	2.89%	3.05%	2.93%	2.82%	2.90%	2.78%
冰岛	4.41%	3.67%	4.06%	4.09%	4.70%	5.37%	5.39%	4.40%
爱尔兰	7.76%	7.59%	7.94%	7.33%	7.03%	7.15%	7.33%	7.49%
以色列	2.79%	2.72%	2.45%	2.37%	2.55%	2.80%	2.96%	2.69%
意大利	1.26%	1.30%	3.50%	3.42%	3.35%	3.24%	3.20%	2.41%
日本	—	—	—	—	—	—	—	—
韩国	1.20%	1.25%	1.20%	1.19%	1.18%	1.15%	1.12%	1.15%
卢森堡	—	—	—	—	—	—	—	—
墨西哥	0.83%	0.77%	0.79%	0.88%	0.86%	0.86%	0.81%	0.84%
荷兰	6.20%	6.22%	5.16%	4.81%	5.18%	5.37%	5.40%	5.67%
新西兰	6.09%	6.02%	5.96%	6.16%	6.45%	6.70%	7.01%	6.30%
挪威	3.83%	3.72%	3.55%	3.27%	3.13%	2.99%	3.15%	3.48%
波兰	2.09%	2.15%	2.24%	2.26%	2.43%	2.54%	2.61%	2.32%
葡萄牙	3.63%	4.10%	4.37%	4.44%	3.75%	3.25%	3.03%	3.70%
斯洛伐克	1.99%	2.36%	2.56%	2.57%	2.44%	2.38%	2.48%	2.38%
斯洛文尼亚	2.96%	2.71%	2.90%	3.30%	3.04%	2.89%	3.23%	3.06%
西班牙	3.02%	3.05%	3.11%	3.03%	3.26%	3.37%	3.42%	3.15%
瑞典	2.27%	2.33%	2.48%	2.26%	2.42%	2.58%	2.55%	2.36%

续前表

国家	2002 年	2003 年	2004 年	2005 年	2006 年	2007 年	2008 年	平均
瑞士	3.31%	3.39%	3.37%	3.33%	3.43%	3.50%	3.66%	3.36%
土耳其	2.66%	2.76%	2.74%	3.15%	2.92%	2.61%	2.62%	2.77%
英国	6.63%	6.83%	6.91%	7.06%	7.25%	7.25%	7.53%	6.98%
美国	—	6.87%	6.91%	6.92%	7.11%	7.16%	7.25%	7.04%

资料来源：根据 OECD 统计数据（OECD Factbook 2011：Economic，Environmental and Social Statistics-ISBN 978－92－64－11150－9 © OECD 2011）、中华人民共和国国家统计局网站（http://data.stats.gov.cn/index）、中华人民共和国财政部网站（http://yss.mof.gov.cn/2014zyjs/）数据整理计算而成。

二、预算主要指标

表 3　　2014 年中央公共财政收入预算表

项目	2013 年执行（亿元）	2014 年预算（亿元）	预算数为上年执行数的百分比（%）
一、税收收入	56 633.72	60 645.00	107.1
国内增值税	20 527.92	21 760.00	106.0
国内消费税	8 230.27	8 870.00	107.8
进口货物增值税、消费税	14 003.34	14 935.00	106.7
出口货物退增值税、消费税	－10 514.89	－11 333.00	107.8
营业税	78.44	84.00	107.1
企业所得税	14 443.10	15 610.00	108.1
个人所得税	3 918.84	4 290.00	109.5
资源税	45.34	48.00	105.9
城市维护建设税	176.27	189.00	107.2
印花税	455.55	490.00	107.6
其中：证券交易印花税	455.55	490.00	107.6
船舶吨税	43.53	47.00	108.0
车辆购置税	2 595.72	2 850.00	109.8
关税	2 630.29	2 805.00	106.6

续前表

项目	2013年执行（亿元）	2014年预算（亿元）	预算数为上年执行数的百分比（%）
二、非税收入	3 540.05	3 735.00	105.5
专项收入	405.22	425.00	104.9
行政事业性收费	264.81	255.00	96.3
罚没收入	44.10	45.00	102.0
国有资本经营收入	1 067.28	1 280.00	119.9
国有资源（资产）有偿使用收入	204.69	210.00	102.6
其他收入	1 553.95	1 520.00	97.8
中央公共财政收入	60 173.77	64 380.00	107.0
调入中央预算稳定调节基金	1 000.00	1 000.00	100.0
支出大于收入的差额	8 500.00	9 500.00	111.8

注：中央公共财政支出大于收入的差额＝支出总量（中央公共财政支出＋补充中央预算稳定调节基金）－收入总量（中央公共财政收入＋调入中央预算稳定调节基金）。

资料来源：中华人民共和国财政部网站（http://yss.mof.gov.cn/2014zyjs/）。

表4　2014年中央公共财政支出预算表

项目	2013年执行（亿元）	2014年预算（亿元）	预算数为上年执行数的百分比（%）
一、一般公共服务支出	1 213.87	1 245.15	102.6
中央本级支出	994.25	1 003.40	100.9
对地方转移支付	219.62	241.75	110.1
二、外交支出	354.41	376.81	106.3
中央本级支出	354.41	376.81	106.3
三、国防支出	7 201.97	8 082.30	112.2
中央本级支出	7 177.37	8 054.49	112.2
对地方转移支付	24.60	27.81	113.0
四、公共安全支出	1 932.38	2 050.65	106.1
中央本级支出	1 296.18	1 389.15	107.2
对地方转移支付	636.20	661.50	104.0
五、教育支出	3 790.01	4 133.55	109.1
中央本级支出	1 117.61	1 195.00	106.9

续前表

项目	2013 年执行（亿元）	2014 年预算（亿元）	预算数为上年执行数的百分比（%）
对地方转移支付	2 672.40	2 938.55	110.0
六、科学技术支出	2 456.15	2 673.90	108.9
中央本级支出	2 364.68	2 580.41	109.1
对地方转移支付	91.47	93.49	102.2
七、文化体育与传媒支出	469.00	512.29	109.2
中央本级支出	204.07	227.68	111.6
对地方转移支付	264.93	284.61	107.4
八、社会保障和就业支出	6 513.45	7 152.96	109.8
中央本级支出	640.52	714.93	111.6
对地方转移支付	5 872.93	6 438.03	109.6
九、医疗卫生与计划生育支出	2 640.45	3 038.05	115.1
中央本级支出	80.11	140.74	175.7
对地方转移支付	2 560.34	2 897.31	113.2
十、节能环保支出	1 969.26	2 109.09	107.1
中央本级支出	237.94	290.67	122.2
对地方转移支付	1 731.32	1 818.42	105.0
十一、城乡社区支出	127.79	122.77	96.1
中央本级支出	19.06	6.21	32.6
对地方转移支付	108.73	116.56	107.2
十二、农林水支出	5 972.42	6 487.47	108.6
中央本级支出	525.89	493.47	93.8
对地方转移支付	5 446.53	5 994.00	110.1
十三、交通运输支出	4 133.90	4 345.68	105.1
中央本级支出	722.96	630.17	87.2
对地方转移支付	3 410.94	3 715.51	108.9
十四、资源勘探信息等支出	763.55	605.77	79.3
中央本级支出	315.93	313.17	99.1
对地方转移支付	447.62	292.60	65.4

续前表

项目	2013 年执行（亿元）	2014 年预算（亿元）	预算数为上年执行数的百分比（%）
十五、商业服务业等支出	453.51	366.69	80.9
中央本级支出	25.39	25.23	99.4
对地方转移支付	428.12	341.46	79.8
十六、金融支出	164.81	205.71	124.8
中央本级支出	164.19	205.71	125.3
对地方转移支付	0.62		
十七、地震灾后恢复重建支出	9.35		
对地方转移支付	9.35		
十八、国土海洋气象等支出	490.88	492.00	100.2
中央本级支出	267.28	305.21	114.2
对地方转移支付	223.60	186.79	83.5
十九、住房保障支出	2 320.94	2 528.69	109.0
中央本级支出	404.73	378.85	93.6
对地方转移支付	1 916.21	2 149.84	112.2
二十、粮油物资储备支出	1 266.32	1 393.96	110.1
中央本级支出	905.09	979.04	108.2
对地方转移支付	361.23	414.92	114.9
二十一、国债还本付息支出	2 315.41	2 693.60	116.3
中央本级支出	2 315.41	2 693.60	116.3
二十二、对地方税收返还	5 056.90	5 086.91	100.6
二十三、对地方一般性转移支付	16 353.84	17 953.85	109.8
二十四、其他支出	538.82	722.15	134.0
中央本级支出	338.68	502.06	148.2
对地方转移支付	200.14	220.09	110.0
中央本级和补助地方支出	68 509.39	74 380.00	108.6
中央本级支出	20 471.75	22 506.00	109.9
对地方税收返还和转移支付	48 037.64	51 874.00	108.0
中央预备费		500.00	

续前表

项目	2013 年执行（亿元）	2014 年预算（亿元）	预算数为上年执行数的百分比（%）
中央公共财政支出	68 509.39	74 880.00	109.3
补充中央预算稳定调节基金	1 164.38		

注：本表对地方一般性转移支付数额小于“2014 年中央对地方税收返还和转移支付预算表”中的一般性转移支付数额，主要是“2014 年中央对地方税收返还和 转移支付预算表”中列入一般性转移支付的基层公检法司转移支付、义务教育等转移支付、基本养老金和低保等转移支付、城乡居民医疗保险等转移支付、农村综合改革转移支付，在本表中分别列入公共安全支出、教育支出、社会保障和就业支出、医疗卫生与计划生育支出、农林水支出科目。

资料来源：中华人民共和国财政部网站（http://yss.mof.gov.cn/2014zyjs/）。

表 5　　中国与 OECD 国家政府最终消费支出（以当前汇率结算） 单位：十亿美元

国家	2006 年	2007 年	2008 年	2009 年	2010 年	2011 年	2012 年	2013 年
澳大利亚	133.0	141.5	149.2	161.7	166.8	175.9	183.7	空缺
奥地利	55.3	56.9	61.9	64.9	66.0	68.4	70.7	71.2
比利时	81.1	84.1	91.7	98.4	101.1	107.5	112.9	115.8
加拿大	239.8	252.7	268.1	292.7	299.5	307.9	318.4	330.5
智利	25.1	28.4	30.5	34.2	38.4	42.2	45.0	48.8
捷克	49.5	52.0	53.2	58.4	57.9	58.8	59.3	60.3
丹麦	50.8	53.4	58.1	63.6	65.7	66.1	68.1	68.6
爱沙尼亚	4.2	4.8	5.7	5.8	5.7	5.9	6.2	6.5
芬兰	38.8	41.2	45.5	48.2	48.6	50.9	53.2	54.7
法国	467.7	487.5	510.0	544.8	562.4	580.1	597.8	611.0
德国	507.7	522.1	556.8	589.6	611.7	641.6	662.5	680.2
希腊	51.1	55.3	60.3	68.3	58.1	52.3	50.4	48.5
匈牙利	42.4	41.1	44.8	46.4	46.5	47.0	45.8	47.0
冰岛	2.7	2.8	3.1	3.2	3.0	3.1	3.2	3.3
爱尔兰	29.8	33.9	36.2	37.4	36.1	36.1	36.1	空缺
以色列	43.1	45.7	46.6	47.5	50.7	53.9	56.8	空缺
意大利	358.2	371.0	399.8	418.2	419.1	418.5	415.7	412.4
日本	737.8	771.4	796.1	812.7	852.5	894.5	926.0	空缺
韩国	170.5	186.3	199.7	207.2	211.9	221.8	237.6	空缺
卢森堡	5.7	6.0	6.4	7.0	7.2	7.7	8.3	8.7

续前表

国家	2006 年	2007 年	2008 年	2009 年	2010 年	2011 年	2012 年	2013 年
墨西哥	154.3	163.4	178.6	194.7	202.4	219.5	232.6	空缺
荷兰	156.2	167.7	181.4	195.8	196.6	201.2	206.7	206.2
新西兰	21.2	22.8	25.1	26.3	26.6	27.7	28.5	空缺
挪威	47.4	50.6	55.8	59.5	62.0	66.0	70.8	74.8
波兰	105.2	114.4	127.2	134.0	147.5	150.7	156.5	162.3
葡萄牙	49.9	50.8	53.2	58.9	59.1	54.3	49.8	52.0
斯洛伐克	18.6	19.3	21.9	24.5	24.9	24.4	24.6	25.3
斯洛文尼亚	9.6	9.5	10.7	11.1	11.5	12.0	12.2	12.0
西班牙	241.0	264.8	294.4	316.4	313.0	315.0	303.3	302.2
瑞典	84.3	89.7	95.2	96.8	98.9	104.8	109.9	115.6
瑞士	34.0	36.2	38.0	41.0	41.7	44.7	47.5	空缺
土耳其	110.5	124.7	136.7	154.1	167.5	183.1	203.8	218.4
英国	456.1	457.9	484.8	503.2	486.9	482.9	493.9	496.1
美国	2 089.8	2 209.7	2 368.6	2 442.1	2 522.2	2 526.1	2 548.0	空缺
中国	1 061.1	1 190.4	1 309.4	1 452.6	1 609.2	1 801.6	2 035.5	空缺

资料来源：根据 OECD 数据库相关数据整理而成。

附录 2　2013 年中国政府发展政策法规一览（节选）

1. 法律

（1）《全国人民代表大会常务委员会关于修改〈中华人民共和国农业法〉的决定》（主席令第七十四号），2012 年 12 月 28 日第十一届全国人民代表大会常务委员会第三十次会议通过，2013 年 1 月 1 日起施行。

（2）《关于国务院机构改革和职能转变方案的决定（草案）》，2013 年 3 月 14 日第十二届全国人民代表大会第一次会议审批通过、施行。

（3）《全国人民代表大会常务委员会关于修改〈中华人民共和国劳动合同法〉的决定》（主席令第七十三号），2012 年 12 月 28 日第十一届全国人民代表大会常务委员会第三十次会议通过，2013 年 7 月 1 日起施行。

（4）《中华人民共和国老年人权益保障法》（主席令第七十二号），2012 年 12 月 28 日第十一届全国人民代表大会常务委员会第三十次会议修订通过，2013 年 7 月 1 日起施行。

2. 行政法规

（1）《农业保险条例》（国务院令第 629 号），2012 年 10 月 24 日国务院第 222 次常务会议通过，2013 年 3 月 1 日起施行。

（2）《国务院关于修改〈信息网络传播权保护条例〉的决定》（国务院令 634 号），2013 年 1 月 16 日国务院第 231 次常务会议通过，2013 年 3 月 1 日起施行。

（3）《征信业管理条例》（国务院令第 631 号），2012 年 12 月 26 日国务院第 228 次常务会议通过，2013 年 3 月 15 日起施行。

（4）《国务院关于修改〈中华人民共和国外资保险公司管理条例〉的决定》，（国务院令第 636 号），2013 年 8 月 1 日起施行。

3. 部门规章

（1）《财政票据管理办法》（财政部令第 70 号），2012 年 10 月 11 日财政部部务会议审议通过，2013 年 1 月 1 日起施行。

（2）《发展改革委关于修改〈产业结构调整指导目录（2011 年本）〉有关条

款的决定》（发展改革委令第 21 号），2013 年 5 月 1 日起施行。

（3）《中西部地区外商投资优势产业目录（2013 年修订）》（发展改革委令第 1 号），2013 年 6 月 10 日起施行。

（4）《劳务派遣行政许可实施办法》（人力资源和社会保障部令第 19 号），人力资源和社会保障部第 10 次部务会审议通过，2013 年 7 月 1 日起施行。

（5）《养老机构管理办法》（民政部令第 49 号），2013 年 6 月 27 日民政部部务会议通过，2013 年 7 月 1 日起施行。

（6）《养老机构设立许可办法》（民政部令第 48 号），2013 年 6 月 27 日民政部部务会议通过，2013 年 7 月 1 日起施行。

（7）《社会保险费申报缴纳管理规定》（人力资源和社会保障部令第 20 号），人力资源和社会保障部第 114 次部务会审议通过，2013 年 11 月 1 日起施行。

（8）《司法部关于废止有关劳动教养工作部颁规章的决定》（司法部令第 129 号），司法部部务会议审议通过，2013 年 12 月 28 日起施行。

4. 国务院规范性文件

（1）《国务院办公厅关于转发发展改革委、住房城乡建设部绿色建筑行动方案的通知》，2013 年 1 月 1 日起施行。

（2）《国务院关于印发能源发展“十二五”规划的通知》，2013 年 1 月 1 日起施行。

（3）《国务院办公厅关于批准襄阳市城市总体规划的通知》，2013 年 1 月 1 日起施行。

（4）《国务院办公厅关于转发环境保护部“十二五”主要污染物总量减排考核办法的通知》，2013 年 1 月 5 日起施行。

（5）《国务院关于印发“十二五”国家自主创新能力建设规划的通知》，2013 年 1 月 15 日起施行。

（6）《国务院关于印发循环经济发展战略及近期行动计划的通知》，2013 年 1 月 23 日起施行。

（7）《国务院办公厅关于保障近期蔬菜市场供应和价格基本稳定的紧急通知》，2013 年 1 月 28 日起施行。

（8）《国务院办公厅关于强化企业技术创新主体地位全面提升企业创新能力的意见》，2013 年 1 月 28 日起施行。

（9）《国务院关于确定三沙市城市总体规划由国务院审批的通知》，2013 年 1 月 30 日起施行。

（10）《国务院批转发展改革委等部门关于深化收入分配制度改革若干意见的通知》，2013 年 2 月 3 日起施行。

（11）《国务院办公厅关于开展对口帮扶贵州工作的指导意见》，2013 年 2 月 4 日起施行。

（12）《国务院关于推进物联网有序健康发展的指导意见》，2013 年 2 月 5 日起施行。

（13）《国务院办公厅关于进一步促进服务外包产业发展的复函》，2013 年 2 月 5 日起施行。

（14）《国务院办公室关于落实中共中央国务院关于加快发展现代农业进一步增强农村发展活力若干意见有关政策措施分工的通知》，2013 年 2 月 7 日起施行。

（15）《国务院办公厅关于同意深入推进毕节试验区改革发展规划的函》，2013 年 2 月 7 日起施行。

（16）《国务院办公厅关于深化收入分配制度改革重点工作分工的通知》，2013 年 2 月 8 日起施行。

（17）《国务院办公厅关于巩固完善基本药物制度和基层运行新机制的意见》，2013 年 2 月 10 日起施行。

（18）《国务院办公厅关于建立疾病应急救助制度的指导意见》，2013 年 2 月 22 日起施行。

（19）《国务院办公厅关于继续做好房地产市场调控工作的通知》，2013 年 2 月 23 日起施行。

（20）《国务院办公厅关于印发贯彻实施质量发展纲要 2013 年行动计划的通知》，2013 年 2 月 27 日起施行。

（21）《国务院办公厅关于江西龙南经济技术开发区升级为国家级经济技术开发区的复函》，2013 年 3 月 2 日起施行。

（22）《国务院关于贵阳市城市总体规划的批复》，2013 年 3 月 5 日起施行。

（23）《国务院关于组建中国铁路总公司有关问题的批复》，2013 年 3 月 14 日起施行。

（24）《国务院关于部委管理的国家局设置的通知》，2013 年 3 月 19 日起施行。

（25）《国务院关于机构设置的通知》，2013 年 3 月 19 日起施行。

（26）《国务院办公厅关于印发国家铁路局主要职责内设机构和人员编制规定的通知》，2013 年 3 月 21 日起施行。

（27）《国务院关于印发〈国务院工作规则〉的通知》，2013 年 3 月 23 日起施行。

（28）《国务院办公厅关于实施〈国务院机构改革和职能转变方案〉任务分工

的通知》，2013 年 3 月 26 日起施行。

(29)《国务院办公厅关于印发国家食品药品监督管理总局主要职责内设机构和人员编制规定的通知》，2013 年 3 月 26 日起施行。

(30)《国务院关于落实〈政府工作报告〉和国务院第一次全体会议精神重点工作部门分工的意见》，2013 年 3 月 28 日起施行。

(31)《国务院办公厅同意广东省县际海域行政区域界线的通知》，2013 年 4 月 10 日起施行。

(32)《国务院办公厅转发国务院纠正行业不正之风办公室关于 2013 年纠风工作实施意见的通知》，2013 年 4 月 22 日起施行。

(33)《国务院关于生态补偿机制建设工作情况的报告》，2013 年 4 月 23 日起施行。

(34)《国务院关于取消和下放一批行政审批项目等事项的决定》，2013 年 5 月 15 日起施行。

(35)《国务院办公厅关于印发深化流通体制改革加快流通产业发展重点工作部门分工方案的通知》，2013 年 5 月 30 日起施行。

(36)《国务院办公厅关于印发国家能源局主要职责内设机构和人员编制规定的通知》，2013 年 6 月 9 日起施行。

(37)《国务院办公厅关于印发国家海洋局主要职责内设机构和人员编制规定的通知》，2013 年 6 月 9 日起施行。

(38)《国务院办公厅关于印发国家卫生和计划生育委员会主要职责内设机构和人员编制规定的通知》，2013 年 6 月 9 日起施行。

(39)《国务院关于黑龙江省“两大平原”现代农业综合配套改革试验总体方案的批复》，2013 年 6 月 13 日起施行。

(40)《国务院办公厅关于成立国务院农民工工作领导小组的通知》，2013 年 6 月 14 日起施行。

(41)《国务院办公厅关于调整国务院促进中小企业发展工作领导小组组成人员的通知》，2013 年 6 月 23 日起施行。

(42)《国务院关于城镇化建设工作情况的报告》，2013 年 6 月 26 日起施行。

(43)《国务院关于公安机关执法规范化建设工作情况的报告》，2013 年 6 月 26 日起施行。

(44)《国务院办公厅关于调整国务院扶贫开发领导小组组成人员的通知》，2013 年 6 月 27 日起施行。

(45)《国务院办公厅关于调整国务院南水北调工程建设委员会组成人员的通知》，2013 年 6 月 30 日起施行。

（46）《国务院办公厅关于印发当前政府信息公开重点工作安排的通知》，2013 年 7 月 1 日起施行。

（47）《国务院办公厅关于金融支持经济结构调整和转型升级的指导意见》，2013 年 7 月 1 日起施行。

（48）《国务院办公厅关于调整国务院西部地区开发领导小组组成人员的通知》，2013 年 7 月 1 日起施行。

（49）《国务院办公厅关于调整国务院振兴东北地区等老工业基地领导小组组成人员的通知》，2013 年 7 月 1 日起施行。

（50）《国务院办公厅关于调整国家应对气候变化及节能减排工作领导小组组成人员的通知》，2013 年 7 月 3 日起施行。

（51）《国务院办公厅关于调整国家能源委员会组成人员的通知》，2013 年 7 月 4 日起施行。

（52）《国务院关于加快棚户区改造工作的意见》，2013 年 7 月 4 日起施行。

（53）《国务院关于印发芦山地震灾后恢复重建总体规划的通知》，2013 年 7 月 6 日起施行。

（54）《国务院办公厅关于印发国家新闻出版广电总局主要职责内设机构和人员编制规定的通知》，2013 年 7 月 11 日起施行。

（55）《国务院关于取消和下放 50 项行政审批项目等事项的决定》，2013 年 7 月 13 日起施行。

（56）《国务院办公厅关于印发深化医药卫生体制改革 2013 年主要工作安排的通知》，2013 年 7 月 18 日起施行。

（57）《国家发展改革委关于加强小微企业融资服务支持小微企业发展的指导意见》，2013 年 7 月 23 日起施行。

（58）《国务院办公厅转发卫生计生委等部门关于切实履行〈国际卫生条例（2005）〉加快推进公共卫生应急核心能力建设指导意见的通知》，2013 年 7 月 24 日起施行。

（59）《国务院办公厅关于调整全国绿化委员会组成人员的通知》，2013 年 7 月 25 日起施行。

（60）《国务院办公厅关于促进进出口稳增长、调结构的若干意见》，2013 年 7 月 28 日起施行。

（61）《国务院关于加快发展节能环保产业的意见》，2013 年 8 月 1 日起施行。

（62）《国务院办公厅关于金融支持小微企业发展的实施意见》，2013 年 8 月 8 日起施行。

（63）《国务院办公厅关于批准常州市城市总体规划的通知》，2013 年 8 月 15

日起施行。

（64）《国务院办公厅关于印发中央国家机关及有关单位对口支援赣南等原中央苏区实施方案的通知》，2013 年 8 月 22 日起施行。

（65）《国务院关于今年以来国民经济和社会发展计划执行情况的报告》，2013 年 8 月 28 日起施行。

（66）《国务院关于今年以来预算执行情况的报告》，2013 年 8 月 28 日起施行。

（67）《国务院关于同意建立全国社会救助部际联席会议制度的批复》，2013 年 8 月 30 日起施行。

（68）《国务院关于取消 76 项评比达标表彰评估项目的决定》，2013 年 9 月 5 日起施行。

（69）《国务院关于加强城市基础设施建设的意见》，2013 年 9 月 6 日起施行。

（70）《国务院关于加快发展养老服务业的若干意见》，2013 年 9 月 6 日起施行。

（71）《国务院办公厅关于同意建立宁夏内陆开放型经济试验区建设部际联席会议制度的函》，2013 年 9 月 8 日起施行。

（72）《国务院关于印发中国（上海）自由贸易试验区总体方案的通知》，2013 年 9 月 18 日起施行。

（73）《国务院关于严格控制新设行政许可的通知》，2013 年 9 月 19 日起施行。

（74）《国务院办公厅关于调整中国人民银行货币政策委员会组成人员的通知》，2013 年 9 月 22 日起施行。

（75）《国务院办公厅关于批准新乡市城市总体规划的通知》，2013 年 9 月 22 日起施行。

（76）《国务院办公厅关于政府向社会力量购买服务的指导意见》，2013 年 9 月 26 日起施行。

（77）《国务院关于促进健康服务业发展的若干意见》，2013 年 9 月 28 日起施行。

（78）《国务院办公厅关于进一步加强政府信息公开回应社会关切提升政府公信力的意见》，2013 年 10 月 1 日起施行。

（79）《国务院办公厅关于印发突发事件应急预案管理办法的通知》，2013 年 10 月 25 日起施行。

（80）《国务院关于取消和下放一批行政审批项目的决定》，2013 年 11 月 8

日起施行。

（81）《国务院关于印发全国资源型城市可持续发展规划（2013 — 2020 年）的通知》，2013 年 11 月 12 日起施行。

（82）《国务院办公厅关于江西瑞金经济开发区升级为国家级经济技术开发区的复函》，2013 年 11 月 20 日起施行。

（83）《国务院办公厅关于对贯彻落实“约法三章”进一步加强督促检查的意见》，2013 年 11 月 25 日起施行。

（84）《国务院关于发布政府核准的投资项目目录（2013 年本）的通知》，2013 年 12 月 2 日起施行。

（85）《国务院办公厅关于同意建立浙江舟山群岛新区建设部省际联席会议制度的函》，2013 年 12 月 2 日起施行。

（86）《国务院关于全国中小企业股份转让系统有关问题的决定》，2013 年 12 月 13 日起施行。

（87）《国务院关于在中国（上海）自由贸易试验区内暂时调整有关行政法规和国务院文件规定的行政审批或者准入特别管理措施的决定》，2013 年 12 月 21 日起施行。

（88）《国务院关于〈中华人民共和国国民经济和社会发展第十二个五年规划纲要〉实施中期评估报告》，2013 年 12 月 25 日起施行。

（89）《国务院关于农村扶贫开发工作情况报告》，2013 年 12 月 25 日起施行。

（90）《国务院办公厅关于进一步加强资本市场中小投资者合法权益保护工作的意见》，2013 年 12 月 25 日起施行。

（91）《国务院关于〈中华人民共和国国民经济和社会发展第十二个五年规划纲要〉实施中期评估报告》，2013 年 12 月 25 日起施行。

（92）《国务院办公厅转发财政部关于调整和完善县级基本财力保障机制意见的通知》，2013 年 12 月 30 日起施行。

5. 部门规范性文件

（1）《关于加快推进重点行业企业兼并重组的指导意见》，2013 年 1 月 22 日起施行。

（2）《中国银监会关于进一步做好小微企业金融服务工作的指导意见》，2013 年 8 月 29 日起施行。

（3）《财政部印发〈关于小微企业免征增值税和营业税的会计处理规定〉的通知》，2013 年 12 月 24 日起施行。

（4）《关于促进劳动密集型中小企业健康发展的指导意见》，2013 年 12 月 31 日起施行。

附录 3　2013 年中国政府发展大事记

1. 国务院机构改革

2013 年 3 月 10 日，新一轮国务院机构改革启动，组成部门减至 25 个。围绕转变职能、理顺职责关系，实行铁路政企分开，加强对卫生和计划生育、食品药品、新闻出版和广播电影电视、海洋、能源管理机构整合。

2. 行政审批

2013 年 7 月 13 日，国务院再次调整行政审批项目，取消和下放 50 项行政审批项目，其中决定取消和下放 29 项、部分取消和下放 13 项、取消和下放评比达标项目 3 项，取消涉密事项 1 项，进一步深化行政体制改革，加快政府职能转变。

2013 年，国务院把加快转变职能、简政放权作为第一件大事，全年共分批取消和下放 416 项行政审批等事项。

3. 购买服务

2013 年 7 月 31 日，国务院研究推进政府向社会力量购买公共服务，政府购买公共服务要将开放市场和调整结构有机结合，进一步放开市场准入，释放改革红利，加快形成改善公共服务的合力。

2013 年 9 月 30 日，国务院办公厅下发《关于政府向社会力量购买服务的指导意见》，要明确购买主体、承接主体和购买内容，完善购买机制、强化资金管理和绩效管理，到 2020 年全国基本建立比较完善的政府向社会力量购买服务制度。

4. 全面深化改革领导小组成立

2013 年 11 月 12 日，中国共产党第十八届中央委员会第三次全体会议公报指出，中央成立全面深化改革领导小组，负责改革总体设计、统筹协调、整体推进、督促落实，有助于强化、改善党的领导，确保改革取得成功。

5. 滨海新区

2013 年 9 月，天津市滨海新区启动新一轮行政管理体制改革，撤销塘沽、汉沽、大港三个城区工委和管委会，将现有27个街镇分步整合，同时对大小12个功能区归并整合，初步构建了“行政区统领，功能区支撑，街镇整合提升”的管理架构。

6. *上海自贸区挂牌成立*

2013年9月29日，中国（上海）自由贸易试验区正式挂牌成立，这标志着我国改革开放的深度和广度提升到新水平。上海自贸区的诞生为全面深化改革提供了新的动力。

7. *廉政建设和反腐败*

2013年12月7日，为进一步贯彻落实约法三章，国务院办公厅要求各地区、各部门：建立行政首长负责制、严格审批和监管、强化监察和审计、建立报告制度、自觉接受人大监督、鼓励社会监督、做好重点监督。

8. *公共财政*

2013年12月30日，财政部提出《关于调整和完善县级基本财力保障机制的意见》，统一制定县级基本财力保障机制的国家保障范围和标准，逐步加大奖补资金支持力度，健全激励约束机制，引导和督促地方政府切实加强县级基本财力保障工作。

9. *应急管理*

2013年10月25日，《突发事件应急预案管理办法》出台，对应急预案的分类和内容、预案编制、审批、备案和公布、应急演练、预案的评估和修订、培训和宣传教育以及组织保障八个方面进行了详细说明。

10. *地方政府创新奖*

2013年1月11日，第七届（2013—2014年度）“中国地方政府创新奖”获奖项目揭晓。

（1）优胜奖获奖名单（以项目名称的汉语拼音为序）。

江西省司法厅：创新安置帮教模式。

共青团贵州省委春晖行动发展中心：春晖行动。

江苏省昆山市张浦镇党委镇政府：经济发达镇行政改革与流程再造。

四川省残疾人联合会：“量体裁衣”式残疾人服务模式。

广东省中山市社会工作委员会：流动人员积分制管理。

四川省成都市政府：农村产权制度改革。

吉林省安图县委县政府：群众诉求服务平台创新。

河南省焦作市财政局：“四权分离”的财政管理新机制。

陕西省岚皋县政府：镇办卫生院新农合报销制度改革。

浙江省杭州市上城区委区政府：政府管理与公共服务标准化。

（2）提名奖获奖名单（以项目名称的汉语拼音为序）。

广东省肇庆市政法委："法治肇庆"微博群。

内蒙古自治区开鲁县委县政府：嘎查村"532"工作法。

陕西省紫阳县委：民意导向的干部选任新机制。

青岛市南区八大湖街道：社会组织"伴生"模式。

重庆市金融工作办公室：小额贷款保证保险试点。

浙江省庆元县纪律检查委员会：异地便民服务中心。

山东淄博市淄川区审计局：政府直审"村官"模式。

江苏省太仓市政府："政社互动"创新实践。

福建省厦门市海沧区：政务综合体社会管理机制创新。

北京市总工会：职工服务公益孵化项目。

附录 4　2013 年中国政府发展研究概览

（一）2013 年中国政府发展研究著作选目（按照作者姓氏拼音首字母排序）

（1）财政部国库司：《大数据时代：推开财政数据挖掘之门》，北京，经济科学出版社，2013。

（2）常永华：《公共危机管理与西部地方政府执政能力问题研究》，北京，中国社会科学出版社，2013。

（3）崔会敏：《国家综合配套改革试验区行政体制研究》，北京，中国社会科学出版社，2013。

（4）樊红敏：《转型中的县域治理：结构行为与变革》，北京，中国社会科学出版社，2013。

（5）何文盛：《中国政府绩效评估责任问题研究》，北京，中国社会科学出版社，2013。

（6）何艳玲：《中国城市政府公共服务能力评估报告（2013 版）》，北京，社会科学文献出版社，2013。

（7）胡伟：《公共服务满意度蓝皮书：中国城市公共服务评价报告（2013 版）》，北京，社会科学文献出版社，2013。

（8）倪星：《中国地方政府绩效评估创新研究》，北京，人民出版社，2013。

（9）潘小娟：《攻坚：聚焦省直管县体制改革》，北京，中国社会科学出版社，2013。

（10）彭彦强：《中国地方政府合作研究：基于行政权力分析的视角》，北京，中央编译出版社，2013。

（11）秦楼月：《中国基本公共服务建设问题研究》，北京，人民出版社，2013。

（12）全国政府绩效管理研究会、兰州大学中国地方政府绩效评价中心编：《中国政府绩效管理年鉴（第 2 卷）（2012）》，北京，中国社会科学出版社，2013。

（13）任宗哲、卜晓军：《中国公共服务城乡均等化供给——基于制度分析的视角》，北京，社会科学文献出版社，2013。

(14) 沈荣华：《地方政府改革与深化行政管理体制改革研究》，北京，经济科学出版社，2013 年。

(15) 时家贤：《新政治经济学视野下的地方政府：职能定位、行为边界与目标选择》，北京，经济科学出版社，2013。

(16) 苏祖勤：《民族地区乡镇服务型政府建设研究》，北京，人民出版社，2014。

(17) 孙学玉：《垂直权力分合：省直管县体制研究》，北京，人民出版社，2013。

(18) 孙逊：《2012 年中国公共服务发展报告》，北京，商务印书馆，2013。

(19) 汪伟全：《地方政府合作》，北京，中央编译出版社，2013。

(20) 王树文：《我国公共服务市场化改革与政府管制创新》，北京，人民出版社，2013。

(21) 王雪丽：《中国“省直管县”体制改革研究》，天津，天津人民出版社，2013。

(22) 魏礼群主编：《行政改革蓝皮书：中国行政体制改革报告（2012）》，北京，社会科学文献出版社，2013。

(23) 魏礼群主编：《行政改革蓝皮书：中国行政体制改革报告（2013）》，北京，社会科学文献出版社，2014。

(24) 吴业苗：《城乡公共服务一体化的理论与实践》，北京，社会科学文献出版社，2013。

(25) 徐全红：《政府竞争财政转型与中国农区工业化》，北京，社会科学文献出版社，2013。

(26) 于施洋：《电子政务顶层设计：信息化条件下的政府业务规划》，北京，社会科学文献出版社，2014。

(27) 原丁：《服务型政府回应力研究》，北京，中央编译出版社，2013。

(28) 郑家昊：《引导型政府职能模式的兴起》，北京，中国社会科学出版社，2013。

(29) 中国财经政法大学湖北财政与发展研究中心、中国地方财政研究中心：《2013 中国地方财政发展研究报告——地方政府环境治理行为与路径优化研究》，北京，经济科学出版社，2013。

(30) 中国行政管理学会科研部：《中国地方政府建设与创新》，北京，社会科学文献出版社，2014。

(31) 钟君、吴正杲编：《公共服务蓝皮书：中国城市基本公共服务力评价

（2012—2013）》，北京，社会科学文献出版社，2013。

（32）朱光磊：《服务型政府建设规律研究》，北京，经济科学出版社，2013。

（33）朱光磊：《中国政府发展研究报告（第3辑）：地方政府发展与府际关系》，北京，中国人民大学出版社，2013。

（二）2013年国家社科重大课题和教育部重大攻关课题选目

1. 2013年度国家社科基金重大项目立项名单

安体富，山东大学，深化收入分配制度改革的财税机制与制度研究。

石亚军，中国政法大学，内涵式大部制改革视野下的政府职能根本转变研究。

郁建兴，浙江大学，地方政府社会管理创新的制度化研究。

朱德米，同济大学，我国市级发展规划编制中的公众参与机制研究。

2. 2013年度教育部哲学社会科学研究重大课题攻关项目

钱弘道，浙江大学，中国法治政府建设指标体系研究。

徐玉生，江南大学，建构立体形式反腐败体系研究。

杨志安，辽宁大学，对政府全口径预算决算的审查和监督研究。

（三）2013年政府改革与发展领域重要学术会议综述

1. “地方政府创新与中国政治发展”学术研讨会

2013年3月30—31日，深圳大学当代中国政治研究所主办的“地方政府创新与中国政治发展”学术研讨会在深圳大学举行。本次研讨会围绕地方政府创新与中国政治发展、社会抗争与社会善治两大主题，就地方政府创新的动力、阻力、个案、制度与路径等议题进行了深入的研讨。与会专家认为，政府创新就是公共权力部门为增进公共利益而进行的创造性改革；政府要实现公共利益，进行创造性改革，首先取决于它对自己的角色定位是否准确；政府创新是存在的，并且是社会创新主要的提供者；政府的改革要有整体战略和长远战略，使之具有可持续性；政府创新必须注重实际，不能搞政绩工程，切忌搞“政治秀”。

2. “2013公共财政与政府会计跨学科论坛”学术研讨会

2013年4月13日，由中国财政发展协同创新中心、中国会计学会政府及非营利组织会计专业委员会主办，中央财经大学财政学院承办的“2013公共财政与政府会计跨学科论坛”在北京召开。研讨会围绕政府会计改革的目标定位，政府会计改革的推动方式，政府会计的确认基础选择，政府财务报告构建等问题进行了探讨。与会专家认为，政府会计是公共财政改革的关键着力点，应当在公共财政的框架下把政府会计作为公共财政改革的支撑；政府会计的确认基础是未来改革应当关注的核心问题；中国在选择政府会计基础时需要考虑收付实现制到权责发生制转换的成本问题、观念转换问题、与预算法衔接问题等。

3.“中国公共管理改革与创新”高层学术研讨会

2013年6月20日，中国公共管理改革与创新学术研讨会在南京师范大学举行。研讨会开设了“绩效管理在政府管理中的创新突破”，“关注社会需要推进机构改革的创新”，“行政管理中理论创新与技术路径的突破”，“新型城镇化管理中的创新与突破”四个议题。参会专家就如何应对公共管理变革提出建设性对策，进行了主题为“统筹型绩效”，“政府机构改革”，“改革的逻辑：机构改革的回顾与展望”，“行政管理研究的技术路径”，“如何推进人的城市化”，“新型城镇化背景下的社会管理体系转型与升级”，“新型城镇化与政府职能转变”，“协商治理：理论基础、特点及重要性”，“冲突范式与协商管理”等演讲和讨论。与会专家认为，为提升政府有效管理水平，必须把机构改革放到重要位置；为进一步深化当前机构改革，应当在目标定位、步骤规划、顶层设计与过程管理等方面做积极探索等。

4.“中国政治发展与政府改革”学术研讨会

2013年6月30日，由北京大学主办的中国政治发展与政府改革学术研讨会在北京举行。来自中央部委、北京大学、韩国西江大学、韩国世宗大学、台湾世新大学、中国人民大学、中国政法大学等多所大学的专家学者参加会议，就学术界关注的政府改革和政治发展问题进行了深入细致的探讨。与会专家认为，中国需要构建适合本国国情的政府管理模式，即基于中国管理哲学的政府管理创新；中国管理模式框架下的政府管理创新，既强调价值理性，关注政府管理的公共性本质，又讲究工具理性，追求管理的效率和效益；既实现民主、公平、正义，更具效率、透明性、回应性和责任性，这是价值理性和工具理性和谐融合的必然结果，也是政府管理“公共性”本质的题中应有之义。

5. 第四届中国行政改革论坛

2013年7月14日，以“加快政府职能转变，深化行政体制改革”为主题的第四届中国行政改革论坛在北京举行，由中国行政体制改革研究会主办。论坛设置了“推进权力下放，激发经济社会活力”，“加强和创新管理，有效履行政府职能”，“大力转变政风，提高政府公信力”三个单元。与会专家学者就行政体制改革的意义，如何推进行政体制改革，中国行政体制改革所面临的问题以及行政体制改革中应注意的问题等发表了见解。会议达成的理论共识主要有：简政放权，激发活力；以行政审批制度改革作为政府职能转变的突破口；树立优良作风，提升政府公信力等。

6. 两岸三地公共治理学术论坛

2013年10月25—26日，首届两岸三地公共治理学术论坛在复旦大学举行。本次论坛由复旦大学国际关系与公共事务学院、香港城市大学公共政策系和台湾大学政治学系共同发起和主办，由复旦大学陈树渠比较政治发展研究中心承办，并由台湾大学中国大陆研究中心协办。研讨会围绕“政府改革与治理变革”、“公共治理中的非政府组织”、“公共治理、问责与政府绩效”、“文化产业治理与社会建设”、“公共服务供给”、“腐败、廉政与行政伦理”、“可持续发展与治理转型”等议题，进行了热烈的交流和讨论。

7. “地方政府职能转变和机构改革”研讨会

2013 年 11 月 13 日，由中国政法大学中国政府改革和发展研究中心主办的地方政府职能转变和机构改革研讨会在北京召开。与会专家围绕政府职能转变和机构改革的现状、难点和突破点等问题展开了讨论。会议达成的理论共识包括：建立纵向政府间职责配置体系；处理好地方改革的多样性和统一性之间的关系；建立健全政府职能转变和机构改革的保障体系等。

8. 中国应急管理创新论坛

2013 年 11 月 16 日，中国应急管理创新论坛在国家行政学院召开。本次论坛主题为“地方政府公共安全风险防范的实践与经验”，由国家行政学院应急管理培训中心与公安部办公厅、民政部救灾司、国家卫生计生委应急办、国务院国资委综合局、国家安全生产应急救援指挥中心共同举办。论坛围绕社会稳定风险评估、自然灾害风险评估、企业风险评估、突发公共卫生事件风险评估、安全生产重大危险源综合治理五个主题进行讨论。与会专家认为，风险管理作为一种科学的管理手段，是完善政府社会管理和公共服务职能的必要条件。在当前和今后一段时间内，中国突发事件风险增多，人民群众对公共安全需求日益增长，对应急管理工作提出了新的更高要求。为此，今后须做好以下四项工作：一是大力加强风险管理基础理论研究，二是全面推进综合风险管理工作，三是重点强化基层风险管理工作，四是积极推进地方风险管理创新。

9. “推进国家治理和社会治理现代化”学术研讨会

2013 年 11 月 30 日，由中共中央编译局比较政治与经济研究中心、浙江大学公共管理学院、清华大学凯风研究院政治发展研究所和清华大学政治学系联合主办的“推进国家治理和社会治理现代化”学术研讨会在北京举行。与会者围绕中国共产党十八届三中全会决定中对“治理”概念的使用；治理的内涵、形式、表现、原因和出路；如何推进国家治理体系的现代化，提高国家治理能力等问题进行了探讨。与会专家认为：治理不同于统治，从统治走向治理，是人类政治发展的普遍趋势；可以从解放思想，加强顶层设计，总结地方治理改革创新经验，学习国外政府治理和社会治理先进经验，破除阻碍社会进步的体制机制，破除官本位观念六方面提高国家治理能力建设；当前社会体制改革的重点领域与关键环节主要在于收入分配体制、基本公共服务体制、社会治理体制以及户籍管理制度四个方面。

后　记

《中国政府发展研究报告（2014）》（*Research Report on the Development of Chinese Government*（*2014*））是我们入选“教育部哲学社会科学系列发展报告”（MOE Serial Reports on Developments in Humanities and Social Sciences）之后所推出的第一辑。

此前，这一报告，作为我们研究团队对策研究工作的“自选动作”，曾经于2008年、2012年和2013年由中国人民大学出版社编辑出版过三辑。所以，按照这个过程来看，本报告已经是第四辑了。

正是由于这个重要的变化，也即由我们的“自选动作”、“业余爱好”、科研工作的“副产品”，于今年变为了在一定规则和一个大的研究成果系列之下的规范工作，所以，本辑报告有了三个较大的变化。一是对质量和规格的要求更为严格，以保证达到要求；二是继续加大了对报告所反映的课题的实地调研工作；三是从本期开始将形成一些相对稳定的栏目，也即“规定动作”与“自选动作”相结合，既保证做到本辑报告与以后陆续推出的报告之间的连续性，以确保体现鲜明的“年度报告”的特征，又在政府职能转变、行政改革、服务型政府、机构编制、府际关系等领域，能够保持一定的南开政治学与行政学研究特色。入选“教育部哲学社会科学系列发展报告”项目并改版之后，报告仍然由中国人民大学出版社友情支持并持续出版。

这是一份对策性的研究报告。但是，课题组成员毕竟多数是学者，对第一手的情况了解有限，如有不妥之处，请批评指正。需要说明的是，本报告提出的观点和建议均为研究团队各位成员的个人见解，并不代表他们各自所在单位或任何与我们具有工作关系的组织、部门、机构。

本报告是研究团队集体认真工作的结果。研究提纲，包括主要研究内容，由主编提出；研究要求和纲目安排，由副主编提出；各位成员分别负责一定研究、写作或翻译任务；最后，由两位副主编对各自负责的部分分别做两轮统稿，并负责实现编辑的主要修改意见；我最后再做一轮统稿，并对部分重点问题做有针对性的修订。报告的部分内容，是在已经发表的成果或是在所提交的工作报告的基础上修订而成的。

本书引用了大量的年鉴类资料、报刊及官方网站上所披露的数据。凡是引用的学术文献，我们尽可能一一注明了出处，并在此表示衷心的感谢！由于篇幅较长，作者较多，倘有遗漏，还望原谅，并请与我联系，以便及时补正。

我作为课题组责任人，对所有成员的辛勤工作和协作态度表示感谢！我和我的搭档王雪丽副教授、宋林霖副教授，向为报告的编辑、出版、发行等工作付出了辛勤劳动的中国人民大学出版社负责同志、各个工作环节的经办同志，特别是向郭晓明社长，表示衷心的感谢！

向在申报、管理研究项目工作中付出了辛勤劳动的教育部社科司司长张东刚教授等同志，向南开大学社会科学管理研究处和周恩来政府管理学院的负责同志和老师们，表示衷心的感谢！

朱光磊

2014 年 8 月 15 日

图书在版编目（CIP）数据

中国政府发展研究报告. 2014/朱光磊主编. —北京：中国人民大学出版社，2014.11
（教育部哲学社会科学系列发展报告）
ISBN 978-7-300-20289-1

Ⅰ.①中… Ⅱ.①朱… Ⅲ.①国家行政机关-研究报告-中国 ②国家机构-行政管理-研究报告-中国 Ⅳ.①D630

中国版本图书馆 CIP 数据核字（2014）第 268150 号

教育部哲学社会科学系列发展报告
中国政府发展研究报告（2014）
主　编　朱光磊
副主编　王雪丽　宋林霖
Zhongguo Zhengfu Fazhan Yanjiu Baogao（2014）

出版发行	中国人民大学出版社		
社　　址	北京中关村大街 31 号	**邮政编码**	100080
电　　话	010-62511242（总编室）		010-62511770（质管部）
	010-82501766（邮购部）		010-62514148（门市部）
	010-62515195（发行公司）		010-62515275（盗版举报）
网　　址	http://www.crup.com.cn		
	http://www.ttrnet.com（人大教研网）		
经　　销	新华书店		
印　　刷	北京易丰印捷科技股份有限公司		
规　　格	170 mm×228 mm　16 开本	**版　　次**	2014 年 12 月第 1 版
印　　张	24 插页 1	**印　　次**	2014 年 12 月第 1 次印刷
字　　数	443 000	**定　　价**	69.00 元